Guttentagsche Sammlung
Nr. 86. Deutscher Reichsgesetze. Nr. 86.
Text-Ausgaben mit Anmerkungen.

Die
Auslieferungsverträge
des Deutschen Reiches
und der deutschen Bundesstaaten.

Textausgabe mit Anmerkungen und Sachregister

von

Dr. jur. A. Cohn,
Landrichter.

Berlin 1908.
J. Guttentag, Verlagsbuchhandlung,
G. m. b. H.

Vorwort.

Aus Zweckmäßigkeitsgründen sind in dem vorliegenden Bändchen die Auslieferungsverträge des Deutschen Reiches und die der deutschen Bundesstaaten vereinigt, obwohl letztere, streng genommen, nicht in eine „Sammlung Deutscher Reichsgesetze" gehören. In den Anmerkungen sind namentlich die Materialien des Reichstags, die Rechtsprechung des Reichsgerichts, sowie die für die preußischen Justizbehörden ergangenen Ausführungsvorschriften eingehend berücksichtigt und zwar letztere auf der Grundlage der im Preußischen Justizministerialblatt von 1889 S. 8ff. veröffentlichten Zusammenstellung einschließlich der späteren Abänderungen und Ergänzungen. Soweit diese Vorschriften sich ihres Umfangs wegen zur Aufnahme in die Anmerkungen nicht eigneten, sind sie den betreffenden Verträgen als „Anhang" beigegeben (vgl. S. 140 bis 151 u. S. 326 bis 338); soweit sie nicht speziell auf die einzelnen Verträge Bezug haben, sondern allgemeine Grundsätze über das „behufs Erwirkung von Auslieferungen zu beobachtende Verfahren" enthalten, sind sie im

Zusammenhange unten S. 498ff. als „Schluß-anhang" abgedruckt. Die Ausführungsbestimmungen der übrigen Bundesstaaten sind nicht aufgenommen, weil sonst die Handlichkeit des Buches beeinträchtigt worden wäre. Ihre Aufnahme schien auch entbehrlich, da sie den preußischen Ausführungsvorschriften im wesentlichen konform sind.

Die dem Buche vorangestellte „Einleitung" gibt in großen Zügen eine Skizze des deutschen Auslieferungsrechts; sie soll namentlich Studierende und jüngere Praktiker in diese schwierige, aber interessante Materie einigermaßen einzuführen suchen.

Wenn das Buch sich für die Praxis nützlich erweist, so ist sein Zweck erreicht. Hinweise auf vorhandene Unrichtigkeiten sowie Verbesserungsvorschläge für künftige Auflagen werden stets dankbar entgegengenommen werden.

Allenstein, im Juni 1908.

Inhaltsübersicht.

Abkürzungen.

BGBl. = Bundes-Gesetzblatt des Norddeutschen Bundes.

Delius = Delius, Das Auslieferungsrecht, Hannover 1899.

DJZ. = Deutsche Juristen-Zeitung.

Einl. = Einleitung.

Goltd. Arch. = Goltdammers Archiv für Strafrecht.

Grosch = Grosch, das deutsche Auslieferungsrecht und die Rechtshilfe in Strafsachen im Verhältnis zum Reichsausland, Karlsruhe 1902.

Jur. Wochenschr. = Juristische Wochenschrift.

Lammasch = Lammasch, Auslieferungspflicht und Asylrecht, Leipzig 1887.

MBl. f. d. i. V. = Preuß. Ministerialblatt für die innere Verwaltung.

Pr. GS. = Preußische Gesetzsammlung.

Pr. JMBl. = Preußisches Justiz-Ministerialblatt.

Rechtspr. = Oppenhoff, Rechtsprechung des Obertribunals in Strafsachen.

RG. = Entscheidungen des Reichsgerichts in Strafsachen.

RGBl. = Reichs-Gesetzblatt.

Z. = Böhm's Zeitschrift für internationales Privat- und Strafrecht.

Berichtigungen und Ergänzungen.

S. 7 Zeile 12 von oben: lies „Gesetzsammlung" statt „Gesetzessammlung".

S. 34 Anm. 1: lies „Nacheile" statt „Nachteile".

S. 43 ist in Zeile 10 von oben hinter dem Worte „zu" einzuschalten: „2a bzw."

S. 52 Zeile 4 von unten: lies „ausländischen" statt „ausländigen".

S. 123 Anm. 3 am Ende: lies „Anm. 2" statt „Anm. 3".

S. 264 ist hinter Zeile 16 von oben einzufügen: Nach Pr. JMBl. 1908 S. 197 findet die Auslieferung auf Grund der Gegenseitigkeit nunmehr auch statt wegen Vornahme unzüchtiger Handlungen mit einer dem Täter zur Obhut oder Erziehung anvertrauten Person.

S. 353 ist in Zeile 6 von oben unter Ziff. 1 statt „wegen Körperverletzung mit tödlichem Ausgange" einzusetzen: „wegen solcher Handlungen, die nach dem Rechte beider Teile als vorsätzliche Körperverletzung strafbar sind, sofern Tatumstände vorliegen, die nach dem Rechte des einen oder des anderen Teiles die Strafbarkeit erhöhen (Pr. JMBl. 1906 S. 65)".

Einleitung.

Notwendigkeit von Auslieferungen.

Die Strafgewalt des Staates endigt an den Landesgrenzen. Der Verbrecher, der sich nach verübter Tat in einen andern Staat begibt, erlangt dadurch zunächst tatsächlich ein Asyl. Ob der Zufluchtsstaat in der Lage ist, den Flüchtling wegen seiner Tat selbst zur Verantwortung zu ziehen, hängt davon ab, ob und inwieweit sein Strafrecht ihm die Verfolgung im Auslande begangener Delikte gestattet. (Bezüglich Deutschlands ist hier § 4 RStGB. zu vergleichen.) In allen Fällen aber, in denen der Zufluchtsstaat rechtlich oder tatsächlich an der Verfolgung und Aburteilung der Tat behindert wäre, würde der Flüchtling völlig straflos bleiben. Diese Straflosigkeit widerspräche der Gerechtigkeitsidee, würde auch den Anreiz zur Begehung strafbarer Handlungen in bedenklicher Weise erhöhen und die Staaten zu Sammelplätzen der nachbarstaatlichen Verbrecherwelt machen. Solche Zustände zu verhüten, liegt naturgemäß im eigensten Interesse aller

Kulturstaaten. Als nun in neuerer Zeit mit der Steigerung des Verkehrs die Fälle sich häuften, in denen Verbrecher nach verübter Tat die Landesgrenzen verließen, da wurde auch das Bedürfnis nach Abhilfe immer dringender. Aus diesem Bedürfnis heraus hat sich das moderne Auslieferungswesen entwickelt. Der Grundsatz der Souveränität verbot zwar dem Zufluchtsstaate, im eigenen Gebiet die unmittelbare Betätigung der Strafgewalt eines fremden Staates zu dulden. Dagegen erschien es zulässig, daß der Zufluchtsstaat dem verfolgenden Staate den Verbrecher zur Aburteilung bzw. Strafvollstreckung ausantworte, ihm also Rechtshilfe leiste. (Vgl. RG. 34 S. 194.) Denn Asyl zu gewähren oder zu versagen, ist ein Recht des Zufluchtsstaats; der Flüchtling hat darauf keinen Anspruch. (Vgl. RG. 33 S. 101.) Eine Verpflichtung des Zufluchtsstaats zu solcher Auslieferung, wie sie z. B. von Grotius angenommen wurde (aut dedere, aut punire), wird nun aber im modernen Staatsrecht ohne besondere Festsetzung nicht als bestehend anerkannt. So wurden denn seit den dreißiger Jahren des 19. Jahrhunderts zwischen einer großen und stetig wachsenden Zahl von Kulturstaaten eine Reihe von sog.

Auslieferungsverträgen

abgeschlossen, in denen Voraussetzungen und Umfang der Verpflichtung der Vertragsstaaten zur gegenseitigen Auslieferung flüchtiger Verbrecher genau geregelt sind[1]).

Die Grundlage dieser Verträge bilden in einer Reihe von Staaten sog.

Auslieferungsgesetze,

welche die Grundsätze zusammenfassen, von welchen sich der betreffende Staat bei Gewährung von Auslieferungen leiten lassen will. Allen voran ging Belgien, das mit seinem Auslieferungsgesetz vom 1. Oktober 1833 (später durch Novellen ergänzt, jetzt ersetzt durch das Ges. v. 15. März 1874) die Führung auf dem Gebiete des Auslieferungswesens übernahm. Das belgische Gesetz wurde in der Folge das Vorbild für Auslieferungsgesetze andrer Staaten und diente auch beim Abschluß einer großen Anzahl von Auslieferungsverträgen als klassisches Muster.

Die Bedeutung solcher Auslieferungsgesetze liegt auf der Hand. Der Auslieferungs vertrag kann nur die Grenzen der staatlichen Auslieferungs pflicht bestimmen, nicht auch die Grenze des staatlichen Auslieferungs rechts. Letzteres vermag nur ein Gesetz. Erst durch das Auslieferungs gesetz setzt der Staat seinem an sich unbeschränkten Rechte, auszuliefern, bestimmte Grenzen, an die er fortan gebunden ist. Er kann also an Staaten, mit denen

---

1) Über eine Anzahl älterer Verträge vgl. Lammasch, Auslieferungspflicht und Asylrecht 1887, S. 16 Anm. 2 u. S. 23 ff.

er einen Auslieferungsvertrag nicht abgeschlossen hat, nur noch nach Maßgabe seines Auslieferungsgesetzes ausliefern. Diese Staaten wissen nun von vornherein, in welchen Fällen sie von ihm Auslieferungen erwarten dürfen. Er kann ferner Auslieferungs*verträge* fortan nur innerhalb des Rahmens seines Auslieferungsgesetzes abschließen. Das Auslieferungsgesetz als feststehendes Programm zeigt also den Staaten, welche solche Verträge abzuschließen wünschen, das Maximum der für sie erreichbaren Zugeständnisse und erleichtert so den Vertragsschluß. Das Auslieferungsgesetz gibt ferner dem Flüchtling Gewißheit darüber, wegen welcher Delikte er ein Asyl finden soll. Erst das Bestehen eines Auslieferungsgesetzes mit seinen festen Rechtsgrundsätzen ermöglicht es endlich, die Entscheidung in Auslieferungssachen den *Gerichten* zu übertragen, eine Regelung, welche trotz der unleugbaren staatspolitischen Bedeutung des Auslieferungswesens mit Rücksicht auf die Vorteile einer festen, sicheren und gleichmäßigen Praxis durchaus wünschenswert ist.

Eine große Anzahl von Staaten hat sich denn auch solche Auslieferungsgesetze gegeben, so außer Belgien z. B. Luxemburg (Ges. v. 13. März 1870), Großbritannien (Extradition Act v. 9. August 1870), die Niederlande (Ges. v. 6. April 1875), die Vereinigten Staaten von Nordamerika, Kanada, der Kongostaat, die Schweiz u. a. m. Das Deutsche

Reich besitzt ein Auslieferungsgesetz noch nicht. Eine im Jahre 1892 unter Führung des Abg. L. v. Bar im Reichstage beantragte Resolution auf Erlassung eines Reichsauslieferungsgesetzes wurde abgelehnt. Seitdem ist die Frage im Flusse geblieben [1]. Die elfte Landesversammlung der Internationalen kriminalistischen Vereinigung hat in einer am 8. September 1906 einstimmig angenommenen Resolution die Erlassung eines Auslieferungsgesetzes für Deutschland als wünschenswert bezeichnet. Von deutschen Bundesstaaten hat nur Bayern eine auf das Auslieferungswesen bezügliche gesetzliche Bestimmung erlassen, nämlich das Gesetz v. 16. Mai 1868, welches bestimmt, daß etwaige von der bayerischen Regierung dem Zufluchtsstaate gegebene Zusicherungen, den Ausgelieferten wegen einzelner Delikte nicht zu verfolgen, von den bayerischen Gerichten beachtet werden müssen. (Über die Wichtigkeit dieser Bestimmung vgl. Delius in Z. XVI S. 187.)

Die deutschen Auslieferungsverträge.

A. Die Verträge des Reichs.

Für Deutschland sind hiernach die Auslieferungsverträge die Hauptquellen des Auslieferungsrechts. Sie zerfallen in Verträge des Reichs und Verträge der Bundesstaaten. Die Auslieferungsverträge des Reichs sind gemäß Art. 11 Abs. 3 u. Art. 4 Ziff. 11

[1] Vgl. hierzu Frank, Der Kampf um ein deutsches Auslieferungsgesetz. Berlin (v. Decker).

der Reichsverfassung nach erfolgter Zustimmung des Bundesrats im Auftrage des Kaisers dem Reichstag zur Genehmigung vorgelegt, von diesem genehmigt und demnächst im Reichs-Gesetzblatt verkündet. Sie haben nach Art. 2, 5 der Reichsverfassung dadurch die formelle Gültigkeit von Reichsgesetzen erlangt, sind in der Form eines solchen zustandegekommen und publiziert. Aber auch inhaltlich sind sie dadurch Gesetz geworden. (Vgl. RG. 12 S. 384; 29 S. 271; 32 S. 250.) Ihre Vorschriften sind durch die Einführung der Strafprozeßordnung nicht berührt worden. (§ 5 EGStPO.) Ein Verstoß gegen ihre Bestimmungen begründet die Revision. (§ 376 StPO.)

B. Die Verträge der Bundesstaaten.

Soweit Reichsverträge nicht geschlossen sind, sind die früheren Auslieferungsverträge der Bundesstaaten bestehen geblieben. Die Bundesstaaten sind auch zum Abschlusse neuer Auslieferungsverträge mit fremden Staaten berechtigt, solange nicht das Reich kraft seiner Kompetenz-Kompetenz mit diesen Staaten kontrahiert. Sobald dieses geschieht, treten die betr. bundesstaatlichen Verträge ipso jure außer Kraft. (Vgl. Laband, Staatsr. 4. Aufl., Bd. 2, S. 156, 157.) In Betracht kommen von bundesstaatlichen Verträgen zurzeit noch solche mit Frankreich, Rußland, Oesterreich-Ungarn und den Vereinigten Staaten von Nordamerika. Soweit sie in der Form von Gesetzen zustandegekommen sind oder dieser Form nicht bedurften, haben sie Gesetzeskraft. Auch sie sind durch die Einführung der StPO. nicht außer Kraft gesetzt. Der § 6 EGStPO. steht ihrer Geltung nicht entgegen, da sie nicht sowohl dem Strafprozeßrecht als dem materiellen Strafrecht und dem Völkerrecht angehören. (Vgl. Löwe, Strafproz.-O. 11. Aufl. Anm. 5 zu § 6 EGStPO.) Die Auslieferungsverträge Preußens bedurften gemäß Art. 48, 45, 106 Pr. V. U. nicht der Zustimmung der Kammern. Um „Gesetzeskraft" zu erlangen, mußten sie aber in der Gesetzessammlung verkündet werden (§ 1 d. Ges. v. 3. April 1846). Dies ist bei den Verträgen mit Frankreich und den Verein. Staaten geschehen. Ein Verstoß gegen ihre Bestimmungen begründet daher die Revision. Der Vertrag mit Rußland ist nur im Reichsanzeiger bekannt gemacht; er hat daher keine Gesetzeskraft.

Wegen der übrigen Bundesstaaten und des das Verhältnis zu Oesterreich regelnden Bundesbeschlusses v. 5. April 1854 vgl. die Vorbemerkungen zu den einzelnen Verträgen.

Interpretation der Verträge.

Auslieferungsverträge sind als Normen internationaler Natur strikte zu interpretieren (RG. 12 S. 383). Bei Auslieferungsverträgen, die ein Staat nach Erlaß eines Auslieferungsgesetzes abschließt, ist letzteres als Quelle des Vertrages zu dessen

Interpretation heranzuziehen. Dies gilt z. B. für den Vertrag zwischen dem Deutschen Reich und Großbritannien, der nach Erlaß des englischen Auslieferungsgesetzes abgeschlossen wurde. (Vgl. RG. 12 S. 382; 32 S. 426; Rechtspr. Bd. 20 S. 207; siehe auch die Vorbem. 2 zum deutsch-britischen Vertrage.)

Bereits bestehende Auslieferungsverträge können durch ein späteres Auslieferungsgesetz nicht abgeändert werden, da naturgemäß ein völkerrechtlicher Vertrag durch einseitige Maßnahmen der Kontrahenten nicht berührt wird. Dies gilt z. B. für das Verhältnis des schweizerischen Auslieferungsgesetzes von 1892 zu dem deutsch-schweizerischen Vertrage von 1874. (Vgl. Schweiz. Bundesger. in Z. II S. 505; III S. 320.) Doch ist auch hier das Auslieferungsgesetz insofern von Bedeutung, als es Lücken des Vertrages ausfüllt und bei Zweifelsfragen für die Schweiz maßgebend ist, sofern nicht eine Kontroverse schon vor seinem Erlaß bindend entschieden war. (Delius in Z. V S. 529; vgl. auch Vorbem. 3 zum deutsch-schweizerischen Vertrage.)

Struktur der Verträge.

Die Struktur der deutschen Auslieferungsverträge ist im wesentlichen die gleiche. Zunächst werden die Delikte aufgezählt, wegen deren die Auslieferung stattfinden soll, es wird bestimmt, wo die Tat verübt und wieweit das Verfahren gegen den Täter vorgeschritten sein muß, um die Auslieferung zu begründen. Darauf folgen die Grundsätze über Nichtauslieferung von Nationalen, über die Behandlung von Angehörigen dritter Staaten, über den Einfluß eines im Zufluchtsstaat gegen den Täter anhängig gewesenen oder noch anhängigen Verfahrens, ferner das Verbot der Auslieferung wegen politischer Delikte, Aufstellung und Begrenzung des Prinzips der Spezialität, Grundsätze bei Verjährung, sowie Bestimmungen über Form und Inhalt des Auslieferungsantrags, über vorläufige Festnahme und deren Voraussetzungen, über Ausantwortung beschlagnahmter Gegenstände, über Durchlieferungen, über die Tragung der Kosten, über Erledigung von anderen Rechtshilfeersuchen in Strafsachen (Vernehmung von Zeugen und Sachverständigen, andere Untersuchungshandlungen, Ladungen, Mitteilung von Beweisstücken), über Bekanntgabe von Straferkenntnissen, endlich über Ratifikation, Inkrafttreten und Dauer des Vertrages.

Bezeichnung der Delikte.

Bei der Bezeichnung der Auslieferungsdelikte befolgen sämtliche deutschen Verträge mit alleiniger Ausnahme des für den Auslieferungsverkehr mit Oesterreich maßgebenden Bundesbeschlusses von 1854 die sog. Enumerationsmethode, d. h. sie zählen die Delikte, wegen deren ausgeliefert werden soll, einzeln auf. Umgekehrt wird bei der sog. Eliminationsmethode, welche der vorerwähnte Bundesbeschluß von 1854 anwendet, davon ausgegangen, daß wegen aller Delikte ausgeliefert werde, und es werden deshalb nur diejenigen aufgezählt, wegen deren die Auslieferung nicht erfolgen soll.

Der Umfang, in dem die Staaten sich vertragsmäßig Auslieferungen zusagen, wird im wesentlichen durch strafpolitische Erwägungen bestimmt. Die Bewertung der gegenseitigen Rechtspflege, die Art der Tat, die geographische Lage der Vertragsstaaten spielen hierbei eine ausschlaggebende Rolle. Bei geringfügigeren Delikten würde das Interesse der Staaten an der Bestrafung des Flüchtlings oft in keinem Verhältnis zu den Kosten und Umständlichkeiten der Auslieferung stehen, namentlich wenn es sich um Auslieferung aus weit entfernten Staaten handelt. Deshalb macht z. B. der deutsch-italienische Vertrag die Auslieferung wegen Diebstahls, Unterschlagung und Betruges davon abhängig, daß der Wert des Gegenstandes den Betrag von 1000 Franken übersteige, während der Vertrag des Reichs mit der benachbarten Schweiz eine solche Beschränkung nicht vorsieht. Eine Reihe von Verträgen begrenzt ferner aus den gleichen Gründen die Auslieferungspflicht in der Weise, daß die Tat, um die Auslieferung zu begründen, einer Strafe von bestimmter Höhe oder Schwere unterliegen müsse (vgl. z. B. die Verträge des Reichs mit Norwegen und Schweden [Art. 1], mit Griechenland [Art. 2 Abs. 3], die Verträge Rußlands mit Bayern und Hessen [Art. III Abs. 1]).

Die Auslieferung erfolgt im Zweifel nur wegen vorsätzlich begangener Delikte. Wegen Übertretungen findet nach sämtlichen deutschen Verträgen eine Auslieferung überhaupt nicht statt.

Teilnahme.

Ausgeliefert werden nach allen deutschen Verträgen nicht nur die eigentlichen Täter, sondern auch die Teilnehmer. Dies gilt auch für die Verträge Preußens mit Rußland und Nordamerika, welche die Teilnehmer nicht besonders erwähnen. Auf Grund von sog. Gegenseitigkeitserklärungen (vgl. unten S. 49) wird mehrfach auch Begünstigung und Hehlerei als unter den Begriff der „Teilnahme" fallend angesehen (vgl. Anm. 1B zu Art. 1 des deutsch-schweizerischen und Anm. 1A 9 u. B 1 zu Art. 2 des preußisch-französischen Vertrages).

Versuch.

Der Versuch ist nach einer großen Anzahl von Verträgen ebenfalls Auslieferungsdelikt. Die dabei häufig gebrauchte Fassung: die Auslieferung „kann" auch wegen Versuchs erfolgen, ist irreführend. Sie bedeutet nicht etwa, daß die Auslieferung für den ersuchten Staat fakultativ sei, sondern besagt lediglich, daß es im Belieben des verfolgenden Staates steht, die Auslieferung wegen Versuchs zu verlangen. (Vgl. die Erklärung des Bundesratskommissars Wilke im Reichstage bei der Beratung des deutsch-schweizerischen Vertrages, Reichstagsverhandl. 1874 I. Sess. I S. 56; siehe auch die richtige Fassung in Art. 2 des Vertrages mit Luxemburg.) Die Schweiz erkennt (nach Delius in Z. V S. 532 Anm. 2) wegen der Fassung „kann" gleichwohl eine Verpflichtung zur Auslieferung wegen Versuchs nicht an.

In den Verträgen mit Brasilien, Großbritannien, Schweden und Norwegen ist eine Auslieferungspflicht wegen Versuchs nur bei einzelnen bestimmten Delikten festgesetzt. Die bundesstaatlichen Verträge mit Nordamerika führen den Versuch nicht auf; die mit Frankreich berücksichtigen ihn teils gar nicht, teils nur bei bestimmten Delikten.

Ort der Tat.

Die Frage, wo die Tat begangen sein muß, um die Auslieferung zu rechtfertigen, wird in den Verträgen verschieden beantwortet. Nach mehreren Verträgen (Deutsches Reich-Großbritannien, Bundesstaaten-Nordamerika, Sachsen-Weimar-Frankreich) wird nur dann ausgeliefert, wenn die Tat im ersuchenden Staate begangen ist. Nach den Verträgen mit Belgien, Brasilien, Luxemburg, Norwegen, Schweden, Spanien und Uruguay „kann" (fakultativ!) die Auslieferung auch bewilligt werden, wenn die Tat „außerhalb des Gebiets des ersuchenden Teils begangen worden ist", sofern „nach der Gesetzgebung des ersuchten Staates wegen derselben, außerhalb seines Gebietes begangenen Handlungen eine gerichtliche Verfolgung statthaft ist". Vorausgesetzt ist hierbei, daß die Tat nicht im ersuchten Staate begangen ist; in diesem Falle wird regelmäßig nicht ausgeliefert (vgl. aber die Ausnahmen weiter unten).

Der Reichsvertrag mit den Niederlanden und die Verträge Bayerns und Hessens mit Rußland verlangen nur, daß die Tat nicht im Gebiet des ersuchten Staates begangen ist. Die Verträge mit der Schweiz, Italien und Griechenland gehen noch weiter und gestatten die Auslieferung auch dann, wenn die Tat im ersuchten Staat begangen ist, sofern nur die Zuständigkeit der Gerichte des ersuchenden Staates zu ihrer Aburteilung begründet ist (vgl. die Denkschr. z. deutsch-griechischen Vertrage). Doch kann in diesem Falle die Auslieferung abgelehnt werden, wenn im ersuchten Staate vor Stellung des Auslieferungsantrags bereits eine Untersuchung wegen der Tat eingeleitet worden ist (vgl. Art. 3 Abs. 1 der Verträge mit Italien und der Schweiz; Art. 4 Nr. 2 des Vertrages mit Griechenland).

Stand des Verfahrens im ersuchenden Staate.

Voraussetzung der Auslieferung ist nach allen Verträgen, daß im ersuchenden Staate ein gerichtliches Verfahren gegen den Täter eingeleitet ist. Nicht erforderlich ist, daß der Fall vor die ordentlichen bürgerlichen Gerichte gehört. Auch Sondergerichte (Militär-, Konsulargerichte) kommen in Betracht, sofern es sich um ein Auslieferungsdelikt handelt, nicht aber Ausnahmegerichte (vgl. Schweiz. Bundesger. im Z. III S. 655).

Die Auslieferung wird bewilligt auf Grund eines verurteilenden Erkenntnisses oder auf Grund eines förmlichen Beschlusses, durch welchen der Flüchtling in Anklagezustand versetzt wird, ja sogar schon auf Grund eines Haftbefehls.

Prüfung im ersuchten Staate.

Zur Bewilligung der Auslieferung ist erforderlich und ausreichend, daß die dem Flüchtling zur Last gelegte Tat so wie sie im Haftbefehl usw. bezeichnet ist, alle Begriffsmerkmale eines Auslieferungsdelikts aufweist und daß ferner der Auslieferung auch im übrigen nach dem Vertrage nichts entgegensteht (Verjährung, politische Natur des Delikts usw.). Alles dies, sowie natürlich auch die Identität des Ergriffenen mit dem Verfolgten wird vom ersuchten Staate einer Prüfung unterzogen. Ob der Flüchtling die Tat wirklich begangen hat (die Schuldfrage) wird dagegen vom ersuchten Staate nicht geprüft, sondern bleibt der Beurteilung des erkennenden Richters überlassen (vgl. Schweiz. Bundesger. in Z. II S. 505). Eine Ausnahme machen in dieser Beziehung nur die Verträge mit Großbritannien, Nordamerika und Oesterreich, nach welchen vom ersuchten Staat auch die Schuldfrage geprüft und zu diesem Zwecke die Vorlegung des Beweismaterials verlangt wird. (Das Nähere siehe bei den einzelnen Verträgen.)

Prinzip der identischen Norm.

Welches Recht hat nun der ersuchte Staat bei der Prüfung der Frage, ob ein Auslieferungsdelikt vorliegt, zugrunde zu legen? Faßt man die Auslieferung als einen Akt der Rechtshilfe auf (vgl. oben S. 2), so müßte folgerecht stets und allein das Recht des ersuchenden Staates maßgebend sein. Das geltende Recht steht aber nicht auf diesem Standpunkte. Nach den herrschenden völkerrechtlichen Grundsätzen ist vielmehr als Prinzip anzuerkennen, daß die Auslieferung einer Person und deren Strafverfolgung nach erfolgter Auslieferung voraussetzt, daß nach der Gesetzgebung beider in Betracht kommender Länder Strafbarkeit der zu verfolgenden Handlung gegeben ist; es wird gefordert, daß die Tat auch von den Gerichten des ersuchten Staates als eins der im Vertrage aufgezählten Delikte bestraft werden könnte, wenn sie auf seinem Gebiet begangen oder sonst seiner Jurisdiktion unterworfen wäre (sog. Prinzip der identischen Norm). Im Einzelfalle ist aber, soweit Auslieferungsverträge bestehen, entscheidend, wie der einzelne Vertrag dieses Prinzip ausgestaltet hat (vgl. RG. 36 S. 347 ff.; siehe auch RG. 38 S. 334).

a) Die Verträge des Reichs mit dem Kongostaat und den Niederlanden stellen bereits im Eingange des Vertrages die **allgemeine** Klausel auf, daß die Tat, um die Auslieferung zu begründen, auch nach der Gesetzgebung des ersuchten Teils als eins der im Art. 1 aufgeführten Delikte strafbar sein müsse. Hier ist daher der ersuchte Staat zur Auslieferung nur verpflichtet, wenn er selbst die Tat als eins jener Delikte strafen könnte, sofern sie in seinem Gebiete begangen oder sonst seiner Jurisdiktion unterworfen wäre. Dies muß er also prüfen. Das gleiche gilt für den Vertrag mit Griechenland (vgl. die Anm. das.), mit Großbritannien (vgl. Art. 8 Abs. 2 das. u. sect. 19 der engl. Extradition Akt 1870), mit Schweden und Norwegen (Art. 1) und für die bundesstaatlichen Verträge mit Nordamerika (Art. 1).

b α) Alle übrigen Verträge des Deutschen Reichs haben nun aber obige Klausel nicht **allgemein** aufgestellt, sondern erfordern nur bei **einzelnen** der von ihnen genannten Auslieferungsdelikte ausdrücklich die übereinstimmende Anwendbarkeit der Strafgesetze beider Länder auf den Fall, wegen dessen die Auslieferung erfolgen soll, während dies bei den übrigen Delikten nicht verlangt ist. Dies begründet die Schlußfolgerung, daß da, wo im Vertrage betreffs andrer Straftaten das gleiche Erfordernis **nicht** aufgestellt wird, die Paziszenten die Übereinstimmung der Strafgesetze in allen **Einzelheiten** nicht für nötig erachteten, vielmehr sich damit genügen ließen, daß in den Hauptpunkten, im großen und ganzen, eine solche Übereinstimmung der beiderseitigen Gesetzgebungen vorliege, die die Auslieferung als im beiderseitigen Interesse liegend erscheinen lasse. Und diese Übereinstimmung in den Grundlinien wurde durch die Aufführung einer Straftat als Auslieferungsdelikt und die Art ihrer allgemeinen Charakterisierung im Vertrage anerkannt (RG. 36 S. 348). Der ersuchte Staat hat hier also bei denjenigen Delikten, bei denen obige Klausel fehlt, nur zu prüfen, ob die Tat ihrem Wesen nach unter die im Vertrage aufgeführte allgemeine Kategorie fällt, ohne in eine Prüfung einzutreten, ob sie auch alle Strafbarkeitsmomente einer nach dem Recht des ersuchten Staats mit Strafe bedrohten Handlung an sich trägt. Diese bereits vom schweizerischen Bundesgericht betätigte Auffassung (Z. V S. 204) wird nunmehr auch vom Reichsgericht vertreten. (RG. 36 S. 348, 349; vgl. auch die Denkschriften zum deutsch-belgischen und deutsch-niederländischen Vertrage.) Die Literatur ist zum großen Teil anderer Ansicht (Lammasch S. 169 ff., Delius in Z. XVI S. 189).

β) Für die Delikte, denen obige Klausel beigefügt ist, gilt natürlich das oben zu a Gesagte.

Besondere Bestimmungen finden sich in mehreren Verträgen Frankreichs mit den deutschen Bundesstaaten insofern, als dort bei einer Anzahl von Delikten verlangt wird, daß die Tat nach französischem Recht unter einen bestimmten Straffatz falle. (Vgl. z. B. die Verträge mit Preußen: Art. 2 Ziff. 3 und 7; mit Sachsen: Art. 2 Ziff. 3, 6—8; mit Hessen: Art. 2 Ziff. 2, 4, 9.) Die Verträge Rußlands mit Preußen und Bayern vom Jahre 1885 (Art. 1 Nr. 3) bestimmen ferner, daß die Herstellung oder der Besitz von Dynamit und anderen Sprengstoffen Auslieferungsdelikte sind, insoweit sie durch die Gesetze des ersuchenden Staates für strafbar erklärt sind. — (Über Fälle ungleicher Normierung des Schutzalters bei Sittlichkeitsdelikten vgl. Anm. 4 zu Art. 1 des Vertrags mit Spanien und Anm. 4 zu Art. 1 des Vertrags mit Uruguay.)

Strafantrag.

In den Fällen, in denen der ersuchte Staat zu prüfen hat, ob er selbst die Tat als eins der Vertragsdelikte strafen könnte, falls sie in seinem Gebiet begangen wäre (vgl. oben zu a und bβ), muß er natürlich auch prüfen, ob der nach seinem Strafrecht zur Strafverfolgung etwa erforderliche Strafantrag gestellt ist. Beim Fehlen desselben findet die Auslieferung nicht statt. Handelt es sich aber um ein Delikt, bezüglich dessen der Vertrag die Klausel der Strafbarkeit nach beiden Gesetzgebungen nicht aufstellt (z. B. Notzucht im deutsch-schweizerischen Vertrage), so darf der ersuchte Staat wegen Fehlens eines nach seinem Recht erforderlichen Strafantrags die Auslieferung nicht verweigern. (Vgl. oben zu bα und Entsch. des schweizerischen Bundesgerichts in Z. V S. 202.)

Grenzen der Prüfung.

Auch in den Fällen zu a und bβ hat aber das Prüfungsrecht des ersuchten Staates seine Grenzen. Die Prüfung der Straf- und Schuldausschließungsgründe muß er dem erkennenden Richter überlassen, soweit die hier einschlägigen Fragen nur von diesem ausreichend untersucht werden können. Dies gilt regelmäßig für die Frage der Notwehr, des Notstandes, der Geisteskrankheit und der Trunkenheit. Die Frage der Strafmündigkeit vermag der ersuchte Staat dagegen ohne weiteres nachzuprüfen. Er wird daher die Auslieferung verweigern, wenn der Flüchtling nach seinem Recht noch strafunmündig ist, mag er auch nach dem Recht des ersuchenden Staates bereits strafmündig sein. Anders liegt die Sache wieder, wenn bei gewissen Personen (z. B. Jugendlichen zwischen 12 und 18 Jahren, Taubstummen) beide Staaten (wie z. B. Deutschland und Ungarn) die Strafbarkeit davon abhängen lassen, ob der Täter bei Begehung der Tat die zur Erkenntnis ihrer Strafbarkeit erforderliche Einsicht besessen hat. Diese Frage, die nur auf Grund der gesamten Sachlage beurteilt werden kann, muß der ersuchte Staat der Prüfung des erkennenden Richters überlassen.

Verjährung.

In allen Fällen (also auch im Falle b α) ist die Auslieferung kraft positiver Vorschrift der Verträge ausgeschlossen, wenn die Strafverfolgung oder Strafvollstreckung nach dem Recht des ersuchten Staates verjährt ist. Dies gilt trotz mangelnder Erwähnung auch für die bundesstaatlichen Verträge mit Nordamerika, da diese Verträge ja ausdrücklich verlangen, daß die Tat im ersuchten Staate strafbar (also nicht verjährt) sei. Der ersuchte Staat hat mithin vor der Auslieferung zu prüfen, ob nach seinem Recht Verjährung vorliegt. Alle hier einschlägigen Fragen (Unterbrechung, Ruhen, Dauer der Verjährung) sind nach dem Recht des ersuchten Staates zu beurteilen. Behördliche Akte des ersuchenden Staates kommen als Unterbrechungsgründe nur in Betracht, wenn derartige Akte auch nach dem Recht des ersuchten Staates einen Unterbrechungsgrund bilden. (Schweiz. Bundesger. in Z. VII S. 279.) Soweit die Verträge nichts bestimmen, wird für die Frage, ob Verjährung vorliegt, nach dem Vorgange des deutsch-belgischen Vertrages (Art. 7) der Eingang des Auslieferungsantrags als maßgebender Zeitpunkt anzusehen sein. (Streitig.)

Zweifelhaft ist, ob auch die sog. Antragsverjährung als Verjährung im obigen Sinne aufzufassen ist. Das Schweizer Bundesgericht (Z. V S. 202 ff.) hat die Frage in einem nach Züricher Recht zu beurteilenden Falle verneint, das Reichsgericht (38 S. 334) hat sie in einem nach St. Galler Recht zu beurteilenden Falle bejaht.

Selbstverständlich ist, daß der ersuchende Staat die Auslieferung nicht verlangen darf, wenn nach seinem Recht Verjährung eingetreten ist. Ob letzteres der Fall ist, hat jedoch der ersuchte Staat nicht zu prüfen; das ist Sache des Spruchrichters. (Vgl. Entsch. d. Schweiz. BG. in Z. II, S. 503.)

Staaten mit gliedstaatlicher Strafgesetzgebung.

Setzt sich der ersuchte Staat aus mehreren Staaten mit selbständiger Strafgesetzgebung zusammen (Großbritannien, Oesterreich-Ungarn, Schweiz, Vereinigte Staaten von Nordamerika), so entsteht die Frage, nach welchem gliedstaatlichen Strafrecht der ersuchte Staat zu prüfen hat, ob ein Auslieferungsdelikt vorliegt. Für die Auslieferung aus Großbritannien soll nach dem Auslieferungsgesetz von 1870 stets maßgebend sein, ob nach *englischem* Recht ein Auslieferungsdelikt vorliegt. In der Schweiz entscheidet das Strafrecht des *Zufluchtskantons*. Als solcher wird (arg.: Art. 5 des Vertrages) der Kanton zu gelten haben, in dem sich der Flüchtling zur Zeit des Eingangs des Auslieferungsantrags aufhält. (Streitig.) Auch in Oesterreich-Ungarn ist lediglich das Strafrecht des Zufluchtsstaats maßgebend, während die Vereinigten Staaten von Nordamerika Auslieferung nur bewilligen, wenn die Tat sich nach dem Recht *aller* Unionstaaten als ein Auslieferungsdelikt darstellt.

Änderung des Strafrechts.

Hat sich seit Abschluß des Vertrages das Strafrecht eines oder beider Vertragsstaaten geändert, so entscheidet für die Frage, ob ein Auslieferungsdelikt vorliegt, das zur Zeit des Vertragsschlusses in Geltung gewesene Strafrecht. (RG. 21 S. 181; 36 S. 348.) Nach den Grundsätzen dieses Strafrechts ist auch die Bedeutung der im Vertrage enthaltenen Begriffe „Verbrechen" und „Vergehen" zu beurteilen. Der ersuchte Staat muß also ausliefern, wenn nach seinem beim Vertragsschlusse in Geltung gewesenen Strafrecht die Tat als Auslieferungsdelikt zu betrachten wäre, mag sie auch nach seinem zur Zeit der Auslieferung geltenden Strafrecht nicht mehr strafbar sein. Andrerseits braucht er nicht auszuliefern, wenn die Tat erst nach Abschluß des Vertrages unter Strafe gestellt worden ist. Eine Abweichung von diesen Grundsätzen findet sich in Art. 2 Ziff. 7 des deutsch-britischen Vertrages. Nach dieser Bestimmung muß angenommen werden, daß als „Bankerutt" alle Handlungen anzusehen sind, welche nach den bezüglichen Bestimmungen des bei Stellung des jedesmaligen Auslieferungsantrags geltenden deutschen Strafrechts strafbar sind, zurzeit also die in §§ 239 ff. KO. unter Strafe gestellten Handlungen. Der Ausdruck „Strafgesetzbuch" wird nicht im technischen Sinne aufgefaßt werden dürfen. (Streitig! Vgl. Pr. JMBl. 1889 S. 18; Grosch S. 18, 19, dagegen Lammasch S. 187; Delius S. 34.)

Aus dem vorstehend Ausgeführten ergibt sich, in welchem Umfange der ersuchte Staat bei der Prüfung des Auslieferungsgesuchs sein eignes Strafrecht zugrunde zu legen hat. Ob die Tat auch nach dem Recht des ersuchenden Staates als eins der vertragsmäßigen Auslieferungsdelikte strafbar ist, hat der ersuchte Staat nicht zu prüfen. Diese Frage bleibt der Beurteilung des erkennenden Richters überlassen. (Vgl. aber Schweiz. Bundesger. in Z. V S. 89.)

Politische Delikte.

Während früher fast ausschließlich politische Verbrecher ausgeliefert wurden (vgl. Lammasch S. 203 ff.), ist mit den modernen Auslieferungsverträgen in den dreißiger Jahren des 19. Jahrhunderts der Grundsatz der Nichtauslieferung wegen politischer Delikte aufgekommen, der zurzeit als völkerrechtliches Prinzip anzusehen ist und auch für diejenigen Auslieferungsverträge gilt, in denen er (wie in den Verträgen Preußens und Bayerns mit Nordamerika) nicht erwähnt ist. Der Grund für den Ausschluß der politischen Delikte liegt in der Verschiedenheit der politischen Einrichtungen und in der Möglichkeit ihres Wechsels; der unbeteiligte Staat sieht das Delikt deshalb mit anderen Augen an als der angegriffene. (Vgl. Heilborn in der Enzyklopädie der Rechtswissenschaft 1904, Bd. II, S. 1025.)

Der Begriff des politischen Delikts hat eine befriedigende Formulierung noch nicht gefunden. Man unterscheidet heute zwischen den eigentlichen ode absolut politischen Delikten, d. s. vorsätzliche lediglich die politischen Rechte der Staatsgewal oder der Staatsbürger angreifende Delikte, und sog relativ politischen Delikten, welche nach der Terminologie der französischen und belgischen Jurisprudenz wieder umfassen:

a) die sog. délits complexes, d. h. Delikte, die gleichzeitig den Tatbestand eines politischen und eines gemeinen Delikts enthalten (z. B. Königsmord);
b) faits connexes à un délit politique, d. h. Delikte, die zwar an sich nur den Tatbestand eines gemeinen Delikts erfüllen, jedoch mit einem politischen Delikt in einem inneren Zusammenhange stehen. (Über einen Fall, in dem ein solcher Zusammenhang angenommen wurde, vgl. Anm. 1 zu Art. 4 des deutsch-schweizerischen Vertrages.)

Sowohl wegen absolut- wie wegen relativ-politischer Delikte besteht keine Verpflichtung zur Auslieferung. Dies gilt — bis auf die gleich zu erwähnenden Ausnahmen — für alle Verträge, wenn auch die Terminologie der bezüglichen Bestimmungen nicht überall die gleiche ist.

Einschränkungen des Prinzips.

Die neuere Entwicklung strebt nach einer Beschränkung dieses weitgehenden Asylschutzes für politische Verbrecher. Auch hier ging Belgien voran.

Aus Anlaß des Attentats der Brüder Jaquin gegen Napoleon III. im Jahre 1854 gab es in Erfüllung eines der französischen Regierung erteilten Versprechens durch Gesetz vom 22. März 1856 dem Art. 6 seines Auslieferungsgesetzes einen Zusatz (die sog. Attentatsklausel), nach welchem der Angriff gegen das Oberhaupt einer fremden Regierung oder gegen Mitglieder seiner Familie weder als politisches Vergehen, noch als mit einem solchen in Zusammenhang stehend angesehen werden soll, wenn dieser Angriff den Tatbestand des Totschlags, Mordes oder Giftmordes bildet. (Näheres zur Geschichte dieses Gesetzes vgl. bei Lammasch S. 309 ff.) Diese Klausel ist seitdem in eine große Anzahl von Auslieferungsverträgen übergegangen. Nur Großbritannien, Italien und die Schweiz haben die Aufnahme der Klausel abgelehnt. Auch in den Verträgen des Reichs mit den Niederlanden und Griechenland ist sie nicht enthalten. Dagegen gehen der Vertrag Rußlands mit Hessen (Art. 6) und die Verträge Rußlands mit Preußen und Bayern vom Jahre 1885 (Art. 1 Nr. 1) über den Umfang der belgischen Attentatsklausel noch erheblich hinaus. Die letztgenannten Verträge Rußlands mit Preußen und Bayern bestimmen endlich in Art. 3 schlechthin: „Der Umstand, daß das Verbrechen oder Vergehen, wegen dessen die Auslieferung verlangt wird, in einer politischen Absicht begangen ist, soll in keinem Falle als Grund dienen, die Auslieferung abzulehnen.“

Keine politischen Delikte sind die lediglich gegen einzelne staatliche Organe gerichteten (z. B. Widerstand gegen die Staatsgewalt), ebensowenig die sog. Amtsverbrechen (vgl. RStGB. §§ 331 ff.). Preßdelikte als solche sind gleichfalls keine politischen Delikte.

Fiskalische Delikte.

Eine Auslieferungspflicht wegen Steuer- oder Zolldefraudationen ist in keinem der Verträge vorgesehen. Das Deutsche Reich und Oesterreich-Ungarn haben sich jedoch in dem Zollkartell vom 6. Dezember 1891 (RGBl. 1892 S. 3, 69) gegenseitig die Auslieferung von Zolldefraudanten durch die beiderseitigen Gerichte zugesichert, sofern die Täter nicht dem Staatsverband des ersuchten Gerichts oder einem dritten Staate angehören, der durch Verträge verpflichtet ist, die Defraudation seinerseits zu bestrafen. Diese Bestimmung ist durch den Zusatzvertrag vom 25. Januar 1905 (RGBl. 1906 S. 143 ff.) nicht berührt worden. (Art. 4 des Zusatzvertrags.)

Militärische Delikte.

Wegen rein militärischer Delikte (z. B. Desertion, Gehorsamsverweigerung) besteht keine Auslieferungspflicht, da die Verträge eine solche nicht festsetzen. Nach dem Deserteurkartell zwischen Dänemark und Preußen vom 25. Dezember 1820 (Ges.-Samml. 1821 S. 33), wieder in Kraft gesetzt durch Art. 2 des Wiener Friedens von 1864, und nach der (durch Art. 13 des Prager Friedens von 1866 aufrecht erhaltenen) Bundeskartellkonvention vom 16. Februar 1831 (Pr. Ges.Samml. S. 41, Abänderungen in Ges.Samml. 1832 S. 177 und 1864 S. 572) werden jedoch Deserteure auf Ersuchen der Militärbehörden von den auswärtigen Militärbehörden festgenommen und ausgeliefert. Die Bundeskartellkonvention gilt für das Verhältnis zwischen Oesterreich und den deutschen Bundesstaaten; sie wird auch von Ungarn eingehalten. Nicht anwendbar sind die Kartelle auf flüchtige Angehörige der Handels- und Kriegsmarine. Über deren Auslieferung enthalten die Konsular-, Handels- und Schiffahrtsverträge besondere Bestimmungen.

Begeht eine Militärperson ein rein gemeines Delikt, so wird sie nach Maßgabe der Auslieferungsverträge ausgeliefert (vgl. oben S. 13, 14), darf aber wegen der durch die Flucht begangenen Desertion nicht bestraft werden. (Vgl. hierzu die Ziff. 9 der Anweisung für die Militärjustizbehörden betr. Auslieferungsanträge, abgedruckt bei Gronow & Sohl, Militärstrafr. 1906 S. 633ff.)

Handelt es sich um ein gemischt militärisch-gemeines Delikt (z. B. Mißbrauch der Dienstgewalt durch Mißhandlung Untergebener, §§ 122ff. Mil.-StGB.), so muß zwar ausgeliefert werden, wenn zugleich der Tatbestand eines Auslieferungsdelikts gegeben ist, doch wird regelmäßig die Bedingung gestellt werden, daß die Bestrafung nur nach Maßgabe des Zivilstrafgesetzbuchs erfolge.

Nationale.

Sämtliche deutschen Verträge bestimmen, daß eigene Staatsangehörige vom ersuchten Staate nicht ausgeliefert werden. Dies entspricht dem in § 9 RStGB. enthaltenen Grundsatze. Entscheidend ist der Zeitpunkt, in dem der Auslieferungsantrag (bzw. der Antrag auf vorläufige Festnahme) bei der zuständigen Behörde des ersuchten Staates eingeht. Ist der Flüchtling in diesem Zeitpunkt Angehöriger des ersuchten Staates, so wird er nicht ausgeliefert. Auf die Staatsangehörigkeit bei Begehung der Tat kommt es nicht an.

Wie die Auslieferung wird folgerecht auch die Durchlieferung (vgl. unten S. 31) eigner Staatsangehöriger zwecks Auslieferung an einen dritten Staat nicht bewilligt.

Nach Art. 2 Abs. 2 des Vertrages mit Brasilien wird als Korrelat des Grundsatzes der Nichtauslieferung von Nationalen bestimmt, daß der ersuchte Staat verpflichtet sein solle, die eigenen Angehörigen, die er nicht ausliefern kann, selbst zu bestrafen, soweit dies auf Grund seines Strafrechts zulässig ist. In dem gleichen Sinne werden auch die Bestimmungen in Art. 2 Abs. 2 der Verträge mit Italien und der Schweiz aufzufassen sein. (Vgl. die Erklärung des Bundesratskommissars v. Frantzius im Reichstage bei Beratung des deutsch-brasilianischen Vertrages, Stenographische Berichte 1878 I. Session S. 257; siehe auch Anm. 1 zu

Art. 2 des deutsch-schweizerischen Vertrages.) Die nach § 4 RStGB. an sich nur fakultative Strafverfolgung wird also in diesen Fällen zu einer obligatorischen.

Angehörige dritter Staaten.

Gehört der Flüchtling weder dem ersuchenden, noch dem ersuchten sondern einem dritten Staate an, so kann er dem ersuchenden Staate ausgeliefert werden und untersteht dann denselben Bestimmungen wie die Angehörigen der Vertragsstaaten. (Vgl. RG. in Jur. Wochenschr. 1901 S. 820 Nr. 4.) In einer Reihe von Verträgen wird jedoch dem ersuchten Staate die Befugnis gewährt, den Heimatsstaat des Flüchtigen vom Eingang des Auslieferungsgesuchs zu benachrichtigen. Er hat dann, falls der Heimatsstaat nun gleichfalls Auslieferung beantragt, nach den meisten dieser Verträge die Wahl, welchem Staate er ausliefern will. Das Nähere hierüber sowie über den Fall, daß mehrere Staaten gleichzeitig Auslieferungsgesuche stellen, ist bei den einschlägigen Bestimmungen der einzelnen Verträge zu vergleichen.

Erledigtes oder noch schwebendes Strafverfahren im ersuchten Staate.

Auslieferung findet nicht statt, wenn die reklamierte Person wegen derselben Handlung, wegen deren die Auslieferung beantragt wird, im ersuchten

Staate in Untersuchung gewesen und außer Verfolgung gesetzt worden ist oder sich noch in Untersuchung befindet oder bereits bestraft worden ist. Befindet sich der Auszuliefernde im ersuchten Staat wegen einer andern strafbaren Handlung in Untersuchung, so wird die Auslieferung bis zur Beendigung dieser Untersuchung und vollendeter Vollstreckung der etwa erkannten Strafe aufgeschoben. Dies hindert aber nicht, daß der Flüchtling, um im ersuchenden Staate vor Gericht gestellt zu werden, zeitweilig ausgeliefert wird unter der Bedingung, daß er nach Beendigung der Untersuchung zurückgeführt werde.

Privatrechtliche Verbindlichkeiten.

Verbindlichkeiten, die der Auszuliefernde im ersuchten Staat gegen Privatpersonen eingegangen ist, halten die Auslieferung nicht auf. Ausnahmen gelten nach Art. 5 Abs. 1 der Verträge Rußlands mit Bayern und Hessen und (noch weitergehend) nach Art. 1 Nr. 3, Art. 2 des Bundesbeschlusses von 1854. Das deutsche Recht kennt die in jenen Bestimmungen erwähnte Schuldhaft nicht mehr; nach dem Bundesbeschlusse käme aber auch Personalarrest (§ 918 ZPO.) in Frage.

Auszuantwortende Gegenstände.

Alle im Besitz des Auszuliefernden vorgefundenen Gegenstände, nicht nur die entfremdeten (bei Diebstahl usw.), sondern überhaupt alle beweiserheblichen, nach einigen Verträgen auch die erst nach der Auslieferung vorgefundenen Sachen, die der Angeschuldigte im Zufluchtsstaate versteckt oder hinterlegt hatte, sollen dem ersuchenden Staate ausgeantwortet werden. Rechte Dritter an diesen Gegenständen bleiben jedoch vorbehalten, und es sollen ihnen die Gegenstände nach Abschluß des Strafverfahrens kostenfrei zurückgegeben werden. Alle diese Bestimmungen werden auch bei denjenigen Verträgen anzuwenden sein, welche keine besonderen Vorschriften enthalten.

Nach den Verträgen mit Brasilien, Italien und der Schweiz soll die Ausantwortung der genannten Gegenstände an den ersuchenden Staat selbst dann erfolgen, wenn die Auslieferung, nachdem sie zugestanden worden ist, durch den Tod oder die Flucht des Auszuliefernden vereitelt wird. (Vgl. jedoch bezüglich der Schweiz noch Anm. 1 zu Art. 9 des Vertrages.) Nach dem Vertrage mit Griechenland wird hier sogar nur verlangt, daß die Auslieferung an sich statthaft gewesen wäre, nicht auch, daß sie bereits zugestanden war. (Vgl. Anm. 1 zu Art. 11 daselbst.)

Durchlieferung.

In einer Reihe von Verträgen gestatten die Paziszenten ausdrücklich die Durchlieferung der von einem dritten Staate auszuliefernden Personen durch ihr Landesgebiet, sofern die mit dem Auslieferungsantrage beizubringenden Urkunden vorgelegt werden und auch zwischen den Paziszenten im konkreten Falle ein Anspruch auf Auslieferung begründet wäre. Diese Grundsätze werden auch für diejenigen Verträge anwendbar sein, welche keine besonderen Vorschriften enthalten.

Kosten.

Die durch die Festnahme, den Unterhalt und den Transport des Auszuliefernden bis zur Grenze bzw. bis zur Einschiffung entstehenden Kosten werden von dem Zufluchtsstaate getragen. Ausnahmen gelten nur hinsichtlich des Verkehrs mit Oesterreich-Ungarn und Nordamerika. Hier müssen nach den vertraglichen Bestimmungen dem ersuchten Staate sämtliche durch die Auslieferung entstandenen Kosten vom ersuchenden Staate erstattet werden.

Die Kosten einer Durchlieferung hat stets der ersuchende Staat zu tragen.

Andere Rechtshilfeakte.

Eine große Anzahl der deutschen Auslieferungsverträge enthält noch weitere Bestimmungen über gegenseitige Rechtshilfe in Strafsachen (Vernehmung von Zeugen und Sachverständigen, sonstige Untersuchungshandlungen, Zustellung von Ladungen, Gestellung von Zeugen und Sachverständigen, Transport Angeschuldigter zwecks Konfrontierung, Übersendung von Beweisstücken, Urkunden usw.). Das Nähere hierüber ist bei den einzelnen Verträgen zu vergleichen. Für Preußen vgl. ferner die Allgemeine Verfügung vom 29. Mai 1905 betr. die Ersuchen nach dem Auslande, soweit sie nicht auf Auslieferung oder Festnahme gerichtet sind (JMBl. S. 159 ff.).

Mitteilung von Straferkenntnissen.

In einer Reihe von Verträgen machen sich die Staaten verbindlich, einander im diplomatischen Wege gegenseitig die Straferkenntnisse wegen Verbrechen und Vergehen mitzuteilen, welche von den Gerichten des einen Landes gegen Angehörige des anderen Landes ergehen. (Vgl. die Verträge mit Belgien, Brasilien, Griechenland, Italien, Luxemburg, Niederlande, Norwegen, Schweiz, Spanien, sowie die Verträge Rußlands mit Bayern und Hessen.) Die hierzu ergangenen preußischen Vollzugsvorschriften sind bei den einzelnen Verträgen angegeben.

Geltungsgebiet und Dauer der Verträge.

Die Geltung der Verträge erstreckt sich auf das ganze Staatslandgebiet der Paziszenten, die Küstengewässer (Kanonenschußweite), auf die Kriegsschiffe und die auf hoher See befindlichen Privatschiffe, sowie auf die Kolonien und Schutzgebiete. Besondere Abmachungen hinsichtlich der Kolonien und Schutzgebiete bestehen nach den Verträgen mit Großbritannien, den Niederlanden und Spanien.[1])

Die Verträge erlöschen durch Aufkündigung nach Maßgabe der Vertragsbestimmungen, ferner wie alle Staatsverträge, mit Ausbruch eines Krieges zwischen den Paziszenten. Die bundesstaatlichen Verträge mit Frankreich sind durch Art. 18 der Zusatzkonvention zum Frankfurter Friedensvertrage (vgl. unten 2. Teil B Ib wieder in Kraft gesetzt worden. —

Auslieferungsverfahren.

Über das Auslieferungsverfahren können hier nur wenige Bemerkungen gegeben werden. Es ist zu unterscheiden zwischen dem vom ersuchenden Staate zu beobachtenden Antragsverfahren und dem auf den Antrag im ersuchten Staate stattfindenden Entscheidungsverfahren.

1. Das Antragsverfahren. Der Antrag auf Auslieferung erfolgt im diplomatischen Wege. (Vgl. aber Art. 8 Abs. 3 des Vertrages mit Uruguay; siehe jedoch auch Anm. 1 daselbst.) Eine große Reihe von Reichsverträgen bestimmt, daß die diesbezüglichen Verhandlungen nicht zwischen der deutschen Reichsregierung und dem ausländischen Staate stattzufinden brauchen, daß sie vielmehr unmittelbar zwischen der Regierung des bei der Auslieferung beteiligten deutschen Bundesstaates und dem

---

[1]) Vgl. hierzu Fleischmann, Auslieferung und Nachteile nach deutschem Kolonialrecht, Berlin (v. Decker) 1906.

ausländischen Staate stattfinden können. (Vgl. z. B. Art. 8 Abs. 2 des deutsch-belgischen Vertrages; Schlußprotokoll zum deutsch-italienischen Vertrage.) Direkter Verkehr der Justizbehörden findet hinsichtlich des Auslieferungsantrags nur im Verhältnis zwischen dem Deutschen Reich und Oesterreich statt. (Art. 4 des Bundesbeschlusses von 1854.)

Auch der Antrag auf vorläufige Festnahme des Flüchtlings muß regelmäßig im diplomatischen Wege gestellt werden. Doch ist in vielen Verträgen unmittelbarer Verkehr der zuständigen Behörden zugelassen. (Vgl. z. B. Art. 8 des deutsch-niederländischen Vertrages.)

Die Stellung des Auslieferungsantrags wird in den deutschen Staaten mittels eines von der verfolgenden Justizbehörde dem zuständigen Minister zu erstattenden Berichts in Anregung gebracht. Dem Bericht sind die zur Stellung des Auslieferungsantrags erforderlichen Unterlagen beizufügen. In Preußen ist der Bericht an den Justizminister zu richten, der nach Prüfung des Sachverhalts den Minister der auswärtigen Angelegenheiten ersucht, durch den beim Zufluchtsstaat beglaubigten diplomatischen Vertreter den Antrag stellen zu lassen. In besonders dringenden Fällen können die Justizbehörden ihre Anträge unmittelbar dem Minister der auswärtigen Angelegenheiten einreichen. Das von den preußischen Justizbehörden behufs Erwirkung von Auslieferungen zu beobachtende Verfahren ist in einer Reihe von Justizministerialverfügungen geregelt, die zuletzt in einer im Verlage von R. v. Decker, Berlin im Jahre 1905 erschienenen halbamtlichen Schrift zusammengestellt sind. Die maßgebenden Bestimmungen sind unten am Schlusse des Buches anhangsweise abgedruckt, soweit sie nicht in die Anmerkungen zu den einzelnen Verträgen aufgenommen sind.

Über das Verfahren in einzelnen andern deutschen Bundesstaaten und Elsaß-Lothringen vgl. Grosch S. 46—49.

2. Das Entscheidungsverfahren.

a) in den deutschen Bundesstaaten. Das Verfahren auf den von einer ausländischen Regierung gestellten Auslieferungsantrag ist in den deutschen Bundesstaaten sehr verschieden. (Vgl. die Zusammenstellung bei Grosch S. 67—74.) Die Entscheidung erfolgt stets durch die Verwaltungsbehörden.

Für Preußen vgl. die Darstellung von Delius in d. Zeitschr. f. d. ges. Strafr.wissensch. Bd. XI S. 677 ff.; siehe auch Pr. JMBl. 1897 S. 272. Die Entscheidung liegt in Preußen bei den drei Ministern des Auswärtigen, der Justiz und des Innern. Sie erfolgt, nachdem auf Anweisung der Ministerien von der zuständigen Bezirksregierung und Staatsanwaltschaft die erforderlichen Ermittelungen angestellt sind und der Flüchtling in Haft (nicht gerichtliche) genommen ist. Eine Mitwirkung der Gerichte tritt nur bei Auslieferungen nach Großbritannien und Nordamerika ein, da hier aus Gründen der Reziprozität auch die Schuldfrage geprüft wird. Auf die Prüfung dieser Schuldfrage ist die Mitwirkung der Gerichte beschränkt. Ihre Entscheidung bindet die Ministerien nicht. Das Nähere hierüber vgl. in Anm. 3 zu Art. IX des deutsch-britischen, und Anm. 3a zu Art. I des norddeutsch-nordamerikanischen Vertrages.

Die Ausführung der Auslieferung erfolgt auf Anweisung der Ministerien durch den zuständigen Regierungspräsidenten.

b) Über die Gestaltung des Entscheidungsverfahrens in den wichtigsten außerdeutschen Staaten vgl. die Darstellung bei Grosch S. 49--60.

c) Bezüglich der sog. „extradition volontaire", welche aber nicht mehr unter den Begriff der Auslieferung fällt, vgl. Anm. 3 zu Art. 8 des preußisch-französischen Vertrages.

Der Ausgelieferte vor dem erkennenden deutschen Gericht.

A. Allgemeines.

Der erkennende deutsche Richter hat die in den Auslieferungsverträgen enthaltenen Rechtsnormen von Amts wegen zu berücksichtigen. Das Vorliegen der im Vertrage aufgestellten Bedingungen ist Voraussetzung für die Bestrafung des Ausgelieferten [1]).

[1]) Über den Fall der sog. „extradition volontaire", vgl. Anm. 3 zu Art. 8 des preußisch-französischen Vertrages.

Kein Verzicht des Ausgelieferten auf Einhaltung der Vertragsschranken. Bedeutung der letzteren. Urteil.

Ein Verzicht des Ausgelieferten auf die ihm durch den Vertrag (der Sache nach) gewährten Rechte ist unbeachtlich. Denn die Auslieferungsverträge bezwecken die gegenseitige Regelung der Ausübung von Souveränitätsrechten und diese sind der Verfügung von Privatpersonen, also auch der des Ausgelieferten, der lediglich Objekt des Vertrages ist, entzogen. (Vgl. RG. 34 S. 191 ff.; 38 S. 118.) Das Vorliegen der vertraglichen Bedingungen ist aber nur prozessuale Voraussetzung der Verfolgung des Täters[1]). Inwieweit nach Prüfung dieser Voraussetzungen das Gericht veranlaßt ist, im Urteil ihr Vorliegen zu erörtern, hängt von den Einwendungen ab, die in dieser Beziehung erhoben werden oder sich aufwerfen. (Vgl. RG. 32 S. 125 u. unten S. 53.) Stellt sich in der Hauptverhandlung heraus, daß die Bedingungen des Vertrages nicht gegeben sind, so ist durch Urteil die Strafverfolgung für unzulässig zu erklären. (Vgl. Löwe, Anm. 4 zu § 259 StPO.)

---

[1]) Fällt also nicht unter die Schuldfrage und ist daher im schwurgerichtlichen Verfahren nicht von den Geschworenen, sondern vom Gericht zu prüfen. (Vgl. auch unten S. 53 und Anm. 2 zu Art. 6 des deutsch-niederländischen Vertrages.)

Die Legalität der erfolgten Auslieferung ist nicht zu prüfen.

Der erkennende Richter muß prüfen, ob eine wirkliche Auslieferung vorliegt, d. h. ob die Auslieferung durch die zuständige Behörde des ersuchten Staates erfolgt ist. Ist dies der Fall, so steht ihm eine weitere Nachprüfung darüber, ob die Auslieferung nach den im ersuchten Staate geltenden Vorschriften, insbesondere nach der ausländischen Auslieferungsgesetzgebung zulässig war, nicht zu. Über die Einhaltung dieser Vorschriften haben lediglich die ausländischen Behörden zu wachen. (Vgl. RG. 33 S. 99 ff.) Der Ausgelieferte hat kein Recht, die Legalität der erfolgten Auslieferung vor dem erkennenden Gericht zu bemängeln; denn er hatte auf Asylschutz keinen Anspruch. Nach alledem hat der Spruchrichter z. B. auch nicht zu prüfen, auf welche Weise der Flüchtling in die Gewalt der ausliefernden Behörde gekommen ist. (Vgl. RG. 29 S. 22 im Falle von Hammerstein, wo noch hervorgehoben wird, daß Freiwilligkeit des Aufenthalts im ersuchten Staate überhaupt nicht Voraussetzung der Auslieferung ist. (Vgl. auch Anm. 1 zu Art. 7 des deutsch-italienischen, Anm. 2 zu Art. 7 des deutsch-britischen Vertrages.)

B. Umfang der Strafbefugnis.

Wegen welcher Delikte darf nun der Ausgelieferte im ersuchenden Staate verfolgt und bestraft werden? Für diese Frage ist von größter Bedeutung das sog.

Prinzip der Spezialität

der Auslieferung. Wie oben (S. 14 ff.) dargelegt, ist der ersuchte Staat grundsätzlich zur Auslieferung nur verpflichtet, wenn er auf Grund eigner Prüfung festgestellt hat, daß die Tat nach seinem Strafrecht als eins der vertragsmäßigen Auslieferungsdelikte strafbar ist. Hiernach ist klar, daß der ersuchte Staat den Flüchtling dem ersuchenden Staate nicht zur beliebigen Verfügung ausliefert, daß vielmehr der ersuchende Staat den Flüchtling wegen aller vor der Auslieferung begangenen strafbaren Handlungen, wegen deren die Auslieferung nicht erfolgt ist, nicht verfolgen darf. Dieses sog. Prinzip der Spezialität der Auslieferung gilt als ein Satz des Völkerrechts auch im Verkehr der vertraglosen Staaten. Soweit Auslieferungsverträge bestehen, ist natürlich in erster Linie die vertragliche Regelung maßgebend. (Vgl. RG. 30 S. 445; 31 S. 430.) Enthält der Vertrag keine einschlägige Bestimmung (wie z. B. die bundesstaatlichen Verträge mit Nordamerika, der Vertrag Preußens mit Frankreich, der Bundesbeschluß von 1854), so gilt das reine völkerrechtliche Prinzip. (Vgl. RG. 27 S. 126 u. 413.)

Änderung der rechtlichen Beurteilung.

Der Grundsatz der Spezialität führt an sich nicht zu der Konsequenz, daß die Tat, wegen deren ausgeliefert ist, nur unter dem in dem bewilligten Auslieferungsgesuch angenommenen rechtlichen Gesichtspunkt zur Aburteilung gezogen werden darf. Vielmehr kann, soweit nicht die Verträge ein anderes bestimmen, die Bestrafung auch aus einem von der ursprünglichen Qualifizierung abweichenden rechtlichen Gesichtspunkt erfolgen, sofern nur die Tat auch in der neuen rechtlichen Qualifikation ein Auslieferungsdelikt bildet. Diesen Satz hat das Reichsgericht wiederholt ausgesprochen. (Vgl. RG. 27 S. 127, 413 ff.; 30 S. 440; 31 S. 428; 33 S. 390; 34 S. 68; 36 S. 345 ff.) Er gilt für alle deutschen Verträge, da keiner von ihnen eine entgegenstehende Bestimmung enthält.

In einem nach den Bestimmungen des preußisch-französischen Vertrages zu beurteilenden Falle hat das Reichsgericht (Bd. 34 S. 380 ff.) sogar angenommen, daß ein wegen betrügerischen Bankerutts Ausgelieferter, wenn die Tat sich nach dem Ergebnis der Hauptverhandlung nur als Versuch dieses Delikts herausstellt, wegen Versuchs bestraft werden könne, obwohl der Vertrag den Versuch des betrüglichen Bankerutts nicht als Auslieferungsdelikt aufführt. Das Reichsgericht stellt dabei (a. a. O. S. 385) den Satz auf, daß der Aburteilung des Ausgelieferten durch die Gerichte des verfolgenden Staates kein rechtliches Hindernis entgegenstehe, wenn die in der Untersuchung sich ergebende Abweichung von der der Auslieferung zugrunde liegenden rechtlichen Qualifikation der konkreten Tat nur zu einer Modifikation derselben Straftat im Rahmen des der Auslieferung zugrunde liegenden Strafgesetzes führe. (Über das Bedenkliche dieser Entscheidung vgl. Anm. 2 zu Art. 8 des preußisch-französischen Vertrages.)

Nach der Auslieferung begangene Delikte.

Nach allen Verträgen ist ferner wegen nach der Auslieferung begangener Delikte die Strafverfolgung unbeschränkt zulässig. Das Spezialitätsprinzip findet insoweit keine Anwendung. Streitig ist aber, mit welchem Zeitpunkt die Auslieferung als erfolgt anzusehen ist. (Vgl. hierzu Delius S. 61 ff.; Grosch S. 28 ff.)

Das Spezialitätsprinzip der Reichsverträge im einzelnen.

Im übrigen ist bezüglich der vor der Auslieferung begangenen Delikte (einschließlich desjenigen, welches die Auslieferung veranlaßt hat), die vertragliche Regelung eine sehr verschiedene. Hervorzuheben ist hierbei nochmals (vgl. oben S. 38), daß die Beschränkungen, die die Verträge der Strafgewalt des ersuchenden Staates auferlegen, durch einen Verzicht des Ausgelieferten auf ihre Innehaltung nicht in Wegfall gebracht werden können. Im einzelnen ist zu bemerken:

1. Stellt sich nach erfolgter Auslieferung heraus, daß der Ausgelieferte vor der Auslieferung noch andere Delikte begangen hat, welche gleichfalls

Auslieferungsdelikte sind, wegen deren die Auslieferung aber nicht erfolgt ist, so ist zu unterscheiden:

a) Nach den Verträgen des Reichs mit Griechenland (Art. 6), Großbritannien (Art. 7), dem Kongostaat (Art. 6) und den Niederlanden (Art. 6), welche das reine Spezialitätsprinzip übernommen haben, kann die Bestrafung des Ausgelieferten wegen dieser andern Delikte nur erfolgen, wenn die ausliefernde Regierung nachträglich ihre Zustimmung gibt (oder die Voraussetzungen unten zu 2b vorliegen). Von Großbritannien ist eine solche Zustimmung regelmäßig nicht zu erreichen, vielmehr muß der Beschuldigte nach Großbritannien zurückgebracht und seine Auslieferung von neuem beantragt werden. (Vgl. Pr. JMBl. 1905 S. 23.)

b) Nach den übrigen Verträgen des Reichs kann jedoch die Bestrafung des Ausgelieferten wegen dieser andern Delikte erfolgen, ohne daß es einer Zustimmung der ausliefernden Regierung bedarf. Denn nach diesen Verträgen gilt das Prinzip der Spezialität nur beschränkt. Sie lassen die Bestrafung vor der Auslieferung begangener Delikte, wegen deren die Auslieferung nicht erfolgt ist, schlechthin zu, sofern diese Delikte zu den vertragsmäßigen Auslieferungsdelikten gehören. (Vgl. z. B. Art. 6 Abs. 1 S. 2 des deutsch-belgischen Vertrages und RG. 30 S. 440; 31 S. 236.)

2. Stellt sich nach erfolgter Auslieferung heraus, daß der Ausgelieferte vor der Auslieferung noch

andere Delikte begangen hat, welche nicht Auslieferungsdelikte sind (oder stellt sich heraus, daß die Tat, welche die Auslieferung veranlaßt hat, kein Auslieferungsdelikt bildet), so ist zu bemerken: die Mehrzahl der Reichsauslieferungsverträge[1]) enthält die Bestimmung, daß die wegen eines Vertragsdelikts ausgelieferte Person wegen eines vor der Auslieferung begangenen, im Vertrage **nicht** vorgesehenen Delikts nicht zur Untersuchung gezogen oder bestraft werden dürfe. Über die Bedeutung dieser Bestimmung herrscht Streit. (Vgl. unten zu d.) Vorweg ist hier aber hervorzuheben:

a) Eine Reihe der oben zu 1b erwähnten Verträge (ebenso die Verträge mit dem Kongostaat und den Niederlanden) gestattet ausdrücklich die Verfolgung des Ausgelieferten auch wegen solcher vor der Auslieferung begangenen Delikte, welche nicht Auslieferungsdelikte sind, wenn der Ausgelieferte nach endgültiger Erledigung des auf das Auslieferungsdelikt bezüglichen Strafverfahrens (Freisprechung bzw. Strafverbüßung) während einer bestimmten Zeit (nach einigen Verträgen drei, nach andern einen Monat) im Lande bleibt oder nach Verlassen desselben wieder dahin zurückkehrt. (Vgl. z. B. Art. 4 Abs. 2 des deutsch-italienischen Vertrages.)

b) Auch für diejenigen Verträge, welche diese Bestimmung nicht enthalten (insbesondere also

[1]) Und einige einzelstaatliche Verträge.

auch für die Verträge mit Griechenland und Großbritannien) wird aber durch die oben zu 2 erwähnte Vertragsbestimmung die Verfolgung des Ausgelieferten wegen vor der Auslieferung begangener, nicht unter die Vertragsdelikte fallender Straftaten nicht für alle Zeiten ausgeschlossen (was sinnlos wäre), sondern nur so lange, als der Aufenthalt des Ausgelieferten im Inlande als die unmittelbare Folge der Auslieferung anzusehen ist. Diesen Charakter verliert sein Verweilen im Inlande aber erst dann, wenn es sich nach den obwaltenden Umständen als auf freier Entschließung des Ausgelieferten beruhend darstellt. Hierbei ist zu berücksichtigen, daß, solange das Strafverfahren wegen des der Auslieferung zugrunde liegenden Delikts noch schwebt oder der Ausgelieferte wenigstens keine Gewißheit hat, daß es beendet ist, nicht ohne weiteres unterstellt werden darf, daß der Ausgelieferte im Inlande in freier Selbstbestimmung seines Aufenthalts weile. Denn sein Verweilen ist in diesen Fällen möglicherweise durch die Annahme veranlaßt, daß er, wenn er entfliehe, wieder ausgeliefert werde. (Vgl. RG. 38 S. 111 ff. — wo der von demselben [I.] Senat in Bd. 32 S. 425, 428 vertretene abweichende Standpunkt aufgegeben wird.)

c) Bis zu dem zu 2a und b genannten Zeitpunkt ist der Ausgelieferte wegen aller nicht im Vertrage vorgesehenen, vor der Auslieferung began=

genen Delikte immun. Jede diesbezügliche Untersuchungshandlung während dieser Zeit ist unzulässig und daher insbesondere auch nicht geeignet, eine rechtsgültige Unterbrechung der Verjährung zu begründen. (RG. 32 S. 247 ff.) Im schwurgerichtlichen Verfahren ist schon die Stellung einer Hilfsfrage als ein „zur Untersuchung Ziehen" anzusehen. (RG. 29 S. 270.) Es darf also z. B. gegen einen von der Schweiz wegen wissentlicher Eidesverletzung Ausgelieferten an die Geschworenen neben der Frage wegen Meineids eine Hilfsfrage wegen fahrlässigen Falscheids (der nach dem Vertrage kein Auslieferungsdelikt ist) nicht gestellt werden. Ist trotzdem diese Hilfsfrage gestellt und, nach Verneinung der Hauptfrage, bejaht worden, so ist die Sachlage so zu beurteilen, als wenn die Hilfsfrage nicht gestellt und also auch nicht beantwortet wäre. Es ist dann also auf Freisprechung von der Anklage des wissentlichen Meineids zu erkennen. Diese Freisprechung steht einer späteren Verfolgung des Angeklagten wegen fahrlässigen Falscheids (d. h. nach dreimonatigem Verbleiben im Lande oder Rückkehr nach Verlassen desselben) nicht entgegen. Denn der Grundsatz des Verbrauchs der Strafklage reicht nur so weit, als die Befugnis des Gerichts zur Umgestaltung der Strafklage reicht. (Vgl. RG. 37 S. 88 ff.)

d) Wie steht es nun, wenn der Zufluchtsstaat auf Antrag des ersuchenden Staates die Auslieferung auch wegen eines im Vertrage nicht vorgesehenen Delikts bewilligt, oder während des Schwebens des auf das Auslieferungsdelikt bezüglichen Verfahrens der Verfolgung wegen eines vor der Auslieferung begangenen Nichtauslieferungsdelikts zustimmt? Darf das Nichtauslieferungsdelikt dann sogleich mit zur Aburteilung gezogen werden? Oder ist auch in diesen Fällen die Verfolgung wegen des Nichtauslieferungsdelikts vor dem oben zu 2a und b genannten Zeitpunkt unzulässig? Überwiegend wird das letztere angenommen, weil die oben zu 2 erwähnte, Gesetzeskraft habende Vertragsbestimmung die Verfolgung wegen vor der Auslieferung begangener Nichtauslieferungsdelikte verbiete.

Das Reichsgericht hat die Frage noch nicht entschieden. Für alle diejenigen Verträge, welche obige Bestimmung nicht enthalten, unterliegt es keinem Zweifel, daß mit Zustimmung der ausliefernden Regierung auch die vor der Auslieferung begangenen Nichtauslieferungsdelikte zur Bestrafung gezogen werden können. In einem preußisch-französischen Falle geht das Reichsgericht (Bd. 29 S. 290, 291) ganz allgemein davon aus, daß, wenn die Auslieferung auch wegen eines Nichtauslieferungsdelikts bewilligt sei, die Bestrafung auch wegen dieses Delikts erfolgen dürfe, sofern nicht der Vertrag dies verbiete.

Es fragt sich nun, ob obige Vertragsbestimmung ein solches Verbot enthält. Die Frage dürfte zu verneinen sein. (A. A. Lammasch S. 199 ff., Delius in Z. XVI S. 188.) Entscheidend ist — dem Wortlaut gegenüber — auch hier (wie im Falle zu 2 b), daß ein staatliches Interesse an einer Abmachung solchen Sinnes nicht verständlich wäre. Die die Strafgewalt des ersuchenden Staates einschränkenden Bestimmungen der Verträge sind lediglich im Interesse des ausliefernden Staates vereinbart. Letzterem soll eine Garantie dafür gegeben werden, daß der auf Grund des Vertrages pflichtgemäß Ausgelieferte nur wegen der Taten verfolgt werde, deren Verfolgung auch der ausliefernde Staat für recht und billig hält. Der Sinn unserer Bestimmung kann deshalb nur der sein, daß die auf Grund des Vertrages (pflichtgemäß) erfolgende **Auslieferung** dem ersuchenden Staate nicht die Handhabe bieten soll zur Verfolgung früherer Delikte, die im Vertrage nicht vorgesehen sind und der Kognition des ausliefernden Staates nicht unterlegen haben. (Vgl. auch RG. 38 S. 115.) Gibt also der ausliefernde Staat nachträglich seine Zustimmung zur Verfolgung eines solchen Delikts, oder liefert er von vornherein wegen desselben aus, so steht der alsbaldigen Aburteilung dieses Delikts nichts im Wege.

Auslieferung über den Vertrag hinaus.

Aus dem zu d Ausgeführten ergibt sich nun gleich folgendes, was in diesem Zusammenhange angeführt werden muß:

α) Auslieferung über den Vertrag hinaus ist zulässig. Die vielfach vertretene Ansicht, daß die Verträge durch die oben zu 2 genannte Bestimmung indirekt eine Auslieferung über den Vertrag hinaus verbieten (nämlich weil sie die Bestrafung von Nichtauslieferungsdelikten verböten) ist unzutreffend. Eine derartige, niemals zu vermutende Beschränkung der staatlichen Souveränitätsrechte hätte auch ganz ausdrücklicher Hervorhebung bedurft. Eine solche findet sich nur im deutsch-niederländischen Vertrage (Art. 6 Abs. 3), der jedoch (Art. 6 Abs. 1) die nachträgliche Zustimmung des ausliefernden Staates zur Bestrafung von Nichtauslieferungsdelikten ausdrücklich vorbehält. (Vgl. auch die Denkschr. zu diesem Vertrage, Reichstagsdrucksachen 1895/97 Anlagen Bd. 6 S. 3681.)

β) Die vom Deutschen Reich mit Italien und mit der Schweiz gewechselten sog.

„Gegenseitigkeitserklärungen"

(vgl. Anm. 14 zu Art. 1 des deutsch-italienischen; Anm. 1 zu Art. 1 des deutsch-schweizerischen Vertrages) sind zwar keine rechtsgültigen Auslieferungsverträge, weil sie dem Reichstage nicht zur Genehmigung vorgelegt sind. (Art. 11 Abs. 3, Art. 4 Ziff. 11 RV.; vgl. oben S. 5, 6.) Sie stellen aber klar, wegen welcher Delikte die Deklaranten über den Vertrag hinaus ausliefern wollen. Gegen den Vertrag verstoßen sie nicht. (Vgl. oben zu α; a. A. Delius in Z. XVI, S. 191.) Liefert also z. B. die Schweiz wegen Vornahme unzüchtiger Handlungen an Kindern unter 14 Jahren aus (vgl. Anm. 1 A g zu Art. 1 des Vertrages), so steht der Aburteilung dieses Delikts nichts im Wege.

Die zwischen Preußen und Frankreich gewechselten Gegenseitigkeitserklärungen (vgl. Anm. 1 zu Art. 2 des preußisch-französischen Vertrages) erweitern rechtswirksam den Vertrag, da nach der preußischen Verfassung hierzu parlamentarische Genehmigung nicht erforderlich ist. (Vgl. oben S. 7.)

C. Prüfung der Strafbarkeit nach dem Recht des Asylstaates.

Sehr streitig ist die Frage, inwieweit der erkennende Richter zu prüfen hat, ob auch nach dem Strafrecht des ausliefernden Staates die Tat als eins der Vertragsdelikte strafbar ist. Hier wird folgendes zu gelten haben:

Wenn der dem erkennenden Richter vorliegende Deliktstatbestand der gleiche geblieben ist, wie er dem ausliefernden Staate bei Bewilligung der Auslieferung vorlag, so hat der Richter (neben der ihm selbstverständlich obliegenden Prüfung, ob die Tat sich nach dem zur Zeit des Vertragsschlusses geltenden inländischen Strafrecht als Vertragsdelikt darstellt, vgl. oben S. 22) nicht auch zu prüfen, ob auch nach dem Strafrecht des ausliefernden Staates ein Vertragsdelikt vorliegt, und zwar gleichviel, wie der Vertrag das Prinzip der identischen Norm ausgestaltet hat. (Vgl. oben S. 15 ff.) Ebensowenig hat er in diesem Falle zu prüfen, ob es sich um ein politisches Delikt handelt und ob etwa der Ausgelieferte Angehöriger des ersuchten Staates ist. Denn alle diese Punkte hat ja bereits der ausliefernde Staat geprüft, oder doch prüfen können (vgl. oben S. 14 ff.), und er hat durch die Auslieferung anerkannt, daß in dieser Beziehung keine Anstände vorliegen. Eine Prüfung durch den erkennenden Richter hat daher nicht mehr stattzufinden. Dies ist für die Verträge, welche die oben zu 2 genannte Klausel nicht enthalten, allgemein anerkannt. (Vgl. auch RG. 29 S. 63 u. 288ff.) Das gleiche muß aber auch für die übrigen Verträge gelten. Die oben zu 2 erwähnte Bestimmung derselben, daß der Ausgelieferte wegen eines im Vertrage nicht vorgesehenen Delikts nicht bestraft werden dürfe, ergibt nicht das Gegenteil. (A. A. Delius in Z. XVI S. 190.) Denn sie handelt, wie oben zu 2d dargelegt ist, nur von Delikten, wegen welcher Auslieferung nicht erfolgt ist.

Dagegen folgt aus jener Bestimmung in Verbindung mit dem Prinzip der identischen Norm, daß in allen Fällen, in denen der Tatbestand sich gegenüber dem bei der Auslieferungsbewilligung zugrunde gelegten verändert und der erkennende Richter einen Deliktstatbestand, wegen dessen die Auslieferung nicht erfolgt ist, (zulässigerweise) zur Aburteilung zieht (vgl. namentlich oben zu 1b), geprüft

4*

werden muß, ob sich dieser Tatbestand auch nach dem zur Zeit des Vertragsschlusses geltenden Strafrecht des ausliefernden Staates unter den Begriff eines Vertragsdelikts bringen läßt und ob nicht etwa ein politisches Delikt vorliegt. Je nachdem der betreffende Vertrag das Prinzip der identischen Norm ausgestaltet hat, wird nun diese Prüfung eine verschiedene sein müssen:

Bei denjenigen Delikten, bei denen der Vertrag ausdrücklich Strafbarkeit nach der Gesetzgebung beider Staaten verlangt, muß der Richter prüfen, ob die Tat nach dem zur Zeit des Vertragsschlusses geltenden ausländischen Strafrecht als eins der Vertragsdelikte strafbar ist (also z. B. auch, ob ein nach jenem ausländischen Recht etwa erforderlicher Strafantrag vorliegt). Bei denjenigen Delikten, bei denen obiges Erfordernis nicht aufgestellt ist, hat dagegen der Richter nur zu prüfen, ob die Tat ihrem Wesen nach unter die im Vertrage aufgeführte allgemeine Kategorie (z. B. Notzucht) fällt, ohne in eine Prüfung einzutreten, ob sie auch alle Strafbarkeitsmomente einer nach ausländischem Recht mit Strafe bedrohten Handlung an sich trägt. (Vgl. RG. 36 S. 348, 349 und oben S. 16, 17 zu b α.)

Die hiernach nicht selten erforderliche Prüfung, ob nach dem ausländigen Strafrecht ein Vertragsdelikt vorliegt, kann oft schwierig sein. Durch einen Verzicht des Ausgelieferten kann der Richter dieser Prüfung nicht überhoben werden. (Vgl. oben S. 38.)

Im Urteil brauchen aber die einzelnen Tatbestandsmerkmale der ausländischen Norm nicht (wie dies für die inländische Norm in § 266 StPO. vorgeschrieben ist) festgestellt zu werden. Denn das Vorliegen des ausländischen Gesetzestatbestands (soweit der Vertrag solches verlangt) ist nur eine strafprozessuale Voraussetzung der Verfolgung des Täters[1]. Inwieweit nach Prüfung dieser Voraussetzung das Gericht veranlaßt ist, im Urteil die einzelnen gesetzlichen Merkmale des betreffenden ausländischen Deliktsbegriffs zu erörtern, hängt von den Einwendungen ab, welche gegen die Subsumtion der Tat unter den letzteren erhoben werden oder sich aufwerfen. (Vgl. RG. 32 S. 125 und oben S. 38.)

D. Anwendbarkeit des § 60 RStGB. auf die Auslieferungshaft.

Darf das Gericht dem Ausgelieferten die im Asylstaate erlittene Auslieferungshaft auf die erkannte Strafe nach § 60 RStGB. anrechnen? Die Frage ist zu bejahen. Denn Untersuchungshaft im Sinne des § 60 RStGB. ist nicht nur die Untersuchungshaft der Strafprozeßordnung, sondern jede zum Zwecke der Untersuchung von einer Behörde

[1] Ist also im schwurgerichtlichen Verfahren nicht von den Geschworenen, sondern vom Gericht zu prüfen. (Vgl. oben S. 38 und Anm. 2 zu Art. 6 des deutsch-niederländischen Vertrages.)

angeordnete Haft, also auch die Freiheitsentziehung, die auf Grund eines richterlichen Haftbefehls zwecks vorläufiger Festnahme des Flüchtlings im Asylstaate bewirkt worden ist. (Vgl. RG. 38 S. 182.)

Auslieferungen ohne Vertrag.

Auch diejenigen Kulturstaaten, mit denen Auslieferungsverträge nicht abgeschlossen sind, pflegen dem Reiche gegen Zusicherung der Gegenseitigkeit Auslieferungen zu gewähren, wenn dies nach den Gesetzen des betr. Staats zulässig erscheint und im Einzelfalle keine besonderen Bedenken entgegenstehen. Die in den neueren Verträgen des Reichs enthaltenen Voraussetzungen für die Auslieferung sind im allgemeinen auch denjenigen Staaten gegenüber maßgebend, mit welchen Verträge nicht bestehen. Es wird also die Auslieferung nicht nachgesucht werden dürfen, wenn der Verfolgte Angehöriger des Zufluchtsstaats ist, wenn die Tat einen politischen Charakter hat, wenn sie nach den Gesetzen des Zufluchtsstaats verjährt ist usw. Selbstverständlich sind hier auch stets die völkerrechtlichen Prinzipien der identischen Norm und der Spezialität (vgl. oben S. 15, 40) genau zu beachten.

Dänemark.

Kein Vertrag besteht z. B. mit Dänemark. Hier sind nach Pr. JMBl. 1889 S. 18 von den preußischen Justizbehörden folgende Grundsätze zu beachten: Die Auslieferung kann nur unter Zusicherung der Gegenseitigkeit beantragt werden. Die Gesuche sind auf solche Delikte zu beschränken, wegen welcher nach den neueren Verträgen des Reichs, insbesondere dem Vertrage mit Belgien, die Auslieferung vereinbart ist. Dabei ist zu prüfen, ob auch die anderen in diesen Verträgen niedergelegten Voraussetzungen vorliegen. Der Antrag auf Auslieferung kann nur im diplomatischen Wege gestellt werden; zur Begründung ist entweder eine Urteilsausfertigung oder ein Haftbefehl einzureichen. Ist der Verfolgte aus der Provinz Schleswig-Holstein gebürtig, so ist mit Rücksicht auf die Vereinbarung in Art. XIX des Wiener Friedensvertrages vom 30. Oktober 1864 mit besonderer Sorgfalt zu prüfen, ob derselbe Reichsangehöriger oder dänischer Staatsangehöriger ist, da letzteren Falls seine Auslieferung nicht verlangt werden kann. In dem dem Justizminister zu erstattenden Bericht (vgl. oben S. 35) ist hervorzuheben, daß diese Prüfung stattgefunden hat. Die vorläufige Festnahme des Verfolgten kann seitens der Behörden des Oberlandesgerichtsbezirks Kiel im Wege des unmittelbaren Geschäftsverkehrs bei den dänischen Behörden beantragt werden in Gemäßheit des Zirkulars der schleswig-holsteinischen Landesregierung vom 17. Februar 1865 und des Ausschreibens der Regierung des Herzogtums Lauenburg vom 18. Februar 1865 (Verordnbl. f. Schleswig-Holstein u. Lauenburg 1865 S. 27;

Offizielles Wochenbl. f. Lauenburg 1865 S. 29.) Wird dagegen der Flüchtling von Justizbehörden anderer preußischer Bezirke verfolgt, so kann die vorläufige Festnahme nur im diplomatischen Wege bei der dänischen Regierung beantragt werden. Die Kosten der Festnahme, des Unterhalts und des Transports des Flüchtlings bis zur deutschen Grenze trägt Dänemark.

Ablieferung aus deutschen Schutzgebieten usw.

Über die sog. Ablieferung aus deutschen Schutzgebieten und aus Ländern, in welchen Deutschland Konsulargerichtsbarkeit ausübt, vgl. näheres unten im Anhang. Zu bemerken ist hierbei bezüglich der Türkei, daß durch den Übertritt zum Islam ohne weiteres die türkische Staatsangehörigkeiter worben und damit die Ablieferung ausgeschlossen wird.

Erster Teil.

Die Auslieferungsverträge des Deutschen Reiches.

I.

Auslieferungsvertrag

zwischen dem Deutschen Reiche und Belgien.

Vom 24. Dezember 1874 (RGBl. 1875 S. 73 ff.).

Vorbemerkungen.

1. Der Vertrag ist in Berlin ratifiziert (RGBl. 1875 S. 87) und im RGBl. v. 27. 2. 1875 mit offiziellem Doppeltext in deutscher und französischer Sprache verkündet. — Vorverhandlungen in den Verhandlungen des Reichstags 1874 II. Sess. Anl. Bd. Nr. 154; stenogr. Ber. S. 984, 1211. — Der Vertrag wurde (wegen dreier Fehler des deutschen Textes) berichtigt laut Bekanntmachung des Reichskanzlers v. 29. 12. 1878 (RGBl. 1879 S. 2) und ferner abgeändert durch Zusatzvertrag v. 28. 11. 1900 (RGBl. 1901 S. 203). Vgl. Anm. 1 zu Art. 9.

2. Der Vertrag ist auf der Grundlage des norddeutsch-belgischen Vertrages v. 9. 2. 1870 (BGBl. S. 53) abgeschlossen unter Aufnahme verschiedener Bestimmungen aus den früheren Verträgen der süddeutschen Staaten mit Belgien und unter Berücksichtigung des inzwischen in Kraft getretenen deutschen RStGB. Für Belgien bildete sein Auslieferungsgesetz (loi sur les extraditions v. 15. 3. 1874) die Vertragsbasis. Das in Belgien

geltende Strafgesetzbuch ist der code pénal belge v. 15. 10. 1867. (Vgl. v. Liszt, Strafgesetzgebung der Gegenwart. Bd. 1 S. 461.) Der deutsch-belgische Vertrag geht in der Zulassung der Auslieferung weiter als alle früheren Verträge des Deutschen Reichs. Er ist seiner ausgezeichneten Durchbildung wegen für eine Reihe andrer Verträge vorbildlich geworden und dient auch im Verkehr der Kulturstaaten, welche Auslieferungsverträge nicht abgeschlossen haben, regelmäßig als Richtschnur. (Vgl. z. B. Pr. JMBl. 1889 S. 18.)

---

1. Die hohen vertragenden Teile verpflichten sich durch gegenwärtigen Vertrag, sich einander in allen nach den Bestimmungen desselben zulässigen Fällen diejenigen Personen auszuliefern, welche wegen einer der nachstehend aufgezählten strafbaren, im Gebiete des ersuchenden[1]) Staates begangenen und daselbst strafbaren Handlungen[2]), sei es als Täter oder Teilnehmer[3]), verurteilt oder in Anklagestand versetzt oder zur gerichtlichen Untersuchung gezogen worden sind, nämlich[4]):

1. wegen Totschlags, Mordes, Giftmordes, Elternmordes und Kindesmordes[5]);
2. wegen vorsätzlicher[6]) Abtreibung der Leibesfrucht;
3. wegen Aussetzung eines Kindes unter sieben Jahren oder vorsätzlicher Verlassung eines solchen in hilfloser Lage[7]);
4. wegen Raubes oder Verheimlichung eines Kindes unter sieben Jahren, wegen Entführung,

Unterdrückung, Verwechselung und Unterschiebung eines Kindes[7]);

5. wegen Entführung einer minderjährigen Person[8]);
6. wegen vorsätzlicher und rechtswidriger Beraubung der persönlichen Freiheit eines Menschen, insofern sich eine Privatperson derselben schuldig macht[9]);
7. wegen Eindringens in eine fremde Wohnung, insofern sich eine Privatperson desselben schuldig macht und die Handlung nach der Gesetzgebung beider Teile strafbar ist[10]);
8. wegen Bedrohung eines Anderen mit einem als Verbrechen strafbaren Angriffe auf die Person oder das Eigentum[11]);
9. wegen unbefugter Bildung einer Bande, in der Absicht, Personen oder Eigentum anzugreifen[12]);
10. wegen mehrfacher Ehe;
11. wegen Notzucht[13]);
12. wegen Vornahme unzüchtiger Handlungen mit Gewalt oder unter Drohungen in den von der Gesetzgebung beider Teile mit Strafe bedrohten Fällen[14]) [4]);
13. wegen Vornahme unzüchtiger Handlungen mit oder ohne Gewalt oder Drohungen an einer Person des einen oder anderen Geschlechts unter vierzehn Jahren, sowie wegen Verleitung

solcher Personen zur Verübung oder Duldung unzüchtiger Handlungen [14]);

14. wegen gewohnheitsmäßiger Kuppelei mit minderjährigen Personen des einen oder anderen Geschlechts;

15. wegen vorsätzlicher Mißhandlung oder Verletzung eines Menschen, welche eine voraussichtlich unheilbare Krankheit oder dauernde Arbeitsunfähigkeit oder den Verlust des unumschränkten Gebrauchs eines Organs, eine schwere Verstümmelung oder den Tod, ohne den Vorsatz zu töten, zur Folge gehabt hat [15]);

16. wegen Diebstahls [16]), Raubes und Erpressung;

17. wegen Unterschlagung und Untreue in den Fällen, in welchen diese Handlungen von der Gesetzgebung beider vertragenden Teile mit Strafe bedroht sind [17]) [4]);

18. wegen Betrugs in denjenigen Fällen, in welchen derselbe nach der Gesetzgebung beider Teile als Verbrechen oder Vergehen strafbar ist [18]) [4]);

19. wegen betrüglichen Bankerutts und betrüglicher Benachteiligung einer Konkursmasse;

20. wegen Meineides [19]);

21. wegen falschen Zeugnisses und wegen falschen Gutachtens eines Sachverständigen oder Dolmetschers in den Fällen, in welchen diese Handlungen von der Gesetzgebung beider Teile mit Strafe bedroht sind [20]) [4]);

22. wegen Verleitung eines Zeugen, Sachverständigen oder Dolmetschers zum Meineide[21]);
23. wegen Fälschung von Urkunden[22]) oder telegraphischen Depeschen in betrügerischer Ab-Absicht oder in der Absicht, jemandem zu schaden, sowie wegen wissentlichen Gebrauchs falscher oder gefälschter Urkunden und telegraphischer Depeschen in betrügerischer Absicht oder in der Absicht, jemandem zu schaden;
24. wegen vorsätzlicher und rechtswidriger Vernichtung, Beschädigung oder Unterdrückung einer öffentlichen oder Privaturkunde, begangen in der Absicht, einem anderen zu schaden;
25. wegen Fälschung oder Verfälschung von Stempeln, Stempelzeichen, Marken oder Siegeln, in der Absicht, sie als echte zu verwenden, und wegen wissentlichen Gebrauchs falscher oder gefälschter Stempel, Stempelzeichen, Marken oder Siegel;
26. wegen Falschmünzerei, nämlich[23]) wegen Nachmachens und Veränderns von Metall- und Papiergeld, sowie wegen wissentlichen Ausgebens und Inumlaufsetzens von nachgemachtem oder verfälschtem Metall- oder Papiergeld;
27. wegen Nachmachens und Verfälschens von Bankbillets und andern vom Staate, oder unter Autorität des Staats, von Korpo-

rationen, Gesellschaften oder Privatpersonen ausgegebenen Schuldverschreibungen und sonstigen Wertpapieren, sowie wegen wissentlichen Ausgebens und Inumlaufsetzens solcher nachgemachten oder gefälschten Bankbillets, Schuldverschreibungen und anderer Wertpapiere;

28. wegen vorsätzlicher Brandstiftung[24]);

29. wegen Unterschlagung und Erpressung seitens öffentlicher Beamten;

30. wegen Bestechung öffentlicher Beamten zum Zweck einer Verletzung ihrer Amtspflicht[25]);

31. wegen folgender strafbarer Handlungen der Schiffsführer und Schiffsmannschaften auf Seeschiffen:

vorsätzliche und rechtswidrige Zerstörung eines Schiffes,

vorsätzlich bewirkte Strandung eines Schiffes,

Widerstand mit Tätlichkeiten gegen den Schiffsführer, wenn dieser Widerstand von mehr denn einem Dritteile der Schiffsmannschaft verübt ist;

32. wegen vorsätzlicher und rechtswidriger gänzlicher oder teilweiser Zerstörung von Eisenbahnen, Dampfmaschinen oder Telegraphenanstalten;

wegen vorsätzlicher Störung eines Eisenbahnzuges auf der Fahrbahn durch Aufstellen, Hinlegen oder Hinwerfen von Gegenständen, durch Verrückung von Schienen oder ihrer Unterlagen, durch Wegnahme von Weichen oder Bolzen oder durch Bereitung von Hindernissen anderer Art, welche dazu geeignet sind, den Zug aufzuhalten oder aus den Schienen zu bringen;

33. wegen vorsätzlicher und rechtswidriger Zerstörung oder Beschädigung von Gräbern, öffentlichen Denkmälern oder öffentlich ausgestellten Kunstgegenständen; von baulichen Anlagen, Lebensmitteln, Waren oder anderen beweglichen Sachen; von Feldfrüchten, Pflanzen aller Art, Bäumen oder Pfropfreisern, von landwirtschaftlichen Gerätschaften, von Haus- oder anderen Tieren, — in denjenigen Fällen, in welchen diese Handlungen nach der Gesetzgebung beider vertragenden Teile als Verbrechen oder Vergehen strafbar sind;

34. wegen Verhehlung von Sachen, welche durch eines der im gegenwärtigen Vertrage vorgesehenen Verbrechen oder Vergehen erlangt worden sind, wofern diese Handlung nach der Gesetzgebung der beiden vertragschließenden Teile strafbar ist[26])[4]).

Es kann indessen, wenn das Verbrechen oder Vergehen, wegen dessen ein Antrag auf Auslieferung gestellt wird, außerhalb des Gebietes des ersuchenden Teils begangen worden ist, diesem Antrage alsdann stattgegeben werden, wenn nach der Gesetzgebung des ersuchten Staates wegen derselben, außerhalb seines Gebietes begangenen Handlungen eine gerichtliche Verfolgung statthaft ist[27]).

[1]) Vgl. aber Abs. 2 und Anm. 27. Siehe auch Einl. S. 12.

[2]) Auch der code pénal belge teilt die strafbaren Handlungen in Verbrechen, Vergehen und Uebertretungen ein.

[3]) Die Fassung „Täter oder Teilnehmer" (im französischen Text „auteurs ou complices") entspricht dem RStGB. Der Gehilfe wird auch nach belgischem Recht milder bestraft als der Mittäter.

[4]) Enumerationsmethode. (Vgl. Einl. S. 9.) — Die dem Reichstag vorgelegte Denkschrift (Drucks. Nr. 154) bemerkt zu der nun folgenden Aufzählung: „Bei der Begriffsbestimmung der einzelnen strafbaren Handlungen ist man bestrebt gewesen, eine Fassung zu wählen, welche — entsprechend dem Grundsatze vollkommener Reziprozität — die in den beiden Gesetzgebungen enthaltenen Merkmale der betreffenden strafbaren Handlungen gleichmäßig enthält." „Bei einzelnen Verbrechen und Vergehen, deren Tatbestand sich nach den beiderseitigen Gesetzgebungen nicht vollkommen deckt, stieß freilich eine vollständig erschöpfende gleichlautende Begrenzung des Tatbestandes auch jetzt noch auf so erhebliche formale Schwierigkeiten, daß es nicht zu vermeiden war, bei einzelnen Begriffsbestimmungen den Zusatz anzufügen: ‚Insofern die Handlung in der Gesetzgebung beider vertragenden Teile mit Strafe bedroht ist.' Die Aufnahme einer allgemeinen Klausel der Art erschien nicht empfehlenswert, weil eine solche Klausel, wo die Begriffsbestimmungen sich in beiden Gesetzgebungen decken, überflüssig ist, und, wo sie von einander abweichen, leicht Veranlassung zu Unklarheiten und Weiterungen bei der

praktischen Ausführung geben kann." (Vgl. hierzu Einl. S. 16 und Anm. 3 zu Art. 6.)

[5]) Mit Rücksicht auf die belgische Gesetzgebung war die besondere Erwähnung von Gift, Eltern- und Kindesmord geboten. Tötung eines parens ohne Überlegung fällt unter den Begriff „Totschlag". (Denkschrift.)

[6]) Die Beifügung des Wortes „vorsätzlich" war zur Vermeidung von Zweifeln erforderlich, da das RStGB. das im code pénal belge als Vergehen unter Strafe gestellte „avortement causé per des violences exercées volontairement mais sans l'intention de le produire" nicht kennt.

[7]) Mit Rücksicht auf die belgische Gesetzgebung war in Ziff. 3 und 4 die Beschränkung auf Kinder und zwar auf solche unter sieben Jahren geboten. (Denkschrift.)

[8]) Ziff. 5 trifft die Fälle der §§ 235—238 RStGB., aber nur bezüglich Minderjähriger. Entführung Volljähriger kann nur unter Ziff. 6 in Betracht kommen.

[9]) Unter Ziff. 6 fällt auch das Verbrechen nach § 234 RStGB. — Die in Ziff. 6 und 7 enthaltene Beschränkung auf die Fälle, in denen das Delikt von einer Privatperson begangen worden, war durch das belgische Auslieferungsgesetz geboten. (Denkschrift.)

[10]) „Eindringen" ist zu unterscheiden von dem „Einschleichen" des belgischen Rechts und dem bloßen „unbefugten Verweilen" des RStGB. — Wegen der Beschränkung auf Begehung durch Privatpersonen vgl. Anm. 9; wegen der Klausel am Schlusse der Ziff. 7 vgl. Anm. 4 und Einl. S. 16, 17.

[11]) § 241 RStGB.

[12]) § 127 RStGB. — Die in Ziff. 8 und 9 enthaltenen Einschränkungen entsprechen dem belgischen Recht.

[13]) Der Begriff „Notzucht" umfaßt nach belgischem Recht auch den Fall des § 176 Ziff. 2 RStGB.; dieses

Verbrechen wird daher deutscherseits ebenfalls als Auslieferungsdelikt betrachtet. (Pr. JMBl. 1889 S. 16.)

[14]) Die Delikte des § 174 RStGB. sind als solche dem belgischen Recht unbekannt.

[15]) Ebenso wegen Teilnahme an einer Schlägerei, welche die erwähnte Folge gehabt hat. (Pr. JMBl. 1889 S. 16.) — Der Zusatz „schwere Verstümmelung" („mutilation grave") ist mit Rücksicht auf Art. 1 Ziff. 19 des belgischen Auslieferungsgesetzes v. 15. 3. 1874 aufgenommen.

[16]) Nach Art. 462 des code pénal belge bleibt ein von Verwandten absteigender Linie gegen Verwandte aufsteigender Linie begangener Diebstahl straflos, selbst wenn ein Antrag des Bestohlenen vorliegt; die Auslieferung kann also in diesem Falle nicht beansprucht werden. (Pr. JMBl. 1889 S. 16.)

[17]) Unterschlagung (§ 246 RStGB.); Untreue (§ 266 RStGB.). „Abus de confiance" des belgischen Rechts umfaßt beide Begriffe. (Denkschrift.)

[18]) Nach Art. 496 code pénal belge wird wegen Betruges (escroquerie) bestraft:

„quiconque dans le but de s'appropier une chose appartenant à autrui, se sera fait remettre ou délivrer des fonds, meubles, obligations, quittances, décharges soit en faisant usage de faux noms ou de fausses qualités, soit en employant des manoeuvres frauduleuses pour persuader l'existence de fausses entreprises, d'un pouvoir ou d'un crédit imaginaire, pour faire naître l'espérance ou la crainte d'un succès, d'un accident ou de tout autre évènement chimérique ou pour abuser autrement de la confiance ou de la crédulité."

Die Auslieferung wegen Betruges kann deshalb nicht beansprucht werden, wenn der Täter die Gegenstände, zu deren Erlangung die Täuschung verübt ist, nicht erhalten oder bei der Täuschung sich weder einen falschen Namen oder eine ihm nicht zukommende Eigenschaft beigelegt, noch listige Kunstgriffe („manoeuvres frauduleuses") angewendet hat. In welchen Handlungen diese Kunstgriffe gefunden werden, ist in dem Haftbefehl (vgl. Art. 8) anzugeben. Worte allein sind noch nicht „manoeuvres"; sie sind es aber dann, wenn Umstände sie begleiten, die dazu bestimmt sind, ihnen Glaubwürdigkeit zu verleihen. — Der Versuch des Betruges ist nach belgischem Recht nicht strafbar. (Pr. JMBl. 1889 S. 16; RG. 32 S. 126, 127.)

[19]) Meineid („faux serment") umfaßt auch die falsche Versicherung an Eidesstatt (§§ 155, 156 RStGB.; vgl. daselbst die Überschrift des IX. Abschnittes).

[20]) Ziff. 21 bezieht sich — ebenso wie Ziff. 20 — nur auf wissentlich falsch geschworene Eide. (Pr. JMBl. 1889 S. 16.)

[21]) Ziff. 22 kommt nur zur Anwendung, wenn die Verleitung von Erfolg begleitet, der Eid also in der Tat falsch geleistet wurde; ist dies nicht der Fall, so liegt nur ein nach belgischem Recht strafloser Versuch der Verleitung vor, es sei denn, daß der Eid, zu dessen Verletzung der Zeuge, Sachverständige oder Dolmetscher verleitet werden sollte, in einem Strafverfahren abzuleisten war, welches ein Verbrechen zum Gegenstande hatte. (Pr. JMBl. 1889 S. 16; 1905 S. 179.) — Verleitung zum falschen Eide im Sinne des § 160 RStGB. fällt nicht unter Ziff. 22.

[22]) Hier beachte man den französischen Text „pour faux en écritures".

[23]) Das Wort „nämlich" („comprenant") ist hier anstatt des Wortes „insbesondere" („particulièrement") gewählt, um klarzustellen, daß wegen anderer, nicht ausdrücklich aufgeführter Münzvergehen Auslieferung nicht erfolgt. (Denkschrift.)

[24]) Hierunter fällt auch § 311 RStGB.

[25]) Ziff. 30 umfaßt die aktive und passive Bestechung. (Pr. JMBl. 1889 S. 16.)

[26]) Ziff. 34 umfaßt sowohl die Begünstigung durch Aufnahme widerrechtlich erworbener Sachen wie auch die Hehlerei im engeren Sinne. (Denkschrift.)

[27]) Der Schlußabsatz des Art. 1 entspricht, mit den notwendigen Abänderungen, dem Art. 2 des belgischen Auslieferungsgesetzes v. 15. 3. 1874. Durch dieses Gesetz wurde das in Belgien geltende Territorialprinzip, nach welchem nur wegen der im Gebiete des ersuchenden Staates begangenen Delikte ausgeliefert werden konnte, dahin geändert, daß die belgische Regierung auch unter Umständen wegen außerhalb des Gebiets des ersuchenden Teils begangener Verbrechen und Vergehen ausliefern darf. (Denkschrift.) Die Auslieferung ist jedoch in dem Falle des Schlußabsatzes zu Art. 1 nur fakultativ. („Kann.") Auch bezieht sich derselbe nicht auf Delikte, welche im ersuchten Staate selbst verübt sind. (Vgl. Einl. S. 13.) — Hinzuweisen ist hier noch auf den Vertrag zwischen Deutschland und Belgien v. 29. 4. 1885 (RGBl. S. 251), wonach Deutsche, welche in Belgien und Belgier, welche in Deutschland sich eines Forst-, Feld-, Fischerei- oder Jagdfrevels schuldig gemacht haben, in dem Gebiete desjenigen Teils, welchem sie angehören, nach den dort geltenden Gesetzen und unter den darin bestimmten Voraussetzungen bestraft werden.

2. Die Auslieferung kann[1]) auch wegen Versuches einer der in Artikel 1 aufgeführten strafbaren Handlungen stattfinden, wenn der Versuch derselben nach der Gesetzgebung der beiden vertragenden Teile mit Strafe bedroht ist[2]).

[1]) Die Fassung „kann" ist hier irreführend. Sie bedeutet nicht etwa, daß die Auslieferung für den ersuchten Staat nur fakultativ sei, sondern besagt lediglich, daß es im Belieben des verfolgenden Staates steht, die Auslieferung wegen Versuchs zu verlangen. (Vgl. Er-

klärung des Bundesratskommissars Wilke im Reichstage bei der Beratung des schweizerischen Vertrages. (Verhandl. 1874 I. Sess. I S. 56.) Siehe auch die richtige Fassung in Art. 2 des Vertrages mit Luxemburg.

[2]) Betrugsversuch ist nach belgischem Recht nicht strafbar. (Vgl. Anm. 18 zu Art. 1.) Im übrigen ist auch in Belgien die Strafe des Versuchs milder als die des vollendeten Delikts. (Vgl. das Nähere bei v. Liszt, die Strafgesetzgebung der Gegenwart Bd. I S. 463.)

3. Kein Deutscher wird von seiten der Regierungen des Deutschen Reichs an die belgische Regierung und von seiten dieser kein Belgier an eine Regierung des Deutschen Reichs ausgeliefert werden[1]).

Ist die reklamierte Person weder ein Deutscher noch ein Belgier, so kann der Staat, an welchen der Auslieferungsantrag gerichtet wird, von dem gestellten Antrage diejenige Regierung, welcher der Verfolgte angehört, in Kenntnis setzen, und wenn diese Regierung ihrerseits den Angeschuldigten beansprucht, um ihn vor ihre Gerichte zu stellen, so kann diejenige Regierung, an welche der Auslieferungsantrag gerichtet ist, den Angeschuldigten nach ihrer Wahl der einen oder der anderen Regierung ausliefern[2]).

[1]) Vgl. § 9 RStGB.

[2]) Ebenso nach dem Vertrage mit Italien (Art. 2) und mit der Schweiz (Art. 2).

4. Die Auslieferung soll nicht stattfinden, wenn die von einer Regierung des Deutschen Reichs reklamierte Person in Belgien, die seitens der belgischen Regierung reklamierte Person in einem der Staaten des Deutschen Reichs wegen derselben strafbaren Handlung, wegen deren die Auslieferung beantragt wird, in Untersuchung gewesen und außer Verfolgung gesetzt worden, oder sich noch in Untersuchung befindet oder bereits bestraft worden ist.

Wenn die von einer Regierung des Deutschen Reichs reklamierte Person in Belgien, oder wenn die seitens der belgischen Regierung reklamierte Person in einem der Staaten des Deutschen Reichs wegen einer anderen strafbaren Handlung in Untersuchung ist, so soll ihre Auslieferung bis zur Beendigung dieser Untersuchung und vollendeter Vollstreckung der etwa gegen sie erkannten Strafe aufgeschoben werden[1]).

[1]) Vgl. Einl. S. 29, 30.

5. Wenn eine reklamierte Person Verbindlichkeiten gegen Privatpersonen eingegangen ist, an deren Erfüllung sie durch die Auslieferung verhindert wird, so soll dieselbe dennoch ausgeliefert werden, und es bleibt dem dadurch beeinträchtigten Teile überlassen, seine Rechte vor der zuständigen Behörde geltend zu machen[1]).

[1]) Vgl. Einl. S. 30.

6. Die Bestimmungen des gegenwärtigen Vertrages finden auf solche Personen, die sich irgend eines politischen[1]) Verbrechens oder Vergehens

schuldig gemacht haben, keine Anwendung. Die Person, welche wegen eines der in Art. 1 und 2 aufgeführten gemeinen Verbrechen oder Vergehen ausgeliefert worden ist, darf demgemäß in demjenigen Staate, an welchen die Auslieferung erfolgt ist, in keinem Fall wegen eines von ihr vor[2]) der Auslieferung verübten politischen Verbrechens oder Vergehens, noch wegen einer Handlung, die mit einem solchen politischen Verbrechen oder Vergehen im Zusammenhang[1]) steht, noch wegen eines Verbrechens oder Vergehens, welches in dem gegenwärtigen Vertrage nicht vorgesehen ist, zur Untersuchung gezogen und bestraft werden[3])[4]).

Der Angriff gegen das Oberhaupt einer fremden Regierung oder gegen Mitglieder seiner Familie soll weder als politisches Vergehen, noch als mit einem solchen in Zusammenhang stehend angesehen werden, wenn dieser Angriff den Tatbestand des Totschlags, Mordes oder Giftmordes bildet[5]).

[1]) Über die Nichtauslieferung wegen politischer, mit solchen komplexer und konnexer Delikte vgl. Einl. S. 23, 24.

[2]) Wegen nach der Auslieferung begangener Delikte ist die Verfolgung unbeschränkt zulässig. (Vgl. Einl. S. 42.)

[3]) Das Prinzip der Spezialität (vgl. Einl. S. 40 ff.) gilt nach dem Vertrage mit Belgien nicht unbeschränkt. Es werden vielmehr in Art. 6 die Fälle einzeln aufgezählt, in welchen wegen eines vor der Auslieferung begangenen anderen Delikts (d. h. eines solchen, wegen dessen die Auslieferung nicht erfolgt ist), nicht verfolgt werden darf. In allen übrigen Fällen ist die Ver-

folgung zulässig, also stets dann, wenn auch das neu auftauchende Delikt im Vertrage „vorgesehen" und nicht politischer Natur ist. So kann z. B. ein wegen Verbrechens nach § 176 RStGB. (vgl. Art. 1 Ziff. 11) von Belgien Ausgelieferter wegen eines vor der Auslieferung begangenen Diebstahls (Art. 1 Ziff. 16) verfolgt werden. (RG. 31 S. 235.) Aus obigem folgt ferner von selbst, daß es auch zulässig ist, diejenige Tat, welche den Anlaß zur Auslieferung gebildet hatte, nach tatsächlich erfolgter Auslieferung aus einem von dem früheren *abweichenden rechtlichen Gesichtspunkte* zur Bestrafung zu ziehen, *sofern nur die Tat auch in dieser rechtlichen Qualifikation unter die Auslieferungsdelikte* (*Art.* 1, 2) *fällt.* Es kann deshalb z. B. ein von Belgien wegen Diebstahls Ausgelieferter demnächst wegen Hehlerei an den Gegenständen jenes Diebstahls bestraft werden. (RG. 33 S. 388.) — Wird ein wegen eines bestimmten Delikts Ausgelieferter demnächst wegen eines *anderen* vor der Auslieferung begangenen Delikts, welches gleichfalls unter die Vertragsliste fällt, zur Aburteilung gezogen und ist hinsichtlich des *nunmehr* zur Aburteilung stehenden Delikts im Vertrage bestimmt, daß es nach der Gesetzgebung *beider* Teile strafbar sein müsse (also z. B. wenn ein wegen Münzverbrechens Ausgelieferter wegen eines vor der Auslieferung begangenen *Betruges* — Art. 1 Ziff. 18 — verurteilt werden soll), so hat der erkennende deutsche Richter zwar zu prüfen, ob auch die Tatbestandsmerkmale der *ausländischen* Norm (also des belgischen Betrugsparagraphen) vorliegen. (Vgl. Einl. S. 51 ff.) Im *Urteil* (ebenso im Haftbefehl oder Eröffnungsbeschlusse) brauchen aber die einzelnen Tatbestandsmerkmale der ausländischen Norm *nicht* (wie dies für die inländische Norm in § 266 StPO. vorgeschrieben ist) festgestellt zu werden. Denn das Vorliegen des *ausländischen* Gesetzestatbestandes (soweit der Vertrag solches verlangt) ist nur eine strafprozessuale Voraussetzung der Verfolgung des Täters. Inwieweit nach Prüfung dieser Voraussetzung das Gericht veranlaßt ist, im Urteil die einzelnen gesetzlichen Merkmale des ausländischen einschlägigen Deliktsbegriffs zu erörtern, hängt von den Einwendungen ab, welche gegen die Subsumtion der Tat unter den letzteren erhoben werden oder sich aufwerfen. (Vgl. RG. 32 S. 125.)

4) Darüber, daß durch die Bestimmung des Abs. 1 die strafgerichtliche Verfolgung des Ausgelieferten wegen vor der Auslieferung begangener, nicht unter die Auslieferungsdelikte des Art. 1 und 2 fallender Straftaten nicht für alle Zeiten ausgeschlossen wird, vgl. Einl. S. 44, 45 zu b und RG. 38 S. 111 ff.

5) Sog. Attentatsklausel. (Vgl. Einl. S. 25.) — Die Auslieferung muß nach Art. 2 (vgl. Anm. 1 das.) auch wegen Versuchs der in Art. 6 Abs. 2 bezeichneten Verbrechen erfolgen.

7. Die Auslieferung soll nicht stattfinden, wenn seit der begangenen strafbaren Handlung oder der letzten Handlung des Strafrichters, oder der erfolgten Verurteilung nach den Gesetzen desjenigen Staates, in welchem der Verfolgte zur Zeit, wo die Auslieferung beantragt wird, sich aufhält, Verjährung der strafgerichtlichen Verfolgung oder der erkannten Strafe eingetreten ist[1]).

1) Nach belgischem Recht verjährt die Strafverfolgung wegen Verbrechen in zehn, wegen Vergehen in drei Jahren. Die Verjährung wird nicht durch bloße Ermittlungshandlungen, sondern nur durch Instruktions- und Verfolgungshandlungen (im wesentlichen also nur durch richterliche Akte) unterbrochen. Aber auch diese Unterbrechung wirkt nur innerhalb des Doppelten der

Verjährungszeit, nicht darüber hinaus, so daß also z. B. die Auslieferung aus Belgien behufs Strafverfolgung nicht mehr verlangt werden kann, wenn seit der Begehung des Vergehens sechs Jahre verflossen sind, und zwar selbst dann nicht, wenn innerhalb dieser Frist die Verjährung durch Instruktions- und Verfolgungshandlungen unterbrochen worden ist.

Die Vollstreckung erkannter Strafen verjährt, wenn auf kriminelle Strafen im Sinne des belgischen Rechts (Zuchthausstrafe von mindestens fünf Jahren) erkannt ist, innerhalb zwanzig, wenn auf Gefängnisstrafe von mehr als drei Jahren erkannt ist, innerhalb zehn, wenn auf Gefängnisstrafe von geringerer Dauer erkannt ist, innerhalb fünf Jahren. Die Frist beginnt mit dem Tage der Urteilsfällung bzw. dem Tage der Rechtskraft und wird nur durch die Verhaftung unterbrochen. — (Pr. JMBl. 1889 S. 17.)

8. Die Auslieferung eines der in Art. 1 und 2 aufgeführten strafbaren Handlungen Beschuldigten soll bewilligt werden auf Grund eines verurteilenden Erkenntnisses oder auf Grund eines förmlichen Beschlusses des zuständigen Gerichts auf Versetzung in den Anklagestand oder Eröffnung des Hauptverfahrens, oder auf Grund einer von dem zuständigen Richter erlassenen Verfügung, in welcher die Verweisung des Beschuldigten vor den erkennenden Richter ausdrücklich angeordnet wird [1]), oder auch auf Grund eines Haftbefehls oder eines andern von der zuständigen Behörde erlassenen Dokumentes, welches die gleiche Geltung hat und worin der Tatbestand, sowie die darauf anwendbare strafgesetzliche Bestimmung genau angegeben ist, — insofern diese

Schriftstücke in Urschrift oder in beglaubigter Abschrift, und zwar in denjenigen Formen beigebracht sind, welche die Gesetzgebung des die Auslieferung begehrenden Staates vorschreibt[2]).

Die Anträge auf Auslieferung erfolgen im diplomatischen Wege. Der Schriftwechsel und die Verhandlungen können jedoch je nach den Umständen des einzelnen Falles unmittelbar zwischen der bei der Auslieferung beteiligten Regierung des Deutschen Reichs und dem Königreich Belgien stattfinden[2]).

[1]) Seit Inkrafttreten der RStPO. kommt hier für das Deutsche Reich nur der Beschluß auf Eröffnung des Hauptverfahrens (§ 201 RStPO.) in Frage.

[2]) Über die Einzelheiten des Verfahrens und der erforderlichen Urkunden vgl. Pr. JMBl. 1889 S. 9 ff.; 1905 S. 177, 178. (Unten im Anhang abgedruckt.) Vgl. auch Einl. S. 34 ff.

9[1]). Der wegen einer der in Art. 1 und 2 aufgezählten strafbaren Handlungen Verfolgte darf in dringenden Fällen vorläufig festgenommen werden gegen Beibringung eines Haftbefehls, welcher von dem Untersuchungsrichter desjenigen Ortes, an welchem der Verfolgte sich befindet, auf Grund einer amtlichen Mitteilung der zuständigen Behörde des die Auslieferung betreibenden Staates erlassen ist[2]).

In diesem Falle kann der vorläufig Festgenommene wieder auf freien Fuß gesetzt werden, wenn nicht binnen achtzehn Tagen nach dem Tage seiner Festnahme der Auslieferungsantrag mit einem der im Artikel 8 des gegenwärtigen Vertrags aufgeführten gerichtlichen Schriftstücke auf diplomatischem Wege bei der ersuchten Regierung eingegangen ist[3]).

Der vorläufig Festgenommene muß in Freiheit gesetzt werden, wenn ihm nicht binnen drei Wochen nach dem Tage seiner Festnahme von einem der im vorstehenden Absatze bezeichneten Schriftstücke Mitteilung gemacht worden ist.

Die vertragschließenden Teile machen sich verbindlich, die Stellung des Auslieferungsantrags zu beschleunigen, sobald die vorläufige Festnahme, sei es unmittelbar, sei es auf diplomatischem Wege, beantragt worden ist[3]).

[1]) Die jetzige Fassung der Abss. 2 und 3 des Art. 9 beruht auf dem Zusatzvertrage v. 28. 11. 1900 (vgl. oben Vorbemerkung 1). Abs. 4 ist durch denselben Vertrag neu eingeführt. Der Austausch der Ratifikationsurkunden ist am 5. 6. 1901 erfolgt. (RGBl. S. 205.)

[2]) Nach Art. 9 kann die vorläufige Festnahme (im Gegensatz zu der Auslieferung vgl. Art. 8 Abs. 2 S. 1) von den deutschen Justizbehörden unmittelbar bei der zuständigen belgischen Behörde nachgesucht werden. Die zuständigen Behörden sind für Brüssel der Generaldirektor der Gefängnisse und der öffentlichen Sicherheit (directeur général des prisons et de la sûreté publique) daselbst, für die belgischen Provinzen der betreffende Staatsanwalt (procureur). An diese Beamten ausschließlich (vgl. jedoch den folgenden Absatz) sind deshalb die entsprechenden Ersuchen zu richten und im Wege des unmittelbaren Geschäftsverkehrs zu befördern. An dieselben Beamten ausschließlich — nicht an die Polizeibehörden — sind von den Staatsanwaltschaften in den an Belgien grenzenden Bezirken auch etwaige Ersuchen um Ermittlung von Personen zu richten, falls solche

Ersuchen der Dringlichkeit halber für angezeigt erachtet werden. Den Staatsanwaltschaften anderer Bezirke ist für solche Angelegenheiten ein unmittelbarer Verkehr mit den belgischen Behörden nicht gestattet.

Wenn vermutet wird, daß der Verfolgte sich nach Belgien gewandt hat, näheres über seinen dortigen Aufenthalt aber nicht bekannt ist, so ist die Kaiserliche Gesandtschaft in Brüssel unmittelbar um Herbeiführung der vorläufigen Festnahme zu ersuchen. An den Justizminister oder an den Minister der Auswärtigen Angelegenheiten ist in solchen Fällen das Ersuchen nur dann zu richten, wenn Zweifel bestehen, ob wegen der Straftat die Auslieferung beansprucht werden kann.

Die Ersuchen müssen, auch wenn sie mittelst Telegramms gestellt werden, die genaue Bezeichnung der Straftat nach Zeit, Ort und den näheren Umständen in Gemäßheit des Auslieferungsantrags enthalten. Der Haftbefehl oder ein sonstiges die Straftaten des Flüchtigen genauer bezeichnendes Schriftstück ist weder dem Antrag auf vorläufige Festnahme beizufügen, noch der ersuchten Stelle nachträglich mitzuteilen. (Pr. JMBl. 1889 S. 14, 17; 1905 S. 178, 179, 180.)

Über Ersuchen um Festnahme flüchtiger Verbrecher durch die auf dem Grenzbahnhof in Herbesthal stationierten Kriminalbeamten vgl. Pr. JMBl. 1905 S. 178, 179.

[3]) Mit Rücksicht auf die Bestimmung des Abs. 2 bedarf die Stellung des Auslieferungsantrags größter Beschleunigung.

10. Alle in Beschlag genommenen Gegenstände, welche sich zur Zeit der Festnahme im Besitze des Auszuliefernden befinden, sollen, wenn die zuständige Behörde des um die Auslieferung ersuchten Staates die Ausantwortung derselben angeordnet hat, dem ersuchenden Staate mit übergeben werden, und es soll sich diese Überlieferung nicht bloß auf die entfremdeten Gegenstände, sondern auf alles erstrecken, was zum Beweise der strafbaren Handlung dienen könnte.

Jedoch werden die Rechte dritter Personen an den oben erwähnten Gegenständen vorbehalten und es sollen ihnen dieselben nach dem Schlusse des gerichtlichen Verfahrens kostenfrei zurückgegeben werden.

11. Die vertragenden Teile gestatten ausdrücklich die Auslieferung mittelst Durchführung[1]) Auszuliefernder durch ihr Landesgebiet auf Grund einfacher Beibringung eines der im Artikel 8 dieses Vertrages näher bezeichneten gerichtlichen Dokumente, in Urschrift oder beglaubigter Abschrift, vorausgesetzt, daß die strafbare Handlung, wegen welcher die Auslieferung beantragt wird, in dem gegenwärtigen Vertrage inbegriffen ist, und nicht unter die Bestimmungen der vorangehenden Artikel 6 und 7 fällt[1]).

[1]) Über Durchführung Auszuliefernder (sog. Durchlieferung) vgl. Einl. S. 31, 32.

12. Die vertragenden Teile verzichten darauf, die Erstattung derjenigen Kosten zu verlangen, welche ihnen aus der Festnahme und dem Unterhalte des Auszuliefernden und seinem Transporte bis zur Grenze erwachsen, willigen vielmehr darin, diese Kosten selbst zu tragen.

13. Wenn in einem Strafverfahren wegen Handlungen, welche nicht zu den politischen Verbrechen und Vergehen gehören, einer der vertragenden Teile die Vernehmung von Zeugen[1]), welche sich im Gebiete des andern Teils aufhalten, oder irgend eine andere Untersuchungshandlung für notwendig erachten sollte, so wird ein entsprechendes Ersuchschreiben auf diplomatischem Wege mitgeteilt[1]) und demselben nach Maßgabe der Gesetzgebung des Landes, wo der Zeuge vernommen oder der Akt vorgenommen werden soll, Folge gegeben werden. Die Ausführung des Antrags kann verweigert werden, wenn die Untersuchung eine Handlung zum Gegenstand hat, welche nach den Gesetzen des Staates, an welchen das Ersuchschreiben gerichtet ist, nicht strafbar ist, oder wenn es sich um rein fiskalische Vergehen handelt.

Die vertragenden Teile verzichten gegenseitig auf alle Ersatzansprüche wegen der aus der Ausführung der Requisition entspringenden Kosten, sofern es sich nicht um Gutachten in Straf- oder Handelssachen oder Sachen der gerichtlichen Medizin handelt, welche mehrere Termine erfordern.

[1]) Für Preußen vgl. hierzu § 24 Abs. 1 der Allg. Verfügung v. 29. 5. 1905 (JMBl. S. 167, 168).

14. Wenn in einer Strafsache, welche nichtpolitische Verbrechen oder Vergehen zum Gegenstand hat, das persönliche Erscheinen eines Zeugen notwendig ist, so wird die Regierung des Landes, in welchem der Zeuge sich aufhält, ihn auffordern, der an ihn ergehenden Ladung Folge zu leisten.

In diesem Falle werden ihm die Kosten der Reise, welche von seinem derzeitigen Aufenthaltsorte zu berechnen sind, sowie die Kosten des Aufenthalts nach den Tarifsätzen und den Reglements des Landes bewilligt, wo die Vernehmung stattfinden soll; auch kann dem Zeugen auf seinen Antrag durch die Behörden seines Wohnorts der Gesamtbetrag oder ein Teil der Reisekosten vorgeschossen werden; diese Kosten werden demnächst von der bei der Vernehmung interessierten Regierung zurückerstattet.

In keinem Fall darf ein Zeuge, welcher infolge der in dem einen Lande an ihn ergangenen Vorladung freiwillig vor den Richtern des anderen Landes erscheint, daselbst wegen früherer strafbarer Handlungen oder Verurteilungen oder unter dem Vorwande der Mitschuld an den Handlungen, welche den Gegenstand der Untersuchung, in welcher er als Zeuge erscheinen soll, bilden, zur Untersuchung gezogen oder in Haft genommen werden. Hierbei kommt es auf die Staatsangehörigkeit des Zeugen nicht an.

15. Wenn in einer Strafsache, welche nichtpolitische Verbrechen oder Vergehen zum Gegenstand hat, die Mitteilung von Beweisstücken oder von Urkunden, die in den Händen der Behörden des anderen Landes sind, für notwendig oder nützlich erachtet wird, so soll deshalb das Ersuchen auf diplomatischem Wege gestellt, und demselben, wenn nicht besondere Bedenken entgegenstehen, stattgegeben werden, dies jedoch nur unter der Bedingung, daß die Beweisstücke und Urkunden zurückgesandt werden.

Die vertragenden Teile verzichten gegenseitig auf Ersatz der Kosten, welche aus der Ausantwortung und Rücksendung der Beweisstücke und Urkunden bis zur Grenze entstehen.

16. Die vertragenden Teile machen sich verbindlich, sich gegenseitig die Straferkenntnisse wegen Verbrechen und Vergehen jeder Art mitzuteilen, welche von den Gerichten des einen Landes gegen Angehörige des anderen Landes ergehen. Diese Mitteilung wird auf diplomatischem Wege erfolgen, und zwar durch vollständige oder auszugsweise Übersendung des ergangenen und rechtskräftig gewordenen Urteils an die Regierung desjenigen Staates, welchem der Verurteilte angehört[1]).

[1]) Für Preußen vgl. Allg. Verfügung v. 30. 6. 1888 (JMBl. S. 167, 168) und v. 9. 11. 1889 (JMBl. S. 268).

17. Der gegenwärtige Vertrag soll zehn Tage nach seiner in Gemäßheit der durch die Gesetzgebung der vertragenden Teile vorgeschriebenen Formen erfolgten Veröffentlichung in Kraft treten.

Von diesem Zeitpunkte ab verlieren der früher zwischen dem Norddeutschen Bunde und Belgien abgeschlossene Vertrag über die Auslieferung von Verbrechern sowie die anderen zwischen Staaten des Deutschen Reichs und Belgien abgeschlossenen Auslieferungsverträge ihre Gültigkeit.

Der gegenwärtige Vertrag kann von jedem der beiden vertragenden Teile aufgekündigt werden, bleibt jedoch nach erfolgter Aufkündigung noch sechs Monate lang in Kraft.

Derselbe wird ratifiziert und die Ratifikationen werden binnen vier Wochen, oder womöglich früher, ausgewechselt werden.

II.

Auslieferungsvertrag

zwischen Deutschland und Brasilien.

Vom 17. September 1877.

(RGBl. 1878 S. 293 ff.)

Vorbemerkungen.

1. Der Vertrag ist ratifiziert (RGBl. 1878 S. 306) und im RGBl. v. 24. 8. 1878 mit offiziellem Doppeltext in deutscher und portugiesischer Sprache verkündet. — Vorverhandlungen in den Verhandlungen des Reichstags II. Sess. 1878 Anl. Bd. Nr. 39; stenogr. Ber. S. 256.

2. Der Vertrag entspricht sachlich im allgemeinen dem deutsch-belgischen Vertrage, soweit nicht durch das brasilianische Recht Abweichungen geboten waren.

3. Der Vertrag ist abgeschlossen unter der Herrschaft des auf dem code pénal Napoleon beruhenden brasilianischen Strafgesetzbuchs v. 16. 12. 1830, welches die strafbaren Handlungen in crimes (umfassend Verbrechen und Vergehen) und crimes policiaes (Polizeiübertretungen) einteilte und in weitschweifiger Kasuistik bei jedem Delikt

im einzelnen angab, welche Strafe zu verhängen sei, wenn es vorsätzlich begangen sei, wenn es sich um Versuch oder Beihilfe handle, wenn mildernde Umstände vorlägen usw. — Das gegenwärtig in Brasilien geltende Strafgesetzbuch v. 11. 10. 1890 ist eine zum Teil wörtliche Wiedergabe des italienischen von 1889; es unterscheidet zwischen crimes (Vergehen) d. h. zurechenbaren schuldhaften Verletzungen des Strafgesetzes und contravenções (Übertretungen), d. h. willentlichen, nur in der Verletzung oder Außerachtlassung von Ordnungsvorschriften bestehenden Gesetzesverletzungen. (Vgl. v. Liszt, Die Strafgesetzgebung der Gegenwart Bd. 2 S. 172 ff.).

Art. 1. Die Hohen vertragenden Teile verpflichten sich zu gegenseitiger Auslieferung aller derjenigen Personen, welche im Gebiete des anderen Teils in den durch die Bestimmungen des gegenwärtigen Vertrages vorgesehenen Fällen wegen eines der nachstehend aufgeführten Verbrechen oder Vergehen, sei es als Täter oder Teilnehmer verurteilt oder in den Anklagezustand versetzt sind oder gegen welche ein Haftbefehl seitens der zuständigen Behörde ergangen ist [1]).

Diese Verbrechen und Vergehen sind: [2]) [2a])

1. Totschlag und Mord, einschließlich des Kindermordes;
2. mehrfache Ehe, Entführung, Notzucht und vorsätzliche Abtreibung der Leibesfrucht;
3. Unterschiebung, Verwechselung, Raub oder Verheimlichung eines Kindes oder Verlassung desselben in hilfloser Lage;

4. Vornahme unzüchtiger Handlungen mit Gewalt oder unter Drohungen in den von der Gesetzgebung beider Teile vorgesehenen Fällen;
5. rechtswidrige und vorsätzliche Beraubung der natürlichen Freiheit eines Menschen;
6. vorsätzliche Verletzung oder Mißhandlung, welche eine voraussichtlich unheilbare Krankheit, dauernde Arbeitsunfähigkeit, schwere Störung der Gesundheit für mehr als einen Monat[3]), Verlust des unumschränkten Gebrauchs eines Gliedes oder Organs, eine schwere Verstümmelung oder den Tod, ohne den Vorsatz zu töten, zur Folge hat;
7. jede Handlung, welche nach der brasilianischen Gesetzgebung als „roubo" und nach der deutschen Gesetzgebung als Raub oder als Diebstahl, wenn derselbe in einem Gebäude oder umschlossenen Raume mittels Gewalt an Sachen oder mittels Anwendung falscher Schlüssel verübt worden, strafbar ist;[4])
8. Erpressung[5]) und Betrug in denjenigen Fällen, in welchen diese Handlungen nach der Gesetzgebung beider Länder als Verbrechen oder Vergehen strafbar sind; betrüglicher Bankerutt;
9. Meineid in Strafsachen[6]), Verleitung von Zeugen zum Meineide;
10. Fälschung von Urkunden oder telegraphischen Depeschen in betrügerischer Absicht oder in der Absicht, jemand zu schaden, sowie wissent-

licher Gebrauch falscher oder gefälschter Urkunden oder telegraphischer Depeschen in betrügerischer Absicht oder in der Absicht, jemand zu schaden;

11. Fälschung oder Verfälschung von Siegeln, Stempeln oder Stempelzeichen in der Absicht, sie als echte zu verwenden, und wissentlicher Gebrauch falscher oder gefälschter Siegel, Stempel oder Stempelzeichen;

12. Nachmachen oder Verändern von Geld [1]), betrügerisches Inumlaufsetzen oder Ausgeben von nachgemachtem oder verfälschtem Gelde;

    Nachmachen oder Verfälschen von Rententiteln oder Schuldverschreibungen, welche vom Staate ausgegeben sind, von Titeln, Aktien und Billets, welche unter Autorität des Staats von Banken oder Gesellschaften ausgegeben sind; Inumlaufsetzen oder Gebrauch solcher gefälschten Titel und Wertpapiere;

13. vorsätzliche und rechtswidrige Vernichtung, Beschädigung oder Unterdrückung einer öffentlichen oder Privaturkunde, begangen in der Absicht, einem Andern zu schaden;

14. vorsätzliche Brandstiftung;

15. Unterschlagung und Untreue in den von der Gesetzgebung beider vertragenden Teile mit Strafe bedrohten Fällen;

16. Erpressung seitens öffentlicher Beamten und Bestechung öffentlicher Beamten zum Zweck einer Verletzung ihrer Amtspflicht;

17. folgende strafbare Handlungen der Schiffsführer und Schiffsmannschaften auf Seeschiffen:

vorsätzliche und rechtswidrige Zerstörung eines Schiffes;

vorsätzlich bewirkte Strandung eines Schiffes;

Nötigung des Schiffsführers oder eines anderen Vorgesetzten zur Vornahme oder zur Unterlassung einer dienstlichen Verrichtung durch Gewalt oder durch Bedrohung mit Gewalt oder durch Verweigerung der Dienste, sowie Widerstand durch Gewalt oder durch Bedrohung mit Gewalt gegen den Schiffsführer oder einen anderen Vorgesetzten, oder tätlicher Angriff gegen dieselben, sofern die Handlung von mehreren Schiffsleuten auf Verabredung gemeinschaftlich begangen ist;

jede sonstige Handlung, welche nach den brasilianischen Gesetzen als Piraterie strafbar ist, sofern sie auch nach den Gesetzen des Deutschen Reichs mit Strafe bedroht ist;

18. vorsätzliche und rechtswidrige Beschädigung von Eisenbahnen, Dampfmaschinen oder Telegraphenanstalten;

19. Versuch einer der unter Ziffer 1 und 12 des gegenwärtigen Artikels aufgeführten strafbaren Handlungen [8]).

Einziger Paragraph. Wenn das Verbrechen

oder Vergehen, wegen dessen ein Antrag auf Auslieferung gestellt wird, außerhalb des Gebietes des ersuchenden Teiles begangen worden ist, kann diesem Antrage alsdann stattgegeben werden, wenn nach der Gesetzgebung des ersuchten Staats wegen desselben außerhalb seines Gebietes begangenen Verbrechens oder Vergehens eine gerichtliche Verfolgung statthaft ist [9]).

[1]) Vgl. Anm. 9 und Einl. S. 12, 13.

[2]) Der Kreis der Auslieferungsdelikte ist mit Rücksicht darauf, daß es sich um Auslieferung aus und nach überseeischen Gebieten handelt, kleiner als im deutsch-belgischen Vertrage. Von der Auslieferung sind namentlich ausgeschlossen die in Art. 1 Ziff. 13 und 14 des deutsch-belgischen Vertrages genannten Sittlichkeitsdelikte, das ganze Gebiet des einfachen Diebstahls, soweit er nicht mit Gewalt gegen Personen oder Sachen begangen ist (vgl. Anm. 4), und der Meineid in Zivilsachen. (Vgl. die Denkschr. und stenogr. Ber. S. 256).

[2a]) Die Klausel der Strafbarkeit nach beiden Gesetzgebungen findet sich im Vertrage nur bei einzelnen Delikten. (Vgl. hierzu Einl. S. 15—17.)

[3]) In Ziff. 6 ist der im brasilianischen Strafgesetzbuch besonders vorgesehene Fall, daß die Körperverletzung „eine schwere Störung der Gesundheit für mehr als einen Monat" zur Folge hat, auf Vorschlag Brasiliens mitaufgenommen. (Denkschr.)

[4]) „Ziff. 7 trägt der Verschiedenheit Rechnung, welche hinsichtlich der Begriffe von Raub und Diebstahl zwischen dem deutschen und dem brasilianischen StGB. besteht. Nach dem letzteren ist ‚roubo' der Diebstahl ‚mit Anwendung von Gewalt gegen die Person oder gegen Sachen'; er umfaßt mit andern Worten den Raub

und den mit Gewalt gegen Sachen (mit Zerstörung von Hindernissen, äußern oder innern Erbrechungen) begangenen Diebstahl. Der einfache Diebstahl, welcher auch leichtere Fälle umfaßt, wurde brasilianischerseits als zur Begründung einer Auslieferung nicht geeignet erachtet. Die vorliegende Fassung begreift dementsprechend den Raub und die Hauptfälle des gewaltsamen Diebstahls." (Denkschr.)

[5]) Die „Erpressung" bildet nach brasilianischem Recht kein eigenes Reat. Daher in Ziff. 8 die Klausel der Strafbarkeit nach beiden Gesetzgebungen. (Denkschr.)

[6]) Die Beschränkung auf Strafsachen entspricht einem Wunsche Brasiliens. Der Meineid in Zivilsachen, den das brasilianische StGB. nur mit einem Monat bis zu einem Jahre Arbeitsgefängnis nebst Geldbuße bedrohte, ist kein Auslieferungsdelikt. (Denkschr.)

[7]) „Geld" (portugiesisch: moeda) begreift sowohl Metall- wie Papiergeld. (Denkschr.)

[8]) Versuch begründet also die Auslieferung nur bei Totschlag, Mord (einschließlich des Kindermords) und Falschmünzerei.

[9]) Der Absatz am Schlusse des Art. 1, nach der Ausdrucksweise der brasilianischen Rechtssprache als „Paragraph", bzw., da andere Absätze nicht folgen, als „Einziger Paragraph" bezeichnet, gestattet die Auslieferung, dem Schlußabsatz des belgischen Art. 1 entsprechend, mit der Gegenseitigkeitsklausel, auch für den Fall, daß das Verbrechen oder Vergehen außerhalb des Gebiets des ersuchenden Teils begangen ist. (Denkschr.) Vgl. hierzu Anm. 27 zu Art. 1 des deutsch-belg. Vertrages und Einl. S. 12, 13.

2. Kein Deutscher wird von seiten der Regierungen des Deutschen Reichs an die brasilianische Regierung und von seiten dieser kein Brasilianer an

eine Regierung des Deutschen Reichs ausgeliefert werden [1]).

Jedoch verpflichten [2]) sich die Hohen vertragenden Teile, ihre respektiven Angehörigen, welche irgend eines der im Artikel 1 aufgeführten Verbrechen oder Vergehen begangen haben, in Untersuchung ziehen und vor Gericht stellen zu lassen, wenn die Gesetzgebung des ersuchten Landes wegen eines solchen Verbrechens oder Vergehens, welches seine Angehörigen außerhalb seines Gebietes begangen haben, das Strafverfahren zuläßt [2]).

Der Antrag [3]) soll auf diplomatischem Wege gestellt werden und soll begleitet sein von der Aufnahme des Tatbestandes (corpus delicti), allen Beweisstücken, den Schriftstücken jeder Art und den nötigen Mitteilungen, indem die Behörden des ersuchenden Landes so zu verfahren haben, als wenn sie selbst die Schuld festzustellen hätten. In diesem Falle werden alle Schriftstücke kostenfrei ausgestellt.

[1]) Vgl. § 9 RStGB.

[2]) Abs. 2 des Art. 2 macht innerhalb seines Rahmens in Abänderung des § 4 RStGB. die nach letzterer Bestimmung nur fakultative Verfolgung eines Deutschen wegen im Auslande begangener Delikte zu einer obligatorischen (vgl. Einl. S. 28).

[3]) D. h. der Antrag auf Bestrafung gemäß Abs. 2.

3. Ist die reklamierte Person weder ein Deutscher, noch ein Brasilianer, so kann die Regierung, welche die Auslieferung zu gewähren hat, von dem gestellten Auslieferungsantrage die Regierung des

Landes, welchem der Verfolgte angehört, in Kenntnis setzen, und wenn letztere den Angeschuldigten beansprucht, um ihn vor ihre Gerichte zu stellen, so kann diejenige Regierung, an welche der Auslieferungsantrag gerichtet ist, den Angeschuldigten nach ihrer Wahl dem Staate ausliefern, in dessen Gebiet das Verbrechen oder Vergehen begangen ist, oder demjenigen, dessen Untertan derselbe ist.

4. Wenn die reklamierte Person, deren Auslieferung von einem der Hohen vertragenden Teile nachgesucht wird, gleichzeitig von einer oder mehreren anderen Regierungen wegen Verbrechen oder Vergehen, welche der Beschuldigte in ihren respektiven Gebieten begangen hat, reklamiert wird, so ist Folgendes zu beobachten:

Ist der Verfolgte Untertan eines der Hohen vertragenden Teile, so geschieht die Auslieferung an diesen; anderenfalls erhält die Regierung den Vorzug, welche zuerst die Auslieferung nachgesucht hat.

5. Die Auslieferung soll nicht stattfinden, wenn die seitens einer der Regierungen des Deutschen Reichs oder seitens der Brasilianischen Regierung reklamierte Person bereits wegen derselben strafbaren Handlung, wegen deren die Auslieferung beantragt wird, in dem Lande der ersuchten Regierung in Untersuchung gewesen und außer Verfolgung gesetzt oder freigesprochen worden, oder sich noch in Untersuchung befindet, oder bereits bestraft worden ist. Wenn die besagte Person wegen einer anderen straf-

baren Handlung in Untersuchung ist, so soll ihre Auslieferung bis zur Beendigung der Untersuchung und vollendeter Vollstreckung der etwa gegen sie verhängten Strafe aufgeschoben werden [1]).

[1]) Vgl. Einl. S. 29, 30.

6. Die Bestimmungen des gegenwärtigen Vertrages finden auf politische [1]) Verbrechen oder Vergehen oder mit ihnen in Verbindung [1]) stehende Handlungen keine Anwendung.

Der Angriff gegen das Oberhaupt einer fremden Regierung oder gegen Mitglieder seiner Familie soll weder als politisches Verbrechen oder Vergehen, noch als mit einem solchen in Zusammenhang stehend angesehen werden, wenn dieser Angriff den Tatbestand des Totschlags oder Mordes bildet [2]).

Die Person, welche wegen eines der im Artikel 1 aufgeführten Verbrechen oder Vergehen ausgeliefert worden ist, darf in demjenigen Staate, an welchen die Auslieferung erfolgt ist, in keinem Falle wegen eines von ihr vor der Auslieferung verübten politischen Verbrechens oder Vergehens, noch wegen einer Handlung, die mit einem solchen politischen Verbrechen oder Vergehen in Zusammenhang steht, zur Untersuchung gezogen und bestraft werden. Auch darf sie nicht zur Untersuchung gezogen [3]) oder verurteilt werden wegen eines Verbrechens oder Vergehens, welches in dem gegenwärtigen Vertrage nicht vorgesehen ist [4]).

[1]) Vgl. Einl. S. 23 ff.

[2]) Sog. Attentatsklausel (vgl. Einl. S. 25). Auch der Versuch der im Abs. 2 erwähnten Verbrechen ist Auslieferungsdelikt (vgl. Anm. 8 zu Art. 1).

[3]) Das Verbot des „zur Untersuchung" Ziehens bezweckt, die Eröffnung der Voruntersuchung oder des Hauptverfahrens bezüglich der in Art. 6 Abs. 3 genannten Delikte zu verhindern, schließt aber die Befragung über einzelne Tatbestandsmerkmale eines dieser Delikte in dem Verfahren über das Auslieferungsdelikt nicht aus. Wird z. B. der von Brasilien wegen betrügerischen Bankerotts Ausgelieferte in der wegen dieses Verbrechens stattfindenden Hauptverhandlung von dem Vorsitzenden gefragt, ob er einen verschwenderischen Haushalt geführt habe, so liegt darin noch kein „zur Untersuchung Ziehen" wegen einfachen Bankerotts. Vgl. RG. 26 S. 68, wo weiter ausgeführt wird, daß die Entsch. in RG. 12 S. 381 (betr. d. Vertrag mit Großbritannien) dem oben Dargelegten nicht entgegensteht.

[4]) Art. 6 Abs. 3 stimmt inhaltlich, wenn auch nicht in der Fassung, mit dem Art. 6 Abs. 1 des Vertrages mit Belgien überein. (Vgl. RG. 31 S. 236.) Es sind deshalb hier die Anm. 1—4 zu Art. 6 des Vertrages mit Belgien entsprechend zu beachten.

7. Die Auslieferung soll nicht stattfinden, wenn seit der begangenen strafbaren Handlung oder der letzten Handlung des Strafrichters oder der erfolgten Verurteilung der Verfolgte mittels der Verjährung nach den Gesetzen des Landes, in welchem er zur Zeit, wo die Auslieferung beantragt wird, sich aufhält, von der Strafverfolgung oder Strafvollstreckung befreit ist [1]).

[1]) Vgl. Einl. S. 19ff.

8. Die Auslieferung soll bewilligt werden, wenn

auch dadurch die Erfüllung von Verbindlichkeiten, welche die reklamierte Person gegen Privatpersonen eingegangen ist, verhindert wird; letztere können jedoch ihre Rechte vor den zuständigen Behörden geltend machen [1]).

[1]) Vgl. Einl. S. 30.

9. Die Anträge auf Auslieferung seitens einer der beiden Regierungen an die andere erfolgen durch Vermittelung des respektiven diplomatischen Agenten, und soll die Auslieferung bewilligt werden auf Grund eines verurteilenden Erkenntnisses oder eines Beschlusses über die Versetzung in den Anklagezustand, eines Haftbefehls in derjenigen Form, welche die Gesetzgebung des die Auslieferung nachsuchenden Staats vorschreibt, oder irgend eines anderen Dokuments, welches die gleiche Geltung hat, und ebenfalls die Art und Schwere der verfolgten Tat, ihre Strafbarkeit, sowie die Nationalität der reklamierten Person angibt.

Die gerichtlichen Schriftstücke, welche in Übereinstimmung mit dem gegenwärtigen Artikel beigebracht werden, sollen in Urschrift oder beglaubigter Abschrift von den zuständigen Behörden des die Auslieferung nachsuchenden Staats ausgefertigt sein.

Ihr Inhalt soll vollen Glauben haben.

Der Auslieferungsantrag soll begleitet sein von einem Signalement der reklamierten Person und allen anderen zur Feststellung ihrer Identität dienenden Angaben, sowie auch einer Abschrift der auf das begangene Verbrechen oder Vergehen anwendbaren strafgesetzlichen Bestimmung.

Der Schriftwechsel und die Verhandlungen, welche durch den Auslieferungsantrag veranlaßt werden, können je nach den Umständen des einzelnen Falls unmittelbar zwischen den bei der Auslieferung beteiligten Regierungen des Deutschen Reichs und Brasilien stattfinden.

10. In dringenden Fällen und insbesondere wenn Gefahr der Flucht vorhanden ist, kann jede der respektiven [1]) Regierungen unter Berufung auf das Vorhandensein eines Strafurteils, eines Beschlusses auf Versetzung in den Anklagestand, oder eines Haftbefehls in kürzester Weise, selbst auf telegraphischem Wege die Verhaftung des Angeschuldigten oder Verurteilten beantragen und erwirken unter der Bedingung, daß das Dokument, auf dessen Vorhandensein man sich berufen hat, binnen möglichst kurzer Frist, welche die Dauer von neunzig Tagen nicht überschreiten darf, beigebracht wird [2]).

[1]) Vgl. Art. 9 Abs. 5.

[2]) Die in Art. 10 vorgesehene vorläufige Festnahme kann in der Regel nur im diplomatischen Wege beantragt werden und nur, wenn bereits ein Haftbefehl gegen den Verfolgten erlassen ist.

Ist jedoch besondere Eile geboten und liegt zugleich begründeter Anhalt für die Annahme vor, daß sich der Verfolgte in einem bestimmten Konsulatsbezirk aufhält, so ist den deutschen Behörden ausnahmsweise gestattet, das Ersuchen um vorläufige Festnahme unter Angabe der dem Verfolgten zur Last gelegten strafbaren Handlung und mit tunlichst genauer Beschreibung seiner Person, sowie unter Berufung darauf, daß ein Haftbefehl erlassen sei, telegraphisch an diejenige Kaiserlich deutsche Konsulatsbehörde in Brasilien zu richten, in deren Bezirke der Verfolgte vermutet wird. In dem Ersuchen ist zu erwähnen, daß der Kaiserlichen Gesandtschaft in Rio de Janeiro Mitteilung gemacht sei, und daß die Stellung der nach dem Auslieferungsvertrag erforderlichen Anträge bei der brasilianischen Regierung seitens der Kaiserlichen Gesandtschaft erfolgen werde. Von dem Ersuchen ist die Kaiserlich deutsche Gesandtschaft in Rio de Janeiro gleichzeitig auf telegraphischem Wege in Kenntnis zu setzen. Die Einreichung der zur Begründung des Auslieferungsantrags erforderlichen Urkunden an den Justizminister ist in diesen Fällen besonders zu beschleunigen. (Pr. JMBl. 1897 S. 144.)

Die vorläufige Festhaltung dauert höchstens 90 Tage.

11. Die entfremdeten Gegenstände, die zur Verübung des Verbrechens oder Vergehens benutzten Geräte und Werkzeuge und die zum Beweise desselben dienlichen Gegenstände, welche bei der reklamierten Person mit Beschlag belegt worden sind, sollen gleichzeitig mit der Auslieferung ausgefolgt werden, und dieses auch dann, wenn die Auslieferung, nachdem sie zugestanden worden ist, infolge des Todes oder der Flucht des Schuldigen nicht sollte stattfinden können.

Jedoch werden die Rechte dritter Personen an den erwähnten Gegenständen vorbehalten und es sollen ihnen dieselben nach Schluß des gerichtlichen Verfahrens kostenfrei wieder ausgehändigt werden.

12. Sobald die Auslieferung der reklamierten

Person bewilligt ist, hat der Transport derselben unter Begleitung von Agenten der ersuchten Regierung zu geschehen, und gehen die Ausgaben auf Rechnung der ersuchenden Regierung von dem Augenblick an, wo der Verbrecher an Bord gebracht ist.

13. Die Kosten, welche aus der Festnahme, dem Unterhalte und Transporte der Personen, deren Auslieferung bewilligt worden, sowie aus der Deponierung und dem Transporte der nach den Bestimmungen des vorstehenden Artikels auszufolgenden oder zu überliefernden Gegenstände erwachsen, sollen jedem der beiden Hohen vertragenden Teile innerhalb der Grenzen ihrer respektiven Gebiete zur Last fallen.

Die Transport- und anderweitigen Kosten im Gebiete der dazwischenliegenden Staaten sollen dem ersuchenden Teile zur Last fallen [1]).

[1]) Der ersuchende Staat trägt hiernach von der Verbringung an Bord des Schiffes an (Art. 12, 13 Abs. 1) die Kosten. Bis dahin trägt sie der ersuchte Staat.

14. Wenn in einem Strafverfahren wegen Handlungen, welche nicht zu den politischen Verbrechen oder Vergehen gehören, einer der Hohen vertragenden Teile die Vernehmung von Zeugen, welche sich in dem Gebiete des andern Teils aufhalten, oder irgend eine andere Untersuchungshandlung für notwendig erachten sollte, so wird zu diesem Zwecke ein Ersuchschreiben auf diplomatischem Wege mitgeteilt und demselben nach Maßgabe der Gesetzgebung des

Landes, wo der Zeuge vernommen oder der Akt vorgenommen werden soll, Folge gegeben werden.

Die Ausführung des Antrags kann verweigert werden, wenn das Verfahren gegen einen Angehörigen des ersuchten Staats gerichtet ist, der seitens der Behörde, von welcher das Ersuchschreiben ausgeht, noch nicht verhaftet worden ist, oder wenn die Untersuchung eine Handlung zum Gegenstande hat, welche nach den Gesetzen des Staats, an den das Ersuchschreiben gerichtet ist, nicht strafbar ist.

Die vertragenden Regierungen verzichten auf alle Ersatzansprüche wegen der aus der Ausführung der Requisition entspringenden Kosten, sofern es sich nicht um Gutachten in Straf- oder Handelssachen oder Sachen der gerichtlichen Medizin handelt.

15. Wenn in einer Strafsache, welche nichtpolitische Verbrechen oder Vergehen zum Gegenstande hat, das persönliche Erscheinen eines Zeugen für unumgänglich erachtet werden sollte, so wird die Regierung des Landes, in welchem der Zeuge sich aufhält, ihm die zu diesem Zweck seitens der anderen Regierung an ihn gerichtete Aufforderung mitteilen.

Wenn die requirierten Zeugen sich zu der Reise verstehen, so werden die respektiven Regierungen in gemeinsamer Verständigung die Entschädigung festsetzen, welche der interessierte Staat ihnen für Reise- und Aufenthaltskosten, wie auch für den persönlichen Nachteil und Zeitverlust zu gewähren hat.

Diese Zeugen werden in keinem Falle wegen einer

vor der an sie ergangenen Vorladung begangenen strafbaren Handlung weder während ihres Aufenthaltes an dem Orte, wo sie vernommen werden sollen, noch während der Hin- und Rückreise in Haft genommen oder belästigt werden.

16. Wenn es in einer Strafsache, welche nichtpolitische Verbrechen oder Vergehen zum Gegenstande hat, notwendig werden sollte, den Angeschuldigten mit in dem anderen Lande verhafteten Schuldigen zu konfrontieren oder Beweisstücke oder gerichtliche Urkunden zu erhalten, welche das andere Land besitzt, so soll das Ersuchen auf diplomatischem Wege gestellt werden.

Es soll dem Ersuchen stattgegeben werden, wenn nicht besondere Bedenken entgegenstehen, jedoch unter der Bedingung, daß die reklamierten Personen und Dokumente in möglichst kurzer Zeit an ihr Land zurückgesandt werden.

Die Kosten, welche aus der Überführung der oben erwähnten Personen und Gegenstände von einem Staate zum anderen erwachsen, sollen von der Regierung bezahlt werden, welche den Antrag gestellt hat.

17. Die vertragenden Teile machen sich verbindlich, sich gegenseitig die Straferkenntnisse wegen Verbrechen oder Vergehen jeder Art mitzuteilen, welche von den Gerichten des einen Landes gegen Angehörige des anderen Landes ergehen. Diese Mitteilung wird auf diplomatischem Wege erfolgen und

zwar durch vollständige oder auszugsweise Übersendung des ergangenen und rechtskräftig gewordenen Urteils an die Regierung des Landes, welchem der Verurteilte angehört[1]).

[1]) Für Preußen vgl. Allg. Vfg. v. 30. 6. 1888 (JMBl. S. 167, 168) u. v. 9. 11. 1889 (JMBl. S. 268).

18. Der gegenwärtige Vertrag soll in Kraft bestehen von dem Tage seiner in Gemäßheit der durch die Gesetzgebung der Hohen vertragenden Teile vorgeschriebenen Formen erfolgten Veröffentlichung bis zu dem Zeitpunkte, wo einer dieser Teile dem anderen seine Absicht ankündigt, ihn außer Kraft treten zu lassen, er bleibt alsdann jedoch noch sechs Monate nach dem Tage solcher Aufkündigung in Kraft.

Dieser Vertrag wird ratifiziert und werden die Ratifikationen zu Rio de Janeiro ausgewechselt werden.

III.

Auszug aus dem Freundschafts-, Handels- und Schiffahrtsvertrag

zwischen dem Deutschen Reich und dem Freistaate Columbien.

Vom 23. Juli 1892.

(RGBl. 1894 S. 471 ff.)

Vorbemerkung.

Der Vertrag ist im RGBl. v. 13. 6. 1894 in deutscher und spanischer Sprache verkündet. — Nach Ratifikation hatte die Auswechselung der Urkunden am 12. April 1894 zu Bogotá stattgefunden. (RGBl. S. 487.)

Art. 23. Über die gegenseitige Auslieferung von Verurteilten und Angeschuldigten, sowie über die Erledigung von Requisitionen in Strafsachen wird zwischen den vertragschließenden Teilen eine besondere Vereinbarung getroffen werden. Bis zum Inkrafttreten dieser Vereinbarung sollen dem ersuchenden Teile, gegenüber dem ersuchten Teile, dieselben Rechte und Begünstigungen, welche von dem letzteren der meistbegünstigten Nation mit Bezug auf die Auslieferung von Verurteilten und Angeschuldigten, sowie inbetreff der Erledigung von Requisitionen in Strafsachen eingeräumt sind oder in Zukunft eingeräumt werden sollten, insoweit zustehen, als seitens des ersuchenden Teiles bei Stellung des Antrages für gleichartige Fälle die Gegenseitigkeit dem ersuchten Teile zugesichert wird[1]).

[1]) Bis zum Inkrafttreten der vorbehaltenen besonderen Vereinbarungen bleibt der Art. 23 maßgebend. Die Anträge auf vorläufige Festnahme und Auslieferung sind im diplomatischen Wege zu stellen. (Vgl. Pr. JMBl. 1905 S. 180.)

IV.

Auslieferungsvertrag

zwischen Deutschland und Griechenland.

Vom 12. März 1907.

(RGBl. S. 545 ff.)

Vorbemerkungen.

1. Der Vertrag ist ratifiziert (RGBl. S. 558) und im RGBl. v. 3. 9. 07 in französischer Sprache mit an-

gehängter deutscher Übersetzung verkündet. — Vor der beiderseitigen Ratifikation sind zwischen dem deutschen Gesandten in Athen und dem griechischen Minister des Auswärtigen, die den Vertrag als Bevollmächtigte der beiden Staaten unterzeichnet hatten, zur Vermeidung von Mißverständnissen in Ansehung des Art. 2 die nachstehend im Anschluß an den Vertrag abgedruckten Schreiben vom 30. 5. 07 gewechselt worden, um festzustellen, von welcher Auffassung man bei Unterzeichnung des Vertrages ausging.

Vorverhandlungen in den Verhandlungen des Reichstags 1907, I. Sess. Anl. Bd. Nr. 433; stenogr. Ber. S. 1580, 1581, 1640—1642, 1681.

2. Der Mangel eines Auslieferungsvertrages mit Griechenland hatte sich schon häufig fühlbar gemacht, da Griechenland nur auf Grund vertragsmäßiger Verpflichtung ausliefert und sich deshalb deutschen Auslieferungsanträgen gegenüber bisher stets ablehnend verhielt. Als Muster diente dem Vertrage der griechisch-belgische Vertrag vom 9. 7. 01, von dessen Bestimmungen die griechische Regierung trotz mehrfacher deutscherseits gemachter Abänderungsvorschläge nicht abweichen wollte. (Denkschr.)

3. In Griechenland gilt zurzeit das StGB. vom 10. 1. 1834, welches auf der Grundlage des bayerischen StGB. von 1813 und der bayerischen Entwürfe von 1822, 1827 und 1831 aufgebaut ist. (Vgl. v. Liszt, Strafgesgeb. d. Gegenw. Bd. I S. 336 ff. Über eine Reihe späterer Einzelstrafgesetze vgl. das. Bd. I S. 337 ff. Bd. II S. 493 ff.)

Art. 1. Die Hohen vertragschließenden Teile verpflichten sich, unter den durch den gegenwärtigen Vertrag vorgesehenen Umständen und Bedingungen sich einander diejenigen Personen auszuliefern, welche von den Gerichten des ersuchenden Teiles wegen der im folgenden Artikel aufgeführten Verbrechen und Vergehen, sei es als Täter oder Teilnehmer, verfolgt werden oder verurteilt worden sind[1]) und sich auf das Gebiet des anderen Teiles flüchten[2]).

[1]) Auf den Ort, wo die Tat begangen ist, kommt es hiernach nicht an, sofern nur die Zuständigkeit der Gerichte des ersuchenden Staates zu ihrer Aburteilung begründet ist. (Denkschr.)

[2]) Aus den Worten „sich flüchten" (se réfugieraient) ist nicht zu schließen, daß Freiwilligkeit des Aufenthalts im Asylstaate Voraussetzung der Auslieferung sei. Es handelt sich offenbar nur um ein Redaktionsversehen. Die bloße Tatsache der Anwesenheit im Asylstaate genügt. (Vgl. auch Anm. 2 zu Art. 1 des preuß.-französ. Vertrages u. Einl. S. 39.)

Art. 2. Die Verbrechen und Vergehen[1]), wegen deren die Auslieferung stattzufinden hat, sind:[1a])

1. Mord, Vergiftung[2]), Elternmord, Kindesmord, Totschlag;
2. vorsätzliche Mißhandlung oder Verletzung, die den Tod, ohne den Vorsatz zu töten, oder eine länger als drei Monate[3]) dauernde Krankheit oder Arbeitsunfähigkeit oder eine schwere Verstümmelung, den Verlust eines Gliedes oder Organs oder des Vermögens zu ihrem Gebrauch oder andere dauernde Gebrechen verursacht hat;
3. Abtreibung der Leibesfrucht;

4. mehrfache Ehe;
5. Raub von Personen unter 14 Jahren, Entführung von Minderjährigen[4]);
6. Aussetzung und Verlassung eines Kindes[5]);
7. Notzucht[6]);
8. Diebstahl, ob mit oder ohne Gewalt begangen[6a]), Unterschlagung, Betrug, Erpressung;
9. vorsätzliche und rechtswidrige Entziehung der persönlichen Freiheit, falls durch Privatpersonen begangen;
10. Falschmünzerei, nämlich Nachmachung und Veränderung von Geld sowie wissentliche Ausgabe und Inumlaufsetzung von nachgemachtem oder verändertem Gelde;
11. Nachmachung oder Verfälschung von Staatspapieren, von Banknoten oder von öffentlichen oder privaten Wertpapieren; wissentliche Ausgabe und Inumlaufsetzung solcher nachgemachten oder gefälschten Staatspapiere, Banknoten oder Wertpapiere; Fälschung von Urkunden oder telegraphischen Depeschen und wissentlicher Gebrauch solcher nachgemachten, fälschlich angefertigten oder verfälschten Depeschen, Staatspapiere, Banknoten oder Wertpapiere;
12. Nachmachung oder Verfälschung von Siegeln, Stempeln, Stempelzeichen, Postfreimarken oder anderen zu klebenden Marken; wissentlicher

Gebrauch solcher nachgemachten oder verfälschten Gegenstände; nachteiliger und in betrügerischer Absicht erfolgter Gebrauch von echten Siegeln, Stempeln und Stempelzeichen;

13. falsches Zeugnis;
14. Meineid;
15. Erpressung und Unterschlagung, falls von öffentlichen Beamten begangen; Bestechung öffentlicher Beamten;
16. betrüglicher Bankrott und betrügliche Handlungen bei Konkursen;
17. vorsätzliche Brandstiftung;
18. vorsätzliche und rechtswidrige Vernichtung, Beschädigung oder Unterdrückung einer öffentlichen oder Privaturkunde in der Absicht, einem Anderen zu schaden;
19. Widerstand und Tätlichkeiten von Schiffsleuten gegen den Kapitän oder seine Vertreter [7]);
20. Verhehlung von Sachen, die durch eines der im gegenwärtigen Vertrage vorgesehenen Verbrechen oder Vergehen erlangt sind [8]).

Unter vorstehenden Bezeichnungen ist der Versuch mitinbegriffen, sofern er durch die Gesetzgebung beider Länder mit Strafe bedroht ist.

Bei Vergehen,[9]) soll die Auslieferung stattfinden:

1. hinsichtlich der Verurteilten, wenn die erkannte Strafe mindestens ein Jahr Gefängnis beträgt;

2. hinsichtlich der Beschuldigten, wenn das Höchstmaß der auf die Straftat angedrohten Strafe nach der Gesetzgebung beider Länder mindestens zwei Jahre Gefängnis beträgt.

[1]) Wegen der Einschränkung in Abs. 3 vgl. Anm. 9.

[1a]) Das Prinzip der identischen Norm (vgl. Einl. S. 15 ff.), welches nur beim Versuch (Abs. 2) erwähnt ist, soll nach der Absicht der Paziszenten für sämtliche Delikte der Vertragsliste gelten. (Vgl. die nachstehend am Schlusse des Vertrages abgedruckten beiden Schreiben v. 30. 5. 07.)

[2]) Wegen Vergiftung wird nach Art. 289, 290 des griechischen StGB. bestraft: wer einem anderen Gift oder andere Stoffe, die den Tod zur Folge haben können, vorsätzlich beibringt, ferner, wer Brunnen, Zisternen, Wasserleitungen, Quellen, öffentlich verkäufliche Waren oder überhaupt Sachen, wodurch eine Anzahl Menschen Leben oder Gesundheit verlieren kann, vorsätzlich vergiftet. Diese Tatbestände entsprechen im wesentlichen denen der §§ 229, 324 RStGB.

[3]) Länger als drei Monate. Dies entspricht einem erschwerenden Umstande des griechischen StGB. (Art. 307 Nr. II und Art. 308 Nr. II daselbst.)

[4]) Hier ist der Raub von Personen unter 14 Jahren neben der Entführung Minderjähriger besonders vorgesehen. Er ist im griechischen StGB. (Art. 321) auch dann mit schwerer Strafe bedroht, wenn die den Eltern oder dem Vormund ohne deren Einwilligung entzogene Person (unter 14 Jahren) selbst eingewilligt hatte, während die Entführung einer mehr als 12 jährigen Person mit ihrem Willen im griechischen StGB. (Art. 332) nur mit Strafen bedroht ist, die unter zwei Jahren Gefängnis bleiben und daher (vgl. Abs. 3 und Anm. 9) die Auslieferung nicht rechtfertigen würden. Dagegen ist die Entführung (zu Zwecken der Unzucht oder der

Ehe) mit schwerer Strafe bedroht (Art. 331 des griechischen StGB.), wenn sie ohne Einwilligung der entführten Person mit List oder Gewalt erfolgt oder wenn die, sei es ohne ihre, sei es mit ihrer Einwilligung entführte Person unter zwölf Jahren ist. (Denkschr.)

[5]) Ziff. 6 entspricht dem Art. 1 Ziff. 3 des deutsch-italienischen Vertrages.

[6]) Notzucht. Die Auslieferung noch wegen anderer Sittlichkeitsdelikte zu vereinbaren, hat sich die griechische Regierung nicht bereit finden lassen. (Denkschr.)

[6a]) Raub und Diebstahl sind hier als „mit oder ohne Gewalt" begangener Diebstahl zusammengefaßt.

[7]) Vgl. §§ 103 ff. der Seemannsordnung.

[8]) Die Hehlerei ist im griechischen StGB. nicht besonders aufgeführt, sondern fällt unter den Begriff der Teilnahme. (Art. 72 Nr. 5 des griechischen StGB.) Mit Rücksicht auf das deutsche Recht ist sie indes besonders erwähnt. (Denkschr.)

[9]) Abs. 3 beschränkt (einem Wunsche Griechenlands entsprechend) die Auslieferungspflicht bei Vergehen. Mit Rücksicht darauf, daß bei der geographischen Lage beider Länder zueinander die Festsetzung einer Auslieferungspflicht auch für geringfügige Straftaten nicht angezeigt erschien, hat die deutsche Regierung zugestimmt. (Denkschr.)

Die Auslieferung ist danach ausgeschlossen, wenn die Straftat nur ein Vergehen ist und (bei Beschuldigten) die gesetzlich zulässige Strafe nicht das Maß von zwei Jahren Gefängnis erreicht, oder (bei Verurteilten) die erkannte Strafe auf weniger als ein Jahr Gefängnis bemessen ist.

Art. 3. Kein Deutscher darf an Griechenland und kein Grieche an Deutschland ausgeliefert werden [1]).

Wenn der Beschuldigte oder Verurteilte nicht dem Staate angehört, der ihn beansprucht, so soll es der Regierung, an welche der Auslieferungsantrag gerichtet ist, freistehen, auf den Antrag das ihr geeignet Erscheinende zu veranlassen und die beanspruchte Person entweder ihrem Heimatstaat oder dem Lande, wo die Straftat begangen worden ist, auszuliefern.

[1]) Vgl. § 9 RStGB.

Art. 4. Die Auslieferung soll nicht stattfinden:

1. wenn die Verjährung der Strafverfolgung oder der Strafvollstreckung zur Zeit der Stellung des Antrags nach den Gesetzen des ersuchten Landes vollendet ist;
2. wenn der Auslieferungsantrag durch dieselbe strafbare Handlung veranlaßt wird, wegen deren die beanspruchte Person in dem um die Auslieferung ersuchten Lande verfolgt war und außer Verfolgung gesetzt worden ist, oder noch verfolgt wird oder bereits abgeurteilt worden ist.

Art. 5. Wenn die beanspruchte Person in dem ersuchten Lande wegen einer anderen strafbaren Handlung als derjenigen, durch welche der Auslieferungsantrag veranlaßt ist, verfolgt wird oder verurteilt worden ist, so kann ihre Auslieferung bis zur Beendigung der Verfolgung und im Falle der Verurteilung bis nach vollendeter Vollstreckung der Strafe aufgeschoben werden.

Falls sie in demselben Lande wegen Verbindlichkeiten, die sie Privatpersonen gegenüber eingegangen ist, verfolgt wird oder in Haft genommen ist, soll ihre Auslieferung dennoch erfolgen, und es bleibt jenen Personen vorbehalten, ihre Rechte demnächst vor der zuständigen Behörde geltend zu machen.

Art. 6. Die Auslieferung soll[1]) nicht bewilligt werden, wenn die strafbare Handlung, wegen deren sie beantragt wird, von dem ersuchten Teile als ein politisches [2]) Vergehen oder als eine mit einem solchen Vergehen im Zusammenhange [2]) stehende Handlung angesehen wird, oder wenn die beanspruchte Person beweist, daß der Auslieferungsantrag in Wirklichkeit zu dem Zwecke gestellt worden ist, um sie wegen einer strafbaren Handlung dieser Art zu verfolgen.

Der Ausgelieferte darf wegen keiner anderen Straftat als wegen derjenigen, welche seine Auslieferung veranlaßt hat, verfolgt oder bestraft werden [3]). Dies findet keine Anwendung auf die nach der Auslieferung begangenen strafbaren Handlungen.

Der Ausgelieferte darf ohne Zustimmung der Regierung, welche ihn ausgeliefert hat, nicht an einen dritten Staat weitergeliefert werden. Die Zustimmung soll nach der in den Artikeln 7 und 8 festgesetzten Art des Verfahrens beantragt und erteilt werden.

[1]) Der Ausdruck „soll" ist nicht im Sinne einer bloßen Sollvorschrift aufzufassen, ist vielmehr ebenso wie das „darf" in Art. 6 Abs. 2 als Mußvorschrift anzusehen. (Vgl. die hierüber gepflogenen Reichstagsverhandlungen, stenogr. Ber. S. 1640 ff.)

[2]) Vgl. Einl. S. 23 ff.

[3]) Prinzip der reinen Spezialität. (Vgl. Einl. S. 40 ff.)

Art. 7. Der Auslieferungsantrag soll stets auf diplomatischem Wege gestellt werden.

Art. 8. Das Auslieferungsverfahren richtet sich nach der Gesetzgebung des ersuchten Landes oder nach der daselbst bestehenden Übung [1]).

[1]) Art. 8 ist auf Wunsch der griechischen Regierung aufgenommen (Denkschr.). Die Legalität des im ersuchten Staate bei der Auslieferung beobachteten Verfahrens darf von den Behörden des ersuchenden Staates einer Nachprüfung nicht unterzogen werden. (Vgl. Einl. S. 39.)

Art. 9. Die Auslieferung soll bewilligt werden gegen Beibringung der Urschrift oder beglaubigter Abschrift des Urteils oder der sonstigen verurteilenden Entscheidung, einer vom zuständigen Richter im Strafverfahren erlassenen Verfügung, welche die Verweisung des Beschuldigten oder Angeklagten vor den erkennenden Richter ausdrücklich anordnet oder von Rechts wegen bewirkt, oder eines förmlichen Beschlusses des zuständigen Gerichts auf Versetzung in den Anklagezustand oder auf Eröffnung des Hauptverfahrens. Sie kann auch bewilligt werden gegen Beibringung des Haftbefehls oder einer die gleiche Geltung habenden sonstigen Verfügung, die von der zuständigen ausländischen Gerichtsbehörde erlassen sind, sofern sie den Tatbestand der Handlung, wegen deren sie ergangen sind, genau angeben.

Diesen Stücken soll beigegeben sein: Abschrift der gesetzlichen Bestimmung, die auf die Straftat Anwendung findet, beglaubigte Übersetzung [1]) in der Sprache des ersuchten Landes und, soweit möglich, eine Beschreibung der beanspruchten Person oder irgend eine sonstige zur Feststellung ihrer Identität geeignete Bezeichnung.

Falls es zweifelhaft sein sollte, ob das den Gegenstand der Verfolgung bildende Verbrechen oder Vergehen unter die Bestimmungen dieses Vertrags fällt, kann die ersuchte Regierung alle diejenigen Aufklärungen verlangen, die sie für nötig oder nützlich erachtet, um sich ein Urteil zu bilden; sie entscheidet daraufhin über die dem Auslieferungsantrage zu gebende Folge.

Die ersuchende Regierung wird der ersuchten Regierung, indem sie ihr diese Aufklärungen gibt, gleichzeitig alle zur Beurteilung notwendigen oder nützlichen Urkunden zur Verfügung stellen.

[1]) Zu beachten ist hier, daß die Beifügung einer Übersetzung vorgeschrieben ist. (Vgl. auch Art. 15 und 16.)

Art. 10. In dringenden Fällen kann die vorläufige Festnahme auf Grund einer brieflichen oder telegraphischen und stets auf diplomatischem Wege zu übermittelnden Nachricht von dem Vorhandensein einer der im Artikel 9 erwähnten Urkunden bewirkt werden, jedoch unter der Bedingung, daß diese Nachricht regelmäßig dem Ministerium der auswärtigen Angelegenheiten des ersuchten Landes zugeht.

Die vorläufige Festnahme wird in den Formen und gemäß den Regeln erfolgen, die durch die Gesetzgebung des ersuchten Landes festgesetzt oder in diesem Lande in Übung sind. Sie wird nicht aufrechterhalten, wenn nicht innerhalb der Frist von einem Monate von dem Zeitpunkt ihrer Bewirkung an die ersuchte Regierung auf diplomatischem Wege den Auslieferungsantrag nebst einer der im Art. 9 dieses Vertrags erwähnten Urkunden erhalten hat.

Art. 11. Wenn die Auslieferung statthaft ist, sollen alle zur Zeit der Festnahme im Besitze der beanspruchten Person vorgefundenen oder später entdeckten Gegenstände, die aus dem Verbrechen oder Vergehen herrühren oder als Überführungsstücke von Bedeutung sind, dem ersuchenden Staate ausgeantwortet werden.

Diese Ausantwortung soll selbst dann geschehen, wenn die Auslieferung infolge des Entweichens oder des Todes der beanspruchten Person nicht zur Ausführung gebracht werden kann [1]).

Jedoch bleiben die Rechte vorbehalten, welche dritte Personen an den bezeichneten Gegenständen etwa erworben haben sollten, und es sollen die

Gegenstände gegebenenfalls am Schlusse des gerichtlichen Verfahrens ihnen kostenfrei zurückgegeben werden.

[1]) Abs. 2 gilt auch dann, wenn z. B. des Entweichens bzw. des Todes die Auslieferung noch nicht zugestanden war, sofern sie nur an sich statthaft gewesen wäre. (Vgl. die abw. Regelung in den Verträgen mit Brasilien, Italien und der Schweiz.)

Art. 12. Die Kosten der Festnahme, des Unterhalts und der Beförderung der Person, deren Auslieferung bewilligt worden ist, sowie diejenigen der Hinterlegung und der Versendung der nach Maßgabe des vorhergehenden Artikels zurückzugebenden oder auszuantwortenden Gegenstände sollen von beiden Ländern, je innerhalb der Grenzen des eigenen Gebiets, getragen werden.

Die Beförderungskosten oder sonstige Kosten im Gebiete der dazwischenliegenden Staaten fallen dem ersuchenden Staate zur Last.

Die Beförderungskosten oder sonstige Kosten auf dem Seewege fallen gleichfalls dem ersuchenden Staate zur Last.

Der Auszuliefernde soll nach demjenigen Hafen des ersuchten Landes oder an diejenige Stelle der Grenze geführt werden, welche die ersuchende Regierung bezeichnet.

Art. 13. Wenn die gemäß den Bedingungen dieses Vertrags beanspruchte und festgenommene Person nicht binnen drei Monaten nach ihrer Festnahme außer Landes geschafft wird, soll sie in Freiheit gesetzt werden und wegen derselben Angelegenheit nicht mehr beansprucht werden dürfen [1]).

Bei dieser Frist von drei Monaten wird die Zeit nicht mitgerechnet, während welcher die beanspruchte Person nach ihrer Festnahme der Rechtspflege des ersuchten Landes hat Genüge leisten müssen [2]).

[1]) Art. 13 ist auf Wunsch der griechischen Regierung aufgenommen, die auf die dagegen erhobenen Bedenken entgegnete, daß Verzögerungen ihrerseits mit Rücksicht auf die kurzen Fristen, die für das Auslieferungsverfahren in Griechenland festgesetzt seien, nicht zu erwarten ständen.

Mit dem fruchtlosen Ablauf der Frist (wegen der Berechnung vgl. Abs. 2) ist der Auslieferungsanspruch endgiltig verwirkt. (Denkschr.)

[2]) Vgl. Art. 5 Abs. 1.

Art. 14. Die Durchlieferung einer dem Durchlieferungslande nicht angehörenden Person durch die Gebiete der vertragschließenden Teile soll gegen die bloße Beibringung der Urschrift oder beglaubigter Abschrift einer der im Artikel 9 erwähnten Urkunden bewilligt werden, sofern die der Durchlieferung zugrunde liegende Handlung in diesem Vertrage vorgesehen ist und nicht unter die Bestimmungen der Artikel 4 und 6 fällt.

Die Durchlieferungskosten fallen dem ersuchenden Staate zur Last.

Art. 15. Wenn im Verlauf eines nicht politischen Strafverfahrens die Vernehmung von Personen, die sich in einem der beiden Länder aufhalten, oder irgendeine andere Untersuchungshandlung für notwendig erachtet werden sollte, so soll zu diesem Zwecke ein Ersuchungsschreiben nebst beglaubigter Übersetzung [1]) in der Sprache des ersuchten Landes auf diplomatischem Wege übersandt und ihm nach Maßgabe der Gesetzgebung des Landes, wo der Zeuge vernommen oder die Untersuchungshandlung vorgenommen werden soll, Folge gegeben werden.

Indes sollen die Ersuchungsschreiben, die auf Vornahme einer Haussuchung oder einer Beschlagnahme des Gegenstandes der strafbaren Handlung oder von Überführungsstücken abzielen, nur wegen einer der im Artikel 2 aufgeführten Straftaten und unter dem im letzten Absatze des obigen Artikel 11 zum Ausdrucke gebrachten Vorbehalt erledigt werden.

Die beiden Regierungen verzichten auf Erstattung der ihnen durch die Erledigung von Ersuchungsschreiben in Strafsachen erwachsenden Kosten, selbst wenn es sich um eine Begutachtung handelt, sofern nur diese Begutachtung nicht mehr als einen Termin erforderlich gemacht hat.

[1]) Vgl. Anm. 1 zu Art. 9.

Art. 16. Wenn in nicht politischen Strafsachen die Regierung eines der beiden Länder die Bekanntmachung einer im Verfahren erlassenen Verfügung oder eines Urteils an eine im Gebiete des anderen Landes sich aufhaltende Person für notwendig erachtet, so soll das auf diplomatischem Wege zu übermittelnde Schriftstück, mit einer beglaubigten Übersetzung[1]) in der Sprache des ersuchten Landes versehen, sofern die Gesetze des ersuchten Landes nicht entgegenstehen, auf Veranlassung der Staatsanwaltschaft des Aufenthaltsorts durch einen zuständigen Beamten der Person zugestellt werden, und es soll die Urschrift mit Zustellungsurkunde auf demselben Wege der ersuchenden Regierung zurückgesandt werden ohne Erhebung von Kosten.

[1]) Vgl. Anm. 1 zu Art. 9.

Art. 17. Wenn in einer nicht politischen Strafsache das persönliche Erscheinen eines Zeugen für notwendig erachtet wird, so soll die Regierung des Landes, wo der Zeuge sich aufhält, ihn auffordern, der Ladung Folge zu leisten, die auf diplomatischem Wege zu diesem Zwecke von seiten der Behörden des anderen Landes an ihn ergeht.

Stimmt der Zeuge zu, so werden ihm die Kosten der Reise und des Aufenthalts nach seiner Wahl entweder nach den Sätzen und Bestimmungen, die in dem Lande gelten, wo die Vernehmung stattfinden soll, oder nach den Sätzen und Bestimmungen des ersuchten Staates gewährt werden. Der ersuchende Staat wird den Betrag angeben, den der ersuchte Staat unter dem Vorbehalte, daß der ersuchende Staat ihn zurückzahlt, dem Zeugen auf die Gesamtsumme vorschießen kann.

Ein Zeuge, der auf Ladung in einem der beiden

Länder freiwillig vor den Richtern des anderen Landes erscheint, darf daselbst — ohne daß es hierbei auf seine Staatsangehörigkeit ankäme — weder wegen früherer zivil- oder strafrechtlicher Vorkommnisse oder Verurteilungen, noch unter dem Vorwande der Mitschuld an den Handlungen, die Gegenstand des Verfahrens sind, worin er als Zeuge erscheinen soll, verfolgt oder in Haft genommen werden.

Art. 18. Wenn in einer nicht politischen, in einem der beiden Länder anhängigen Strafsache die Mitteilung von Überführungsstücken oder Urkunden, die sich in den Händen der Behörden des anderen Landes befinden, für notwendig oder nützlich erachtet wird, so soll das Ersuchen dieserhalb auf diplomatischem Wege gestellt werden und es soll ihm, sofern nicht besondere Bedenken entgegenstehen, stattgegeben werden gegen die Verpflichtung zur möglichst baldigen Rücksendung der Beweisstücke und Urkunden.

Die vertragschließenden Regierungen verzichten auf den Ersatz der Kosten, die ihnen, je innerhalb der Grenzen des eigenen Gebiets, durch die Hin- und Rücksendung der Beweisstücke und Urkunden verursacht worden sind.

Art. 19. Die beiden Regierungen verpflichten sich zur gegenseitigen und kostenlosen Mitteilung der Verurteilungen wegen Verbrechen oder Vergehen jeder Art, die von den Gerichten des einen der beiden Staaten gegen Angehörige des anderen Staates ausgesprochen werden.

Diese Mitteilung soll bewirkt werden, indem auf diplomatischem Wege eine Strafnachricht oder ein Auszug aus der rechtskräftigen Entscheidung der Regierung des Landes, dem der Verurteilte angehört, übersandt wird [1].

[1]) Für Preußen vgl. die Allg. Verfüg. v. 16. 9. 07 (JMBl. S. 509) u. v. 16. 12. 07 (JMBl. S. 605.)

Art. 20. Dieser Vertrag soll in Kraft treten zehn Tage nach seiner Veröffentlichung in den durch die Gesetze der beiden Länder vorgeschriebenen Formen.

Die vor dem Inkrafttreten des Vertrags begangenen Handlungen können Gegenstand eines Auslieferungsantrags nur in dem Falle sein, daß die beanspruchten Personen nach der Unterzeichnung in das Gebiet des ersuchten Staates geflohen sein sollten [1].

Jeder der beiden vertragschließenden Teile kann jederzeit den gegenwärtigen Vertrag aufkündigen, indem er den anderen Teil von seiner Absicht sechs Monate vorher benachrichtigt.

Er wird ratifiziert werden und die Ratifikationsurkunden werden in Athen binnen sechs Monaten oder womöglich früher ausgewechselt werden.

[1]) Nach Abs. 2 soll der Vertrag, worauf griechischerseits bestanden wurde, keine rückwirkende Kraft haben; doch sollen Personen der Auslieferung unterliegen, die erst nach der Unterzeichnung des Vertrages in das Gebiet des ersuchten Staates geflüchtet sind. (Denkschr.)

Die nachstehend abgedruckten beiden Schreiben (vgl. Vorbem. 1 zum Vertrage) sind vom Reichskanzler im französischen Text mit angehängter deutscher Übersetzung im RGBl. 07 S. 558 ff. bekannt gemacht.

Athen, den 17./30. Mai 1907.

Herr Minister,

In meiner Eigenschaft als Bevollmächtigter Seiner Majestät des Deutschen Kaisers, Königs von Preußen, in der ich am $\frac{\text{12. März}}{\text{27. Februar}}$ 1907 mit Euerer Exzellenz, als dem Bevollmächtigten Seiner Majestät des Königs der Hellenen, den Auslieferungsvertrag zwischen dem Deutschen Reiche und Griechenland zu unterzeichnen die Ehre hatte, bin ich zufolge den Weisungen der Kaiserlichen Regierung und zur Vermeidung jedes Mißverständnisses ermächtigt, Euerer Exzellenz nachstehendes zu erklären:

„Bei Unterzeichnung des bezeichneten Vertrags sind die Bevollmächtigten der beiden Hohen vertragschließenden Teile von der Auffassung ausgegangen, daß die Auslieferung wegen der im Artikel 2 des Vertrags vorgesehenen strafbaren Handlungen unter den im Vertrag angegebenen Bedingungen nur dann stattfinden soll, wenn diese strafbaren Handlungen in der Gesetzgebung der beiden Länder vorgesehen sind, und daß demgemäß insbesondere wegen der im Artikel 2 Nr. 19 vorgesehenen Straftaten die Auslieferung nur in dem Falle wird beansprucht werden können, wenn diese Handlungen auch nach der Gesetzgebung des ersuchten Landes als ein Verbrechen oder Vergehen anzusehen sind."

Genehmigen Sie, Herr Minister, die Versicherung meiner ausgezeichnetsten Hochachtung.

Arco.

An Seine Exzellenz
Herrn A. Skousès, Minister
der auswärtigen Angelegenheiten.

Athen, den 17./30. Mai 1907.

Herr Minister,

Soeben erhielt ich Ihr Schreiben von heute, betreffend den Auslieferungsvertrag zwischen Griechenland und dem Deutschen Reiche, den ich die Ehre hatte, mit Euerer Exzellenz am $\frac{\text{27. Februar}}{\text{12. März}}$ 1907 zu unterzeichnen. Sie haben die Güte, mir darin mitzuteilen, daß Sie zufolge den Weisungen der Kaiserlichen Regierung und zur Vermeidung jedes Mißverständnisses ermächtigt sind, mir nachstehendes zu erklären:

„Bei Unterzeichnung des bezeichneten Vertrags sind die Bevollmächtigten der beiden Hohen vertragschließenden Teile von der Auffassung ausgegangen, daß die Auslieferung wegen der im Artikel 2 des Vertrags vorgesehenen strafbaren Handlungen unter den im Vertrag angegebenen

Bedingungen nur dann stattfinden soll, wenn diese strafbaren Handlungen in der Gesetzgebung der beiden Länder vorgesehen sind, und daß demgemäß insbesondere wegen der im Artikel 2 Nr. 19 vorgesehenen Straftaten die Auslieferung nur in dem Falle wird beansprucht werden können, wenn diese Handlungen auch nach der Gesetzgebung des ersuchten Landes als ein Verbrechen oder Vergehen anzusehen sind."

Indem ich von dieser Erklärung, die der Auffassung der Königlichen Regierung vollkommen entspricht, Akt nehme, ergreife ich den Anlaß, um Euere Exzellenz zu bitten, die Versicheruug meiner ausgezeichnetsten Hochachtung zu genehmigen.

A. Skousès.

Seiner Exzellenz,
dem Herrn Grafen von Arco Valley,
außerordentlichem Gesandten und bevollmächtigtem Minister Deutschlands.

V a.

Auslieferungsvertrag

zwischen

dem Deutschen Reiche und Großbritannien.

Vom 14. Mai 1872.

(RGBl. S. 229 ff.)

Vorbemerkungen.

1. Der Vertrag ist im RGBl. v. 8. 7. 1872 mit offiziellem Doppeltext in deutscher und englischer Sprache

verkündet. Nach Ratifikation des Vertrages hatte die Auswechselung der Urkunden am 11. Juni 1872 in London stattgefunden. (RGBl. 1872 S. 237.) — Vorverhandlungen in den Verhandlungen des Reichstags 1872 Anl. Nr. 98; stenogr. Ber. Bd. II S. 647, 725. — Vollzugsvorschriften für das Reichsgebiet aus den Jahren 1874 und 1875 siehe im Zentralblatt für das Deutsche Reich 1874 S. 101 ff.; 1875 S. 430. — Für Preußen vgl. ferner die eingehende Verfügung im JMBl. 1905 S. 21 ff., abgeändert durch Vfg. v. 7. 6. 07 (JMBl. S. 402). Der Inhalt dieser Verfügungen ist teils in den Anmerkungen zum Vertrage wiedergegeben, teils (Abs. 11 bis 38) als Anhang zum Vertrage abgedruckt (unten S. 140 ff.).

2. Die Auffassung, welche in England mit dem Begriff des Asylrechts verbunden war, hat die britische Regierung lange Zeit verhindert, mit anderen Mächten Auslieferungsverträge abzuschließen. Erst das Gesetz v. 9. 8. 1870 betr. die Verbesserung des Gesetzes über die Auslieferung von Verbrechern (The Extradition Act 1870) hat die Möglichkeit zu solchen Verträgen gewährt. Dieses Gesetz, in dessen Grenzen sich der Vertrag vom 14. 5. 1872 halten mußte, dient daher als Quelle des Vertrages zu seiner Interpretation. (Vgl. die Denkschr. im Anl. Bd. S. 452, woselbst auch das englische Gesetz v. 9. 8. 1870 abgedruckt ist; ferner RG. 12 S. 382; 32 S. 426; Rechtspr. Bd. 20 S. 207.) — Über die richtige Anwendung der englischen Extradition Act und die Legalität des bei der Auslieferung aus England beobachteten Verfahrens haben nur die zuständigen englischen Behörden, nicht die deutschen Gerichte zu wachen. RG. 33 S. 99 (vgl. auch Anm. 3 zu Art. VII).

3. Die Ausarbeitung des Vertrages bot große Schwierigkeiten, weil es in Großbritannien an einer kodifizierten Strafgesetzgebung fehlt. Das in England geltende Strafrecht beruht teilweise auf dem gemeinen

Rechte (common law), d. i. Gewohnheitsrecht, welches in den Präjudizien der Gerichte niedergelegt ist, oder Recht, welches nach Analogie geltender Bestimmungen vom Richter neu geschaffen wird, — teilweise auf Gesetzen (statute law), welche in großer Zahl ergangen und von denen die fünf Consolidation Acts aus dem Jahre 1861 die wichtigsten sind. Das gemeine englische Recht gilt in England und Irland. Schottland hat sein eigenes gemeines Recht. Die meisten englischen Gesetze sind auch für Irland in Kraft, ein großer Teil auch in Schottland. (Vgl. v. Liszt, Die Strafgesgeb. d. Gegenw. Bd. I S. 616, 617 und 676.)

4. Über die Erledigung von Rechtshilfeersuchen enthält der Vertrag keine Vorschriften. Für Preußen sind in dieser Beziehung die Bestimmungen des § 34 der Allg. Verfügung v. 29. 5. 1905 (Pr. JMBl. S. 170) maßgebend.

I. Die hohen vertragenden Teile verpflichten sich, einander diejenigen Personen auszuliefern, welche wegen einer, auf dem Gebiete [1]) des einen Teils [2]) begangenen strafbaren Handlung beschuldigt oder verurteilt sind und in dem Gebiete des anderen Teiles aufgefunden [3]) werden, sofern die in dem gegenwärtigen Vertrage angegebenen Fälle und Voraussetzungen vorhanden sind.

[1]) Vgl. Art. XV.

[2]) Die Auslieferung erfolgt also nur wegen solcher Delikte, die im Gebiet des ersuchenden Staates begangen sind. Eine dem Art. 1 Abs. 2 des deutsch-belgischen Vertrages entsprechende Bestimmung fehlt!

Als auf deutschem Gebiet begangen sind auch solche Handlungen anzusehen, die von großbritannischem Gebiete aus in Deutschland begangen sind. So ist die Auslieferung an Deutschland z. B. bewilligt worden wegen Erlangung von Geld oder anderen Sachen durch falsche Vorspiegelungen (Art. II Abs. 1 Nr. 6) in solchen Fällen, in denen die Betrugshandlungen von großbritannischem Gebiet aus nach Deutschland gerichtet waren. (Pr. JMBl. 1905 S. 21.)

[3]) Freiwilligkeit des Aufenthalts im ersuchten Staate ist nicht Voraussetzung der Auslieferung. Die Tatsache der Anwesenheit genügt. (RG. 33 S. 101; vgl. über den Fall der Zurückführung des Ausgelieferten Anm. 3 zu Art. VII.)

II. Die strafbaren Handlungen, wegen deren die Auslieferung zu gewähren ist, sind folgende [1]):

1. Mord, Mordversuch [2]).
2. Totschlag.
3. Nachmachen oder Verfälschen von Metallgeld, Verausgabung oder Inverkehrbringen [3]) nachgemachten oder verfälschten Metallgeldes.
4. Nachmachen oder Verfälschen von Papiergeld, Banknoten oder anderen Wertpapieren, Fälschung oder Verfälschung anderer öffentlicher oder Privaturkunden, ingleichen Verausgabung oder Inverkehrbringen [3]) oder wissentliches Gebrauchen solcher nachgemachten oder gefälschten Papiere [4]).
5. Diebstahl und Unterschlagung [4]).
6. Erlangung von Geld oder anderen Sachen durch falsche Vorspiegelungen [4]) [5]).
7. Strafbarer Bankerutt, unter welchen Begriff alle diejenigen strafbaren Handlungen fallen,

die nach den bezüglichen Bestimmungen des Deutschen Strafgesetzbuchs gerichtlich geahndet werden [4]) [6]).

8. Untreue seitens eines Verwalters und Beauftragten, Bankiers, Agenten, Prokuristen, Vormundes oder Kurators, Vorstandes, Mitgliedes oder Beamten irgend einer Gesellschaft, soweit dieselbe nach den bestehenden Gesetzen mit Strafe bedroht ist [4]).

9. Notzucht.

10. Entführung [7]).

11. Kinderraub.

12. Einbrechen und Eindringen in ein Wohnhaus oder dazu gehöriges Nebengebäude mit der Absicht, ein Verbrechen zu begehen, zur Tages- (housebreaking) oder Nachtzeit (burglary).

13. Vorsätzliche Brandstiftung [8]).

14. Raub mit Gewalttätigkeiten [4]) [9]).

15. Erpressung [4]).

16. Vorsätzliche Versenkung oder Zerstörung eines Schiffes zur See, oder Versuch dieses Verbrechens.

17. Angriffe auf Personen an Bord eines Schiffes auf hoher See in der Absicht, zu töten oder eine schwere Körperverletzung zu verüben.

18. Widerstand mit Tätlichkeiten (revolt) gegen den Schiffsführer an Bord eines Schiffes auf

hoher See, wenn dieser von zwei oder mehreren Personen verübt wird, oder Verschwörung zu einem solchen Widerstande[10]).

Die Auslieferung findet auch wegen Teilnahme an einer der vorbezeichneten strafbaren Handlungen statt, sofern diese nach der Gesetzgebung beider vertragenden Teile mit Strafe bedroht ist[11]).

[1]) Die Aufzählung der Auslieferungsdelikte in Art. II schließt sich der ersten Anlage (first schedule) des engl. Auslieferungsgesetzes vom 9. 8. 1870 an.

[2]) Unter Nr. 1 ist „conspiracy to murder" ausgelassen, weil das RStGB. ein resultatlos gebliebenes Komplott nicht straft, bei wirklich begangenen oder in strafbarer Weise versuchten Verbrechen aber die Komplottanten als Teilnehmer zu bestrafen sind. (Denkschr.)

[3]) Das „bringing into circulation" ist hier hinzugefügt, um eine Übereinstimmung mit § 147 RStGB. herbeizuführen. (Denkschr.)

[4]) Bei allen Straftaten, durch welche das Vermögen anderer geschädigt wird (Art. II Nr. 4—8, 14 und 15), ist zu beachten,, daß die englische Rechtsprechung geneigt ist, eine Handlung nicht als strafrechtlich verfolgbar anzusehen, wenn der Geschädigte sich auf Verhandlungen eingelassen hat, die seinen Verzicht auf Verfolgung des Täters gegen Abtragung oder Sicherstellung seiner Forderung zum Gegenstande hatten; es ist daher, wenn sich solches aus den Zeugenaussagen (vgl. Art. XI) ergibt, die Ablehnung des Auslieferungsantrages zu gewärtigen. (Pr. JMBl. 1905 S. 21.)

[5]) Vgl. hierzu die Anm. 2 zu Art. I. — Als „falsche Vorspiegelungen" werden nach englischem Rechte nur Vorspiegelungen falscher Tatsachen erachtet, während z. B. eine lediglich durch Versprechungen bewirkte Erregung falscher Erwartungen nicht genügt. (Pr. JMBl. 1905 S. 21.)

[6]) Maßgebend sind jetzt (vgl. Einl. S. 22) die Strafvorschriften der Reichskonkursordnung (§§ 239 ff.). Von den daselbst vorgesehenen Handlungen sind aber die unterlassene oder mangelhafte Führung der Handelsbücher (§ 239 Nr. 3, 4; § 240 Nr. 3) und die in § 240 Nr. 1, 4 aufgeführten Handlungen sowie der Tatbestand des § 244 nach englischem Konkursrecht überhaupt nicht strafbar. Auch genügt nach englischem Recht für den Tatbestand des Bankrotts nicht die bloße Zahlungseinstellung, vielmehr ist stets die Eröffnung des Konkursverfahrens erforderlich. Im übrigen erfordert das englische Recht bei Verheimlichung oder Beiseiteschaffung von Vermögensstücken (§ 239 Nr. 1), daß diese einen Wert von mindestens 10 Pfund Sterling (200 Mk.) haben, außer bei der Verschweigung oder Zurückhaltung von Vermögensstücken dem Konkursverwalter gegenüber, wo es auf den Wert nicht ankommt, — sowie ferner, daß die in § 239 Nr. 1, 2 vorgesehenen Handlungen und die Verheimlichung, Vernichtung oder Veränderung von Handelsbüchern (§ 239 Nr. 4; § 240 Nr. 3), soweit nicht diese Handlungen dem Konkursverwalter gegenüber und somit erst nach Konkurseröffnung begangen werden, nach dem Eröffnungsantrage oder in den letzten 4 Monaten vor demselben vorgenommen worden sind. Die in § 240 Nr. 2 vorgesehene Verschleuderung von Waren oder Wertpapieren ist nach englischem Recht nur strafbar, wenn der Schuldner ein Handelsgewerbe betreibt und während der letzten 4 Monate vor dem Eröffnungsantrag oder dem Eröffnungsbeschluß anders als im regelmäßigen Betriebe seines Gewerbes Waren oder Wertpapiere, die er auf Kredit entnommen und nicht bezahlt hat, verpfändet oder sonst darüber verfügt. Der Tatbestand des § 241 ist nach englischem Recht nur strafbar, insoweit die Handlung sich zugleich als Beiseiteschaffung von Vermögensstücken im Werte von mindestens 10 Pfd. Sterling (200 M.) darstellt und nach oder in den letzten 4 Monaten vor dem

Eröffnungsantrage begangen ist. Wegen der in § 242 erwähnten Handlungen kann eine Auslieferung nur beansprucht werden, wenn sie eine Teilnahme an einer Handlung des Gemeinschuldners, wegen deren die Auslieferung stattzufinden hätte, enthalten. Soweit es nach vorstehendem auf den Zeitpunkt ankommt, zu dem der Antrag auf Eröffnung des Konkursverfahrens gestellt worden ist, ist dieser Zeitpunkt ersichtlich zu machen und gleich den übrigen wesentlichen Tatbestandsmerkmalen durch die Beweisaufnahme (vgl. Art. XI) festzustellen. Ist eine Eröffnung des Konkursverfahrens nicht erfolgt, so hat der Antrag auf Auslieferung keine Aussicht auf Erfolg. (Pr. JMBl. 1905 S. 21, 22.)

[7]) Eine nach § 235 RStGB. strafbare Entführung ist nach englischem Recht als „abduction" nur strafbar, wenn die entführte Person eine unverehelichte Frauensperson unter 16 Jahren ist, und die nach § 236 RStGB. strafbare Entführung nur, wenn sie durch Gewalt begangen ist, oder wenn sie ohne Gewalt, aber in gewinnsüchtiger Absicht erfolgt ist und die Entführte Vermögen besitzt oder eine Erbschaft zu erwarten hat. Der Tatbestand des § 237 RStGB. ist nach englischem Recht nur strafbar, wenn eine Frauensperson unter 18 Jahren entführt wird, um zur Unzucht gebracht zu werden, oder wenn eine minderjährige Frauensperson entführt wird, die Vermögen besitzt oder eine Erbschaft zu erwarten hat, und die Entführung in arglistiger Weise (fraudulently) erfolgt. — Jahr und Tag der Geburt oder wenigstens das Alter der Entführten und die sonst nach vorstehendem erforderten Tatbestandsmerkmale sind gleich den übrigen wesentlichen Tatsachen anzugeben und durch die Beweisaufnahme (s. Art. XI) festzustellen. Die Rückführung eines entführten minderjährigen Mädchens ist von England nur durch zivilprozessualische Schritte des Vaters oder Vormundes (Antrag auf Erlaß eines Befehls zur Vorführung vor Gericht, eines sog. Writ of Habeas Corpus)

zu erwirken. Die Entführte pflegt dem Vater oder Vormund, der am besten sofort persönlich vor dem englischen Gericht erscheint, übergeben zu werden, wenn sie nach gerichtlichem Ermessen noch nicht die zur Erkenntnis ihrer Lage erforderliche Einsicht besitzt, was bei Mädchen bis zu 16 Jahren regelmäßig angenommen wird. (Pr. JMBl. 1905 S. 22.)

[8]) Hierunter fällt auch der Tatbestand des § 311 RStGB.

[9]) Hierunter fällt auch der Seeraub. (Denkschr.)

[10]) Seemeuterei ist nach dem RStGB. nicht strafbar. Vgl. aber §§ 4, 162ff. MilStGB. und §§ 103ff der Seemannsordnung vom 2. 6. 1902 (früher §§ 89ff. der SemannsO. vom 27. 12. 1872.)

[11]) Nach dem englischen Auslieferungsrecht wird nicht nur, wer zu einer strafbaren Handlung anstiftet oder Hilfe leistet, sondern auch, wer nach Begehung der strafbaren Handlung Beistand leistet (accessory after the fact), als Teilnehmer ebenso wie der Täter ausgeliefert. Hiernach kann auch wegen Begünstigung und Hehlerei mit Beziehung auf eine der im Vertrage vorgesehenen Handlungen eine Auslieferung aus England nachgesucht werden. Zu bemerken ist aber, daß die Teilnahme der Ehefrau an strafbaren Handlungen ihres Ehemannes nach englischem Recht nur dann strafbar ist, wenn nachgewiesen wird, daß sie die Handlungen unabhängig und unbeeinflußt von ihrem Ehemanne vorgenommen hat. (Pr. JMBl. 1905 S. 22.)

III. Kein Deutscher wird von seiten der Regierungen des Deutschen Reichs an die Regierung des Vereinigten Königreichs und von seiten dieser kein englischer Untertan an eine Regierung des Deutschen Reichs ausgeliefert werden [1]) [2]).

[1]) Vgl. § 9 RStGB.

³) Das englische Strafrecht huldigt dem sog. Territorialitätsprinzip, d. h. es werden (mit einzelnen Ausnahmen) nur die im Inlande begangenen Delikte bestraft. Die Kehrseite dieses Prinzips ist naturgemäß die Auslieferung der eigenen Staatsangehörigen. Art. III des deutsch-englischen Vertrages hat diese Konsequenz aber nicht gezogen, verbietet vielmehr die Auslieferung englischer Untertanen seitens der großbritannischen Regierung. In neueren Verträgen mit anderen Staaten (z. B. mit Spanien, Schweiz, Luxemburg) hat England jedoch die Auslieferung seiner eigenen Untertanen zugestanden.

IV. Die Auslieferung soll nicht stattfinden, wenn die von einer Regierung des Deutschen Reichs verfolgte Person im Vereinigten Königreiche, oder die seitens der Regierung des Vereinigten Königreichs verfolgte Person in einem der Staaten des Deutschen Reichs wegen derselben strafbaren Handlung, wegen deren die Auslieferung beantragt wird, in Untersuchung gewesen und außer Verfolgung gesetzt worden, oder sich noch in Untersuchung befindet, oder bereits bestraft worden ist.

Wenn die von einer Regierung des Deutschen Reichs verfolgte Person im Vereinigten Königreich, oder wenn die seitens der Regierung des Vereinigten Königreichs verfolgte Person in einem der Staaten des Deutschen Reichs wegen einer anderen strafbaren Handlung in Untersuchung ist, so soll ihre Auslieferung bis zur Beendigung dieser Untersuchung und vollendeter Vollstreckung der etwa gegen sie erkannten Strafe aufgeschoben werden.

V. Die Auslieferung soll nicht stattfinden, wenn seit der begangenen strafbaren Handlung, oder der Einleitung der strafgerichtlichen Verfolgung, oder der erfolgten Verurteilung nach den Gesetzen des ersuchten Staats Verjährung der strafgerichtlichen Verfolgung oder der erkannten Strafe eingetreten ist [1].

[1]) Verjährung der Strafverfolgung oder Strafvollstreckung tritt in Großbritannien im allgemeinen nicht ein. (Pr. JMBl. 1905 S. 22.)

VI. Ein flüchtiger Verbrecher soll nicht ausgeliefert werden, wenn die strafbare Handlung, wegen deren seine Auslieferung verlangt wird, einen politischen Charakter [1]) an sich trägt, oder wenn er beweisen kann, daß der Antrag auf seine Auslieferung in Wirklichkeit mit der Absicht gestellt worden ist, ihn wegen eines Verbrechens oder Vergehens politischer Natur zu verfolgen oder zu bestrafen.

[1]) Vgl. Einl. S. 23, 24.

VII. Die ausgelieferte Person darf in dem Staate, an welchen die Auslieferung erfolgt ist, keinenfalls wegen einer anderen strafbaren Handlung oder auf Grund anderer Tatsachen, als derjenigen, wegen deren die Auslieferung erfolgt ist, in Haft gehalten oder zur Untersuchung gezogen werden [1]) [2]).

Auf strafbare Handlungen, welche nach erfolgter Auslieferung verübt sind, findet diese Bestimmung keine Anwendung [1]).

[1]) Art. VII enthält den Grundsatz der Spezialität (vgl. Einl. S. 40 ff.). Er untersagt die Strafverfolgung des Ausgelieferten wegen jeder strafbaren Handlung, welche

vor der Auslieferung verübt und wegen welcher die Auslieferung nicht erfolgt ist. (RG. 12 S. 382; 32 S. 425; vgl. auch Beschluß des Kammergerichts vom 27. 5. 07, mitgeteilt in DJZ. 07 S. 1149.) Jede Ausdehnung der Untersuchung auf eine andere Tatsache als diejenigen, wegen deren die Auslieferung erwirkt ist, ist ausgeschlossen (Rechtspr. 20 S. 207); bei der Strafverfolgung dürfen nur diejenigen Tatsachen berücksichtigt werden, welche der Auslieferung zugrunde lagen. Die juristische Qualifikation, welche diesen Tatsachen bei Stellung und Bewilligung des Auslieferungsantrags beigelegt wurde, ist aber bedeutungslos. Es kann deshalb die Tat nach erfolgter Auslieferung aus einem von dem früheren abweichenden rechtlichen Gesichtspunkt zur Bestrafung gezogen werden, sofern sie nur auch in dieser rechtlichen Qualifikation unter die Auslieferungsdelikte des Art. II fällt. (RG. 34 S. 68, 69.) Hinsichtlich der nach der Auslieferung begangenen Delikte ist die Strafverfolgung unbeschränkt zulässig. (Art. VII Abs. 2.)

[2]) Da der Ausgelieferte wegen anderer vor der Auslieferung begangener Delikte oder auf Grund anderer Tatsachen als derjenigen, wegen deren die Auslieferung erfolgt ist, nicht verfolgt werden darf, sich auch eine Erklärung der britischen Regierung, daß sie zu solcher Verfolgung ihre Zustimmung erteile, nach der Auslieferung regelmäßig nicht herbeiführen läßt, so ist es zweckmäßig, alles, was gegen den Verfolgten vorgebracht werden soll, vor Ausführung der Auslieferung bei der britischen Regierung anhängig zu machen. (Pr. JMBl. 1905 S. 22.)

Nach erfolgter Auslieferung ist eine Verfolgung wegen anderer vor der Auslieferung begangener Delikte oder auf Grund anderer Tatsachen als derjenigen, wegen deren die Auslieferung erfolgt ist, nur zulässig:

a) wenn der Beschuldigte nach Großbritannien zurückgeführt und seine Auslieferung von neuem bewilligt wird, oder

b) wenn er nach Beendigung des Strafverfahrens, das zu seiner Auslieferung geführt hat, Gelegenheit gehabt hat, nach Großbritannien zurückzukehren, und er somit nicht mehr als Ausgelieferter anzusehen ist. (Der I. Strafsenat des Reichsgerichts, welcher früher [Bd. 32 S. 425—428] eine abweichende Auffassung vertrat, steht jetzt [Bd. 38 S. 115] ebenfalls auf diesem Standpunkt.) Vgl. hierzu Einl. S. 44, 45 zu b.

Zu a. Wird die Zurückführung für angezeigt erachtet, so muß der Ausgelieferte kurz vor Ablauf der Strafzeit nach Großbritannien zurückgeschafft werden. Die verfolgende Behörde hat dementsprechend unter Beifügung der mit dem neuen Auslieferungsantrage vorzulegenden Schriftstücke sobald wie möglich, mindestens aber einen Monat vor Ablauf der Strafzeit, dem Justizminister zu berichten. (Pr. JMBl. 1905 S. 23.)

Über einen Fall, in dem vor Ablauf der Strafzeit eine solche Zurückführung des Ausgelieferten nach Großbritannien erfolgt war, vgl. RG. 33 S. 99 ff. Daselbst ist ausgeführt, daß der Zurückgeführte und demnächst von neuem Ausgelieferte die Legalität dieser Auslieferung vor dem deutschen Gericht nicht bestreiten kann. Denn „Asyl zu gewähren oder zu versagen ist ein Recht des Zufluchtsstaats. Der Flüchtling hat darauf keinen Anspruch". Ob die Auslieferung dem englischen Gesetz vom 9. 8. 1870 entspricht, hat nicht das deutsche Gericht, sondern nur die englische Behörde zu prüfen. (Vgl. Vorbem. 2.) Nach dem Vertrage gehört Freiwilligkeit des Aufenthalts im ersuchten Staate nicht zu den Voraussetzungen der Auslieferung. (Vgl. Anm. 3 zu Art. I.)

Zu b. Daß ein Ausgelieferter Gelegenheit zur Rückkehr nach Großbritannien gehabt hat, ist nach einem mit der britischen Regierung erzielten Einverständnis anzunehmen, wenn er das Gebiet des Deutschen Reiches nicht binnen einem Monat nach Beendigung der sich an die

Auslieferung anschließenden Untersuchung, oder, im Falle der Verurteilung, nach Entlassung aus der Strafhaft verlassen hat, obwohl er vor seiner Entlassung darauf hingewiesen worden ist, welche Folgen sein Verbleiben im Inlande für ihn haben würde. Nach Pr. JMBl. 1905 S. 23 ist deshalb dem Ausgelieferten vorkommendenfalls vor seiner Entlassung zu Protokoll zu eröffnen, daß er wegen der anderen vor seiner Auslieferung begangenen strafbaren Handlungen gleichfalls zur Verantwortung gezogen werden würde, wenn er nach Beendigung der sich an die Auslieferung anschließenden Untersuchung oder, im Falle der Verurteilung, nach Entlassung aus der Strafhaft sich einen Monat lang auf freiem Fuße befunden hat und danach im Gebiete des Deutschen Reichs betroffen werden sollte, oder wenn er auch vorher nach Verlassen Deutschlands dahin zurückgekehrt ist.

VIII. Die Anträge auf Auslieferung sollen durch die diplomatischen Agenten der hohen vertragenden Teile gestellt werden.

Mit dem Antrage auf Auslieferung eines Beschuldigten müssen ein Haftbefehl, welcher von der zuständigen Behörde des die Auslieferung begehrenden Staates erlassen ist, und solche Beweise beigebracht werden, welche nach den Gesetzen des Ortes, wo der Beschuldigte aufgefunden wird, dessen Verhaftung rechtfertigen würden, wenn die strafbare Handlung dort begangen wäre.

Betrifft der Antrag eine bereits verurteilte Person, so muß das Strafurteil beigebracht werden, welches von dem zuständigen Gericht des die Auslieferung begehrenden Staates gegen den Verurteilten erlassen ist.[1]).

Auf Strafurteile, welche von Ungehorsams wegen (in contumaciam) erlassen sind, kann der Auslieferungsantrag nicht gegründet werden.

[1]) Hinsichtlich der Urkunden, die nach Art. VIII bis XI mit dem Antrag auf Auslieferung vorzulegen sind, insbesondere auch hinsichtlich der beizubringenden Beweise, vgl. die unten S. 140 ff. abgedruckten Vorschriften.

IX. Wenn das Auslieferungsgesuch nach den vorstehenden Bestimmungen begründet ist [1]), so sollen die zuständigen Behörden des ersuchten Staates zur Festnahme des Flüchtlings schreiten [2]).

Der Ergriffene wird sodann vor den dazu gesetzlich berufenen richterlichen Beamten [3]) gebracht, welcher ihn ebenso zu verhören und den Straffall zu untersuchen hat, als wenn die Ergreifung wegen einer im Inlande begangenen strafbaren Handlung erfolgt wäre [3]).

[1]) Die Entscheidung hierüber steht bei Auslieferungen aus Deutschland den Ministerien der Einzelstaaten (in Preußen den drei Ministern des Auswärtigen, der Justiz und des Innern) zu. (Vgl. Einl. S. 36.)

[2]) Die Festnahme des Flüchtigen setzt nach Art. IX Abs. 1 voraus, daß das Auslieferungsgesuch als den Vorschriften des Art. VIII entsprechend befunden ist. Eine „vorläufige" Festnahme des Verfolgten vor diesem Zeitpunkte ist im Vertrage nicht vorgesehen; sie kann aber erwirkt werden, und zwar sowohl in Großbritannien (vgl. hierüber die unten S. 148 ff. abgedruckten Vorschriften) wie in Deutschland.

Die Gerichte sind in Deutschland für eine Auslieferung nach England nicht die „zuständigen Behörden" i. S. des Art. IX Abs. 1; sie haben vielmehr nur die ihnen im Vertrage ausdrücklich zugewiesenen Funktionen. Sie sind nicht befugt, auf Antrag Englands eine Festnahme (sei es eine vorläufige, sei es eine solche i. S. des Art. IX Abs. 1) anzuordnen. (Vgl. für Preußen: Delius, Ztschr. f. d. ges. Strafr. Wissensch. Bd. 11 S. 681, 700 gegen Strafkammer und Oberlandesgericht Stuttgart in Goltd. Arch. Bd. 37 S. 85, 86.)

[3]) Es wird also die Beweislage geprüft. (Vgl. Art. X und Einl. S. 14, 15.) Für die Auslieferung aus Preußen gilt hier folgendes: Ist das Auslieferungsgesuch für begründet befunden (vgl. Anm. 1), so erfolgt die Festnahme. (Art. IX Abs. 1.) Der (durch die Polizeibehörde) Verhaftete wird sodann (also nicht schon bei bloß vorläufiger Festnahme) vor den zuständigen Richter gebracht, der nach Art. IX Abs. 2 zu verfahren hat. Diese Mitwirkung des Gerichts tritt aber in Deutschland nur ein, wenn ein noch nicht oder nur in contumaciam Verurteilter in Frage kommt. Zuständig ist die beschließende Strafkammer des forum comprehensionis (§ 9 RStPO.); hat die Ergreifung auf einem deutschen Schiffe stattgefunden, so ist der Gerichtsstand des § 10 RStPO. maßgebend. Die Prüfung des Gerichts beschränkt sich auf die Schuldfrage. Dazu gehört auch die Feststellung der Identität des Täters und die Frage, ob etwa nach deutschem Recht Verjährung eingetreten ist. (Auch ein von dem Festgenommenen etwa angetretener Entlastungsbeweis ist zu erheben.) Die übrigen Voraussetzungen der Auslieferung (z. B. Staatsangehörigkeit, Vorliegen eines Auslieferungsdelikts) sind lediglich von den Verwaltungsbehörden zu prüfen.

Bei Prüfung des Beweismaterials ist die freie richterliche Beweiswürdigung durch Art. XI beschränkt. (Vgl. Anm. 1 zu Art. XI.)

Am Schlusse der Verhandlung erläßt die Strafkammer einen Bescheid, ob die Beweise genügen (bzw. nicht genügen), um nach deutschem Recht die Eröffnung des Hauptverfahrens (§ 201 RStPO.) zu rechtfertigen, falls die Tat in Deutschland begangen wäre. (Vgl. Art. X und Anm. 1 dazu.) Dieser Bescheid wird durch die Staatsanwaltschaft dem Justizminister übermittelt. Die Ministerien (vgl. oben Anm. 1) sind an die Entscheidung des Gerichts nicht gebunden. (Vgl. Delius a. a. O. S. 697 ff.) — Über das Verfahren in Großbritannien vgl. Grosch S. 52.

X. Die Auslieferung erfolgt nicht vor Ablauf von 15 Tagen seit der Ergreifung und nur dann, wenn die Beweise für genügend befunden worden sind, um nach den Gesetzen des ersuchten Staats entweder die Verweisung des Ergriffenen zur Hauptuntersuchung [1]) zu rechtfertigen, falls die strafbare Handlung im Gebiete dieses Staats begangen wäre, oder darzutun, daß der Ergriffene mit der von den Gerichten des ersuchenden Staats verurteilten Person identisch ist.

[1]) Dies ist jetzt in Deutschland die Eröffnung des Hauptverfahrens. (§ 201 RStPO.)

XI. Die Behörden des ersuchten Staats haben bei der Prüfung, welche ihnen nach den vorstehenden Bestimmungen obliegt, den beeidigten Zeugenaussagen, welche in dem anderen Staate zu Protokoll genommen sind, ingleichen den Abschriften solcher Originalzeugenaussagen, und ebenso den Haftbefehlen und Strafurteilen volle Beweiskraft beizulegen, vorausgesetzt, daß diese Schriftstücke durch einen Richter, eine obrigkeitliche Person oder einen anderen Beamten dieses Staats unterzeichnet oder bescheinigt und durch einen beeidigten Zeugen oder durch Beidrückung des Amtssiegels des Justiz- oder eines anderen Staatsministers beglaubigt sind [1]).

[1]) Art. XI enthält eine für die betreffenden Behörden bindende Beweisregel. — Wegen der Förmlichkeiten, die bezüglich der Zeugenaussagen und sonstigen Schriftstücke zu beobachten sind, vgl. die Vorschriften S. 140 ff.

XII. Wenn die zur Auslieferung genügenden Beweise nicht binnen zwei Monaten von dem Tage der Ergreifung des Flüchtigen an beigebracht werden, so ist der Ergriffene auf freien Fuß zu setzen.

XIII. Alle in Beschlag genommenen Gegenstände, welche sich zur Zeit der Ergreifung im Besitze des Auszuliefernden befinden, sollen, wenn die zuständige Behörde des um die Auslieferung ersuchten Staats die Ausantwortung derselben angeordnet hat, bei Vollziehung der Auslieferung mit übergeben werden, und es soll sich diese Überlieferung nicht bloß auf die entfremdeten Gegenstände, sondern auf alles erstrecken, was zum Beweise der strafbaren Handlung dienen kann.

XIV. Die hohen vertragenden Teile verzichten darauf, die Erstattung derjenigen Kosten, welche ihnen aus der Festnahme und dem Unterhalt des Auszuliefernden und seinem Transport bis zur Einschiffung erwachsen, in Anspruch zu nehmen, willigen vielmehr gegenseitig darin, diese Kosten selbst zu tragen [1]).

[1]) Die Kosten der Festnahme, des Unterhalts und der Beförderung des aus Großbritannien Auszuliefernden

bis zur Einschiffung, die regelmäßig in London erfolgt, trägt Großbritannien. Nach einer Vereinbarung mit der britischen Regierung wird die Auslieferung in der Regel so zur Ausführung gebracht, daß die auszuliefernden Personen durch britische Polizeibeamte gegen Erstattung der hierdurch entstehenden Kosten von London nach Hamburg geführt werden. Wenn ausnahmsweise die Abholung des Auszuliefernden von London durch deutsche Polizeibeamte erwünscht ist, so ist dies in dem dem Justizminister wegen Herbeiführung der Auslieferung zu erstattenden Bericht mitzuteilen. (Pr. JMBl. 1905 S. 26.)

XV. Die Bestimmungen des gegenwärtigen Vertrages sollen auf die Kolonien und auswärtigen Besitzungen Ihrer Großbritannischen Majestät Anwendung finden.

Der Antrag auf Auslieferung eines flüchtigen Verbrechers, welcher in einer dieser Kolonien oder auswärtigen Besitzungen Zuflucht gefunden hat, soll an den Statthalter oder die oberste Behörde dieser Kolonie oder Besitzung durch den obersten Konsularbeamten des Deutschen Reiches in dieser Kolonie oder Besitzung gerichtet werden.

Über solche Anträge soll der gedachte Statthalter oder die gedachte oberste Behörde soviel als möglich nach den Bestimmungen des gegenwärtigen Vertrags befinden, jedoch soll denselben freistehen, entweder die Auslieferung zu bewilligen oder über den Fall an ihre Regierung zu berichten.

Ihrer Großbritannischen Majestät soll es jedoch freistehen, in den britischen Kolonien und auswärtigen Besitzungen über die Auslieferung deutscher Verbrecher, welche innerhalb dieser Kolonien und auswärtigen Besitzungen Zuflucht gefunden haben, auf möglichst gleicher Grundlage mit den Bestimmungen des gegenwärtigen Vertrages besondere Anordnungen zu treffen.

Anträge, betreffend die Auslieferung von Verbrechern, welche aus einer Kolonie oder auswärtigen Besitzung Ihrer Großbritannischen Majestät geflüchtet sind, sollen nach den Bestimmungen der vorstehenden Artikel des gegenwärtigen Vertrages behandelt werden [1] [2].

[1]) Nach Art. XV kommen die Bestimmungen des Vertrages auch dann zur Anwendung, wenn die Auslieferung aus einer britischen Kolonie oder auswärtigen Besitzung nachgesucht werden soll. Wird in solchen Fällen die vorläufige Festnahme des Verfolgten für erforderlich oder wünschenswert erachtet, so ist schleunigst (nötigenfalls telegraphisch) an den Justizminister zu berichten. An die in den Kolonien und auswärtigen Besitzungen angestellten Konsuln oder an die britischen Behörden daselbst sind derartige Ersuchen nicht zu richten. (Pr. JMBl. 1905 S. 27.)

[2]) Die Auslieferung der Verbrecher zwischen den deutschen Schutzgebieten und den britischen Gebieten regelt der unten zu Vb abgedruckte besondere Vertrag vom 5. Mai 1894.

XVI. Der gegenwärtige Vertrag soll zehn Tage nach seiner in Gemäßheit der durch die Gesetzgebung der hohen vertragenden Teile vorgeschriebenen Formen erfolgten Veröffentlichung in Kraft treten. Der Vertrag kann von jedem der beiden hohen vertragenden

Teile aufgekündigt werden, bleibt jedoch nach erfolgter Aufkündigung noch 6 Monate in Kraft.

Der Vertrag wird ratifiziert und die Ratifikationen werden nach vier Wochen, oder womöglich früher, in London ausgewechselt werden.

Anhang zu Art. VIII bis XII des Vertrages. (Abdruck der Absätze 11—38 der Anweisung in Pr. JMBl. 1905 S. 21ff. — mit Berücksichtigung der durch die Allgemeine Verfügung vom 7. 6. 1907 — Pr. JMBl. S. 402 — getroffenen Abänderung.)

Die in Klammern gesetzten Ziffern verweisen auf die allgemeinen Vorschriften über das von den preußischen Justizbehörden behufs Erwirkung von Auslieferungen zu beobachtende Verfahren, welche am Schlusse des Buchs als Anhang abgedruckt sind.

. . . **11.** In Ansehung der Urkunden, die nach Artikel VIII bis XI mit dem Antrag auf Auslieferung vorzulegen sind, ist folgendes zu beachten:

12. Falls es sich um die Auslieferung einer bereits verurteilten Person handelt, muß die beizubringende Ausfertigung oder beglaubigte Abschrift des Urteils (Ziff. 12 des Schlußanhangs) den zugrunde liegenden Sachverhalt klar erkennen lassen. Soweit dies nicht der Fall ist, muß eine kurze Darstellung des Sachverhalts beigefügt werden; wegen der schwurgerichtlichen Urteile vergleiche außerdem die Allgemeine Verfügung vom 30. September 1902 — JMBl. S. 246 — (abgedruckt im Schlußanhang zu Ziff. 12). Im übrigen muß unter der Ausfertigung oder der beglaubigten Abschrift des Urteils bescheinigt werden, daß die Hauptverhandlung in Anwesenheit des Angeklagten stattgefunden hat und daß das Urteil rechtskräftig geworden ist.

13. Hat die Hauptverhandlung in Abwesenheit des Angeklagten stattgefunden, oder ist das Urteil noch nicht rechtskräftig geworden, so ist zu verfahren, wie wenn es sich um die Auslieferung einer noch in Untersuchung befangenen Person handelt.

14. Handelt es sich um die Auslieferung einer noch in Untersuchung befangenen Person, so sind nach Art. VIII Abs. 2 ein Haftbefehl und Beweise beizubringen.

15. Der Haftbefehl (vgl. Ziffer 13 bis 21 des Schlußanhangs) darf kein früheres Datum tragen als das des Tages, an dem die letzte Zeugenaussage stattgefunden hat. Auch muß er in den Fällen des Art. II Abs. 1 Nr. 6, 7, 10, Abs. 2 die Umstände angeben, die nach englischem Rechte zum Tatbestande der Straftat gehören. Er kann in Urschrift, Ausfertigung oder beglaubigter Abschrift eingereicht werden. Die Ausfertigung oder beglaubigte Abschrift ist von einem Richter zu vollziehen.

16. Die beizubringenden Beweise müssen nach Art. VIII Abs. 2 und Art. X genügen, um nach englischem Rechte, falls die Handlung auf britischem

Gebiete begangen worden wäre, die Verhaftung des Beschuldigten und die Verweisung des Ergriffenen zur Hauptuntersuchung zu rechtfertigen. Es müssen sich daher aus den Beweisen die Umstände ergeben, die nach englischem Rechte zum Tatbestande der Straftat gehören (vgl. das zu Art. II Abs. 1 Nr. 6, 7, 10, Abs. 2 Bemerkte).

17. Hinsichtlich der Beweisstücke ist folgendes genau zu beachten:

18. Aussagen von Zeugen und Sachverständigen kommen in dem Vereinigten Königreiche zur Belastung des Angeschuldigten regelmäßig nur in Betracht, wenn eine Beeidigung der Zeugen und Sachverständigen stattgefunden hat. Diensteidliche Versicherungen oder Berufungen auf einen früher in derselben Sache oder im allgemeinen geleisteten Eid sind nicht ausreichend, vielmehr ist jeder Zeuge oder Sachverständige bei jeder Vernehmung zu beeidigen. Wenn der Beweis für wesentliche Tatsachen nicht anders als durch die Aussagen von Mitbeschuldigten oder von Personen erbracht werden kann, die nach § 56 der Strafprozeßordnung unbeeidigt zu vernehmen sind, so können ausnahmsweise auch solche unbeeidigte Aussagen mit vorgelegt werden.

19. Das Zeugnis von Eheleuten gegeneinander ist nach englischem Rechte nur ausnahmsweise — so, wenn es sich um körperliche Mißhandlungen handelt — zulässig.

20. Die Aussage eines Zeugen wird in dem Vereinigten Königreiche nur insoweit berücksichtigt, als sie auf Grund der eigenen sinnlichen Wahrnehmung des Zeugen erfolgt ist. Der Beweis durch Zeugen, deren Aussagen auf Mitteilung anderer Personen oder auf Hörensagen beruhen, ist nach englischem Gesetz unzulässig. Es empfiehlt sich daher, derartige Aussagen aus den Beweisverhandlungen fortzulassen. Auch ist die Aussage der Zeugen möglichst knapp wiederzugeben.

21. Schriftstücke, die als Beweismittel dienen sollen, sind von dem Zeugen, in dessen Händen sie sich befinden, bei seiner Vernehmung mit der Angabe, wie sie in seinen Besitz gelangt sind, vorzulegen. Befinden sich die Schriftstücke bereits in den Akten oder sonst in gerichtlichem Gewahrsame, so sind sie dem Zeugen oder Sachverständigen, der darüber aussagt, bei seiner Vernehmung vom Richter vorzulegen. Handelt es sich um eine größere Anzahl von Schriftstücken, so empfiehlt es sich, sie mit Nummern zu versehen und in den Zeugenaussagen auf die Nummern zu verweisen. Vermag ein Zeuge nicht anzugeben, ob ein ihm oder von ihm vorgelegtes Schriftstück von dessen angeblichem Urheber herrührt, so ist über diese Frage ein weiterer Zeuge zu vernehmen, der die Schriftzüge des angeblichen Urhebers kennt. Dasselbe hat in Ansehung der Schriftstücke zu geschehen, die einem Sachverständigen als Unterlage für sein Gutachten vorgelegt werden, und auf die er sich in seinem Gutachten bezieht.

22. Soll eine Abbildung oder Personenbeschreibung als Beweismittel für die Feststellung der Persönlichkeit des Verfolgten dienen, so muß ein Zeuge, dem oder von dem sie bei seiner Vernehmung vorgelegt wird, eidlich bekunden, daß er den ihm bekannten Verfolgten in der Abbildung oder Beschreibung erkennt.

23. Die Zeugenaussagen und Gutachten sind in beglaubigter Abschrift beizubringen. Sie sind ohne Freilassung von Zwischenräumen hintereinander abzuschreiben; die einzelnen Bogen sind miteinander durch Schnur und Siegel zu verbinden. Am Schlusse der Gesamtabschrift ist von dem Richter folgendes zu bescheinigen:

„Ich bescheinige hiermit, daß die im vorstehenden enthaltene Abschrift eine richtige Abschrift der eidlichen Zeugenaussagen (Gutachten) ist, auf Grund deren am (Tag des Haftbefehls) ein Haftbefehl gegen den (Name des Verfolgten) wegen (Bezeichnung der Tat) erlassen worden ist.“

Diese Bescheinigung ist bei Zeugenaussagen und Gutachten, die ausnahmsweise erst nach Erlaß des Haftbefehls abgegeben werden, dahin zu ändern, daß hinter den Worten „auf Grund deren“ fortgefahren wird:

„der am . . . . . gegen den . . . . . wegen . . . . . erlassene Haftbefehl bestätigt wird.“

24. Befinden sich unter den Beweisen unbeeidigte Zeugenaussagen, so ist ferner zu bescheinigen, daß

die Vereidigung nach der einschlägigen Bestimmung der deutschen Strafprozeßordnung, deren Wortlaut mitzuteilen ist, nicht erfolgen darf, daß aber in Gemäßheit des gleichfalls wörtlich anzuführenden § 260 der Strafprozeßordnung von dem deutschen Gericht auch die unbeeidigten Aussagen der vernommenen Personen bei der Entscheidung über das Ergebnis der Beweisaufnahme würden berücksichtigt werden können. Entsprechend ist zu verfahren, wenn sich unter den Beweisen Aussagen von Mitbeschuldigten befinden.

25. Befinden sich unter den Beweisen Vernehmungsprotokolle, die nicht in Deutschland aufgenommen worden sind, so ist, sofern sich dies nicht bereits aus den Protokollen ergibt, am Schlusse der Gesamtabschrift besonders zu bescheinigen, daß die Vernehmung auf Ersuchen einer deutschen Behörde erfolgt ist.

26. Von den Schriftstücken, auf die Zeugen und Sachverständige bei ihrer Vernehmung Bezug nehmen, kann, wenn es sich um kurze Urkunden handelt, Abschrift in das Vernehmungsprotokoll aufgenommen werden. Geschieht dies nicht, so ist von ihnen eine beglaubigte Abschrift beizubringen. Die Abschrift hat die Schriftstücke, wenn sie mit Nummern versehen sind (vgl. Abs. 21), in der Reihenfolge der Nummern, sonst aber in der Reihenfolge, in der sie in den Zeugenaussagen oder Gutachten erwähnt werden, wiederzugeben. Die Schriftstücke sind ohne

Freilassung von Zwischenräumen hintereinander abzuschreiben; die einzelnen Bogen sind miteinander durch Schnur und Siegel zu verbinden. Am Schlusse der Gesamtabschrift ist von dem Richter folgendes zu bescheinigen:

„Ich bescheinige hiermit, daß die vorstehenden mit 1, 2 usw. bezeichneten Abschriften richtige Abschriften der Schriftstücke sind, die den Zeugen (Sachverständigen) A, B usw. bei ihrer (nach Ort und Tag näher zu bezeichnenden) Vernehmung in der Strafsache gegen den wegen (Bezeichnung der Tat) verfolgten (Name des Verfolgten) vorgelegen haben und daß sich die Aussagen der Zeugen (Sachverständigen) auf diese Schriftstücke beziehen.“

27. Die Übersendung der Schriftstücke selbst, auf die von Zeugen oder Sachverständigen Bezug genommen ist, empfiehlt sich im allgemeinen nur, wenn sie besonders umfangreich sind. Werden sie übersandt, so sind sie, wenn sie mit Nummern versehen sind (vgl. Abs. 21), in der Reihenfolge der Nummern, sonst aber in der Reihenfolge, in der sie in den Zeugenaussagen oder Gutachten erwähnt werden, miteinander durch Schnur und Siegel zu verbinden. Sodann ist von dem Richter folgendes zu bescheinigen:

„Ich bescheinige hiermit, daß die beigehefteten, mit 1, 2 usw. bezeichneten Schriftstücke diejenigen Schriftstücke sind, die den Zeugen (Sachverständigen) A, B usw. bei ihrer (nach Ort und Tag näher zu bezeichnenden) Vernehmung in der Strafsache gegen den wegen (Bezeichnung der Tat) verfolgten (Name des Verfolgten) vorgelegen haben, und daß sich die Aussagen der Zeugen (Sachverständigen) auf diese Schriftstücke beziehen."

28. Unter einer Abbildung oder Beschreibung des Verfolgten, auf die von Zeugen Bezug genommen ist, hat der Richter folgendes zu bescheinigen:

„Ich bescheinige hiermit, daß die vorstehende Abbildung (Beschreibung) des (Name des Verfolgten) den Zeugen A, B usw. bei ihrer (nach Ort und Tag näher zu bezeichnenden) Vernehmung vorgelegen hat und daß sich deren Aussage darauf bezieht."

29. Jede der vorstehend erwähnten Bescheinigungen muß den Ort und Tag ihrer Ausstellung angeben und mit der Unterschrift des Richters unter Bezeichnung seiner Amtsstellung und mit dem Gerichtssiegel versehen sein. (Vgl. wegen der weiteren Beglaubigung Ziffer 11 des Schlußanhangs.)

30. Soll ein Beweis durch die Aussage eines in dem Vereinigten Königreiche befindlichen, noch nicht vernommenen Zeugen erbracht werden, so erfolgt dessen Vernehmung durch den mit der Prüfung des Auslieferungsantrags befaßten britischen Richter nicht von Amts wegen, wohl aber auf Ersuchen. Es ist in solchem Falle mit dem Berichte, womit die Auslieferung nachgesucht wird, ein Ersuchungsschreiben vorzulegen, das an das zuständige britische Gericht zu richten ist. Eines Ersuchungsschreibens bedarf es nur dann nicht, wenn eine in dem Vereinigten Königreiche befindliche Person lediglich zur Feststellung der Persönlichkeit des Ergriffenen vernommen werden soll.

31. Ob Personen, welche die Identität des Ergriffenen feststellen können, in dem Vereinigten Königreiche vorhanden oder ob zuverlässige im Inlande wohnhafte Personen bereit sind, nötigenfalls zur Feststellung der Identität des Verfolgten vor dem englischen Gerichte zu erscheinen, ist bei der Sammlung der Beweise alsbald festzustellen. Die Namen dieser Personen sind in dem Berichte, mit dem die Auslieferung nachgesucht wird, unter genauer Angabe ihrer Adresse mitzuteilen.

32. Die vorläufige Festnahme des Verfolgten ist im Vertrage nicht vorgesehen; sie kann indes erwirkt werden. In dieser Hinsicht ist folgendes zu beachten:

33. Ein Antrag auf Herbeiführung der vorläufigen Festnahme ist in der Regel nicht zu stellen, wenn der Verfolgte in dem Vereinigten Königreich ansässig oder sonst der Flucht von dort nicht unmittelbar verdächtig ist. Ausnahmsweise kann aber auch in solchen Fällen aus besonderen Gründen, z. B. wegen Gefahr der Verdunkelung des Tatbestandes oder der Beiseiteschaffung bedeutender Werte, die vorläufige Festnahme nachgesucht werden.

34. Der Antrag auf Herbeiführung der vor-

läufigen Festnahme ist regelmäßig bei dem Justizminister, in besonders eiligen Fällen bei dem Minister der auswärtigen Angelegenheiten zu stellen. Anders ist nur dann zu verfahren, wenn ein Anhalt dafür vorliegt, daß der Verfolgte sich auf der Flucht nach einem bestimmten Orte in dem Vereinigten Königreiche wendet oder gewandt hat, und die Gefahr besteht, daß seine Spur verloren geht. Das Ersuchen um Herbeiführung der vorläufigen Festnahme ist alsdann unter Hervorhebung der in Betracht kommenden Umstände unmittelbar an dasjenige Kaiserliche Konsulat zu richten, in dessen Bezirke der Verfolgte vermutet wird. Dem Kaiserlichen Generalkonsul in London ist gleichzeitig mitzuteilen, daß ein solches Ersuchen gestellt und an welches Konsulat es gerichtet worden ist; diese Mitteilung hat, wenn das Ersuchen telegraphisch gestellt war, gleichfalls telegraphisch zu erfolgen. An das Generalkonsulat in London ist das Ersuchen ausschließlich zu richten, wenn der verfolgenden Behörde das örtlich zuständige Konsulat nicht bekannt ist.

35. Der Antrag auf Herbeiführung der vorläufigen Festnahme muß erkennen lassen:

a) daß in Deutschland ein rechtskräftiges Urteil gegen den Verfolgten ergangen oder ein gerichtlicher Haftbefehl gegen ihn bereits erlassen ist;

b) daß die Stellung des Auslieferungsantrags beabsichtigt wird.

Außerdem muß die dem Verfolgten zur Last gelegte strafbare Handlung angeführt und der Tatbestand kurz mitgeteilt werden. In den Fällen des Art. II Abs. 1 Nr. 6, 7, 10, Abs. 2 muß ersichtlich sein, daß auch nach englischem Rechte eine strafbare Handlung vorliegt. Endlich sind dem Antrag auf Herbeiführung der vorläufigen Festnahme, soweit möglich, eine Abbildung des Verfolgten aus neuerer Zeit, eine Beschreibung seiner Person und etwaige von ihm herrührende Schreiben, aus denen sich sein Verbleib ergibt, nebst den dazu gehörigen Umschlägen beizufügen. (Vgl. allgemeine Verfügung vom 17. April 1901 — JMBl. S. 92, abgedruckt im Schlußanhang zu Ziffer 11.) Auch empfiehlt sich die Benennung von Identitätszeugen (vgl. Abs. 31).

36. Sobald die Herbeiführung der vorläufigen Festnahme nachgesucht worden ist, hat die verfolgende Behörde zu prüfen, ob die zur Begründung des Auslieferungsantrags in dem Vereinigten Königreiche beizubringenden Beweise schon vollständig vorliegen und, soweit dies nicht der Fall ist, für ihre Erhebung ohne Verzug Sorge zu tragen. Von der Herstellung oder Vorlegung beglaubigter Abschriften der Beweise kann jedoch abgesehen werden, solange kein bestimmter Anhaltspunkt dafür vorliegt, daß sich der Verfolgte in dem Vereinigten Königreich aufhält.

37. Ist die vorläufige Festnahme erfolgt, so sind die Schriftstücke, die mit dem Auslieferungsantrage beigebracht werden müssen, in gehörig beglaubigter Form dem Justizminister sofort einzureichen. Liegt das Beweismaterial noch nicht vollständig vor, so ist jedenfalls unverzüglich, unter Vorlegung des gegen den Verfolgten erlassenen Haftbefehls und mindestens einer Beweisverhandlung, die Auslieferung zu beantragen und sodann für die nachträgliche Beibringung des übrigen Beweismaterials in der Weise Sorge zu tragen, daß binnen 14 Tagen nach der vorläufigen Festnahme das bis dahin fertiggestellte Beweismaterial und tunlichst binnen weiteren 14 Tagen das noch ausstehende Beweismaterial dem Justizminister vorgelegt wird.

38. Nach Art. XII des Vertrags wird der Ergriffene wieder in Freiheit gesetzt, wenn nicht binnen zwei Monaten von dem Tage seiner Ergreifung ab die zur Auslieferung genügenden Beweise beigebracht werden. Auf die Festhaltung einer nur vorläufig festgenommenen Person bis zum Ablaufe dieser Frist ist jedoch nicht zu rechnen.

Vb.

Vertrag zwischen dem Deutschen Reich und Großbritannien über die Auslieferung der Verbrecher zwischen den deutschen Schutzgebieten, sowie anderen von Deutschland abhängigen Gebieten und den Gebieten Ihrer Großbritannischen Majestät.

Vom 5. Mai 1894.

(RGBl. S. 535 ff.) [1]

Art. 1. Die Bestimmungen des zwischen Deutschland und Großbritannien am 14. Mai 1872 unterzeichneten Auslieferungsvertrages sollen auf die im nachfolgenden Artikel näher bezeichneten, von Deutschland abhängigen Gebiete derart Anwendung finden, daß auch die in einem dieser Gebiete innerhalb des Bereichs der daselbst bestehenden Behörden sich aufhaltenden Personen, die einer im Vereinigten Königreich von Großbritannien und Irland oder in den Kolonien und auswärtigen Besitzungen Ihrer Großbritannischen Majestät begangenen strafbaren Handlung beschuldigt oder schuldig befunden sind, und die in einem der bezeichneten Gebiete Ihrer Großbritannischen Majestät sich aufhaltenden Personen, die einer in den von Deutschland abhängigen Ge-

[1]) Der Vertrag ist in deutscher und englischer Sprache im RGBl. v. 15. 12. 1894 verkündet. — Die Auswechselung der Ratifikationsurkunden hatte am 3. Dezember 1894 in London stattgefunden.

bieten begangenen strafbaren Handlung beschuldigt oder schuldig befunden sind, in Gemäßheit der Bestimmungen jenes Vertrages, soweit nicht der gegenwärtige Vertrag etwas Abweichendes festsetzt, gegenseitig auszuliefern sind.

Art. 2. Unter den von Deutschland abhängigen Gebieten (Art. 1) sind im Sinne des gegenwärtigen Vertrages zu verstehen:

Die Gebiete in Afrika, in Neu-Guinea und im westlichen Stillen Ozean, die durch Übereinkommen zwischen Deutschland und Großbritannien als Interessensphären, Schutzgebiete oder Besitzungen Deutschland vorbehalten worden sind oder noch vorbehalten werden sollten.

Art. 3. An Stelle des Artikels III des Auslieferungsvertrages vom 14. Mai 1872 soll für die von Deutschland abhängigen Gebiete gelten, daß die Verpflichtung zur Auslieferung aus diesen Gebieten sich nicht auf deren Eingeborene, sowie auf Reichsangehörige, und die Verpflichtung der britischen Behörden zur Auslieferung von Personen, die in jenen Gebieten einer strafbaren Handlung beschuldigt oder schuldig befunden sind, sich nicht auf britische Untertanen erstreckt.

Art. 4. Die Verpflichtung zur Auslieferung aus den von Deutschland abhängigen Gebieten fällt weg, wenn vor Ausführung der Auslieferung ein Antrag auf Ablieferung der beanspruchten Person nach dem Gebiete des Deutschen Reichs eingeht, dem nach gesetzlicher Vorschrift entsprochen werden muß. Die

Bewilligung der Auslieferung aus einem der von Deutschland abhängigen Gebiete soll stets als unter der Bedingung geschehen gelten, daß ein solcher Antrag auf Ablieferung bis zur Ausführung der Auslieferung nicht eingegangen ist. Es bleibt im Falle der Ablieferung nach Deutschland der Königlich großbritannischen Regierung aber vorbehalten, die demnächstige Auslieferung aus Deutschland auf Grund und nach Maßgabe des Vertrages vom 14. Mai 1872 in Antrag zu bringen.

Art. 5. Die Anträge auf Auslieferung aus einem der von Deutschland abhängigen Gebiete sollen, wie im Abs. 1 des Artikels VIII des Vertrages vom 14. Mai 1872 vorgesehen ist, durch die Königlich großbritannische Botschaft in Berlin gestellt werden, mit der Maßgabe jedoch, daß, falls es sich um Personen handelt, die einer in den Kolonien oder auswärtigen Besitzungen Ihrer Großbritannischen Majestät begangenen strafbaren Handlung beschuldigt oder schuldig befunden sind, der Antrag auf Auslieferung auch bei der obersten Behörde des von Deutschland abhängigen Gebietes, aus dem die Auslieferung der fraglichen Personen gewünscht wird, durch den obersten Konsularbeamten Ihrer Großbritannischen Majestät in dem betreffenden Gebiete, wenn ein solcher vorhanden ist, oder wenn dieses nicht der Fall ist, durch den Statthalter oder die sonstige oberste Behörde der bei der Angelegenheit beteiligten Kolonie oder auswärtigen Besitzung Ihrer Majestät gestellt werden kann. Der obersten Behörde des betreffenden von Deutschland abhängigen Gebietes bleibt es jedoch vorbehalten, wenn es ihr zweifelhaft erscheint, ob dem Auslieferungsantrage zu entsprechen ist, darüber an ihre Regierung zu berichten.

Anträge auf Auslieferung von Verbrechern an eines der von Deutschland abhängigen Gebiete sind auf dem in Art. VIII, Abs. 1, und Art. XV des Vertrages vom 14. Mai 1872 vorgesehenen Wege zu stellen, mit der Maßgabe jedoch, daß, wenn ein deutscher Konsularbeamter in der Kolonie oder auswärtigen Besitzung Ihrer Großbritannischen Majestät, aus der die Auslieferung gewünscht wird, nicht vorhanden ist, der Auslieferungsantrag durch den Gouverneur oder die sonstige oberste Behörde des bei der Angelegenheit beteiligten von Deutschland abhängigen Gebietes an den Statthalter oder die sonstige oberste Behörde der betreffenden Kolonie oder Besitzung gerichtet werden kann.

Art. 6. Der gegenwärtige Vertrag soll ratifiziert und die Ratifikationsurkunden sollen sobald wie möglich ausgewechselt werden.

Der Vertrag soll zwei Monate nach Austausch der Ratifikationsurkunden in Kraft treten und solange in Kraft bleiben wie der Vertrag vom 14. Mai 1872, also außer Kraft treten, wenn dieser außer Kraft tritt.

VI.
Auszug aus dem Protokoll zum Konsularvertrag
zwischen dem Deutschen Reich und Japan.
Vom 4. April 1896.
(RGBl. S. 742.)

Vorbemerkung.

1. Die Bestimmungen des Protokolls sind gleichzeitig mit dem Konsularvertrage in Gemäßheit des Art. XXI des Handels- und Schiffahrtsvertrages und des Art. XIX des Konsularvertrages zwischen Deutschland und Japan (RGBl. 1896 S. 723, 741) mit Beginn des 17. Juli 1899 in Kraft getreten. (Vgl. die Bekanntmachung des Reichskanzlers vom 7. Juli 1899 RGBl. S. 364.)

Protokoll.

Die unterzeichneten Bevollmächtigten haben gleichzeitig mit dem Konsularvertrage vom heutigen Tage noch folgende Bestimmungen vereinbart:

1. . . . .

2. Über die gegenseitige Auslieferung der Verbrecher und Erledigung von Requisitionen in Strafsachen wird zwischen den vertragschließenden Teilen eine besondere Vereinbarung getroffen werden. Bis zum Inkrafttreten dieser Vereinbarung sollen dem Deutschen Reich in Japan dieselben Rechte und Begünstigungen, welche seitens Japans einem anderen Lande in diesen Beziehungen eingeräumt sind oder in Zukunft eingeräumt werden, insoweit zustehen,

als seitens des Deutschen Reichs bei Stellung des Antrages für gleichartige Fälle die Gegenseitigkeit an Japan zugesichert wird [1]).

[1]) Die Anträge auf vorläufige Festnahme und Auslieferung sind im diplomatischen Wege zu stellen. Es ist daher in jedem Falle unter Beifügung der entsprechenden Urkunden dem Justizminister zu berichten. (Pr. JMBl. 1905 S. 181.)

VII.

Auslieferungsvertrag

zwischen

dem Deutschen Reiche und Italien.

Vom 31. Oktober 1871.

(RGBl. S. 446ff.)

Vorbemerkungen.

1. Der in französischer Sprache abgeschlossene Vertrag ist ratifiziert (RGBl. 1871 S. 457) und mit angehängter deutscher Übersetzung im RGBl. v. 22. 12. 71 verkündet. — Vorverhandlungen in den Verhandlungen des Reichstags 1871 II. Sess. Anl. Bd. Nr. 48; stenogr. Ber. Bd. 1 S. 262, 276.

2. Der Vertrag schließt sich an den Vertrag des Norddeutschen Bundes mit Belgien vom 9. 2. 1870 an unter Aufnahme verschiedener Bestimmungen aus den früheren Verträgen der süddeutschen Staaten mit Italien. (Denkschrift.)

3. Im Anschluß an den Vertrag hatten Deutschland und Italien einerseits mit der Schweiz andrerseits im Jahre 1873 einen Durchlieferungsvertrag geschlossen (Zentralbl. f. d. Dtsche. Reich S. 271), der jedoch im

Jahre 1893 infolge Aufkündigung seitens der Schweiz außer Kraft getreten ist. (Zentralbl. f. d. Dtsche. Reich 1893 S. 274.) Für die Durchlieferung durch die Schweiz nach Deutschland ist jetzt lediglich Art. 10 des deutsch-schweizerischen Auslieferungsvertrages maßgebend.

4. Zur Zeit des Abschlusses des Auslieferungsvertrages galt in Norditalien und in einem Teile von Mittelitalien das sardische StGB. vom Jahre 1859, welches mit einer Reihe von Modifikationen im Jahre 1861 auch in Süditalien eingeführt wurde. Toscana hatte sein StGB. vom Jahre 1853 beibehalten. (Vgl. v. Liszt, Die Strafgesetzgebung d. Gegenw. Bd. I S. 584.) — Jetzt gilt in Italien das StGB. vom 30. Juni 1889. Eine deutsche Übersetzung dieses StGB. ist dem zehnten Bande der Zeitschr. f. d. gesamte Strafrechtswissenschaft (Berlin, 1890) als Beilage beigegeben.

Art. 1. Die Hohen vertragenden Teile verpflichten sich durch gegenwärtigen Vertrag, sich einander in allen nach den Bestimmungen desselben zulässigen Fällen diejenigen Personen auszuliefern, welche von den Behörden eines der beiden vertragenden Teile, wegen einer der nachstehend aufgezählten Handlungen, sei es als Urheber oder Teilnehmer, verurteilt, oder in Anklagestand versetzt, oder zur gerichtlichen Untersuchung gezogen sind, und im Gebiete des anderen Teiles sich aufhalten [1]), nämlich [1a]):

1. wegen Totschlages, Mordes, Giftmordes, Elternmordes und Kindermordes;
2. wegen vorsätzlicher Abtreibung der Leibesfrucht;

3. wegen Aussetzung oder vorsätzlicher Verlassung eines Kindes [2]);
4. wegen Raubes, Unterdrückung, Verwechselung oder Unterschiebung eines Kindes;
5. wegen Entführung eines Menschen [3]);
6. wegen vorsätzlicher und rechtswidriger Beraubung der persönlichen Freiheit eines Menschen, sei es, daß sich eine Privatperson oder ein öffentlicher Beamter derselben schuldig macht [4]);
7. wegen mehrfacher Ehe;
8. wegen Notzucht [5]);
9. wegen Kuppelei [6]) mit minderjährigen Personen des einen oder anderen Geschlechts, in denjenigen Fällen, in welchen dieselbe durch die Landesgesetzgebung beider vertragenden Teile mit Strafe bedroht ist [6]);
10. wegen vorsätzlicher Mißhandlung oder Verletzung eines Menschen, welche eine unheilbare oder voraussichtlich unheilbare Krankheit oder Entstellung oder den Verlust des unbeschränkten Gebrauchs eines Organs, oder den Tod, ohne den Vorsatz zu töten, zur Folge gehabt hat;
11. wegen Diebstahls, sofern er unter erschwerenden Umständen erfolgt ist (schwerer Diebstahl), oder sofern der Wert des gestohlenen Gegenstandes 1000 Franken übersteigt [7]); wegen Raubes und Erpressung;

12. wegen Unterschlagung in denjenigen Fällen, in welchen dieselbe von der Landesgesetzgebung beider vertragenden Teile mit Strafe bedroht ist, und wegen Betruges, sofern der Wert des Gegenstandes des Verbrechens oder Vergehens 1000 Franken übersteigt [7]);
13. wegen betrüglichen [8]) Bankerutts und betrüglicher Benachteiligung einer Konkursmasse;
14. wegen Meineides [9]);
15. wegen falschen Zeugnisses und wegen falschen Gutachtens eines Sachverständigen oder Dolmetschers;
16. wegen Verleitung eines Zeugen, Sachverständigen oder Dolmetschers zum Meineide [10]);
17. wegen Fälschung von Urkunden oder telegraphischen Depeschen und wissentlichen Gebrauches falscher oder gefälschter Urkunden und telegraphischer Depeschen [11]);
18. wegen Falschmünzerei, insbesondere wegen Nachmachens und Veränderns von Metall- und Papiergeld, und wegen wissentlichen Ausgebens und Inumlaufsetzens von nachgemachtem oder verändertem Metall- und Papiergelde [12]);
19. wegen Nachmachens und Verfälschens von Bankbillets und anderen vom Staate oder unter Autorität des Staats von Korporationen, Gesellschaften oder Privatpersonen ausgege-

benen Schuldverschreibungen und sonstigen Wertpapieren, sowie wegen wissentlichen Ausgebens und Inumlaufsetzens solcher nachgemachten oder gefälschten Bankbillets, Schuldverschreibungen und anderer Wertpapiere [12]);

20. wegen vorsätzlicher Brandstiftung [13]);
21. wegen Unterschlagung und Erpressung seitens öffentlicher Beamten;
22. wegen Bestechung öffentlicher Beamten zum Zwecke einer Verletzung ihrer Amtspflicht;
23. wegen folgender strafbarer Handlungen der Schiffsführer und Schiffsmannschaften auf Seeschiffen:

    vorsätzliche und rechtswidrige Zerstörung eines Schiffes;

    vorsätzlich bewirkte Strandung eines Schiffes;

    Widerstand gegen den Schiffsführer seitens mehr als eines Drittels der Schiffsmannschaft in denjenigen Fällen, in welchen derselbe von der Landesgesetzgebung beider vertragenden Teile mit Strafe bedroht ist;
24. wegen gänzlicher oder teilweiser Zerstörung von Eisenbahnen, Dampfmaschinen oder Telegraphenanstalten; wegen jeder vorsätzlichen Handlung, durch welche den auf der Eisenbahn reisenden oder beim Betrieb derselben angestellten Personen eine Körperverletzung erwachsen ist oder erwachsen kann.

Die Auslieferung kann auch wegen Versuches einer der von 1 bis 24 aufgeführten strafbaren Handlungen stattfinden, wenn der Versuch derselben nach der Landesgesetzgebung der vertragenden Teile mit Strafe bedroht ist[14]).

[1]) Freiwilligkeit des Aufenthalts im Gebiet des ersuchten Staates ist nicht Voraussetzung der Auslieferung. Die tatsächliche Anwesenheit genügt. Der Ausdruck „sich aufhalten" (im französischen Text: „se trouveraient sur le territoire de l'autre Partie") setzt weder einen dauernden Zustand, noch Wahl des ersuchten Staates zum Zufluchtsort voraus. (RG. 29 S. 24, 25 im Falle von Hammerstein. Vgl. auch Anm. 1 zu Art. 7.)

Zu beachten ist ferner: Die Auslieferung erfolgt ohne Rücksicht auf den Ort, an dem die Tat verübt ist, insbesondere also auch dann, wenn sie im ersuchten Staate begangen ist. (Vgl. Einl. S. 13.)

[1a]) Die Klausel der Strafbarkeit nach beiden Gesetzgebungen findet sich nur bei einzelnen Delikten. (Vgl. hierzu Einl. S. 16, 17.)

[2]) Ziff. 3 ist enger als § 221 RStGB.

[3]) Ziff. 5 beschränkt sich nicht auf Minderjährige, wie dies Ziff. 5 des deutsch-belgischen Vertrages tut.

[4]) Vgl. auch § 234 RStGB.

[5]) Ziff. 8 umfaßt die Tatbestände der §§ 177, 178 und 176 Ziff. 2 RStGB.

[6]) Im französischen Text steht: „excitation à la débauche". Hierunter ist nicht nur Kuppelei im Sinne des RStGB. sondern jede strafbare Verleitung zur Unzucht zu verstehen. So ist auf Grund der Ziff. 9 z. B. die Auslieferung wegen Vornahme unzüchtiger Handlungen mit Kindern bewilligt worden. (Pr. JMBl. 1905 S. 180.)

[7]) Die geringeren Fälle wurden mit Rücksicht auf die unverhältnismäßig großen Kosten der Auslieferung ausgeschlossen. (Denkschr.) Die Auslieferung wegen Dieb-

stahls, Unterschlagung und Betruges findet auch dann statt, wenn mehrere Straftaten dieser Art begangen sind und der Wert des Gegenstandes zwar in jedem einzelnen Falle den Betrag von 1000 Franken nicht erreicht, der Gesamtwert aber diesen Betrag übersteigt. (Pr. JMBl. 1905 S. 180.) — Für die Berechnung ist der Kurswert z. Z. der Tat maßgebend.

[8]) Einfacher Bankerutt ist kein Auslieferungsdelikt. (Vgl. RG. 29 S. 271.)

[9]) Unter Ziff. 14 fällt auch die falsche Versicherung an Eides Statt (vgl. die Überschrift des IX. Abschnitts des RStGB.).

[10]) Bloße Verleitung zum „falschen Eide" (§ 160 RStGB.) fällt nicht unter Ziff. 16.

[11]) Der französische Text spricht hier nur von „écritures" und „dépêches télégraphiques", was gegenüber dem weitergehenden Inhalt des 23. Abschn. des RStGB. zu beachten ist. Im Rahmen des französischen Textes werden auch die §§ 274, 133 und 348 RStGB. unter Ziff. 17 fallen.

[12]) Auch die Fälle des § 151 RStGB. werden bei der weiten Fassung der Ziff. 18 und 19 hier miteinbezogen werden können.

[13]) Vgl. auch § 311 RStGB.

[14]) Außer wegen der im Art. 1 aufgeführten Straftaten findet die Auslieferung zwischen Deutschland und Italien auf Grund von Gegenseitigkeitserklärungen (vgl. Einl. S. 49) auch wegen der nachstehend bezeichneten strafbaren Handlungen statt, sofern diese nach der Gesetzgebung beider Teile mit Strafe bedroht sind:

a) wegen Feilhaltung, Ausstellung oder Verbreitung von unzüchtigen Schriften, Abbildungen, Darstellungen oder sonstigen Gegenständen;

b) wegen Verhehlung von Sachen, die durch ein im Artikel 1 des Vertrages aufgeführtes Verbrechen oder Vergehen erlangt sind, und wegen Beistandes, der dem Täter oder dem Teilnehmer an einem dieser Verbrechen oder Vergehen nach dessen Begehung geleistet ist;

c) wegen Nötigung (§ 240 RStGB.; Art. 154 Abs. 1 des italienischen StGB. v. 30. 6. 1889). — Vgl. Pr. JMBl. 1905 S. 180, 181.

2. Jedoch soll von seiten der Regierungen des Deutschen Reichs kein Deutscher an die italienische Regierung und von seiten dieser kein Italiener an eine der deutschen Regierungen ausgeliefert werden[1]).

Wenn nach den Gesetzen desjenigen Staats, welchem der Beschuldigte angehört, Anlaß vorhanden sein sollte, ihn wegen der in Frage stehenden Handlung zu verfolgen, so soll der andere Staat die Erhebungen und Schriftstücke, die zur Feststellung des Tatbestandes dienenden Gegenstände und jede andere für das Strafverfahren erforderliche Urkunde oder Aufklärung mitteilen[2]).

Wenn die reklamierte Person weder ein Deutscher, noch ein Italiener ist, oder wenn das Verbrechen oder Vergehen außerhalb des Gebietes der vertragenden Teile von einer Person begangen ist, welche demjenigen Staate nicht angehört, von welchem die Auslieferung begehrt wird, so kann dieser Staat von dem gestellten Antrage im ersteren Falle diejenige Regierung, welcher der Verfolgte angehört, im letzteren Falle diejenige Regierung, auf deren Gebiete das Verbrechen oder Vergehen begangen ist, in Kenntnis setzen, und wenn eine dieser Regierungen ihrerseits die Auslieferung des Angeschuldigten beansprucht, um ihn vor ihre Gerichte zu stellen, so kann diejenige Regierung, an welche der Auslieferungsantrag gerichtet ist, den Angeschuldigten nach ihrer Wahl der einen oder der anderen Regierung ausliefern.

Wenn die seitens eines der vertragenden Teile reklamierte Person gleichzeitig seitens einer oder mehrerer anderer Regierungen reklamiert wird, so soll dieselbe derjenigen Regierung ausgeliefert werden, welche die Auslieferung auf Grund des schwereren Verbrechens oder Vergehens beantragt. Für den Fall, daß alle Verbrechen oder Vergehen gleich schwer sein sollten, soll die betreffende Person derjenigen Regierung ausgeliefert werden, deren Antrag von früherem Datum ist.

[1]) Vgl. § 9 RStGB.
[2]) Vgl. Einl. S. 28.

3. Die Auslieferung soll nicht stattfinden, wenn die seitens der deutschen Regierungen reklamierte Person in Italien oder die seitens der italienischen Regierung reklamierte Person in einem der deutschen Staaten wegen derselben strafbaren Handlung, wegen deren die Auslieferung beantragt wird, in Untersuchung gewesen und außer Verfolgung gesetzt worden ist, oder sich noch in Untersuchung befindet oder bereits bestraft worden ist.

Wenn die seitens der deutschen Regierungen reklamierte Person in Italien oder die seitens der italienischen Regierung reklamierte Person in einem der deutschen Staaten wegen einer anderen strafbaren Handlung in Untersuchung ist, so soll ihre Auslieferung bis zur Beendigung dieser Untersuchung und vollendeter Vollstreckung der etwa gegen sie erkannten Strafe aufgeschoben werden [1]).

[1]) Vgl. Einl. S. 29, 30.

4. Die Bestimmungen des gegenwärtigen Vertrages finden auf politische [1]) Verbrechen oder Vergehen keine Anwendung. Die Person, welche wegen eines der im Artikel 1 aufgeführten gemeinen Verbrechen oder Vergehen ausgeliefert worden ist, darf demgemäß in demjenigen Staate, an welchen die Auslieferung gewährt ist, in keinem Falle wegen eines von ihr vor der Auslieferung verübten politischen [1]) Verbrechens oder Vergehens, noch wegen einer Handlung, die mit einem solchen politischen Verbrechen oder Vergehen im Zusammenhange steht [1]), zur Untersuchung gezogen und bestraft werden.

Ebensowenig kann eine solche Person wegen eines Verbrechens oder Vergehens, welches in dem gegenwärtigen Vertrage nicht vorgesehen ist, zur Untersuchung gezogen oder bestraft werden, es sei denn, daß dieselbe, nachdem sie wegen des Verbrechens, welches zur Auslieferung Anlaß gegeben hat, bestraft oder freigesprochen worden ist, versäumt habe, vor Ablauf einer Frist von drei Monaten das Land zu verlassen, oder daß sie aufs neue dorthin komme [2]).

[1]) Vgl. Einl. S. 23 ff.

²) Art. 4 stimmt sachlich (wenn auch nicht in der Fassung) mit Art. 6 des deutsch-belgischen Vertrages überein. Danach gilt auch nach dem deutsch-italienischen Vertrage das Prinzip der Spezialität (vgl. Einl. S. 40) nicht unbeschränkt. (Vgl. RG 31 S. 236 gegen RG 29 S. 271.) Die in Anm. 3 zu Art. 6 des deutsch-belgischen Vertrages angeführten Grundsätze sind daher auch hier entsprechend anwendbar. So kann also ein von Italien wegen eines bestimmten Delikts (z. B. wegen Mordes) Ausgelieferter in Deutschland wegen eines anderen vor der Auslieferung begangenen Delikts zur Bestrafung gezogen werden, sofern letzteres unter die Liste des Art. 1 fällt (also z. B. wegen Notzucht). Ebenso kann die Tat, welche der Auslieferung zugrunde liegt, demnächst unter anderem rechtlichen Gesichtspunkt bestraft werden, sofern sie nur auch in dieser rechtlichen Qualifikation Auslieferungsdelikt ist. Endlich ist die Strafverfolgung wegen nach der Auslieferung begangener Delikte unbeschränkt zulässig.

Dagegen ist die Verfolgung wegen eines vor der Auslieferung begangenen Delikts, welches nicht unter die Liste des Art. 1 fällt, unzulässig, sofern nicht die Voraussetzungen des Art. 4 Abs. 2 Halbsatz 2 vorliegen. Daher kann ein von Italien an Preußen wegen betrüglichen Bankerutts (Art. 1 Ziff. 13) Ausgelieferter nicht alsbald wegen einfachen Bankerutts strafrechtlich verfolgt werden. Als ein Akt der Strafverfolgung ist im schwurgerichtlichen Verfahren schon die Stellung einer Hilfsfrage anzusehen. (RG. 29 S. 270ff.) Vgl. Einl. S. 42ff.

5. Die Auslieferung soll nicht stattfinden, wenn seit der begangenen strafbaren Handlung oder der Einleitung der strafgerichtlichen Verfolgung oder der erfolgten Verurteilung nach den Gesetzen desjenigen Landes, in welchem der Verfolgte zur Zeit, wo die Auslieferung beantragt wird, sich aufhält, Verjährung der strafgerichtlichen Verfolgung oder der erkannten Strafe eingetreten ist[1]).

[1]) Vgl. Einl. S. 19ff.

6. Die Auslieferung soll stets zugestanden werden, selbst wenn der Angeschuldigte dadurch gehindert wird, übernommene Verbindlichkeiten gegen Privatpersonen zu erfüllen. Letztere können indes ihre Ansprüche bei den zuständigen Gerichtsbehörden geltend machen.

7. Die Auslieferung soll bewilligt werden [1]) auf den von einer der beiden Regierungen [2]) an die andere im diplomatischen Wege gestellten Antrag und nach Beibringung eines Strafurteils oder eines Beschlusses über Versetzung in den Anklagestand, eines Haftbefehls oder eines anderen Akts, welcher die gleiche Wirkung hat und ebenfalls die Art und Schwere der verfolgten Tat, sowie die auf dieselbe anwendbare strafgesetzliche Bestimmung angibt.

Diese Aktenstücke sollen im Original oder in beglaubigter Ausfertigung eines Gerichtshofes oder einer anderen zuständigen Behörde des die Auslieferung beantragenden Landes mitgeteilt werden. Gleichzeitig sollen, sofern dies möglich ist, das Signalement der reklamierten Person und alle anderen zur Feststellung ihrer Identität geeigneten Angaben beigebracht werden.

[1]) Nach Art. 9 des italienischen StGB. v. 30. 6. 1889 darf die italienische Regierung die Auslieferung erst bewilligen, wenn das Gericht des Ortes, an dem der Verfolgte sich aufhält, eine entsprechende Entscheidung erlassen

hat. Diese Vorschrift kommt aber nur für die italienische Regierung in Betracht. Das nach Bewilligung der Auslieferung über den Ausgelieferten urteilende deutsche Gericht hat nicht nachzuprüfen, ob eine solche Entscheidung des italienischen Gerichts ergangen ist. Überhaupt darf die Legalität des im ersuchten Staate bei der Auslieferung beobachteten Verfahrens im ersuchenden Staate einer Nachprüfung nicht unterzogen werden. Deshalb hat das erkennende deutsche Gericht auch nicht zu prüfen, auf welche Weise der Ausgelieferte in die Hände der italienischen Behörde gelangt war. In dem Falle des von Italien an Deutschland ausgelieferten Frh. v. Hammerstein war daher die Tatsache, daß H. von der griechischen Polizei aus Athen zwangsweise auf ein nach Brindisi gehendes Schiff gebracht und dort von dem ihn begleitenden deutschen Kriminalkommissar der italienischen Behörde übergeben worden war, für das deutsche Gericht unbeachtlich. (Vgl. RG. 29 S. 22ff.) Überdies gehört nach dem Vertrage (vgl. Anm. 1 zu Art. 1) Freiwilligkeit des Aufenthalts im Gebiete des ersuchten Staates nicht zu den Voraussetzungen der Auslieferung.

[2]) Vgl. hierzu das „Protokoll" am Schlusse des Vertrages.

8. In dringenden Fällen, und insbesondere, wenn Gefahr der Flucht vorhanden ist, kann jede der beiden Regierungen[1]) unter Berufung auf das Vorhandensein eines Strafurteils, eines Beschlusses auf Versetzung in den Anklagestand oder eines Haftbefehls, in kürzester Weise, selbst auf telegraphischem Wege, die Verhaftung[2]) des Verurteilten oder Angeschuldigten beantragen und erwirken, unter der Bedingung, daß das Dokument, auf dessen Vorhandensein man sich berufen hat, binnen einer Frist von zwanzig Tagen[3]) nach der Verhaftung beigebracht wird.

[1]) Vgl. hierzu das „Protokoll“ am Schlusse des Vertrages.

[2]) Die vorläufige Festnahme (Verhaftung) des Verfolgten kann nach Art. 8 regelmäßig (vgl. aber unten) nur im diplomatischen Wege beantragt werden. Der Antrag muß sich auf das Vorhandensein eines Strafurteils oder eines Haftbefehls gründen; der dem Justizminister zu erstattende Bericht hat demnach über diesen Punkt sich auszulassen. (Pr. JMBl. 1889 S. 21.) In besonders schleunigen Fällen ist den preußischen Behörden jedoch gestattet, folgendermaßen zu verfahren:

a) Das Ersuchen um vorläufige Festnahme ist unter Angabe der dem Verfolgten zur Last gelegten strafbaren Handlung und mit tunlichst genauer Beschreibung seiner Person sowie unter Berufung darauf, daß ein Strafurteil, ein Beschluß auf Versetzung in den Anklagestand oder ein Haftbefehl erlassen sei, an diejenige Kaiserlich deutsche Konsulatsbehörde in Italien zu richten, in deren Bezirk der Verfolgte vermutet wird. In dem Ersuchen ist zu erwähnen, daß der Kaiserlichen Botschaft in Rom Mitteilung gemacht sei, und daß die Stellung der nach dem Auslieferungsvertrage erforderlichen formellen Anträge bei der Königlich italienischen Regierung seitens der Kaiserlichen Botschaft erfolge.

b) Von dem Ersuchen (zu a) ist die Kaiserlich deutsche Botschaft zu Rom gleichzeitig und, wenn das Ersuchen telegraphisch erfolgt, ebenfalls im telegraphischen Wege in Kenntnis zu setzen.

c) Die Einsendung der zur Stellung des Auslieferungsantrags erforderlichen Schriftstücke an den Justizminister ist in solchen Fällen zu beschleunigen, weil die Frist für die vorläufige Festhaltung nur zwanzig Tage beträgt. (Pr. JMBl. 1891 S. 243.)

³) Die vorläufige Festhaltung kann nicht länger als zwanzig Tage dauern.

9. Die entwendeten oder im Besitze des Verurteilten oder Angeschuldigten vorgefundenen Gegenstände, die Gerätschaften und Werkzeuge, deren er sich zur Verübung seines Verbrechens oder Vergehens bedient hat, sowie alle anderen Beweisstücke sollen gleichzeitig mit der Auslieferung des verhafteten Individuums ausgefolgt werden. Dies soll selbst dann geschehen, wenn die Auslieferung, nachdem sie zugestanden worden ist, infolge des Todes oder der Flucht des Schuldigen nicht sollte stattfinden können. Diese Ausfolgung wird sich auch auf alle Gegenstände der gedachten Art erstrecken, welche von dem Angeschuldigten in dem Lande, in welches er sich geflüchtet hat, versteckt oder hinterlegt worden sind, und die daselbst später aufgefunden werden.

Jedoch werden die Rechte dritter Personen an den erwähnten Gegenständen vorbehalten, und es sollen ihnen dieselben nach Schluß des gerichtlichen Verfahrens kostenfrei wieder ausgehändigt werden.

10. Liefert eine dritte Regierung ein Individuum aus, so gestatten die vertragenden Teile die Durchführung des Auszuliefernden durch ihr Landesgebiet, oder den Transport des Auszuliefernden auf ihren Fahrzeugen und Dienstschiffen, sofern das betreffende Individuum nicht dem um die Gewährung der Durchführung angegangenen Staate angehört. In diesem Falle bedarf es nur eines einfachen Antrages auf diplomatischem Wege seitens derjenigen Regierung, welche die Auslieferung verlangt hat und der Beibringung der nötigen Beweisstücke dafür, daß es sich nicht um ein politisches oder rein militärisches Vergehen handelt.

Die Durchführung findet auf dem kürzesten Wege unter der Begleitung von Agenten des requirierten Landes und auf Kosten der reklamierenden Regierung statt.

11. Die vertragenden Teile verzichten auf die Erstattung derjenigen Kosten, welche ihnen aus der Festnahme und dem Unterhalte des Auszuliefernden oder aus dessen Transporte bis zur Grenze des requirierten Teiles erwachsen. Sie wollen vielmehr diese Kosten gegenseitig selbst tragen.

12. Wenn im Laufe eines nicht politischen Strafverfahrens einer der vertragenden Staaten im Gebiete des anderen vertragenden Teils die Vernehmung von Zeugen oder irgendeine andere Untersuchungshandlung für notwendig erachtet, so wird zu diesem Zwecke ein Ersuchsschreiben auf diplomatischem Wege übersandt, und es soll demselben nach Maßgabe der Gesetzgebung des Landes, wo der Zeuge vernommen oder der Akt vorgenommen werden soll, stattgegeben werden; die Ausführung des Antrags kann verweigert werden, wenn das Verfahren gegen einen von der requirierenden Behörde noch nicht verhafteten Angehörigen des requirierten Staats

gerichtet ist, oder wenn die Untersuchung eine Handlung zum Gegenstande hat, welche nach den Gesetzen des Staates, an welchen das Ersuchsschreiben gerichtet ist, nicht gerichtlich strafbar ist. Die beteiligten Regierungen entsagen jedem Anspruche auf Erstattung der aus der Ausführung der Requisition entstehenden Kosten, soweit es sich nicht um strafgerichtliche, kommerzielle oder medizinische Gutachten Sachverständiger handelt.

13. Wenn in einer nicht politischen Untersuchungssache das persönliche Erscheinen eines Zeugen notwendig ist, so soll die Regierung des Landes, in welchem der Zeuge wohnt, denselben auffordern, der Vorladung, welche die andere Regierung an ihn gerichtet hat, Folge zu leisten.

Stimmt der Zeuge zu, so werden ihm die Kosten der Reise und des Aufenthalts nach seiner Wahl entweder nach den Tarifsätzen und Reglements des Landes, wo die Vernehmung stattfinden soll, oder nach denjenigen des requirierten Staates bewilligt werden; auch kann dem Zeugen auf seinen Antrag durch die Behörden seines Wohnorts der Gesamtbetrag oder ein Teil der Reisekosten vorgeschossen werden; diese Kosten werden demnächst von der dabei interessierten Regierung zurückerstattet.

In keinem Falle darf ein Zeuge, welcher infolge der in dem einen Lande an ihn ergangenen Vorladung freiwillig vor den Richtern des anderen Landes erscheint, daselbst wegen früherer strafbarer

Handlungen oder Verurteilungen oder unter dem Vorwande der Mitschuld an den Handlungen, welche den Gegenstand der Untersuchung bilden, worin er als Zeuge erscheinen soll, zur Untersuchung gezogen oder in Haft genommen werden. Hierbei kommt es auf die Staatsangehörigkeit des Zeugen nicht an.

14. Wenn es bei einer Untersuchung, welche in einem der beiden vertragenden Staaten geführt wird, notwendig werden sollte, den Angeschuldigten mit in dem anderen Lande verhafteten Schuldigen zu konfrontieren, oder Beweisstücke oder gerichtliche Urkunden, welche letzterem Staate gehören, vorzulegen, so soll ein Gesuch dieser Art auf diplomatischem Wege gestellt werden, und es soll demselben, sofern nicht etwa außergewöhnliche Bedenken dagegen obwalten, stets entsprochen werden, unter der Bedingung jedoch, daß so bald als möglich die Verhafteten zurückgeliefert und die obigen Beweisstücke und Urkunden zurückgesandt werden.

Die Kosten des Transports der oben erwähnten Individuen und Gegenstände von einem Staate zum anderen werden von derjenigen Regierung getragen, welche den bezüglichen Antrag gestellt hat.

15. Die beiden vertragenden Regierungen verpflichten sich, einander wechselseitig die Verurteilungen wegen Verbrechen und Vergehen jeder Art mitzuteilen, welche von den Gerichtshöfen des einen Staats gegen Angehörige des anderen ausgesprochen werden. Diese Mitteilung wird auf diplomatischem Wege erfolgen durch vollständige oder auszugsweise Übersendung des ergangenen und rechtskräftig gewordenen Urteils an die Regierung desjenigen Landes, welchem der Verurteilte angehört. Jede der vertragenden Regierungen wird zu diesem Zweck an die zuständigen Behörden die entsprechenden Anweisungen erlassen [1]).

[1]) Für Preußen vgl. Allg. Vfg. v. 30. 6. 1888 (JMBl. S. 167, 168) und v. 9. 11. 1889 (JMBl. S. 268).

16. Der gegenwärtige Vertrag ist auf fünf Jahre, vom 1. Januar 1872 an gerechnet, abgeschlossen.

Von dem Zeitpunkte seiner Geltung ab verlieren die früher zwischen den einzelnen Staaten des Deutschen Reichs und Italien abgeschlossenen Verträge über die Auslieferung von Verbrechern ihre Gültigkeit.

Wenn von keinem der vertragenden Teile sechs Monate vor dem 1. Januar 1877 die Absicht, diesen Vertrag außer Kraft zu setzen, angezeigt wird, so soll derselbe für fünf weitere Jahre in Geltung bleiben, und so ferner von fünf zu fünf Jahren.

Derselbe wird ratifiziert und die Ratifikationen werden binnen einer Frist von vier Wochen ausgewechselt werden.

Protokoll [1]).

Die Hohen vertragenden Teile des heut abgeschlossenen Auslieferungsvertrages haben für gut befunden, folgendes in einem Protokolle festzustellen:

Es ist nicht notwendig, daß die Korrespondenzen und Verhandlungen, welche die Auslieferungsanträge nötig machen werden, zwischen der deutschen Reichsregierung und Italien stattfinden; sie können im Gegenteil, je nach den Umständen jedes einzelnen Falles, auch direkt zwischen Italien und den Regierungen stattfinden, welche zum Deutschen Reiche gehören und bei der Auslieferung interessiert sind, sei es, daß der Antrag von ihnen ausgehe, oder an sie gerichtet sei.

[1]) Der Inhalt des „Protokolls" ist am Tage des Vertragsschlusses (31. 10. 1871) zwischen den vertragenden Teilen vereinbart. (RGBl. S. 458.)

VIII.

Vertrag zwischen dem Deutschen Reich und dem Kongo-Staate über die Auslieferung der Verbrecher und die Gewährung sonstiger Rechtshilfe in Strafsachen zwischen den deutschen Schutzgebieten in Afrika und dem Gebiete des Kongo-Staates.

Vom 25. Juli 1890.

(RGBl. 1891 S. 91 ff.)

Vorbemerkungen.

1. Der Vertrag ist am 21. März 1891 in Brüssel ratifiziert und in deutscher und französischer Sprache im RGBl. v. 18. 4. 1891 verkündet.

2. Das für den Kongostaat geltende StGB. vom 26. 5. 1888 lehnt sich an den code pénal belge von 1867 an, weicht aber in wesentlichen Punkten von ihm ab. Eine Einteilung der strafbaren Handlungen in Klassen enthält es nicht. (Vgl. v. Liszt, StrafgesGeb. d. Gegenw. Bd. II S. 410.)

Art. 1. Die Hohen vertragschließenden Teile verpflichten sich durch gegenwärtigen Vertrag hinsichtlich der im Eingang bezeichneten beiderseitigen Gebiete[1]), sich diejenigen Personen, welche in dem unter den Vertrag fallenden Gebiete des ersuchenden Teiles wegen einer der nachstehend aufgeführten strafbaren Handlungen, die in diesem Gebiete[1a]) begangen ist, sei es als Täter oder Teilnehmer verurteilt oder angeklagt oder zur Untersuchung gezogen sind und in dem unter den Vertrag fallenden Gebiete des ersuchten Teiles sich innerhalb des Bereiches der daselbst bestehenden Behörden aufhalten, in allen nach den Bestimmungen des Vertrages zulässigen Fällen einander auszuliefern, sofern die betreffende Handlung zugleich nach der Gesetzgebung des Gebietes, in welchem sich die verfolgte Person aufhält, als eine der nachstehend aufgezählten Straftaten anzusehen ist[2]).

Die im Vorstehenden in Bezug genommenen Straftaten sind:

1. Totschlag, Mord, Giftmord, Elternmord und Kindesmord;
2. vorsätzliche Abtreibung der Leibesfrucht;

3. Aussetzung einer hilflosen Person oder vorsätzliche Verlassung einer solchen in hilfloser Lage;
4. Unterdrückung, Verwechselung und Unterschiebung eines Kindes;
5. Menschenraub und Entführung; einschließlich der Entführung einer minderjährigen Person des einen oder anderen Geschlechts;
6. vorsätzliche und rechtswidrige Beraubung der persönlichen Freiheit eines Menschen;
7. Eindringen in eine fremde Wohnung;
8. Bedrohung;
9. unbefugte Bildung einer Bande in der Absicht, Personen oder Eigentum anzugreifen;
10. mehrfache Ehe;
11. Notzucht;
12. Vornahme unzüchtiger Handlungen mit Gewalt oder unter Drohungen;
13. Vornahme unzüchtiger Handlungen mit Personen unter vierzehn Jahren, sowie Verleitung solcher Personen zur Verübung oder Duldung unzüchtiger Handlungen;
14. Kuppelei;
15. vorsätzliche Mißhandlung oder Verletzung eines Menschen, welche unter erschwerenden Umständen begangen ist oder welche eine voraussichtlich unheilbare Krankheit oder dauernde Arbeitsunfähigkeit oder den Verlust des unumschränkten Gebrauchs eines Organs, eine

schwere Verstümmelung oder den Tod, ohne den Vorsatz zu töten, zur Folge gehabt hat;

16. Diebstahl, Raub und Erpressung;
17. Unterschlagung und Untreue;
18. Betrug;
19. betrüglicher Bankerutt und betrügliche Benachteiligung einer Konkursmasse;
20. Meineid;
21. falsches Zeugnis und falsches Gutachten eines Sachverständigen oder Dolmetschers;
22. Verleitung eines Zeugen, Sachverständigen oder Dolmetschers zum Meineide;
23. Fälschung von Urkunden oder telegraphischen Depeschen in betrügerischer Absicht oder in der Absicht, einem anderen zu schaden, sowie wissentlicher Gebrauch falscher oder gefälschter Urkunden und telegraphischer Depeschen in betrügerischer Absicht oder in der Absicht, einem anderen zu schaden;
24. vorsätzliche und rechtswidrige Vernichtung, Beschädigung oder Unterdrückung einer öffentlichen oder Privaturkunde, begangen in der Absicht, einem anderen zu schaden;
25. Fälschung oder Verfälschung von Stempeln, Stempelzeichen, Marken oder Siegeln, in der Absicht, sie als echte zu verwenden, und wissentlicher Gebrauch falscher oder gefälschter Stempel, Stempelzeichen, Marken oder Siegel;

26. Falschmünzerei, nämlich Nachmachen und Verändern von Metall- und Papiergeld, sowie wissentliches Ausgeben und Inumlaufsetzen von nachgemachtem oder verfälschtem Metall- oder Papiergeld;
27. Nachmachen und Verfälschen von Banknoten und anderen vom Staate oder unter Autorität des Staates, von Korporationen, Gesellschaften oder Privatpersonen ausgegebenen Schuldverschreibungen und sonstigen Wertpapieren, sowie wissentliches Ausgeben und Inumlaufsetzen von solchen nachgemachten oder gefälschten Banknoten, Schuldverschreibungen und sonstigen Wertpapieren;
28. vorsätzliche Brandstiftung;
29. Unterschlagung und Erpressung seitens öffentlicher Beamten;
30. Bestechung öffentlicher Beamten;
31. folgende strafbare Handlungen der Schiffsführer und Schiffsmannschaften auf Seeschiffen:
    vorsätzliche Versenkung oder Zerstörung eines Schiffes,
    vorsätzlich bewirkte Strandung eines Schiffes,
    Widerstand mit Tätlichkeiten gegen den Schiffsführer, wenn dieser Widerstand von mehreren Schiffsleuten auf Verabredung gemeinschaftlich geleistet ist;

32. vorsätzliche Gefährdung eines Eisenbahntransports und vorsätzliche Störung der Benutzung einer öffentlichen Telegraphenanstalt;
33. vorsätzliche und rechtswidrige Beschädigung oder Zerstörung einer fremden Sache;
34. Verhehlung von Sachen, welche durch eine der im gegenwärtigen Vertrage vorgesehenen Straftaten erlangt worden sind.

Ist die strafbare Handlung außerhalb des unter den Vertrag fallenden Gebietes des ersuchenden Teiles begangen, so soll die Auslieferung gleichfalls bewilligt werden, wenn die Gesetzgebung des Gebietes, aus welchem die Auslieferung nachgesucht wird, wegen einer im Gebiete eines fremden Staates begangenen gleichen Handlung die Verfolgung gestattet.

[1]) D. s. die deutschen Schutzgebiete in Afrika bzw. der Kongostaat.

[1a]) Vgl. aber den Schlußabsatz des Art. 1.

[2]) Vgl. Einl. S. 15.

Art. 2. Die Auslieferung soll auch wegen Versuchs einer der im Artikel 1 aufgeführten strafbaren Handlungen stattfinden, wenn der Versuch derselben nach der Gesetzgebung der betreffenden beiderseitigen Gebiete mit Strafe bedroht ist.

Art. 3. Die Verpflichtung zur Auslieferung erstreckt sich deutscherseits nicht auf Reichsangehörige[1]), sowie auf Eingeborene der deutschen Schutzgebiete, für die Regierung des Kongostaates nicht auf Angehörige des letzteren.

Ist der Verfolgte Angehöriger eines dritten Staates, so kann der ersuchte Teil von dem gestellten Auslieferungsantrage diejenige Regierung, welcher der Verfolgte angehört, in Kenntnis setzen. Wenn diese Regierung den Verfolgten ihrerseits beansprucht, um denselben vor ihre Gerichte zu stellen, so kann der ersuchte Teil nach seiner Wahl ihn der genannten Regierung oder dem ersuchenden Teile ausliefern.

[1]) Vgl. § 9 RStGB.

Art. 4. Die Auslieferung soll nicht stattfinden, wenn die bei der Regierung des Kongostaates reklamierte Person in dem Gebiete des Kongostaates oder die von seiten der genannten Regierung reklamierte Person in dem Gebiete des Deutschen Reichs oder in einem deutschen Schutzgebiete wegen derselben strafbaren Handlung, wegen welcher die Auslieferung beantragt wird, in Untersuchung gewesen und außer Verfolgung gesetzt worden ist oder sich noch in Untersuchung befindet oder bereits bestraft worden ist.

Wenn die bei der Regierung des Kongostaates reklamierte Person in dem Gebiete des Kongostaates oder die von seiten der genannten Regierung reklamierte Person in dem Gebiete des Deutschen Reichs oder in einem deutschen Schutzgebiete wegen einer anderen strafbaren Handlung verfolgt wird oder verurteilt ist, so soll ihre Auslieferung bis zur Beendigung der Untersuchung und vollendeter Vollstreckung der gegen sie erkannten oder zu erkennenden Strafe aufgeschoben werden.

Die Verpflichtung zur Auslieferung einer von der Regierung des Kongostaates reklamierten Person fällt weg, wenn vor Ausführung der Auslieferung ein Antrag auf Ablieferung dieser Person nach dem Gebiete des Deutschen Reichs eingeht, welchem nach gesetzlicher Vorschrift entsprochen werden muß. Die Bewilligung der Auslieferung aus einem deutschen Schutzgebiete soll stets als unter der Bedingung geschehen gelten, daß ein solcher Antrag auf Ablieferung bis zur Ausführung der Auslieferung nicht eingegangen ist.

Art. 5. Wenn eine reklamierte Person Verbindlichkeiten gegen Privatpersonen eingegangen ist, an deren Erfüllung sie durch die Auslieferung verhindert wird, so soll dieselbe dennoch ausgeliefert werden, und es bleibt den dadurch Beeinträchtigten überlassen, ihre Rechte vor der zuständigen Behörde geltend zu machen.

Art. 6. Die ausgelieferte Person darf in dem Gebiete, nach welchem die Auslieferung bewilligt worden ist, wegen einer anderen vor der Auslieferung begangenen strafbaren Handlung, als derjenigen, welche zu der Auslieferung Anlaß gegeben hat, weder zur Untersuchung gezogen, noch bestraft, noch von da nach einem anderen Lande weitergeliefert werden, es sei denn, daß die Regierung oder Behörde, welche die Auslieferung bewilligt hat, ihre Zustimmung dazu erteilt oder die ausgelieferte Person, nachdem sie wegen der strafbaren Handlung, welche zur Auslieferung Anlaß gegeben hat, bestraft oder end=

gültig freigesprochen worden ist, während eines Monats im Lande bleibt oder nach Verlassen desselben wieder in dasselbe zurückkehrt [1]).

[1]) Art. 6 stimmt sachlich mit Art. 6 Abs. 1 des deutsch-niederländischen Vertrages überein und beruht (ebenso wie Art. 7 des deutsch-britischen Vertrages) auf dem Prinzip der reinen Spezialität. (Vgl. RG. 31 S. 236 und Einl. S. 42ff.)

Art. 7. Die Auslieferung soll nicht stattfinden, wenn zu der Zeit, wo sie beantragt wird, nach der Gesetzgebung des Gebietes, in welchem der Verfolgte sich aufhält, bereits Verjährung der strafrechtlichen Verfolgung oder der erkannten Strafe eingetreten ist.

Art. 8. Die Auslieferung soll bewilligt werden auf Grund eines verurteilenden Erkenntnisses oder auf Grund einer von der zuständigen Behörde erlassenen Verfügung, durch welche das Hauptverfahren eröffnet oder die Verweisung des Beschuldigten vor den erkennenden Richter bewirkt wird, oder auch auf Grund eines von der zuständigen Behörde erlassenen, den Tatbestand, sowie die darauf anwendbare strafgesetzliche Bestimmung genau angebenden Haftbefehls oder einer die gleiche Geltung habenden sonstigen Urkunde, insofern die bezeichneten Schriftstücke in Urschrift oder in beglaubigter Abschrift und zwar in denjenigen Formen beigebracht sind, welche die Gesetzgebung des ersuchenden Teiles vorschreibt.

Die Anträge auf Auslieferung erfolgen im diplomatischen Wege. Jedoch kann dieselbe in Angelegenheiten, welche schleuniger Erledigung bedürfen, von der obersten Behörde des betreffenden deutschen Schutzgebietes bei dem Generalgouverneur des Kongostaates, sowie umgekehrt von diesem bei der obersten Behörde des betreffenden deutschen Schutzgebietes beantragt werden.

Art. 9. Der wegen einer unter Artikel 1 oder 2 fallenden strafbaren Handlung Verfolgte darf in dringenden Fällen vorläufig festgenommen werden auf Grund einer amtlichen Mitteilung der zuständigen Behörde des die Auslieferung betreibenden Teiles, welche auf das Vorhandensein einer der im Artikel 8 aufgeführten Urkunden gestützt ist.

In diesem Falle wird der vorläufig Festgenommene wieder auf freien Fuß gesetzt werden, wenn nicht binnen dreier Monate nach seiner Festnahme der Auslieferungsantrag gemäß dem Artikel 8 gestellt worden ist.

Art. 10. Alle in Beschlag genommenen Gegenstände, welche sich zur Zeit der Festnahme im Besitze des Auszuliefernden befinden, sollen, sofern nicht besondere Bedenken entgegenstehen, dem ersuchenden Teile mit übergeben werden, und es soll sich diese Überlieferung nicht bloß auf die entfremdeten Gegenstände, sondern auf alles erstrecken, was zum Beweise der strafbaren Handlung dienen könnte.

Jedoch werden die Rechte dritter Personen an den oben erwähnten Gegenständen vorbehalten, und es sollen ihnen dieselben nach dem Schlusse des strafrechtlichen Verfahrens kostenfrei zurückgegeben werden.

Art. 11. Die vertragschließenden Teile verzichten darauf, die Erstattung derjenigen Kosten zu verlangen, welche ihnen aus der Festnahme und dem Unterhalte des Auszuliefernden und seinem Transporte bis zur Grenze erwachsen, willigen vielmehr gegenseitig darin, diese Kosten selbst zu tragen.

Art. 12. Die vertragschließenden Teile gestatten ausdrücklich die Auslieferung mittels Durchführung Auszuliefernder durch ihr unter den Vertrag fallendes Gebiet auf Grund einfacher Beibringung einer der im Art. 8 aufgeführten Urkunden, in Urschrift oder beglaubigter Abschrift, vorausgesetzt, daß die strafbare Handlung, wegen welcher die Auslieferung beantragt wird, in dem gegenwärtigen Vertrage inbegriffen ist und nicht unter die Bestimmung des Art. 7 fällt.

Die Durchführung findet auf Kosten des ersuchenden Teiles statt.

Art. 13. Wenn in einem in den deutschen Schutzgebieten in Afrika oder in dem Kongostaate schwebenden Strafverfahren einer der vertragschließenden Teile die Vernehmung von Zeugen, welche sich in dem betreffenden Gebiete des anderen Teiles aufhalten oder irgendeine andere dort vorzunehmende Untersuchungshandlung für notwendig erachtet, so wird ein entsprechendes Ersuchungsschreiben auf dem im Art. 8 Abs. 2 bezeichneten Wege mitgeteilt und demselben, nach Maßgabe der Gesetzgebung des Gebietes, wo der Zeuge vernommen oder der Akt vorgenommen werden soll, Folge gegeben werden, sofern nicht besondere Bedenken entgegenstehen.

Die vertragschließenden Teile verzichten gegenseitig auf alle Ersatzansprüche wegen der aus der Ausführung des Ersuchens entspringenden Kosten, sofern es sich nicht um Gutachten in Straf- oder Handelssachen oder Sachen der gerichtlichen Medizin handelt, welche mehrere Termine erfordern.

Art. 14. Wenn in einem in den deutschen Schutzgebieten in Afrika oder in dem Kongostaate schwebenden Strafverfahren einer der vertragschließenden Teile das persönliche Erscheinen eines Zeugen für notwendig erachtet, welcher sich in dem betreffenden Gebiete des anderen Teiles aufhält, so wird ein entsprechender Antrag unter Beifügung der für den Zeugen bestimmten Ladung auf dem im Art. 8 Abs. 2 bezeichneten Wege gestellt und der Zeuge, sofern nicht besondere Bedenken entgegenstehen, von der ersuchten Regierung oder Behörde unter Mitteilung der Ladung zu einer Erklärung darüber aufgefordert werden, ob er derselben Folge zu leisten bereit ist. Über die dem Zeugen zu bewilligende Entschädigung wird im einzelnen Falle zwischen der ersuchenden und der ersuchten Regierung oder Behörde eine Verständigung stattfinden.

In keinem Falle darf ein Zeuge, welcher infolge der in dem einen Lande an ihn ergangenen Vorladung freiwillig vor den Behörden des anderen Landes erscheint, daselbst wegen früherer strafbarer

Handlungen oder Verurteilungen oder unter dem Vorwande der Mitschuld an den Handlungen, welche den Gegenstand der Untersuchung bilden, in der er als Zeuge erscheinen soll, zur Untersuchung gezogen oder in Haft genommen werden. Hierbei kommt es auf die Staatsangehörigkeit des Zeugen nicht an.

Art. 15. Wenn in einem in den deutschen Schutzgebieten in Afrika oder in dem Kongostaate schwebenden Strafverfahren die Mitteilung von Beweisstücken oder von Urkunden, die im Gewahrsam der Behörden des betreffenden Gebietes des anderen Teiles sich befinden, für notwendig oder nützlich erachtet wird, so soll deshalb ein entsprechendes Ersuchen auf dem im Art. 8 Abs. 2 bezeichneten Wege gestellt und demselben, sofern nicht besondere Bedenken entgegenstehen, stattgegeben werden, dies jedoch nur unter der Bedingung, daß die Beweisstücke und Urkunden zurückgesandt werden.

Die vertragschließenden Teile verzichten gegenseitig auf Ersatz der Kosten, welche aus der Auslantwortung und Rücksendung der Beweisstücke und Urkunden bis zur Grenze entstehen.

Art. 16. Die vertragschließenden Teile werden sich im diplomatischen Wege von denjenigen verurteilenden Erkenntnissen gegenseitig Mitteilung machen, welche wegen strafbarer Handlungen, die eine Freiheitsstrafe von mehr als sechs Wochen nach sich ziehen können, in den deutschen Schutzgebieten in Afrika gegen Angehörige des Kongostaates und in diesem Staate gegen Deutsche, welche in den deutschen Schutzgebieten in Afrika ihren Wohnsitz haben oder gegen Personen, welche in denselben geboren sind, erlassen werden.

Art. 17. Auf die Auslieferung der Verbrecher und die Gewährung sonstiger Rechtshilfe in Strafsachen zwischen dem Gebiete des Deutschen Reichs und dem Gebiete des Kongostaates finden die Bestimmungen des gegenwärtigen Vertrages keine Anwendung. Die Regelung dieses Gegenstandes zwischen den genannten beiden Gebieten bleibt einer besonderen Vereinbarung vorbehalten.

Art. 18. Der gegenwärtige Vertrag wird ratifiziert, und die Ratifikationsurkunden werden sobald wie möglich ausgetauscht werden.

Derselbe soll zwei Monate nach Austausch der Ratifikationsurkunden in Kraft treten und in Kraft bleiben bis zum Ablauf von sechs Monaten nach dem Tage, an welchem er von einem der vertragschließenden Teile aufgekündigt wird.

IX.

Auszug aus dem Handels-, Freundschafts- und Schiffahrtsvertrag

zwischen

dem Deutschen Reich und dem Königreich Korea.

Vom 26. November 1883.

(RGBl. 1884 S. 221.)

Vorbemerkung.

1. Nach Ratifikation des Vertrages hat die Auswechselung der Urkunden am 18. November 1884 stattgefunden. (RGBl. S. 252.)

2. Der Vertrag ist in deutscher, englischer und chinesischer Sprache niedergeschrieben und in deutscher und englischer Sprache im RGBl. v. 4. 12. 1884 verkündet. Nach Art. XII haben alle drei Sprachen dieselbe Bedeutung, doch ist vereinbart, daß bei Meinungsverschiedenheiten über den Wortsinn der englische Text maßgebend sein soll.

Art. III.

. . . .

9. Wenn ein Koreaner, der angeschuldigt ist, die Gesetze seines Landes übertreten zu haben, in dem Besitztum eines Deutschen oder auf einem deutschen Kauffahrteischiffe Zuflucht sucht, so sollen die deutschen Behörden auf den Antrag der koreanischen Behörden die nötigen Schritte tun, um den Angeschuldigten zu ergreifen und ihn behufs Aburteilung auszuliefern. Ohne die Ermächtigung der zuständigen deutschen Behörde aber soll es koreanischen Beamten weder gestattet sein, das Besitztum eines deutschen

Reichsangehörigen ohne dessen Einwilligung, noch ohne die Zustimmung des Schiffsführers oder seines Vertreters ein deutsches Handelsschiff zu betreten.

10. Auf das Ersuchen der zuständigen deutschen Behörden sollen die koreanischen Behörden deutsche Reichsangehörige, welche strafbarer Handlungen beschuldigt sind, sowie Deserteure von deutschen Kriegs- oder Handelsschiffen verhaften und dieselben der requirierenden Behörde ausliefern.

X.
Auslieferungsvertrag
zwischen dem Deutschen Reich und Luxemburg.
Vom 9. März 1876.

(RGBl. S. 223 ff.)

Vorbemerkungen.

1. Der Vertrag ist ratifiziert (RGBl. 1876 S. 230) und im RGBl. v. 18. 11. 1876 lediglich in deutscher Sprache verkündet. — Vorverhandlungen in den Verhandl. des Reichstags 1876 Anlagenband Nr. 11; stenogr. Ber. S. 17 u. 31.

2. Vor Abschluß des Vertrages bestanden (vgl. Art. 17 Abs. 2) deutscherseits zwei Auslieferungsverträge mit Luxemburg, nämlich für Preußen der Vertrag v. 11. 3. 1844 (Ges.Samml. S. 233 ff.) und für Elsaß-Lothringen der Vertrag v. 3. 7. 1872 (Ges.Bl. f. Elsaß-Lothr. v. 1872 S. 565 ff.). Auf Anregung der luxemburg. Regierung wurde dann der Vertrag mit dem Deutschen Reiche v.

9. 3. 1876 vereinbart, der im wesentlichen mit dem deutsch-belgischen Vertrage v. 24. 12. 1874 übereinstimmt. (Denkschr.)

3. Zur Zeit des Vertragsschlusses galt in Luxemburg der code pénal Napoleon, dessen Härten jedoch durch eine Anzahl von abändernden Gesetzen u. Verordnungen gemildert worden waren. Jetzt gilt in Luxemburg der am 18. 6. 1879 veröffentlichte code pénal Luxembourgeois, der, bis auf geringfügige Abänderungen, eine wörtliche Wiederholung des belgischen code pénal von 1867 ist. (Vgl. v. Liszt, Die Strafgesetzgeb. d. Gegenw., Bd. I S. 472, 473.)

Art. 1. Die Hohen vertragenden Teile verpflichten sich durch gegenwärtigen Vertrag, sich einander in allen nach den Bestimmungen desselben zulässigen Fällen diejenigen Personen auszuliefern, welche wegen einer der nachstehend aufgezählten, im Gebiete des ersuchenden[1]) Staates begangenen und daselbst strafbaren Handlungen, sei es als Täter oder Teilnehmer, verurteilt oder in Anklagestand versetzt oder zur gerichtlichen Untersuchung gezogen worden sind und im Gebiete des anderen Teils sich aufhalten, nämlich[2]):

1. wegen Totschlags, Mordes, Giftmordes, Elternmordes und Kindesmordes;
2. wegen vorsätzlicher Abtreibung der Leibesfrucht;
3. wegen Aussetzung eines Kindes unter sieben Jahren oder vorsätzlicher Verlassung eines solchen in hilfloser Lage;

4. wegen Raubes oder Verheimlichung eines Kindes unter sieben Jahren, wegen Entführung, Unterdrückung, Verwechselung und Unterschiebung eines Kindes;
5. wegen Entführung einer minderjährigen Person;
6. wegen vorsätzlicher und rechtswidriger Beraubung der persönlichen Freiheit eines Menschen, insofern sich eine Privatperson derselben schuldig macht;
7. wegen Eindringens in eine fremde Wohnung, insofern sich eine Privatperson derselben schuldig macht und die Handlung nach der Gesetzgebung beider Teile strafbar ist;
8. wegen Bedrohung eines anderen mit einem als Verbrechen strafbaren Angriffe auf die Person oder das Eigentum;
9. wegen unbefugter Bildung einer Bande in der Absicht, Personen oder Eigentum anzugreifen;
10. wegen mehrfacher Ehe;
11. wegen Notzucht[3]);
12. wegen Vornahme unzüchtiger Handlungen mit Gewalt oder unter Drohungen in den durch die Gesetzgebung beider Teile mit Strafe bedrohten Fällen;
13. wegen Vornahme unzüchtiger Handlungen mit oder ohne Gewalt oder Drohungen an einer Person des einen oder anderen Geschlechts

unter vierzehn Jahren, sowie wegen Verleitung solcher Personen zur Verübung oder Duldung unzüchtiger Handlungen;

14. wegen gewohnheitsmäßiger Kuppelei mit minderjährigen Personen des einen oder anderen Geschlechts;
15. wegen vorsätzlicher Mißhandlung oder Verletzung eines Menschen, welche eine voraussichtlich unheilbare Krankheit oder dauernde Arbeitsunfähigkeit, oder den Verlust des unumschränkten Gebrauchs eines Organs, oder eine schwere Verstümmelung oder den Tod, ohne den Vorsatz zu töten, zur Folge gehabt hat;
16. wegen Diebstahls, Raubes und Erpressung;
17. wegen Unterschlagung und Untreue in den Fällen, in welchen diese Handlungen von der Gesetzgebung beider vertragenden Teile mit Strafe bedroht sind;
18. wegen Betrugs in denjenigen Fällen, in welchen derselbe nach der Gesetzgebung beider Teile als Verbrechen oder Vergehen strafbar ist[4]);
19. wegen betrüglichen Bankerutts und betrüglicher Benachteiligung einer Konkursmasse;
20. wegen Meineides;
21. wegen falschen Zeugnisses und wegen falschen Gutachtens eines Sachverständigen oder Dolmetschers, in den Fällen, in welchen diese Handlungen von der Gesetzgebung beider Teile mit Strafe bedroht sind;

22. wegen Verleitung eines Zeugen, Sachverständigen oder Dolmetschers zum Meineide;
23. wegen Fälschung von Urkunden oder telegraphischen Depeschen in betrügerischer Absicht oder in der Absicht, jemandem zu schaden, sowie wegen wissentlichen Gebrauchs falscher oder gefälschter Urkunden und telegraphischer Depeschen in betrügerischer Absicht oder in der Absicht, jemandem zu schaden;
24. wegen vorsätzlicher und rechtswidriger Vernichtung, Beschädigung oder Unterdrückung einer öffentlichen oder Privaturkunde, begangen in der Absicht, einem anderen zu schaden;
25. wegen Fälschung oder Verfälschung von Stempeln, Stempelzeichen, Siegeln oder Marken, in der Absicht, sie als echte zu verwenden, und wegen wissentlichen Gebrauchs falscher oder gefälschter Stempel, Stempelzeichen, Siegel oder Marken;
26. wegen Falschmünzerei, nämlich wegen Nachmachens und Veränderns von Metall- und Papiergeld, sowie wegen wissentlichen Ausgebens und Inumlaufsetzens von nachgemachtem oder verfälschtem Metall- oder Papiergeld;
27. wegen Nachmachens und Verfälschens von Bankbillets und anderen vom Staate, oder unter Autorität des Staates von Korpo-

rationen, Gesellschaften oder Privatpersonen ausgegebenen Schuldverschreibungen und sonstigen Wertpapieren, sowie wegen wissentlichen Ausgebens und Inumlaufsetzens solcher nachgemachten oder gefälschten Bankbillets, Schuldverschreibungen und anderer Wertpapiere;

28. wegen vorsätzlicher Brandstiftung;
29. wegen Unterschlagung und Erpressung seitens öffentlicher Beamten;
30. wegen Bestechung öffentlicher Beamten zum Zweck einer Verletzung ihrer Amtspflicht;
31. wegen folgender strafbarer Handlungen der Schiffsführer und Schiffsmannschaften auf Seeschiffen:

vorsätzliche und rechtswidrige Zerstörung eines Schiffes;

vorsätzlich bewirkte Strandung eines Schiffes;

Widerstand mit Tätlichkeiten gegen den Schiffsführer, wenn dieser Widerstand von mehr denn einem Dritteile der Schiffsmannschaft verübt ist;

32. wegen vorsätzlicher und rechtswidriger gänzlicher oder teilweiser Zerstörung von Eisenbahnen, Dampfmaschinen oder Telegraphenanstalten;

wegen vorsätzlicher Störung eines Eisenbahnzuges auf der Fahrbahn durch Aufstellen,

Hinlegen oder Hinwerfen von Gegenständen, durch Verrückung von Schienen oder ihrer Unterlagen, durch Wegnahme von Weichen oder Bolzen, oder durch Bereitung von Hindernissen anderer Art, welche dazu geeignet sind, den Zug aufzuhalten oder aus den Schienen zu bringen;

33. wegen vorsätzlicher und rechtswidriger Zerstörung oder Beschädigung von Gräbern, öffentlichen Denkmälern oder öffentlich ausgestellten Kunstgegenständen, von baulichen Anlagen, Lebensmitteln, Waren oder anderen beweglichen Sachen, von Feldfrüchten, Pflanzen aller Art, Bäumen oder Pfropfreisern, von landwirtschaftlichen Gerätschaften, von Haus- oder anderen Tieren, in denjenigen Fällen, in welchen diese Handlungen nach der Gesetzgebung beider vertragenden Teile als Verbrechen oder Vergehen strafbar sind;

34. wegen Verhehlung von Sachen, welche durch eines der im gegenwärtigen Vertrage vorgesehenen Verbrechen oder Vergehen erlangt worden sind, wofern diese Handlung nach der Gesetzgebung der beiden vertragschließenden Teile strafbar ist.

Es kann[5]) indessen, wenn das Verbrechen oder Vergehen, wegen dessen ein Antrag auf Auslieferung gestellt wird, außerhalb des Gebietes des ersuchenden Teils begangen worden ist, diesem Antrage alsdann stattgegeben werden, wenn nach der Gesetzgebung des ersuchten Staates wegen derselben, außerhalb seines Gebietes begangenen Handlungen eine gerichtliche Verfolgung statthaft ist.

[1]) Vgl. aber Abs. 2 und Anm. 5.

[2]) Art. 1 entspricht genau dem Art. 1 des deutsch-belgischen Vertrages. Es sind daher die Erläuterungen zu Art. 1 des deutsch-belgischen Vertrages hier entsprechend zu beachten.

[3]) Als Notzucht wird nach Art. 375 u. 377 des luxemburgischen StGB. auch der Tatbestand der Blutschande behandelt, falls dabei Gewalttätigkeiten, schwere Drohungen, List oder Kunstgriffe angewendet oder das Verbrechen gegen eine Person verübt ist, die ihre Zustimmung frei zu geben oder Widerstand zu leisten außerstande war. (Pr. JMBl. 1889 S. 21.)

[4]) Der Versuch des Betruges ist in Luxemburg nicht strafbar; die Auslieferung wegen dieses Vergehens kann also nicht beantragt werden. (Pr. JMBl. 1889 S. 22.)

[5]) Fakultativ. — Die Bestimmung bezieht sich nicht auf Delikte, die im Gebiet des ersuchten Staates begangen sind. (Vgl. Einl. S. 12, 13.)

2. Die Auslieferung soll auch wegen Versuches einer der in Art. 1 aufgeführten strafbaren Handlungen stattfinden, wenn der Versuch derselben nach der Gesetzgebung der beiden vertragenden Teile mit Strafe bedroht ist[1]).

[1]) Vgl. Anm. 4 zu Art 1.

3. Kein Deutscher wird von seiten der Regierungen des Deutschen Reichs an die luxemburgische Regierung, und von seiten dieser kein Luxemburger an

eine Regierung des Deutschen Reichs ausgeliefert werden[1]).

Ist die reklamierte Person weder ein Deutscher noch ein Luxemburger, so kann der Staat, an welchen der Auslieferungsantrag gerichtet wird, von dem gestellten Antrage diejenige Regierung, welcher der Verfolgte angehört, in Kenntnis setzen, und wenn diese Regierung ihrerseits den Angeschuldigten beansprucht, um ihn vor ihre Gerichte zu stellen, so kann diejenige Regierung, an welche der Auslieferungsantrag gerichtet ist, den Angeschuldigten nach ihrer Wahl der einen oder der anderen Regierung ausliefern.

[1]) Vgl. § 9 RStGB. u. Einl. S. 28.

4. Die Auslieferung soll nicht stattfinden, wenn die von einer Regierung des Deutschen Reichs reklamierte Person in Luxemburg, die seitens der luxemburgischen Regierung reklamierte Person in einem der Staaten des Deutschen Reichs wegen derselben strafbaren Handlung, wegen deren die Auslieferung beantragt wird, in Untersuchung gewesen und außer Verfolgung gesetzt worden, oder sich noch in Untersuchung befindet oder bereits bestraft worden ist.

Wenn die von einer Regierung des Deutschen Reichs reklamierte Person in Luxemburg, oder wenn die seitens der luxemburgischen Regierung reklamierte Person in einem der Staaten des Deutschen Reichs wegen einer anderen strafbaren Handlung in Untersuchung ist, so soll ihre Auslieferung bis zur Beendigung dieser Untersuchung und vollendeter Vollstreckung der etwa gegen sie erkannten Strafe aufgeschoben werden[1]).

[1]) Vgl. Einl. S. 29, 30.

5. Wenn eine reklamierte Person Verbindlichkeiten gegen Privatpersonen eingegangen ist, an deren Erfüllung sie durch die Auslieferung verhindert wird, so soll dieselbe dennoch ausgeliefert werden, und es bleibt dem dadurch beeinträchtigten Teile überlassen, seine Rechte vor der zuständigen Behörde geltend zu machen.

6. Die Bestimmungen des gegenwärtigen Vertrages finden auf solche Personen, die sich irgend eines politischen[1]) Verbrechens oder Vergehens schuldig gemacht haben, keine Anwendung. Die Person, welche wegen eines der in Art. 1 und 2 aufgeführten gemeinen Verbrechen oder Vergehen ausgeliefert worden ist, darf demgemäß in demjenigen Staate, an welchen die Auslieferung erfolgt ist, in keinem Falle wegen eines von ihr vor der Auslieferung verübten politischen[1]) Verbrechens oder Vergehens, noch wegen einer Handlung, die mit einem solchen politischen Verbrechen oder Vergehen im Zusammenhang steht[1]), noch wegen eines Verbrechens oder Vergehens, welches in dem gegenwärtigen Vertrage nicht vorgesehen ist, zur Untersuchung gezogen und bestraft werden[2]).

Der Angriff gegen das Oberhaupt einer fremden

Regierung oder gegen Mitglieder seiner Familie soll weder als politisches Vergehen, noch als mit einem solchen in Zusammenhang stehend angesehen werden, wenn dieser Angriff den Tatbestand des Totschlags, Mordes oder Giftmordes bildet [3]).

[1]) Vgl. Einl. S. 23 ff.

[2]) Art. 6 entspricht genau dem Art. 6 des deutsch-belgischen Vertrages. Die dort in Anm. 1—4 gegebenen Erläuterungen treffen auch hier zu. (Vgl. auch RG. 31 S. 236.)

[3]) Sog. Attentatsklausel. (Vgl. Einl. S. 25.) — Die Auslieferung muß nach Art. 2 auch wegen Versuchs der in Art. 6 Abs. 2 bezeichneten Verbrechen erfolgen.

7. Die Auslieferung soll nicht stattfinden, wenn seit der begangenen strafbaren Handlung oder der letzten Handlung des Strafrichters, oder der erfolgten Verurteilung nach den Gesetzen desjenigen Staates, in welchem der Verfolgte zur Zeit, wo die Auslieferung beantragt wird, sich aufhält, Verjährung der strafgerichtlichen Verfolgung oder der erkannten Strafe eingetreten ist [1]).

[1]) Die Strafvollstreckung verjährt, falls auf kriminelle Strafen im Sinne des luxemburgischen StGB. (Zuchthausstrafe von mindestens fünf Jahren) erkannt ist, in zwanzig Jahren, falls auf Gefängnisstrafe über drei Jahre erkannt ist, in zehn Jahren, und wenn die Gefängnisstrafe weniger beträgt, in fünf Jahren. Die Unterbrechung erfolgt nur durch Verhaftung. Die Strafverfolgung verjährt wegen Verbrechen in zehn Jahren, wegen Vergehen in drei Jahren; die Verjährung wird nur durch Untersuchungs- oder Verfolgungshandlungen (actes d'instruction ou de poursuite), also

wesentlich richterliche Handlungen unterbrochen. (Pr. JMBl. 1889 S. 22.)

8. Die Auslieferung einer Person, welche einer der in Artikel 1 und 2 aufgeführten strafbaren Handlungen beschuldigt ist, soll bewilligt werden auf Grund eines verurteilenden Erkenntnisses oder auf Grund eines förmlichen Beschlusses des zuständigen Gerichts auf Versetzung in den Anklagestand oder Eröffnung der Untersuchung, oder auf Grund einer von dem zuständigen Richter erlassenen Verfügung, in welcher die Verweisung des Beschuldigten vor den erkennenden Richter ausdrücklich angeordnet wird [1]), oder auch auf Grund eines Haftbefehls oder eines anderen Akts von gleicher Wirkung, welcher von der zuständigen Behörde erlassen ist und die bestimmte Angabe der verfolgten Tat und des auf sie anwendbaren Gesetzes enthält, insofern diese Schriftstücke in Urschrift oder in beglaubigter Abschrift und zwar in denjenigen Formen beigebracht sind, welche die Gesetzgebung des die Auslieferung begehrenden Staates vorschreibt.

Die Anträge auf Auslieferung erfolgen im diplomatischen Wege. Der Schriftwechsel und die Verhandlungen können jedoch unmittelbar zwischen der bei der Auslieferung beteiligten Regierung des Deutschen Reichs und dem Großherzogtum Luxemburg stattfinden.

[1]) Vgl. Anm. 1 zu Art. 8 des deutsch-belgischen Vertrages.

9. Der wegen einer der in Artikel 1 und 2 aufgezählten strafbaren Handlungen Verfolgte oder Verurteilte darf in dringenden Fällen, insbesondere wenn Gefahr der Flucht vorhanden ist, vorläufig festgenommen werden gegen Beibringung eines Haftbefehls, welcher von dem Untersuchungsrichter desjenigen Ortes, an dem der Verfolgte betroffen werden kann, erlassen ist. Dies geschieht auf Grund einer von der zuständigen Behörde desjenigen Staates, welcher die Auslieferung begehrt, direkt [1]) gemachten amtlichen Mitteilung, daß ein Strafurteil, ein Beschluß auf Versetzung in den Anklagestand oder ein Haftbefehl gegen den Verfolgten vorhanden ist.

Diese Mitteilung kann in kürzester Weise, selbst auf telegraphischem Wege erfolgen. Hat hiernach eine vorläufige Festnahme stattgefunden, so muß der vorläufig Festgenommene wieder auf freien Fuß gesetzt werden, wenn ihm nicht binnen fünfzehn Tagen nach seiner Verhaftung eine der im Artikel 8 des gegenwärtigen Vertrages erwähnten Urkunden zugestellt wird. [2])

Die gedachte Frist soll drei Wochen betragen, wenn die Auslieferung namens eines zum Deutschen Reiche gehörigen Staates, welcher nicht an Luxemburg grenzt, oder namens Luxemburgs bei einem solchen Staate beantragt wird [2]).

[1]) Die vorläufige Festnahme kann im Wege des direkten Geschäftsverkehrs bei der örtlich zuständigen

luxemburgischen Behörde, eventuell bei dem Generalprokurator in Luxemburg beantragt werden unter Berufung darauf, daß ein Strafurteil oder ein Haftbefehl gegen den Verfolgten ergangen ist. (Pr. JMBl. 1889 S. 22.)

[2]) Die vorläufige Festhaltung dauert also, wenn die Auslieferung von Preußen beantragt wird, höchstens fünfzehn Tage. Die Einsendung der zur Stellung des Auslieferungsantrags erforderlichen Urkunden an den Justizminister ist deshalb, falls die vorläufige Festnahme erfolgt oder beantragt ist, vorzugsweise zu beschleunigen. (Pr. JMBl. 1889 S. 22.)

10. Alle in Beschlag genommenen Gegenstände, welche sich zur Zeit der Festnahme im Besitze des Auszuliefernden befinden, sollen, wenn die zuständige Behörde des um die Auslieferung ersuchten Staates die Ausantwortung derselben angeordnet hat, dem ersuchenden Staate übergeben werden, und es soll sich diese Überlieferung nicht bloß auf die entfremdeten Gegenstände, sondern auf alles erstrecken, was zum Beweise der strafbaren Handlung dienen könnte.

Jedoch werden die Rechte dritter Personen an den oben erwähnten Gegenständen vorbehalten, und es sollen ihnen dieselben nach dem Schlusse des gerichtlichen Verfahrens kostenfrei zurückgegeben werden.

11. Die vertragenden Teile gestatten ausdrücklich die Auslieferung mittelst Durchführung von Personen, welche an den einen Teil auszuliefern sind, durch das Landesgebiet des anderen Teils auf Grund einfacher Beibringung der im Artikel 8 dieses

Vertrages bezeichneten gerichtlichen Dokumente in Urschrift oder beglaubigter Abschrift, vorausgesetzt, daß die strafbare Handlung, welche zu dem Auslieferungsantrage Anlaß gibt, im gegenwärtigen Vertrage vorgesehen ist und nicht etwa unter die Bestimmungen der Artikel 6 und 7 desselben fällt.

12. Die vertragenden Teile verzichten darauf, die Erstattung derjenigen Kosten zu verlangen, welche ihnen aus der Festnahme und dem Unterhalte des Auszuliefernden und seinem Transporte bis zur Grenze erwachsen, willigen vielmehr gegenseitig darin, diese Kosten selbst zu tragen.

13. Wenn in einem Strafverfahren wegen Handlungen, welche nicht zu den politischen Verbrechen und Vergehen gehören, einer der vertragenden Teile die Vernehmung von Zeugen [1]), welche sich im Gebiete des anderen Teils aufhalten, oder irgend eine andere Untersuchungshandlung für notwendig erachten sollte, so wird ein entsprechendes Ersuchschreiben auf diplomatischem Wege mitgeteilt [1]) und demselben nach Maßgabe der Gesetzgebung des Landes, wo der Zeuge vernommen oder der Akt vorgenommen werden soll, Folge gegeben werden. Die Ausführung des Antrags kann verweigert werden, wenn die Untersuchung eine Handlung zum Gegenstand hat, welche nach den Gesetzen des Staates, an welchen das Ersuchschreiben gerichtet ist, nicht strafbar ist, oder wenn es sich um rein fiskalische Vergehen handelt.

Die vertragenden Teile verzichten gegenseitig auf alle Ersatzansprüche wegen der aus der Ausführung der Requisition entspringenden Kosten, sofern es sich nicht um Gutachten in Straf- oder Handelssachen oder Sachen der gerichtlichen Medizin handelt, welche mehrere Termine erfordern.

[1]) Für Preußen vgl. hierzu § 24 Abs. 1 und § 37 Abs. 2 der Allg. Verfügung v. 29. 5. 1905. (JMBl. S. 167, 168, 170.)

14. Wenn in einer Strafsache, welche nichtpolitische Verbrechen oder Vergehen zum Gegenstand hat, das persönliche Erscheinen eines Zeugen notwendig ist, so wird die Regierung des Landes, in welchem der Zeuge sich aufhält, ihn auffordern, der an ihn ergehenden Ladung Folge zu leisten. Leistet er Folge, so werden ihm die Kosten der Reise und des Aufenthaltes nach den Tarifsätzen und den Reglements des Landes, wo die Vernehmung stattfinden soll, bewilligt, auch kann dem Zeugen auf seinen Antrag durch die Behörden seines Wohnorts der Gesamtbetrag oder ein Teil der Reisekosten vorgeschossen werden. Diese Kosten werden demnächst von der bei der Vernehmung interessierten Regierung zurückerstattet.

In keinem Fall darf ein Zeuge, welcher infolge der in dem einen Lande an ihn ergangenen Vorladung freiwillig vor den Richtern des anderen Landes erscheint, daselbst wegen früherer strafbarer Handlungen oder Verurteilungen oder unter dem

Vorwande der Mitschuld an den Handlungen, welche den Gegenstand der Untersuchung, in welcher er als Zeuge erscheinen soll, bilden, zur Untersuchung gezogen oder in Haft genommen werden. Hierbei kommt es auf die Staatsangehörigkeit des Zeugen nicht an.

15. Wenn in einer Strafsache, welche nichtpolitische Verbrechen oder Vergehen zum Gegenstand hat, die Mitteilung von Beweisstücken oder von Urkunden, die in den Händen der Behörden des anderen Landes sind, oder die Konfrontation des Angeschuldigten [1]) mit im anderen Lande verhafteten Schuldigen für notwendig oder nützlich erachtet wird, so soll deshalb das Ersuchen auf diplomatischem Wege gestellt, und demselben, wenn nicht besondere Bedenken entgegenstehen, stattgegeben werden, dies jedoch nur unter der Bedingung, daß sobald als möglich die Beweisstücke und Urkunden zurückgesandt und die Verhafteten zurückgeliefert werden.

Die vertragenden Teile verzichten gegenseitig auf Ersatz der Kosten, welche aus der Ausantwortung der Beweisstücke und Urkunden und aus dem Transport der oben erwähnten Personen bis zur Grenze entstehen.

[1]) Art. 15 des — sonst vorbildlich gewesenen — deutsch-belgischen Vertrages kennt eine solche Konfrontation nicht.

16. Die vertragenden Teile machen sich verbindlich, sich gegenseitig die Strafurteile wegen Verbrechen und Vergehen jeder Art mitzuteilen, welche von den Gerichten des einen Landes gegen Angehörige des anderen Landes ergehen. Diese Mitteilung wird auf diplomatischem Wege erfolgen und zwar durch vollständige oder auszugsweise Übersendung des ergangenen und rechtskräftig gewordenen Urteils an die Regierung desjenigen Staates, welchem der Verurteilte angehört[1]).

[1]) Für Preußen vgl. Allg. Vfg. v. 30. 6. 1888 (JMBl. S. 167, 168) u. v. 9. 11. 1889 (JMBl. S. 268).

17. Der gegenwärtige Vertrag soll zehn Tage nach seiner in Gemäßheit der durch die Gesetzgebung der vertragenden Teile vorgeschriebenen Formen erfolgten Veröffentlichung in Kraft treten.

Von diesem Zeitpunkt ab verliert der für Elsaß-Lothringen und Luxemburg unter dem 3. Juli 1872 abgeschlossene Vertrag wegen gegenseitiger Auslieferung flüchtiger Verbrecher, sowie der zwischen Preußen und Luxemburg bestehende Auslieferungsvertrag vom 11. März 1844 seine Gültigkeit[1]).

Der gegenwärtige Vertrag kann von jedem der beiden vertragenden Teile aufgekündigt werden, bleibt jedoch nach erfolgter Aufkündigung noch sechs Monate lang in Kraft.

Derselbe wird ratifiziert, und die Ratifikationen werden binnen sechs Monaten, oder wo möglich früher, ausgewechselt werden.

[1]) Vgl. Vorbem. 2.

XIa.
Auslieferungsvertrag
zwischen dem Deutschen Reiche und den Niederlanden.
Vom 31. Dezember 1896.
(RGBl. 1897 S. 731 ff.)

Vorbemerkungen.

1. Der Vertrag ist am 23. 10. 1897 ratifiziert (RGBl. S. 746) und im RGBl. v. 25. 10. 1897 mit offiziellem Doppeltext in deutscher und holländischer Sprache verkündet. — Vorverhandlungen in den Verhandlungen des Reichstags 1895/97 IV. Sess. Anlagenbd. 6 Nr. 698; stenogr. Ber. Bd. 7 S. 5089—91 und S. 5139.

2. Durch den vorliegenden Vertrag sind die Auslieferungsverträge, welche eine Anzahl deutscher Bundesstaaten mit den Niederlanden abgeschlossen hatte (Preußen: Vertrag v. 17. 11. 1850 Ges.Samml. S. 509 mit Zusatzvertrag v. 20. 6. 1867 Ges.Samml. S. 1219), beseitigt worden. (Vgl. Art. 19.) — Die Grundlage des Vertrages bildete niederländischerseits das Auslieferungsgesetz v. 6. 4. 1875 (in deutscher Übersetzung der Denkschrift beigegeben, Anlageband 6 S. 3686 ff.). Vgl. im übrigen zur Entstehungsgeschichte des Vertrages die Denkschrift S. 3677.

3. In den Niederlanden gilt seit dem 1. 9. 1886 das StGB. v. 3. 3. 1881 (in deutscher Übersetzung als Beilage dem I. Bande der Ztschr. f. d. ges. Strafrechtswissenschaft beigegeben), welches die strafbaren Handlungen in „misdrijven" (etwa Verbrechen und Vergehen umfassend) und „overtredingen" (Übertretungen) teilt. (Vgl. von Liszt, Die Strafgesetzgebung d. Gegenw. Bd. I S. 189 ff. 193.) Da es zwischen Verbrechen und Vergehen nicht unterscheidet, so wurden im Vertrage statt dieser Ausdrücke die allgemeinen Begriffe „Straftat" oder „strafbare

Handlung" verwendet. Durch das am 15. 4. 1886 zu diesem StGB. ergangene, gleichfalls am 1. 9. 1886 in Kraft getretene Einführungsgesetz hat das niederländische Auslieferungsgesetz einige Änderungen erfahren; insbesondere ist der Art. 2 dieses Gesetzes, der in 26 Nummern die Straftaten aufzählt, wegen deren allein eine Auslieferung aus den Niederlanden erfolgen darf, in 17 Nummern durch den Art. 18 des Einführungsgesetzes mit Rücksicht auf das neue StGB. abgeändert worden. (Denkschr. S. 3677.)

4. Für die Auslieferung zwischen den deutschen Schutzgebieten und den niederländischen Gebieten gilt der besondere Vertrag v. 21. 9. 1897 (vgl. unten zu XI b).

Art. 1. Die Hohen vertragschließenden Teile verpflichten sich durch gegenwärtigen Vertrag, sich in allen nach dessen Bestimmungen zulässigen Fällen die in ihrem Gebiete befindlichen Personen, die wegen einer der nachstehend aufgezählten außerhalb des Gebiets des ersuchten Teiles[1]) begangenen strafbaren Handlungen, sei es als Täter oder Teilnehmer, verurteilt oder in Anklagestand versetzt oder zur gerichtlichen Untersuchung gezogen worden sind, einander auszuliefern, sofern die betreffende Handlung zugleich nach der Gesetzgebung des ersuchten Teiles[2]) als eine der nachstehend aufgezählten Straftaten anzusehen ist.

Die im vorstehenden in Bezug genommenen Straftaten sind:

1. Totschlag, Mord, Kindesmord;
2. schriftlich und unter einer bestimmten Bedingung ausgesprochene Bedrohung[3]);

3. vorsätzliche Abtreibung der Leibesfrucht;
4. vorsätzliche Mißhandlung, welche eine schwere Körperverletzung oder den Tod zur Folge gehabt hat, mit Vorbedacht begangene Mißhandlung, beabsichtigte schwere Mißhandlung[4]);
5. Notzucht;
6. Vornahme unzüchtiger Handlungen mit Gewalt oder unter Bedrohung mit Gewalt, Mißbrauch einer Frauensperson zum außerehelichen Beischlafe mit dem Bewußtsein, daß sie sich in einem willenlosen oder bewußtlosen Zustande befindet;
7. Vornahme unzüchtiger Handlungen mit Personen unter 14 Jahren, sowie Verleitung solcher Personen zur Verübung oder Duldung unzüchtiger Handlungen;
8. Kuppelei;
9. mehrfache Ehe;
10. Entziehung[5]) oder Entführung, Verheimlichung, Unterdrückung, Verwechselung oder Unterschiebung eines Kindes;
11. Entziehung[5]) oder Entführung einer minderjährigen Person;
12. Falschmünzerei, nämlich Nachmachung, Fälschung oder Veränderung von Metallgeld oder Papiergeld in der Absicht, das Geld als echtes und unverändertes in Verkehr zu bringen, sowie wissentliche Inumlaufsetzung von nach-

gemachtem, gefälschtem oder verändertem Metallgeld oder Papiergelde[6]);

13. Fälschung und Verfälschung der von Reichs oder Staats wegen ausgegebenen Stempelzeichen oder Marken, in der Absicht, sie als echt zu verwenden;
14. Urkundenfälschung, einschließlich der Fälschung von Banknoten und Bewirkung einer unrichtigen amtlichen Beurkundung, sofern bei diesen Handlungen ein Gebrauch der gefälschten oder falschen Urkunde beabsichtigt ist und aus dem Gebrauch ein Schaden entstehen kann; wissentlicher Gebrauch solcher Urkunden, aus dem ein Schaden entstehen kann; sowie wissentliche Einführung falscher oder verfälschter Noten einer kraft des Gesetzes bestehenden Notenbank in der Absicht, sie als echt und unverfälscht in Verkehr zu bringen, sofern der Täter bei ihrem Empfange von der Fälschung oder Verfälschung Kenntnis hatte;
15. Meineid[7]);
16. Bestechung, insofern Geschenke oder Versprechen einem Richter in rechtswidriger Absicht gemacht oder von einem Richter oder sonstigen Beamten rechtswidrig angenommen werden; Erpressung durch Beamte[8]), Unterschlagung begangen von Beamten oder anderen zu einem öffentlichen Dienste dauernd oder zeitweise bestellten Personen;

17. vorsätzliche Brandstiftung mit gemeiner Gefahr für das Eigentum oder mit Gefährdung des Lebens anderer; Inbrandsetzen einer versicherten Sache in betrügerischer Absicht zum Nachteile des Versicherers[9]);
18. vorsätzliche und rechtswidrige Zerstörung[10]) von Gebäuden, die ganz oder teilweise fremdes Eigentum sind; vorsätzliche Zerstörung[10]) von Gebäuden oder anderen Bauwerken durch Gebrauch von explodierenden Stoffen mit gemeiner Gefahr für das Eigentum oder mit Gefährdung des Lebens anderer;
19. öffentliche Gewalttätigkeit mit vereinten Kräften gegen Personen oder Sachen[11]);
20. Bewirkung des Sinkens oder der Strandung von Schiffen oder deren Zerstörung, Unbrauchbarmachung oder Beschädigung, sofern die Handlung vorsätzlich und rechtswidrig begangen und dadurch Gefahr für das Leben eines anderen herbeigeführt ist[12]);
21. Widerstand oder tätlicher Angriff der Schiffsmannschaft gegen den Schiffsführer oder einen anderen Vorgesetzten[13]);
22. vorsätzliche Gefährdung eines Eisenbahnzugs;
23. Diebstahl;
24. Betrug[14]);
25. Mißbrauch einer Blankounterschrift[15]);
26. Unterschlagung;
27. betrüglicher Bankerutt[16]).

In gleicher Weise findet die Auslieferung statt wegen Versuchs einer der vorbezeichneten strafbaren Handlungen, sofern er auch nach der Gesetzgebung des ersuchten Teiles strafbar ist[17]).

[1]) Die Auslieferung erfolgt also wegen aller außerhalb des Gebietes des ersuchten Staates begangenen Delikte des Art. 1, gleichviel, ob sie im ersuchenden oder in einem dritten Staate verübt sind. Vgl. hierzu die abweichende Regelung einerseits in den Verträgen mit Italien, Griechenland und der Schweiz, welche die Auslieferung auch wegen der im ersuchten Staate begangenen Delikte gewähren und andrerseits z. B. den Vertrag mit Großbritannien, nach welchem nur wegen der im ersuchenden Staate verübten Delikte ausgeliefert wird. (Siehe auch Einl. S. 12, 13.)

[2]) Vgl. Einl. S. 15, 16. — Allgemeine Voraussetzung jeder Auslieferung ist hiernach, daß die sie begründende strafbare Handlung sich nach der Gesetzgebung des einen wie des andern Teils als eine im Vertrage vorgesehene Straftat darstellt. — Über die Gründe, die zur Aufnahme dieser allgemeinen Klausel geführt haben, vgl. die Denkschr. S. 3677, 3678. (Siehe auch die abweichende Gestaltung z. B. im deutsch-belgischen Vertrage, Anm. 4 zu Art. 1 daselbst.)

[3]) Wegen Erpressung und Nötigung ist nach dem niederländischen Auslieferungsgesetz die Auslieferung nicht zugelassen. Doch erscheint es nicht ausgeschlossen, daß eine Handlung, die nach deutschem Recht als Nötigung, Erpressung oder Erpressungsversuch zu bestrafen ist, nach niederländischem Recht als eine Bedrohung im Sinne des Art. 285 Abs. 2 des niederländischen StGB. und daher als Auslieferungsdelikt nach Art. 1 Ziff. 2 des Vertrages anzusehen wäre. Vgl. hierzu die Denkschr. S. 3678.

[4]) Vgl. hierzu Art. 300—302 des niederländischen StGB. und die Denkschr. S. 3678, 3679.

5) Das Wort „Entziehung" wurde hier beigefügt, um klarzustellen, daß auch die Entziehung aus der Obhut der Eltern oder des Vormunds (§ 235 RStGB.) oder der Behörde oder der Aufsichtsberechtigten (Art. 279, 280 des niederländischen StGB.) die Auslieferung begründen soll. (Denkschr.)

6) Die Fälschung der nach § 149 RStGB. dem Papiergelde gleichgeachteten Papiere wird nach niederländischem Recht als Urkundenfälschung (siehe Art. 1 Ziff. 14) bestraft. (Denkschr. S. 3679.)

7) Der Begriff „Meineid" umfaßt nach Art. 207 des niederländischen StGB. die wissentliche Verletzung des Eides oder einer Versicherung an Eides Statt. Das Delikt des § 159 RStGB. fällt nicht darunter, weil die erfolglos gebliebene Verleitung nach niederländischem Recht straflos, die erfolgreiche aber als Teilnahme (Anstiftung) strafbar ist. Letztere begründet nach Art. 1 Abs. 1 des Vertrages die Auslieferung ebenso wie der Meineid selbst. (Denkschr.)

8) Die Bestimmung des § 353 RStGB. über Erpressung durch Beamte entspricht im wesentlichen dem Art. 366 des niederl. StGB.

9) Vgl. die §§ 306—308 und 265 RStGB.

10) Nicht bloße „Beschädigung". Die Einschränkung war durch das niederländische Auslieferungsgesetz geboten. (Denkschr.) Vgl. im übrigen die §§ 303—305 und 311 RStGB.

11) Enger als § 125 RStGB. Nicht die bloße Teilnahme an der Zusammenrottung, sondern nur die Verübung von Gewalttätigkeit begründet die Auslieferung.

12) Vgl. die §§ 323, 303, 305 RStGB. Die Einschränkungen waren durch das niederländische Auslieferungsgesetz geboten.

13) Vgl. §§ 103 ff. der Seemannsordnung.

14) Nach Art. 326 des niederländischen StGB. ist wegen Betruges (oplichting) nur strafbar, wer in der Absicht,

sich oder einem andern einen widerrechtlichen Vorteil zu verschaffen, durch Annahme eines falschen Namens oder einer falschen Eigenschaft oder durch listige Kunstgriffe oder durch ein Lügengewebe jemanden zur Herausgabe einer Sache oder Eingehung einer Schuld oder Aufhebung einer Forderung bewegt. — Hiernach genügt nicht ein bloßes Vorspiegeln einer falschen bzw. Unterdrücken einer wahren Tatsache, vielmehr sind listige Kunstgriffe oder ein Lügengewebe erforderlich, welches geeignet ist, auch verständige, umsichtige Personen zu täuschen. Der Haftbefehl (Art. 7) muß diese Tatsachen ersichtlich machen. — Bezieht sich der Betrug auf die Aufhebung einer Forderung, so müssen die Kunstgriffe usw. das Erlöschen der Forderung durch einen Akt der getäuschten Person zur Folge haben; die Unmöglichkeit, die Schuld beizutreiben, reicht zum Tatbestande des Betruges nicht aus. (Pr. JMBl. 1889 S. 22, 23; 1905 S. 181.)

[15]) Ziff. 25 ist zur Vermeidung von Zweifeln noch besonders beigefügt, obgleich das Delikt nach beiden Strafgesetzgebungen schon unter den Begriff der Urkundenfälschung (vgl. Ziff. 14) fällt. (Denkschr. S. 3680.)

[16]) Zum Tatbestande des betrüglichen Bankerutts gehört nach niederländischem Recht, daß das gerichtliche Konkursverfahren eröffnet ist. Eine beglaubigte Abschrift des Beschlusses über die Eröffnung des gerichtlichen Konkursverfahrens ist jedoch nur dann einzureichen, wenn das Urteil, auf Grund dessen die Auslieferung erfolgen soll, keine Angaben über die Tatsache und über den Zeitpunkt der Konkurseröffnung enthält. Angaben hierüber sind in den Haftbefehl (Art. 7) aufzunehmen, wenn die Auslieferung einer noch nicht verurteilten Person beantragt wird. (Pr. JMBl. 1905 S. 181.)

[17]) In dieser Hinsicht kommt in Betracht, daß nach Art. 45 des niederl. StGB. der Versuch jeder nicht als Übertretung anzusehenden Straftat (misdrijf) strafbar ist, wenn der Entschluß des Täters sich durch einen Anfang

der Ausführung betätigt hat und die Ausführung nur infolge von Umständen, die von seinem Willen unabhängig waren, nicht vollendet worden ist. (Denkschr. S. 3681.)

2. Kein Deutscher wird von einer Regierung des Deutschen Reichs an die Königlich niederländische Regierung und von dieser kein Niederländer an eine Regierung des Deutschen Reichs ausgeliefert werden[1]).

Wenn eine nach diesem Vertrage beanspruchte Person auch von einer oder mehreren anderen Regierungen in Anspruch genommen wird, kann der ersuchte Teil dem Auslieferungsantrag einer der anderen Regierungen den Vorzug geben, sofern er hierzu vertragsmäßig verpflichtet ist oder es den Interessen der Strafrechtspflege mehr entsprechend findet.

[1]) Vgl. § 9 RStGB.

3. Die Auslieferung soll nicht stattfinden:

1. wenn die Strafverfolgung oder die Strafvollstreckung nach der Gesetzgebung des ersuchten Teiles verjährt ist[1]);
2. wenn die von einer Regierung des Deutschen Reichs beanspruchte Person in den Niederlanden oder die von der Königlich niederländischen Regierung beanspruchte Person im Gebiete des Deutschen Reichs wegen derselben strafbaren Handlung, wegen deren die Auslieferung beantragt wird, in gerichtlicher Untersuchung gewesen und verurteilt, außer Verfolgung gesetzt oder freigesprochen worden ist.

Während eines noch schwebenden Verfahrens oder nach dessen Einstellung kann die Auslieferung abgelehnt werden.

[1]) Vgl. Einl. S. 19ff.

4. Wenn die auszuliefernde Person wegen einer anderen strafbaren Handlung als derjenigen, wegen deren die Auslieferung beantragt ist, sich in Untersuchung befindet oder eine Strafe verbüßt, so wird die Auslieferung nicht eher statthaben, als bis diese Untersuchung beendet und die zuerkannte Strafe verbüßt oder Begnadigung erfolgt ist[1]).

Es kann jedoch eine beanspruchte Person, um in dem ersuchenden Staate vor Gericht gestellt zu werden, zeitweilig ausgeliefert werden unter der Bedingung, daß sie nach Ablauf der Untersuchung zurückgeliefert wird[1]).

[1]) Vgl. Einl. S. 30.

5. Wenn eine beanspruchte Person Verbindlichkeiten gegen Privatpersonen eingegangen ist, an deren Erfüllung sie durch die Auslieferung verhindert wird, so soll sie dennoch ausgeliefert werden, und es bleibt dem dadurch beeinträchtigten Teile überlassen, seine Rechte vor der zuständigen Behörde geltend zu machen.

6. Die ausgelieferte Person darf wegen einer anderen vor der Auslieferung begangenen strafbaren Handlung als derjenigen, welche die Auslieferung begründet hat[1]), weder in dem Lande, an welches die Auslieferung erfolgt ist, zur Untersuchung gezogen

oder bestraft werden, noch von da an einen dritten Staat weitergeliefert werden, es sei denn, daß die Regierung, welche die Auslieferung bewilligt hat, ihre Zustimmung erklärt oder daß die ausgelieferte Person die Freiheit gehabt hat, das Land binnen einem Monate nach Beendigung der Untersuchung und im Falle der Verurteilung nach Verbüßung der Strafe oder nach etwaiger Begnadigung wieder zu verlassen, oder daß sie nach Verlassen des Landes wieder dahin zurückgekehrt ist [2]).

Die Bestimmungen des gegenwärtigen Vertrags können nicht auf Personen Anwendung finden, die sich irgendeine politische [3]) Straftat haben zuschulden kommen lassen.

Die Auslieferung kann nur behufs der Untersuchung und Bestrafung der gemeinen strafbaren Handlungen erfolgen, welche im Artikel 1 dieses Vertrags aufgeführt sind.

[1]) Prinzip der reinen Spezialität der Auslieferung. (Vgl. Art. VII des deutsch-britischen, Art. 6 des deutsch-griechischen und Art. 6 des Vertrages mit dem Kongostaat; siehe auch Einl. S. 43.) Die juristische Qualifikation der konkreten Tat, derentwegen die Auslieferung erfolgte, ist ohne Bedeutung, sofern es sich nur um ein Delikt der im Art. 1 gekennzeichneten Art handelt. Es kann deshalb ein von den Niederlanden wegen Unterschlagung (Art. 1 Ziff. 26) Ausgelieferter, wenn seine Tat sich in der Hauptverhandlung als Betrug herausstellt, wegen Betruges (Art. 1 Ziff. 24) verurteilt werden. (RG. 31 S. 428, vgl. auch RG. 21 S. 180, wo schon für den preußisch-niederl. Vertrag das gleiche angenommen war.)

— Dagegen darf der wegen einer bestimmten Tat (z. B. Kuppelei) von den Niederlanden ausgelieferte Angeklagte wegen einer anderen Straftat, wegen deren er nicht ausgeliefert ist, noch nach Art. 1 hätte ausgeliefert werden können (z. B. wegen Pfandbruchs nach § 137 RStGB.), nur abgeurteilt werden, wenn die Voraussetzungen des Art. 6 Abs. 1 Halbs. 2 (Zustimmung der niederländischen Regierung, einmonatliches Verbleiben im Lande, Rückkehr nach Verlassen des Landes) vorliegen, nicht aber schon dann, wenn er in die sofortige Aburteilung eingewilligt hat. Ein Verzicht des Ausgelieferten auf die ihm durch den Auslieferungsvertrag der Sache nach gewährten Rechte ist unbeachtlich. (RG. 34 S. 191ff., 199.) Vgl. auch Einl. S. 38, 42.

[2]) Für das gerichtliche (insbesondere das schwurgerichtliche) Verfahren gegen den an Deutschland wegen einer daselbst begangenen Straftat Ausgelieferten ist folgendes zu beachten:

Die Strafbarkeit der Tat ist lediglich von der Feststellung der vom Reichsstrafgesetzbuch geforderten gesetzlichen Merkmale abhängig, Art und Maß der Strafe bestimmt sich nach deutschem Recht. Der Vertrag läßt aber die Auslieferung nur wegen bestimmt abgegrenzter Straftaten zu, woraus sich ergibt, daß die prozessuale Zulässigkeit der Strafverfolgung von dem Vorhandensein der besonderen Tatmerkmale, die das ausländische Recht im gegebenen Falle fordert, abhängig ist. Also: „die Strafbarkeit der Tat entscheidet sich nach dem Recht des Inlands, die Verfolgbarkeit zugleich nach dem Gesetz des Auslandes, auf das der Auslieferungsvertrag verweist". (RG. 33 S. 271ff; vgl. auch RG. 32 S. 125.) Daraus folgt für das Verfahren vor dem Schwurgericht, daß die den Geschworenen vorzulegenden Fragen ausschließlich die vom deutschen Recht geforderten Tatmerkmale zu bezeichnen haben; denn nur über die Schuldfrage haben die Geschworenen zu entscheiden. Das Vorhandensein der aus dem Recht des Auslands sich ergebenden Voraussetzungen für die Verfolgbarkeit der Tat hat lediglich das Gericht zu prüfen, und zwar völlig selbständig. Wenn also z. B. die Geschworenen bei einem wegen Mordversuchs ausgelieferten Angeklagten eine Hilfsfrage aus §§ 223, 223a RStGB. bejahen, so hat das Gericht festzustellen, ob neben dem durch den Spruch der Geschworenen festgestellten Tatbestande der §§ 223, 223a RStGB. die besonderen Umstände des Art. 1 Nr. 4 des Vertrages (schwere Körperverletzung im Sinne des niederländischen StGB. oder Todeserfolg, oder Begehung mit Vorbedacht) vorliegen oder nicht. (RG. 33 S. 272, 273; vgl. auch RG. 39 S. 137 und Einl. S. 38, 50ff., 53.)

[8]) Vgl. Einl. S. 23ff.

7. Der Antrag auf Auslieferung und auf deren nachträgliche Ausdehnung (Artikel 6 Abs. 1) erfolgt im diplomatischen Wege. Zu seiner Begründung ist beizubringen ein verurteilendes Erkenntnis oder ein Beschluß auf Eröffnung des Hauptverfahrens oder eine die Voruntersuchung eröffnende Verfügung, falls der Beschluß oder die Verfügung mit einem Haftbefehl verbunden ist, oder auch ein Haftbefehl allein. Der Haftbefehl muß den Tatbestand und die darauf anwendbare strafgesetzliche Bestimmung angeben. Die vorbezeichneten Schriftstücke sind in Urschrift oder in beglaubigter Abschrift und zwar in denjenigen Formen beizubringen, welche die Gesetzgebung des die Auslieferung nachsuchenden Staates vorschreibt [1]).

[1]) Alle Urkunden, welche der niederländischen Regierung mitgeteilt werden, sind mit lateinischen Schriftzeichen zu schreiben. (Pr. JMBl. 1889 S. 23.)

8. Bevor der Auslieferungsantrag auf diplomatischem Wege gestellt ist, kann die vorläufige Festnahme [1]) einer Person, deren Auslieferung nach diesem Vertrage beansprucht werden kann, in Antrag gebracht werden.

Diesen Antrag unmittelbar [1]) zu stellen sind befugt:

deutscherseits die Gerichte, einschließlich der Untersuchungsrichter, die Beamten der Staatsanwaltschaft und die hierzu ermächtigten Polizei- und Sicherheitsbeamten [1]);

niederländischerseits die Untersuchungsrichter (Richterkommissare) und die Beamten der Staatsanwaltschaft.

[1]) Während nach den früheren Verträgen der deutschen Bundesstaaten mit den Niederlanden die vorläufige Festnahme nur im diplomatischen Wege beantragt werden konnte, ist nunmehr nach Art. 8 des Reichsvertrages der Antrag unmittelbar von den daselbst bezeichneten Behörden zu stellen. Die niederländischen Behörden, bei denen derartige Anträge gestellt werden können, sind in dem im Pr. JMBl. 1899 S. 251, 252 mitgeteilten Verzeichnisse unter Angabe ihres Sitzes und Amtsbezirks einzeln aufgeführt. Aus dem Verzeichnis ergeben sich auch die Voraussetzungen, unter denen der Antrag an die eine oder an die andere der genannten niederländischen Behörden je nach Lage des einzelnen Falles zu richten ist.

Erscheint die unmittelbare Stellung des Antrags bei den niederländischen Behörden aus tatsächlichen oder rechtlichen Gründen (z. B. weil der Aufenthaltsort des Verfolgten in den Niederlanden unbekannt oder weil die Berechtigung, die Auslieferung zu verlangen, zweifelhaft ist) untunlich, so kann auch in Zukunft der Antrag auf Herbeiführung der vorläufigen Festnahme an den Justizminister und in Fällen, die besonderer Beschleunigung bedürfen, unmittelbar an die Kaiserliche Gesandtschaft im Haag gerichtet werden.

In jedem Falle ist die Einsendung der zur Stellung des Auslieferungsantrags erforderlichen Schriftstücke an den Justizminister besonders zu beschleunigen, da die vorläufige Festhaltung nach Art. 9 des Vertrages höchstens 20 Tage dauert. (Pr. JMBl. 1899 S. 250 ff.)

Auch für die Anträge auf vorläufige Festnahme gilt das in Anm. 1 zu Art. 7 Gesagte.

9. Der vorläufig Festgenommene (Artikel 8) ist, falls seine Haft nicht aus einem anderen Grunde fortzudauern hat, wieder auf freien Fuß zu setzen, wenn nicht binnen 20 Tagen nach dem Tage seiner Festnahme der Auslieferungsantrag unter Vorlegung der erforderlichen Schriftstücke auf diplomatischem Wege gestellt worden ist.

10. Die im Besitze des Auszuliefernden in Beschlag genommenen Gegenstände sollen, wenn die zuständige Behörde des ersuchten Staates die Ausantwortung derselben angeordnet hat, dem ersuchenden Staate übergeben werden.

11. Die Durchlieferung einer Person, welche von einer dritten Regierung an einen der vertragschließenden Teile ausgeliefert wird, durch das Gebiet des anderen Teiles, wird auf den im diplomatischen Wege zu stellenden Antrag bewilligt werden, sofern die betreffende Person dem um die Durchlieferung ersuchten Teile nicht angehört und die strafbare Handlung, wegen deren die Auslieferung stattfindet, auch nach dem gegenwärtigen Vertrage die Auslieferung begründen würde. Mit dem Antrag ist ein den Bestimmungen des Artikels 7 entsprechendes Schriftstück beizubringen. Die Durchlieferung erfolgt unter Begleitung von Beamten des um die Durchlieferung ersuchten Teiles [1]).

[1]) Über die Kosten der Durchlieferung vgl. Art. 15 Abs. 3.

12. Wenn die Behörden eines der vertragschließenden Teile in einem Strafverfahren wegen nichtpolitischer Handlungen, die auch durch die Gesetze des anderen Teiles mit Strafe bedroht sind, die Vernehmung im Gebiete des anderen Teiles befindlicher Zeugen oder irgend eine andere Untersuchungshandlung [1]) für notwendig erachten, so wird ein entsprechendes Ersuchungsschreiben auf diplomatischem Wege mitgeteilt und dem Ersuchen nach Maßgabe der Gesetzgebung des Landes, wo der Zeuge vernommen oder die sonstige Untersuchungshandlung vorgenommen werden soll, Folge gegeben werden [1]).

In dringenden Fällen kann ein solches Ersuchen unmittelbar [2]) von der Gerichtsbehörde des einen Teiles an die Gerichtsbehörde des anderen Teiles gerichtet werden.

[1]) Die Niederlande vertreten die Auffassung, daß es ihren Behörden gesetzlich nicht gestattet sei, auf Ersuchen deutscher Behörden Gegenstände, die sich in den

Niederlanden befinden und für ein in Deutschland schwebendes Strafverfahren von Bedeutung sind, zu beschlagnahmen. Eine Ausnahme hiervon soll nur eintreten, wenn es sich um eine von deutschen Behörden beantragte, in den Niederlanden zur Ausführung zu bringende Auslieferung handelt. Die Beschlagnahme soll sich aber auch in diesem Falle auf Gegenstände beschränken, welche an und bei dem Auszuliefernden vorgefunden werden.

Mit Bezug hierauf ist durch gemeinschaftliche Verfügung des Ministers des Innern und des Justizministers vom 23. März 1896 (PrJMBl. S. 106) bestimmt worden, daß in Strafsachen auf Ersuchen niederländischer Behörden Gegenstände nur dann mit Beschlag zu belegen sind, wenn eine Auslieferung an die Niederlande zur Ausführung gebracht werden soll und die Gegenstände an und bei der auszuliefernden Person vorgefunden werden.

[2]) Hervorzuheben ist der hier für dringende Fälle zugelassene unmittelbare Geschäftsverkehr.

13. Wenn die Behörden eines der vertragschließenden Teile in einem Strafverfahren wegen nicht politischer Handlungen, die auch durch die Gesetze des anderen Teiles mit Strafe bedroht sind, das persönliche Erscheinen eines Zeugen für notwendig oder erwünscht erachten, so wird auf den im diplomatischen Wege zu stellenden Antrag die Regierung des Landes, in welchem der Zeuge sich befindet, ihm von der an ihn ergehenden Ladung Kenntnis geben. Erklärt sich der Zeuge bereit, der Ladung Folge zu leisten, so werden ihm die Kosten der Reise und des Aufenthalts nach den Tarifsätzen und Vorschriften des Landes, in welchem die Vernehmung erfolgen soll, bewilligt, sofern nicht die ersuchende Regierung eine höhere Entschädigung gewährt.

Dem Zeugen kann auf seinen Antrag durch die Behörden seines Wohnorts der Gesamtbetrag oder ein Teil der im vorhergehenden Absatze bezeichneten Reisekosten vorgeschossen werden; diese Kosten werden demnächst von der ersuchenden Regierung zurückerstattet.

In keinem Falle darf ein Zeuge, gleichviel welchem Staate er angehört, wenn er infolge der in dem einen Lande ihm zugegangenen Ladung freiwillig vor den Richtern des anderen Landes erscheint, daselbst auf Grund einer Beschuldigung oder Verurteilung wegen früherer strafbarer Handlungen oder unter dem Vorwande der Mitschuld an den Handlungen, welche den Gegenstand des Strafverfahrens bilden, in dem er als Zeuge auftritt, zur Untersuchung gezogen oder festgenommen werden.

14. Wenn die Behörden eines der vertragschließenden Teile in einem Strafverfahren wegen nicht politischer Handlungen, die auch durch die Gesetze des anderen Teiles mit Strafe bedroht sind, die Zuführung von Personen, die sich in dessen Gebiet in Untersuchungs- oder Strafhaft befinden[1]) und dort nicht die Staatsangehörigkeit besitzen, zum Zwecke einer Gegenüberstellung oder die Mitteilung von Beweisgegenständen oder Urkunden, die in den Händen der anderseitigen Behörden sind, für notwendig oder nützlich erachten, so wird ein entsprechender Antrag auf diplomatischem Wege gestellt und diesem Antrag unter der Verpflichtung der Zurücklieferung der Personen, Beweisgegenstände oder Urkunden stattgegeben werden, sofern nicht besondere Bedenken entgegenstehen.

[1]) Beachtenswert ist, daß hier auch die Zuführung von Gefangenen zum Zwecke der Gegenüberstellung vorgesehen ist, was im Vertrage mit Belgien mit Rücksicht auf die belgische Gesetzgebung nicht geschehen konnte.

15. Die vertragschließenden Teile verzichten gegenseitig auf alle Ersatzansprüche wegen der Kosten, die ihnen innerhalb der Grenzen ihres Gebiets aus der Festnahme, dem Unterhalt und der Beförderung der auszuliefernden Personen, aus der Erledigung der im Art. 12 vorgesehenen Ersuchungsschreiben oder aus der Hin- und Rücksendung der gemäß Art. 14 zu gestellenden Personen oder mitzuteilenden Beweisgegenstände oder Urkunden erwachsen.

Soll die Beförderung auf dem Seeweg erfolgen, so wird die auszuliefernde Person nach dem Hafen gebracht werden, welchen der diplomatische oder konsularische Vertreter des ersuchenden Teiles bestimmt; diesem fallen die aus der Festhaltung, dem Unterhalt und der Beförderung erwachsenden Kosten von dem Augenblick an zur Last, wo der Auszuliefernde an Bord gebracht ist.

Die Kosten der Durchlieferung (Art. 11) fallen dem ersuchenden Teile zur Last.

16. Die vertragschließenden Teile werden sich gegenseitig die rechtskräftigen Verurteilungen von Angehörigen des anderen Teiles wegen strafbarer Handlungen jeder Art mit Ausnahme der Übertretungen mitteilen. Diese Mitteilung wird durch die auf diplomatischem Wege zu bewirkende Übersendung des Strafurteils oder eines die Entscheidung auszugsweise enthaltenden Vermerkes erfolgen[1]).

[1]) Für Preußen vgl. Allg. Vfg. vom 25. 4. 1898 (JMBl. S. 101).

17. Jeder der beiden Hohen vertragschließenden Teile wird alle Rechte und Begünstigungen, die er einem dritten Staate in Beziehung auf die Frage, wegen welcher strafbaren Handlungen die Auslieferung zu bewilligen ist, seit dem 1. September 1886[1]) eingeräumt hat oder in Zukunft einräumen sollte, dem anderen Teile zustatten kommen lassen, insoweit dieser im gleichen Falle die Auslieferung gewährt[2]).

Die vertragschließenden Teile werden sich gegenseitig die seit dem 1. September 1886 abgeschlossenen Verträge mitteilen, durch die sie dritten Staaten Rechte und Befugnisse, die nach Abs. 1 dem anderen Teile zustatten kommen sollen, eingeräumt haben, und werden sich auch in Zukunft alle Verträge dieser Art, sobald sie in Kraft getreten sind, mitteilen. Sie werden sich gleichfalls davon Mitteilung machen, wenn ein Vertrag, von dem hiernach Mitteilung zu machen war, wieder außer Kraft tritt.

[1]) Dieser Zeitpunkt ist gewählt mit Rücksicht auf das

Inkrafttreten des niederländischen StGB. und seines Einführungsgesetzes. (Denkschr.; vgl. Vorbem. 3.)

²) Die Meistbegünstigungsklausel (die bisher nur für den Auslieferungsverkehr des Reiches mit Columbien, Japan und Serbien maßgebend war, vgl. die unter Nr. III, VI und XIV abgedruckten Vertragsbestimmungen) soll hier dazu dienen, etwaigen Zweifeln darüber, ob eine bestimmte Handlung zu den im Vertrage vorgesehenen strafbaren Handlungen gehört, zu begegnen. Sie hat ferner die Funktion, ein Veralten des Vertrages gegenüber der beiderseitigen Gesetzgebung zu verhindern, dadurch, daß sie jeden Vertragsteil in die Lage setzt, sich unter Gewährung der Gegenseitigkeit die Auslieferung wegen solcher anderweiter Delikte zu sichern, wegen deren der andere Teil einem dritten Staate die Auslieferung vertragsmäßig gewährt. (Denkschr. S. 3682.) Zur Erreichung dieses Zweckes ist noch die Bestimmung des Abs. 2 getroffen.

18. Die Bestimmungen des gegenwärtigen Vertrags finden auf die niederländischen Kolonien und auswärtigen Besitzungen ¹) derart Anwendung, daß, wo im Vertrage von den Niederlanden die Rede ist oder diese unter der Bezeichnung des ersuchten oder ersuchenden Teiles, Staates oder Landes zu verstehen sind, die Kolonien und Besitzungen darunter gleichfalls begriffen sein sollen, mit der Maßgabe jedoch, daß:

1. die Auslieferung aus den Kolonien und Besitzungen nur insoweit beansprucht werden kann, als die dort vermuteten Personen sich innerhalb des Bereichs der daselbst bestehenden Behörden befinden²);

2. als Gesetze und Gesetzgebung, wo der Vertrag auf solche verweist, die Gesetze und Gesetzgebung der betreffenden Kolonie oder Besitzung zu gelten haben;
3. für die vorläufige Festhaltung an Stelle der im Art. 9 vorgesehenen zwanzigtägigen Frist eine Frist von drei Monaten tritt[3]).

Die deutschen Schutzgebiete werden von diesem Vertrage nicht berührt. Es bleibt vorbehalten, den Gegenstand für diese Gebiete besonders zu regeln[4]).

[1]) Die niederländischen Kolonien und Besitzungen bestehen aus:

a) Niederländisch-Indien, welches den gesamten niederländischen Kolonialbesitz in Asien, nämlich die niederländischen Inseln im Ostindischen Archipel, sowie den niederländischen Anteil an ostindischen Inseln und an Neu-Guinea zwischen dem 6. Grade nördlicher und dem 11. Grade südlicher Breite und zwischen dem 95. und 141. Grade östlicher Länge von Greenwich umfaßt;
b) die Kolonie Curaçao, die die westindischen Inseln Curaçao, Aruba, Bonaire, St. Eustatius, Saba und — soweit den Niederlanden gehörig — St. Martin umfaßt;
c) die Kolonie Surinam, die das Gebiet von Niederländisch-Guyana umfaßt.

Sowohl für die Auslieferung wie für das Strafrecht stehen in den einzelnen Kolonien und Besitzungen besondere Bestimmungen in Kraft. Diese Bestimmungen sind in der Denkschrift zum Vertrage S. 3683 im einzelnen angegeben.

[2]) Die Einschränkung ist mit Rücksicht auf die Schwierigkeit von Nachforschungen in diesen sehr ausgedehnten Gebieten gemacht worden. (Denkschr.)

[3]) Die Ausdehnung der Festhaltungsfrist auf drei Monate entspricht den für jene Gebiete erlassenen Auslieferungsverordnungen. (Denkschr.)

[4]) Dies ist durch den Vertrag vom 21. 9. 1897 (abgedr. unter Nr. XIb) geschehen.

19. Der gegenwärtige Vertrag wird ratifiziert werden. Er soll drei Monate nach der Auswechselung der Ratifikationsurkunden, die sobald als möglich bewirkt werden wird, in Kraft treten. Von diesem Zeitpunkt ab verlieren die früher zwischen einzelnen Staaten des Deutschen Reichs und den Niederlanden abgeschlossenen Verträge über die Auslieferung von Verbrechern ihre Gültigkeit[1]). An deren Stelle tritt der gegenwärtige Vertrag, welcher von jedem der beiden vertragschließenden Teile aufgekündigt werden kann, jedoch nach erfolgter Aufkündigung noch sechs Monate lang in Kraft bleibt.

[1]) Vgl. Vorbem. 2.

XIb.

Vertrag zwischen dem Deutschen Reiche und den Niederlanden über die Auslieferung der Verbrecher zwischen den deutschen Schutzgebieten, sowie den sonst von Deutschland abhängigen Gebieten und dem Gebiete der Niederlande, sowie den niederländischen Kolonien und auswärtigen Besitzungen.

Vom 21. September 1897.

(RGBl. S. 747 ff.)

Vorbemerkung.

Der Vertrag ist am 23. Oktober 1897 in Berlin ratifiziert (RGBl. S. 753) und in deutscher und holländischer Sprache im RGBl. v. 25. 10. 1897 verkündet.

Art. 1. Die Bestimmungen des zwischen dem Deutschen Reiche und den Niederlanden am 31. Dezember 1896 unterzeichneten Auslieferungsvertrags sollen auf die im nachfolgenden Artikel näher bezeichneten von Deutschland abhängigen Gebiete derart Anwendung finden, daß auch die in einem dieser Gebiete innerhalb des Bereichs der daselbst bestehenden Behörden sich aufhaltenden Personen, die wegen einer außerhalb der bezeichneten Gebiete, sowie des Gebiets des Deutschen Reichs begangenen Handlung von den Behörden der Niederlande oder der niederländischen Kolonien und auswärtigen Besitzungen verfolgt werden, und die in den niederländischen Kolonien und auswärtigen Besitzungen innerhalb des Bereichs der daselbst bestehenden Behörden oder im Königreiche der Niederlande sich aufhaltenden Personen, die wegen einer außerhalbs des Gebiets der Niederlande, sowie der niederländischen Kolonien und Besitzungen begangenen Handlung von den Behörden der von Deutschland abhängigen Gebiete verfolgt werden, in Gemäßheit der Bestimmungen jenes Vertrags, soweit nicht der gegenwärtige Vertrag etwas Abweichendes festsetzt, gegenseitig auszuliefern sind.

Art. 2. Unter den von Deutschland abhängigen Gebieten (Art. 1) sind im Sinne des gegenwärtigen Vertrags zu verstehen:

die in Afrika, in Neu-Guinea und im westlichen Stillen Ozean belegenen deutschen Schutzgebiete, Besitzungen und Interessensphären.

Art. 3. Zwischen den von Deutschland abhängigen Gebieten in Neu-Guinea und im westlichen Stillen Ozean, nämlich dem Schutzgebiete der Neu-Guinea-Kompagnie und dem Schutzgebiete der Marshall-, Brown- und Providence-Inseln einerseits und Niederländisch-Indien andererseits soll wegen solcher strafbaren Handlungen, die in Niederländisch-Indien als Seeraub oder gleich dem Seeraube bestraft werden und zugleich nach der Gesetzgebung des betreffenden deutschen Schutzgebiets eine als Verbrechen oder Vergehen strafbare Gewalttätigkeit gegen Personen oder Sachen oder die Teilnahme an einer solchen oder den strafbaren Versuch einer solchen darstellen, die Auslieferung auch dann stattfinden, wenn diese nicht schon nach Art. 1 des Vertrags vom 31. Dezember 1896 begründet ist.

Art. 4. Bei Anwendung des Vertrags vom 31. Dezember 1896 auf die von Deutschland abhängigen Gebiete sollen, wo in jenem Vertrage vom Deutschen Reiche die Rede oder dieses unter der Bezeichnung des ersuchten oder ersuchenden Teiles, Staates oder Landes zu verstehen ist, die bezeichneten Gebiete darunter gleichfalls begriffen sein. Dabei haben als Gesetze und Gesetzgebung, wo der erwähnte Vertrag auf solche verweist, die Gesetze und Gesetzgebung des betreffenden Gebiets zu gelten.

Art. 5. An Stelle des ersten Absatzes von Artikel 2 des Vertrags vom 31. Dezember 1896 soll für die von Deutschland abhängigen Gebiete gelten, daß die Verpflichtung zur Auslieferung aus diesen Gebieten sich nicht auf deren Eingeborene, sowie auf Reichsangehörige, und die Verpflichtung der Behörden der Niederlande oder der niederländischen Kolonien und auswärtigen Besitzungen zur Auslieferung von Personen, die von den Behörden jener Gebiete verfolgt werden, sich nicht auf Niederländer erstreckt.

Art. 6. Die Verpflichtung zur Auslieferung aus den von Deutschland abhängigen Gebieten fällt weg, wenn vor Ausführung der Auslieferung ein Antrag auf Ablieferung der beanspruchten Person nach dem Gebiete des Deutschen Reichs eingeht, dem nach gesetzlicher Vorschrift entsprochen werden muß. Die Bewilligung der Auslieferung aus einem der von Deutschland abhängigen Gebiete soll stets als unter der Bedingung geschehen gelten, daß ein solcher Antrag auf Ablieferung bis zur Ausführung der Auslieferung nicht eingegangen ist. Es bleibt im Falle der Ablieferung nach Deutschland der Königlich niederländischen Regierung aber vorbehalten, die demnächstige Auslieferung aus Deutschland auf Grund und nach Maßgabe des Vertrags vom 31. Dezember 1896 in Antrag zu bringen.

Art. 7. Die Anträge auf Auslieferung aus einem der von Deutschland abhängigen Gebiete oder an eines dieser Gebiete und auf nachträgliche Ausdehnung solcher Auslieferung sollen, wie im Abs. 1 des Artikels 7 des Vertrages vom 31. Dezember 1896 vorgesehen ist, im diplomatischen Wege gestellt werden.

Jedoch können solche Anträge, wenn es sich um eine Auslieferung zwischen Niederländisch-Indien und einem der in Ostafrika, in Neu-Guinea und im westlichen Stillen Ozean belegenen, von Deutschland abhängigen Gebiete, nämlich Deutsch-Ostafrika, dem Schutzgebiete der Neu-Guinea-Kompagnie und dem Schutzgebiete der Marshall-, Brown- und Providence-Inseln handelt, auch unmittelbar von dem Generalgouverneur von Niederländisch-Indien bei der obersten Behörde des betreffenden von Deutschland abhängigen Gebiets, die innerhalb dieses Gebiets ihren Sitz hat, und von dieser Behörde bei dem Generalgouverneur von Niederländisch-Indien gestellt werden. Diesem, sowie der bezeichneten deutschen Behörde bleibt es vorbehalten, wenn der bei ihnen unmittelbar gestellte Antrag ihnen zu Zweifeln Anlaß gibt, darüber die Entscheidung der vorgesetzten Stelle einzuholen.

Art. 8. Für die vorläufige Festhaltung tritt an Stelle der im Art. 9 des Vertrags vom 31. Dezember 1896 vorgesehenen zwanzigtägigen Frist in den Fällen, auf die der gegenwärtige Vertrag sich bezieht, eine Frist von drei Monaten.

Art. 9. Der gegenwärtige Vertrag soll ratifiziert und die Ratifikationsurkunden sollen gleichzeitig mit denen zum Vertrage vom 31. Dezember 1896 ausgewechselt werden.

Der Vertrag soll drei Monate nach Austausch der Ratifikationsurkunden in Kraft treten und so lange in Kraft bleiben, wie der Vertrag vom 31. Dezember 1896, also außer Kraft treten, wenn dieser außer Kraft tritt.

XIIa.

Auslieferungsvertrag

zwischen dem Deutschen Reich und den Königreichen Schweden und Norwegen.

Vom 19. Januar 1878.
(RGBl. S. 110 ff.)

Vorbemerkungen.

1. Der Vertrag ist im wesentlichen dem deutsch-belgischen Vertrage nachgebildet, soweit nicht durch die schwedisch-norwegische Gesetzgebung Abweichungen geboten waren. Er ist nach erfolgter Ratifikation im RGBl. v. 18. 6. 1878 mit offiziellem dreifachen Text in deutscher, schwedischer und norwegischer Sprache verkündet. — Vorverhandlungen in den Verhandlungen des Reichstags 1878 II. Sess. Anl.Bd. Nr. 181; stenographische Berichte S. 1326, 1389.

2. Zur Zeit des Vertragsabschlusses galt in Schweden das noch jetzt in Kraft befindliche StGB. vom 16. 2. 1864, in Norwegen das Allgemeine StGB. vom 20. 8. 1842 (v. Liszt, Strafgesetzgebung der Gegenwart Bd. 1 S. 247 und 227). Beiden waren die vom RStGB. aufgestellten Begriffe „Verbrechen" und „Vergehen" unbekannt. Der Vertrag gebraucht deshalb statt ihrer die allgemeine Bezeichnung „strafbare Handlung". (Denkschr.) — Über einige spätere schwedische Strafgesetze vgl. noch v. Liszt, a. a. O. Bd. 2 S. 469 ff.; ferner das Ges. v. 22. 6. 1906 betr. Änderung in gewissen Teilen des StGB., in deutscher Übersetzung im Gerichtssaal Bd. 70 S. 370 ff. mitgeteilt. — Wegen des jetzt geltenden norwegischen StGB. v. 22. 5. 1902 vgl. Vorbem. 2 zum Zusatzvertrage v. 7. 3. 1907 (unten Nr. XIIb).

3. Gegenwärtig gilt der Vertrag in der ursprünglichen Fassung nur noch für das Verhältnis zwischen

dem Deutschen Reich und Schweden. Mit Norwegen hat das Reich den unter Nr. XII b mitgeteilten Zusatzvertrag v. 7. 3. 1907 abgeschlossen, durch welchen, abgesehen von einer durch das norwegische StGB. v. 22. 5. 1902 gebotenen Abänderung des Art. 1, einige sachliche Verbesserungen eingeführt sind und gleichzeitig dem Vertrage diejenige Fassung gegeben ist, welche den staatsrechtlichen Verhältnissen Norwegens nach dessen Trennung von Schweden entspricht.

Art. 1. Die hohen vertragenden Teile verpflichten sich durch gegenwärtigen Vertrag, sich einander in allen nach den Bestimmungen desselben zulässigen Fällen diejenigen Personen auszuliefern, welche wegen einer der nachstehend aufgezählten, im Gebiete des ersuchenden[1]) Staats begangenen, im Deutschen Reich als Verbrechen oder Vergehen strafbaren und in Schweden oder Norwegen mit schwererer als Gefängnisstrafe bedrohten Handlungen[2]), sei es als Täter oder Teilnehmer, verurteilt oder in Anklagestand versetzt oder zur gerichtlichen Untersuchung gezogen worden sind, nämlich:

1. wegen Mordes (Kindesmord, Elternmord, Giftmord einbegriffen) oder Versuches desselben und wegen Totschlages;
2. wegen vorsätzlicher Abtreibung der Leibesfrucht oder Versuches derselben;
3. wegen Aussetzung eines Kindes oder vorsätzlicher Verlassung eines solchen in hilfloser Lage;

4. wegen Raubes, Verheimlichung, Entführung, Unterdrückung, Verwechselung oder Unterschiebung eines Kindes;
5. wegen Entführung einer minderjährigen Person;
6. wegen vorsätzlicher und rechtswidriger Beraubung der persönlichen Freiheit eines Menschen, insofern sich eine Privatperson derselben schuldig macht;
7. wegen widerrechtlicher Nötigung eines anderen durch Gewalt oder Bedrohung zu einer Handlung, Duldung oder Unterlassung;
8. wegen mehrfacher Ehe;
9. wegen Notzucht oder Versuches derselben;
10. wegen Vornahme unzüchtiger Handlungen mit Gewalt oder unter Drohungen;
11. wegen Vornahme unzüchtiger Handlungen mit oder ohne Gewalt oder Drohungen an einer Person des einen oder anderen Geschlechts unter vierzehn Jahren, sowie wegen Verleitung solcher Personen zur Verübung oder Duldung unzüchtiger Handlungen;
12. wegen gewohnheitsmäßiger Kuppelei mit minderjährigen Personen des einen oder anderen Geschlechts;
13. wegen vorsätzlicher Mißhandlung oder Verletzung eines Menschen, welche eine voraussichtlich unheilbare Krankheit oder dauernde Arbeitsunfähigkeit oder den Verlust des unum-

schränkten Gebrauchs eines Organs, eine schwere Verstümmelung oder den Tod, ohne den Vorsatz zu töten, zur Folge gehabt hat;

14. wegen Raubes oder Versuches desselben und Erpressung;
15. wegen Diebstahls;
16. wegen Betrugs[3]), Unterschlagung oder anderer Untreue;
17. wegen betrüglichen Bankerutts und betrüglicher Benachteiligung einer Konkursmasse;
18. wegen Meineides oder falschen Zeugnisses;
19. wegen falschen Gutachtens eines Sachverständigen oder Dolmetschers sowie wegen Verleitung eines Zeugen, Sachverständigen oder Dolmetschers zum Meineide;
20. wegen Fälschung von Urkunden oder telegraphischen Depeschen in betrügerischer Absicht oder in der Absicht, jemandem zu schaden, sowie wegen wissentlichen Gebrauchs falscher oder gefälschter Urkunden und telegraphischer Depeschen in betrügerischer Absicht oder in der Absicht, jemandem zu schaden;
21. wegen vorsätzlicher und rechtswidriger Vernichtung, Beschädigung oder Unterdrückung einer öffentlichen oder Privaturkunde, begangen in der Absicht, einem anderen zu schaden;
22. wegen Fälschung oder Verfälschung von Stempeln, Stempelzeichen, Marken oder Siegeln des Staats oder anderer öffentlichen

Behörden, in der Absicht, sie als echte zu verwenden, und wegen wissentlichen Gebrauchs solcher falscher oder gefälschter Stempel, Stempelzeichen, Marken oder Siegel;

23. wegen Falschmünzerei, nämlich wegen Nachmachens und Veränderns von Metall- und Papiergeld, sowie wegen wissentlichen Ausgebens und Inumlaufsetzens von nachgemachtem oder verfälschtem Metall- oder Papiergeld;

24. wegen Nachmachens und Verfälschens von Bankbillets und anderen vom Staate oder unter Autorität des Staates von Korporationen, Gesellschaften oder Privatpersonen ausgegebenen Schuldverschreibungen und sonstigen Wertpapieren, sowie wegen wissentlichen Ausgebens und Inumlaufsetzens solcher nachgemachten oder gefälschten Bankbillets, Schuldverschreibungen und anderer Wertpapiere;

25. wegen vorsätzlicher Brandstiftung;

26. wegen Unterschlagung und Erpressung seitens öffentlicher Beamten;

27. wegen Bestechung öffentlicher Beamten zum Zwecke einer Verletzung ihrer Amtspflicht;

28. wegen folgender strafbarer Handlungen der Schiffsführer und Schiffsmannschaften auf Schiffen:

vorsätzliche und rechtswidrige Zerstörung eines Schiffes oder Versuch derselben;

vorsätzlich bewirkte rechtswidrige Strandung eines Schiffes mit der Folge, daß Schiffbruch oder anderer Seeschaden entsteht, oder Versuch einer derartigen strafbaren Handlung;

Widerstand mit Tätlichkeiten gegen den Schiffsführer, wenn dieser Widerstand von mehreren Schiffsleuten auf Verabredung gemeinschaftlich geleistet ist[4]);

29. wegen vorsätzlicher und rechtswidriger gänzlicher oder teilweiser Zerstörung von Kanälen, Schleusen oder anderen derartigen Wasserbauten, von Eisenbahnen oder Telegraphenanstalten, sowie wegen vorsätzlicher Störung eines Eisenbahnzuges auf der Fahrbahn durch Aufstellen, Hinlegen oder Hinwerfen von Gegenständen, durch Verrückung von Schienen oder ihrer Unterlagen, durch Wegnahme von Weichen oder Bolzen oder durch Bereitung von Hindernissen anderer Art, welche dazu geeignet sind, den Zug aufzuhalten oder aus den Schienen zu bringen;

30. wegen vorsätzlicher und rechtswidriger Zerstörung oder Beschädigung von Gräbern, Grabdenkmälern und öffentlichen Denkmälern;

31. wegen Verhehlung von Sachen, welche durch eine der im gegenwärtigen Vertrage vor-

gesehenen strafbaren Handlungen erlangt worden sind.

Es kann [5]) indessen, wenn die strafbare Handlung, wegen deren ein Antrag auf Auslieferung gestellt wird, außerhalb des Gebietes des ersuchenden Teils begangen worden ist, diesem Antrage alsdann stattgegeben werden, wenn nach der Gesetzgebung des ersuchten Staats wegen derselben, außerhalb seines Gebietes begangenen Handlungen eine gerichtliche Verfolgung statthaft ist.

[1]) Vgl. aber Abs. 2 und Anm. 5. (Siehe auch Einl. S. 12, 13.)

[2]) Nach der schwedischen Gesetzgebung ist die Verhaftung und Auslieferung einer Person nicht zulässig, wenn gegen sie in Schweden nur auf Gefängnisstrafe (deren Höchstbetrag in Schweden 2 Jahre ist) oder auf eine geringere Strafe erkannt werden könnte. Dies mußte zu einer Einschränkung der Auslieferungsdelikte auf diejenigen strafbaren Handlungen führen, welche einerseits im Deutschen Reich zu den Verbrechen und Vergehen zählen und andrerseits in Schweden oder Norwegen mit schwererer als Gefängnisstrafe bedroht waren. Infolgedessen sind mehrere im deutsch-belgischen Vertrage aufgeführte Delikte (z. B. Eindringen in eine fremde Wohnung, Bedrohung) hier ganz weggefallen, andere (z. B. Fälschung) nur für den Fall des Vorhandenseins erschwerender Umstände aufgenommen. Aus demselben Grunde konnte der Versuch nicht allgemein, sondern nur bei denjenigen Delikten berücksichtigt werden, bei denen er nach schwedischem Recht mit höherer Strafe als Gefängnisstrafe bedroht ist (z. B. bei Mord, Abtreibung, Notzucht, Raub usw.). (Denkschrift.)

Für das Verhältnis zwischen dem Deutschen Reich und Norwegen vgl. jetzt die in Art. 1 Abs. 1 des

Zusatzvertrages v. 7. 3. 07 getroffene Abänderung (unten unter Nr. XII b).

³) Der Betrug ist in Schweden nur, wenn er unter besonders erschwerenden Umständen begangen ist, mit Strafarbeit (d. i. mit einer schwereren Strafe als Gefängnisstrafe, vgl. oben Anm. 2) bedroht, sonst nur mit Gefängnis bis zu 6 Monaten. Es kann also die Auslieferung wegen Betruges nur beim Vorhandensein besonders erschwerender Umstände verlangt werden, und es ist im Haftbefehl anzugeben, worin diese gefunden werden. (Pr. JMBl. 1889 S. 24.)

⁴) Vgl. §§ 89 ff. der Seemannsordnung für das Deutsche Reich v. 27. 12. 1872, jetzt §§ 103 ff. der Fassung v. 2. 6. 02.

⁵) Fakultativ. — Abs. 2 bezieht sich nicht auf Delikte, die im ersuchten Staate begangen sind. (Vgl. Einl. S. 12, 13.)

2. Kein Deutscher wird von seiten der Regierungen des Deutschen Reichs an die Schwedische oder Norwegische Regierung, und von seiten dieser kein Schwede oder Norweger an eine Regierung des Deutschen Reichs ausgeliefert werden [1].

[1]) Vgl. § 9 RStGB.

3. Ist die reklamierte Person weder ein Deutscher, noch ein Schwede oder Norweger, so kann der Staat, an welchen der Auslieferungsantrag gerichtet wird, von dem gestellten Antrage die Regierung desjenigen Staates, welchem der Verfolgte angehört, in Kenntnis setzen, und wenn diese Regierung ihrerseits den Angeschuldigten beansprucht, um ihn vor ihre Gerichte zu stellen, so kann diejenige Regierung, an welche der Auslieferungsantrag gerichtet ist, den

Angeschuldigten nach ihrer Wahl entweder der Regierung des Staates, welchem der Verfolgte angehört oder derjenigen, welche ihn zuerst reklamiert hat, ausliefern.

4. Die Auslieferung soll nicht stattfinden, wenn die von einer Regierung des Deutschen Reichs reklamierte Person in Schweden oder Norwegen, die seitens der schwedischen oder norwegischen Regierung reklamierte Person in einem der Staaten des Deutschen Reichs wegen derselben strafbaren Handlung, wegen deren die Auslieferung beantragt wird, in Untersuchung gewesen und außer Verfolgung gesetzt worden oder sich noch in Untersuchung befindet oder bereits bestraft worden ist.

Wenn die von einer Regierung des Deutschen Reichs reklamierte Person in Schweden oder Norwegen, oder wenn die seitens der schwedischen oder norwegischen Regierung reklamierte Person in einem der Staaten des Deutschen Reichs wegen einer anderen strafbaren Handlung in Untersuchung ist, so soll ihre Auslieferung bis zur Beendigung dieser Untersuchung und vollendeter Vollstreckung der etwa gegen sie erkannten Strafe ausgesetzt werden[1]).

[1]) Vgl. Einl. S. 29, 30.

5. Wenn eine reklamierte Person Verbindlichkeiten gegen Privatpersonen eingegangen hat, an deren Erfüllung sie durch die Auslieferung verhindert wird, so soll dieselbe dennoch ausgeliefert werden, und es bleibt dem dadurch beeinträchtigten

Teile überlassen, seine Rechte vor der zuständigen Behörde geltend zu machen.

6. Die Bestimmungen des gegenwärtigen Vertrages finden auf solche Personen, die sich irgend einer politischen[1]) strafbaren Handlung schuldig gemacht haben, keine Anwendung. Die Person, welche wegen einer der im Art. 1 aufgeführten gemeinen strafbaren Handlungen ausgeliefert worden ist, darf demgemäß in demjenigen Staate, an welchen die Auslieferung erfolgt ist, in keinem Falle wegen einer von ihr vor der Auslieferung verübten politischen[1]) strafbaren Handlung, noch wegen einer Handlung, die mit einer solchen politischen Handlung im Zusammenhange steht[1]), noch wegen einer strafbaren Handlung, welche in dem gegenwärtigen Vertrage nicht vorgesehen ist, zur Untersuchung gezogen und bestraft werden, es sei denn, daß dieselbe, nachdem sie wegen der strafbaren Handlung, welche zur Auslieferung Anlaß gegeben hat, bestraft oder außer Verfolgung gesetzt worden ist, versäumt habe, vor Ablauf einer Frist von drei Monaten, das Land zu verlassen, oder daß sie aufs neue dorthin komme[2]).

Der Angriff gegen das Oberhaupt einer fremden Regierung oder gegen Mitglieder seiner Familie soll weder als politische strafbare Handlung, noch als mit einer solchen in Zusammenhang stehend angesehen werden, wenn dieser Angriff den Tatbestand des Totschlages, Mordes oder Giftmordes bildet[3]).

[1]) Vgl. Einl. S. 23ff.

²) Das Prinzip der Spezialität gilt nur beschränkt. (Vgl. RG. 31 S. 236 und Einl. S. 40ff.)

Die dreimonatige Frist am Schlusse des Abs. 1 ist durch Art. 2 des Zusatzvertrages mit Norwegen für das Verhältnis zwischen Deutschland und Norwegen auf 1 Monat herabgesetzt. (Vgl. unten unter Nr. XIIb.)

³) Sog. Attentatsklausel. (Vgl. Einl. S. 25.)

7. Die Auslieferung soll nicht stattfinden, wenn seit der begangenen strafbaren Handlung oder der letzten Handlung des Strafrichters oder der erfolgten Verurteilung nach den Gesetzen desjenigen Staats, in welchem der Verfolgte zur Zeit, wo die Auslieferung beantragt wird, sich aufhält, Verjährung¹) der strafgerichtlichen Verfolgung oder der erkannten Strafe eingetreten ist.

¹) Vgl. Einl. S. 19ff.

8. Die Auslieferung eines der im Art. 1 aufgeführten strafbaren Handlungen Beschuldigten oder Verurteilten soll bewilligt werden auf Grund eines verurteilenden Erkenntnisses oder auf Grund eines förmlichen Beschlusses des zuständigen Gerichts oder anderer zuständiger Behörden¹), auf Versetzung in den Anklagestand oder Eröffnung des Hauptverfahrens oder auf Grund einer von dem zuständigen Richter oder einer anderen zuständigen Behörde¹) erlassenen Verfügung, in welcher die Verweisung des Beschuldigten vor den erkennenden Richter ausdrücklich angeordnet wird²), oder auch auf Grund eines Haftbefehls oder eines anderen von der zuständigen Behörde erlassenen Dokuments, welches die gleiche

Geltung hat und worin der Tatbestand, sowie die darauf anwendbare strafgesetzliche Bestimmung genau angegeben ist — insofern diese Schriftstücke in Urschrift oder in beglaubigter Abschrift, und zwar in denjenigen Formen beigebracht sind, welche die Gesetzgebung des die Auslieferung begehrenden Staates vorschreibt.

Die Anträge auf Auslieferung erfolgen im diplomatischen Wege. Der Schriftwechsel und die Verhandlungen können jedoch je nach den Umständen des einzelnen Falles unmittelbar zwischen der bei der Auslieferung beteiligten Regierung des Deutschen Reichs und den Königreichen Schweden und Norwegen stattfinden[3].

[1]) Die Einfügung der Worte „oder anderer zuständiger Behörden" ist darauf zurückzuführen, daß in Schweden und Norwegen neben dem zuständigen Gericht noch andere Behörden befugt sind, die Versetzung in den Anklagestand zu beschließen und die Verhaftung eines Angeschuldigten anzuordnen. (Vgl. hierzu die Denkschrift.)

[2]) Vgl. Anm. 1 zu Art. 8 des deutsch-belgischen Vertrages.

[3]) Es kann also unmittelbarer Verkehr zwischen den Regierungen der einzelnen deutschen Bundesstaaten und der schwedischen bzw. norwegischen Regierung stattfinden. (Vgl. Einl. S. 34.)

9. In dringenden Fällen und insbesondere, wenn Gefahr der Flucht vorhanden ist, kann eine jede der respektiven[1]) Regierungen unter Berufung auf das Vorhandensein eines Strafurteils, eines Beschlusses auf Versetzung in den Anklagestand oder

eines Haftbefehls in kürzester Weise, selbst auf telegraphischem Wege, die Verhaftung des Verurteilten oder Angeschuldigten beantragen und erwirken, unter der Bedingung, daß das Dokument, auf dessen Vorhandensein man sich berufen hat, binnen einer Frist von sechs Wochen nach der Verhaftung beigebracht wird[2]).

[1]) Vgl. Art. 8 Abs. 2 mit Anm. dazu.

[2]) Auch die vorläufige Festnahme kann nur im diplomatischen Wege beantragt werden und nur, wenn bereits ein Strafurteil oder ein Haftbefehl gegen den Flüchtigen ergangen ist. (Pr. JMBl. 1889 S. 24.) Für das Verhältnis zwischen Deutschland und Norwegen vgl. jetzt Art. 3 des Zusatzvertrages v. 7. 3. 07 (unten Nr. XIIb).

10. Alle in Beschlag genommenen Gegenstände, welche sich zur Zeit der Festnahme im Besitze des Reklamierten befinden, sollen gleichzeitig mit der Auslieferung des Verhafteten überliefert werden, und es soll sich diese Überlieferung nicht bloß auf die entfremdeten Gegenstände, sondern auf alles erstrecken, was zum Beweise der strafbaren Handlung dienen kann[1]).

Jedoch werden die Rechte dritter Personen an den oben erwähnten Gegenständen vorbehalten, und es sollen die letzteren nach dem Schlusse des gerichtlichen Verfahrens den zur Empfangnahme Berechtigten kostenfrei zurückgegeben werden.

[1]) Die Ausantwortung erfolgt nach Art. 10 Abs. 1, ohne daß es eines besonderen Antrags des ersuchenden und einer besonderen Anordnung seitens des ersuchten

Staats bedarf. (Abweichung von Art. 10 Abs. 1 des deutsch-belgischen Vertrages.)

11. Die vertragenden Teile verzichten darauf, die Erstattung derjenigen Kosten zu verlangen, welche ihnen aus der Festnahme und dem Unterhalte des Auszuliefernden und aus seinem Transporte, wie aus dem Transporte der im Art. 10 erwähnten Gegenstände bis zur Einschiffung erwachsen, willigen vielmehr gegenseitig darin, diese Kosten selbst zu tragen [1].

[1]) Von einer Bestimmung über Durchlieferung (vgl. Art. 11 des deutsch-belgischen Vertrages) wurde s. Z. mit Rücksicht auf die geographischen Verhältnisse abgesehen. (Denkschr.) Vgl. aber jetzt für das Verhältnis zwischen dem Deutschen Reich und Norwegen den durch Art. 4 des Zusatzvertrages v. 7. 3. 07 neu eingeschalteten Art. 11a (unten unter Nr. XIIb abgedruckt).

12. Wenn in einem Strafverfahren wegen Handlungen, die nicht politischer Art sind, einer der vertragenden Teile die Vernehmung von Zeugen, welche sich im Gebiete des anderen Teils aufhalten, oder irgend eine andere Untersuchungshandlung für notwendig erachten sollte, so wird ein entsprechendes Ersuchschreiben auf diplomatischem Wege mitgeteilt und demselben nach Maßgabe der Gesetzgebung des Landes, wo der Zeuge vernommen oder die Handlung vorgenommen werden soll, Folge gegeben werden. Die Ausführung des Antrages kann verweigert werden, wenn die Untersuchung eine Handlung zum Gegenstand hat, welche nach den Gesetzen des Staates, an welchen das Ersuchschreiben gerichtet ist, nicht strafbar ist.

Die vertragenden Teile verzichten gegenseitig auf alle Ersatzansprüche, welche aus der Ausführung der Requisition wegen Vernehmung von Zeugen erwachsen, wogegen die Kosten wegen der Bewerkstelligung anderer Untersuchungshandlungen von dem Staate, der die Handlung beantragt hat, erstattet werden sollen [1]).

[1]) Vgl. hierzu die Bemerkungen der Denkschrift zum Vertrage v. 19. 1. 1878.

13. Wenn in einer Strafsache, welche nichtpolitische strafbare Handlungen zum Gegenstand hat, das persönliche Erscheinen eines Zeugen notwendig ist, so wird die Regierung des Landes, in welchem der Zeuge sich aufhält, ihn auffordern, der an ihn ergehenden Ladung Folge zu leisten, und werden die respektiven Regierungen über den Betrag der Erstattung für Reise und Aufenthalt, welche der ersuchende Staat dem Zeugen mit Rücksicht auf die Länge der Reise und dessen Aufenthalt an dem Orte zu bewilligen hat, sowie über den Vorschuß, der dem Zeugen ausbezahlt werden soll, Übereinkunft treffen [1]).

In keinem Fall darf ein Zeuge, welcher infolge der in den Staaten des einen vertragenden Teils an ihn ergangenen Vorladung freiwillig vor den Richtern der Staaten des anderen Teils erscheint, daselbst wegen früherer strafbarer Handlungen, wegen früherer Verurteilungen oder unter dem Vorwande der Mitschuld an den Handlungen, welche den Gegenstand der Untersuchung, in welcher der Zeuge erscheinen soll, bilden, zur Untersuchung gezogen oder in Haft genommen werden. Hierbei kommt es auf die Staatsangehörigkeit des Zeugen nicht an.

[1]) Vgl. hierzu die Denkschrift zum Vertrage vom 19. 1. 1878.

14. Wenn in einer Strafsache, welche nichtpolitische strafbare Handlungen zum Gegenstand hat, die Mitteilung von Beweisstücken oder von Urkunden, die in den Händen der Behörden der Staaten des anderen vertragenden Teiles sind, für notwendig oder nützlich erachtet wird, so soll deshalb das Ersuchen auf diplomatischem Wege gestellt und demselben, wenn nicht besondere Bedenken entgegenstehen, stattgegeben werden, dies jedoch nur unter der Bedingung, daß die Beweisstücke und Urkunden zurückgesandt werden.

Die vertragenden Teile verzichten gegenseitig auf Ersatz der Kosten, welche aus der Ausantwortung und Zurücksendung der Beweisstücke und Urkunden bis zur Grenze entstehen [1]).

[1]) Von einer Bestimmung über die gegenseitige Mitteilung von Straferkenntnissen (vgl. Art. 16 des deutsch-belgischen Vertrages) wurde s. Z. auf Wunsch der schwedisch-norwegischen Regierung abgesehen. Vgl. aber jetzt für das Verhältnis zwischen dem Deutschen Reich und Norwegen den durch Art. 4 des Zusatzvertrages v. 7. 3. 1907 neu eingeschalteten Art. 14a (unten unter Nr. XIIb abgedr.).

15. Der gegenwärtige Vertrag soll zehn Tage nach seiner in Gemäßheit der durch die Gesetzgebung der vertragenden Teile vorgeschriebenen Formen erfolgten Veröffentlichung in Kraft treten.

Von diesem Zeitpunkte ab verlieren alle früher zwischen Staaten des Deutschen Reichs und den Königreichen Schweden und Norwegen abgeschlossenen Verträge über die Auslieferung von Verbrechern ihre Gültigkeit.

Der gegenwärtige Vertrag kann von jedem der beiden vertragenden Teile aufgekündigt werden, bleibt jedoch nach erfolgter Aufkündigung noch sechs Monate lang in Kraft.

Derselbe wird ratifiziert und die Ratifikationen werden sobald wie möglich ausgewechselt.

XIIb.

Zusatzvertrag

zwischen

dem Deutschen Reiche und Norwegen zu dem am 19. Januar 1878 abgeschlossenen Auslieferungsvertrage.

Vom 7. März 1907.

(RGBl. S. 239 ff.)

Vorbemerkungen.

1. Der Vertrag ist am 25. 5. 07 in Berlin ratifiziert und im RGBl. v. 31. 5. 07 mit offiziellem Doppeltext in deutscher und norwegischer Sprache verkündet. (Die Be-

zeichnung des norwegischen Textes als „Übersetzung" beruhte auf einem Versehen; vgl. die Berichtigung im RGBl. 1907 S. 418.) — Vorverhandlungen in den Verhandlungen des Reichstags 1907 I. Sess. Anl.Bd. Nr. 432; stenogr. Ber. S. 1580, 1642.

2. In Norwegen gilt zurzeit das am 1. Januar 1905 in Kraft getretene Strafgesetzbuch vom 22. Mai 1902. Dieses teilt die strafbaren Handlungen in Verbrechen (Forbrydelser) und weniger schwere Straftaten (Forseelser) ein. Letztere umfassen außer den Übertretungen auch Vergehen im Sinne des RStGB. (Denkschr.) Näheres über das StGB. v. 22. 5. 02 siehe in dem Jahrbuch der Internat. Vereinig. f. vergleich. Rechtswissensch. u. Volkswirtschaftslehre 1907 Bd. 8 S. 2074 ff.

3. Mit der Einführung des norwegischen StGB. v. 22. 5. 1902 ergab sich die Notwendigkeit, den Art. 1 des Vertrages v. 19. 1. 1878 abzuändern. (Vgl. das Nähere unten in Anm. 1 zu Art. 1.) In den hierüber abzuschließenden Zusatzvertrag sind gleichzeitig einige sachliche Verbesserungen aufgenommen. Endlich wurde es mit Rücksicht auf die im Jahre 1905 erfolgte Trennung Norwegens von Schweden erforderlich, den Bestimmungen des Auslieferungsvertrags diejenige Fassung zu geben, die den veränderten staatsrechtlichen Verhältnissen Norwegens entsprach. (Denkschr.)

Art. 1. Im Art. 1 Abs. 1 des zwischen dem Deutschen Reiche und den Königreichen Norwegen und Schweden am 19. Januar 1878 abgeschlossenen Auslieferungsvertrags werden die Worte „in Schweden oder Norwegen mit schwererer als Gefängnisstrafe" ersetzt durch die Worte „in Norwegen mit Gefängnis von mehr als drei Monaten"[1]).

Im Art. 2 des Auslieferungsvertrags vom

19. Januar 1878 werden die Worte „Schwedische oder“ und „Schwede oder“, im Art. 3 daselbst die Worte „Schwede oder“, im Art. 4 Abs. 1 und 2 daselbst die Worte „Schweden oder“ und „Schwedischen oder“ gestrichen; im Art. 8 Abs. 2 daselbst werden die Worte „den Königreichen Schweden und Norwegen“ durch die Worte „dem Königreiche Norwegen“ ersetzt[2]).

[1]) Art. 1 des Vertrages v. 19. 1. 1878 (oben unter Nr. XII a) macht die Auslieferung u. a. davon abhängig, daß die Tat in Schweden bzw. Norwegen mit schwererer als Gefängnisstrafe bedroht ist. (Vgl. Anm. 2 zu Art. 1 daselbst.) Das beim Abschlusse jenes Vertrages geltende norwegische StGB. v. 1842 kannte zwei Strafen, die schwerer als Gefängnisstrafe sind, nämlich die Todesstrafe und die Strafarbeit (Zuchthausstrafe). Diese beiden Strafen sind in dem am 1. Januar 1905 in Kraft getretenen norwegischen StGB. v. 22. 5. 02 nicht mehr vorgesehen. Auf Anregung Norwegens wurde deshalb vereinbart, daß die Pflicht zur Auslieferung, soweit das norwegische Recht dafür in Betracht kommt, nur begründet sein solle, wenn die Tat nach norwegischem Recht mit Gefängnis von mehr als drei Monaten bedroht ist.

[2]) Abs. 2 des Art. 1 gibt dem Vertrage für den Auslieferungsverkehr zwischen dem Reiche und Norwegen diejenige Fassung, die den staatsrechtlichen Verhältnissen des Königreichs Norwegen nach dessen Trennung vom Königreich Schweden entspricht. Insbesondere bezwecken die Streichungen in den Artikeln 2, 3 und 4 des Vertrages, klarzustellen, daß die schwedische Staatsangehörigkeit eines Auszuliefernden oder ein in Schweden gegen ihn schwebendes Strafverfahren für eine Auslieferung aus Norwegen ohne Bedeutung ist. (Denkschr.)

Art. 2. Im Art. 6 Abs. 1 des Auslieferungsvertrags vom 19. Januar 1878 treten an die Stelle der Worte „drei Monaten" die Worte „einem Monate"[1]).

[1]) An die Stelle der im Art. 6 Abs. 1 Satz 2 des Vertrages v. 19. 1. 1878 bestimmten dreimonatigen Frist, welche nach den heutigen Verkehrsverhältnissen zu reichlich bemessen erschien, tritt nach Art. 2 für das Verhältnis zwischen dem Reich und Norwegen eine Frist von einem Monat, wie sie z. B. auch im Art. 6 des deutsch-niederländischen Vertrages vorgesehen ist.

Art. 3. Dem Art. 9 des Auslieferungsvertrags vom 19. Januar 1878 wird folgender Satz hinzugefügt:

> Unter der gleichen Voraussetzung und unter derselben Bedingung soll der Verfolgte in dringenden Fällen auf unmittelbares Ersuchen der zuständigen Behörde in vorläufige Haft genommen werden[1]).

[1]) Art. 3 des Zusatzvertrages läßt hinsichtlich des Antrags auf vorläufige Festnahme in dringenden Fällen unmittelbaren Geschäftsverkehr zwischen den zuständigen deutschen und norwegischen Behörden zu. Voraussetzung ist auch hier das Vorliegen eines Strafurteils oder Haftbefehls. (Vgl. Anm. 2 zu Art. 9 des Vertrages v. 19. 1. 1878.)

Art. 4. Dem Auslieferungsvertrage vom 19. Januar 1878 treten die nachstehenden neuen Artikel hinzu:

> **Art. 11a.** Die Durchlieferung einer Person, die von einer dritten Regierung an einen der vertragschließenden Teile ausgeliefert wird, durch das Gebiet des anderen Teiles oder die Beför-

derung einer solchen Person auf einem Schiffe des anderen Teiles wird auf den im diplomatischen Wege zu stellenden Antrag bewilligt werden, sofern die betreffende Person dem um die Durchlieferung ersuchten Teile nicht angehört und die strafbare Handlung, wegen deren die Auslieferung stattfindet, auch zwischen den vertragschließenden Teilen einen Anspruch auf Auslieferung begründen würde. Mit dem Antrag ist ein den Bestimmungen des Art. 8 entsprechendes Schriftstück beizubringen. Die Durchlieferung erfolgt unter Begleitung von Beamten des um die Durchlieferung ersuchten Teiles und auf Kosten des ersuchenden Teiles[1]).

[1]) Mit Rücksicht auf die geographische Lage der skandinavischen Halbinsel wurde s. Z. davon abgesehen, im Vertrage v. 19. 1. 1878 eine Bestimmung über Durchlieferungen zu treffen. (Vgl. Anm. 1 zu Art. 11 daselbst.) Solche Durchlieferungen sind aber inzwischen öfters vorgekommen, namentlich bei Verbrechern, die von dritten Staaten an Norwegen oder Schweden auszuliefern und zu diesem Zwecke entweder auf dem Landwege durch Deutschland oder auf dem Seewege an Bord eines deutschen Schiffes nach einem deutschen Hafen zu befördern waren, um von da aus den norwegischen oder schwedischen Behörden zur Verfügung gestellt zu werden. Es erschien daher angezeigt, die Durchlieferung in dem Zusatzvertrage mit Norwegen zu regeln. (Denkschr.)

Art. 14a. Die vertragschließenden Teile werden sich gegenseitig die rechtskräftigen Verurteilungen von Angehörigen des anderen Teiles wegen strafbarer Handlungen jeder Art mitteilen, mit Ausnahme der in Deutschland ergangenen Verurteilungen wegen Übertretungen und der in Norwegen ergangenen Verurteilungen wegen solcher als „Forseelser" anzusehenden Straftaten, die nicht mit Gefängnis von mehr als drei Monaten bedroht sind. Diese Mitteilung wird durch die auf diplomatischem Wege zu bewirkende Übersendung des Strafurteils oder eines die Entscheidung auszugsweise enthaltenden Vermerkes erfolgen[1] [2].

[1]) Der Vertrag v. 19. 1. 1878 enthält keine Vereinbarung über Mitteilung von Strafurteilen. (Vgl. Anm. 1 zu Art. 14 daselbst.) Inzwischen hat sich eine solche aber als wünschenswert erwiesen. Dabei war, wie in anderen Verträgen des Reichs, die Mitteilung der Strafnachrichten wegen Übertretungen auszunehmen. Mit Rücksicht darauf, daß die „Forseelser" des norwegischen StGB. außer den Übertretungen auch Vergehen im Sinne des RStGB. umfassen (vgl. Vorbem. 2), sind von der Mitteilung die in Norwegen ergangenen Verurteilungen wegen solcher „Forseelser", die nicht mit Gefängnis von mehr als 3 Monaten bedroht sind, ausgenommen worden. (Denkschr.)

[2]) Für Preußen vgl. die Allg. Vfg. v. 12. 6. 1907 (JMBl. S. 404, 405) u. v. 16. 12. 07 (JMBl. S. 605).

Art. 5. Der gegenwärtige Zusatzvertrag soll ratifiziert werden.

Er soll zehn Tage nach Austausch der Ratifikationsurkunden, der sobald als möglich erfolgen wird, in Kraft treten und soll dieselbe Gültigkeit und Dauer haben wie der Auslieferungsvertrag vom 19. Januar 1878.

XIII.
Vertrag
zwischen Deutschland und der Schweiz wegen gegenseitiger Auslieferung der Verbrecher.
Vom 24. Januar 1874.
(RGBl. S. 113 ff.)

Vorbemerkungen.

1. Der Vertrag ist auf der Grundlage des deutsch-italienischen Vertrages abgefaßt und nach der am 6. Juli 1874 in Berlin erfolgten Ratifikation im RGBl. vom 24. 7. 1874 ausschließlich in deutscher Sprache verkündet. — Vorverhandlungen in den Verhandlungen des Reichstags 1874 Anl.Bd. Nr. 16; stenogr. Ber. Bd. 1 S. 18, 55, 56. —

2. Das Strafrecht der Schweiz zerfällt in Bundes- und Kantonalstrafrecht. Vgl. v. Liszt, Die Strafgesetzgebung der Gegenwart Bd. 1 S. 361 ff.; Bd. 2 S. 502 ff. Daselbst werden Bd. 1 S. 361—400 und Bd. 2 S. 502—514 das Strafrecht der deutschen Schweiz (einschließlich der Bundesgesetzgebung), Bd. 1 S. 401—420 und Bd. 2 S. 514—518 die Strafgesetzbücher der französischen Kantone und Bd. 1 S. 421 ff. und Bd. 2 S. 518, 519 das Strafrecht des Kantons Tessin behandelt.

3. Das schweizerische Auslieferungsgesetz v. 22. 1. 1892 (in Kraft seit 19. 5. 1892) hat widersprechenden Bestimmungen des Vertrages v. 24. 1. 1874 nicht derogiert, ist aber für den Vertrag insofern von Bedeutung, als es Lücken ausfüllt und bei Zweifelsfragen für die Schweiz maßgebend ist, sofern nicht eine Kontroverse schon vor seinem Erlaß bindend entschieden war. (Vgl. Entsch. d. Schweiz. Bundesgerichts in Z. II S. 509; III S. 320; Delius in Z. V S. 529.) Siehe auch Einl. S. 8.

Art. 1. Die hohen vertragenden Teile verpflichten sich durch gegenwärtigen Vertrag, sich einander in allen nach den Bestimmungen desselben zulässigen Fällen diejenigen Personen auszuliefern, welche von den Behörden eines der vertragenden Teile wegen einer der nachstehend aufgezählten [1]) Handlungen [2]) sei es als Urheber [2a]), Täter oder Teilnehmer [3]), verurteilt oder in Anklagestand versetzt oder zur gerichtlichen Untersuchung gezogen sind und im Gebiete des anderen Teils sich aufhalten [4]), nämlich [5]):

1. wegen Totschlags und Mordes, einschließlich des Kindermordes;
2. wegen vorsätzlicher Abtreibung der Leibesfrucht;
3. wegen Aussetzung oder vorsätzlicher Verlassung eines Kindes;
4. wegen Raubes, Unterdrückung, Verwechselung oder Unterschiebung eines Kindes;
5. wegen Entführung einer minderjährigen [6]) Person;
6. wegen vorsätzlicher und rechtswidriger Beraubung der persönlichen Freiheit eines Menschen, sei es, daß sich eine Privatperson oder ein öffentlicher Beamter derselben schuldig macht;
7. wegen mehrfacher Ehe;
8. wegen Notzucht [7]);
9. wegen Kuppelei mit minderjährigen [8]) Personen des einen oder anderen Geschlechts in

denjenigen Fällen, in welchen dieselbe durch die Landesgesetzgebung der vertragenden Teile mit Strafe bedroht ist;

10. wegen vorsätzlicher Mißhandlung oder Verletzung [9]) eines Menschen, welche eine unheilbare oder voraussichtlich unheilbare Krankheit oder Entstellung oder den Verlust des unbeschränkten Gebrauchs eines Organs, oder, ohne den Vorsatz zu töten, — den Tod [10]) zur Folge gehabt hat;
11. wegen Diebstahls [11]), Raubes und Erpressung;
12. wegen Unterschlagung in denjenigen Fällen, in welchen dieselbe von der Landesgesetzgebung der vertragenden Teile mit Strafe bedroht ist [12]);
13. wegen Betrugs [13]), betrüglichen Bankerutts und betrüglicher Benachteiligung einer Konkursmasse in denjenigen Fällen, in welchen diese Handlungen nach der Gesetzgebung der vertragenden Teile als Verbrechen oder Vergehen strafbar sind;
14. wegen Meineides [14]);
15. wegen falschen Zeugnisses [14]) und wegen falschen Gutachtens eines Sachverständigen oder Dolmetschers;
16. wegen Verleitung eines Zeugen zu falschem Zeugnis [14]) und wegen Verleitung eines Sachverständigen oder Dolmetschers zum falschen Gutachten;

17. wegen Fälschung von Urkunden [15]) oder telegraphischen Depeschen, sowie wegen wissentlichen Gebrauchs falscher oder gefälschter Urkunden [15]) und telegraphischer Depeschen, vorausgesetzt, daß die Absicht zu betrügen oder zu schaden [16]) obgewaltet hat;
18. wegen Falschmünzerei, insbesondere wegen Nachmachens und Veränderns von Metall- und Papiergeld und wegen wissentlichen Ausgebens und Inumlaufsetzens von nachgemachtem oder verändertem Metall- und Papiergelde;
19. wegen Nachmachens und Verfälschens von Bankbillets und anderen vom Staate oder unter Autorität des Staats von Korporationen, Gesellschaften oder Privatpersonen ausgegebenen Schuldverschreibungen und sonstigen Wertpapieren, sowie wegen wissentlichen Ausgebens und Inumlaufsetzens solcher nachgemachten oder gefälschten Bankbillets, Schuldverschreibungen und anderer Wertpapiere;
20. wegen vorsätzlicher Brandstiftung [17]);
21. wegen Unterschlagung und Erpressung seitens öffentlicher Beamten;
22. wegen Bestechung öffentlicher Beamten zum Zwecke einer Verletzung ihrer Amtspflicht;
23. wegen vorsätzlicher und rechtswidriger gänzlicher oder teilweiser Zerstörung von Eisen-

bahnen, Dampfmaschinen oder Telegraphenanstalten; wegen vorsätzlicher Störung eines Eisenbahnzuges auf der Fahrbahn durch Aufstellen, Hinlegen oder Hinwerfen von Gegenständen, durch Verrückung von Schienen oder ihrer Unterlagen, durch Wegnahme von Weichen oder Bolzen oder durch Bereitung von Hindernissen anderer Art, welche dazu geeignet sind, den Zug aufzuhalten oder aus den Schienen zu bringen.

Die Auslieferung kann[18]) auch wegen Versuchs einer der von 1—23 aufgeführten strafbaren Handlungen stattfinden, wenn der Versuch derselben nach der Landesgesetzgebung der vertragenden Teile mit Strafe bedroht ist.

[1]) Außer wegen der im Vertrage aufgezählten Delikte findet die Auslieferung zwischen Deutschland und der Schweiz noch statt:

A. Auf Grund förmlicher Gegenseitigkeitserklärungen (vgl. Einl. S. 49, 50):

a) wegen vorsätzlicher Körperverletzung, die eine Arbeitsunfähigkeit von mehr als 20 Tagen zur Folge gehabt hat;

b) α) wegen Verstrickungsbruchs im Sinne des § 137 RStGB., sofern die Verstrickung mit Rücksicht auf ein schwebendes oder bevorstehendes Zwangsvollstreckungs- oder Konkursverfahren erfolgt ist und

β) wegen der im § 288 RStGB. vorgesehenen Handlungen zur Benachteiligung eines Gläubigers bei drohender Zwangsvollstreckung; beide Vergehen fallen nach schweizerischem Recht unter den Begriff der „Pfandunterschlagung";

c) wegen Kuppelei mit großjährigen Personen, sofern die betr. Handlung nach deutschem Recht als gewohnheitsmäßig oder aus Eigennutz betrieben und nach schweizerischem Recht als gewerbsmäßige Kuppelei zu beurteilen ist;

d) wegen des Verbrechens der Blutschande;

e) wegen gewaltsamer Vornahme unzüchtiger Handlungen an einer Frauensperson;

f) wegen Mißbrauchs einer geisteskranken Frauensperson zum außerehelichen Beischlafe;

g) wegen Vornahme unzüchtiger Handlungen mit Kindern unter 14 Jahren und mit solchen Personen, welche der Pflege des Verfolgten anvertraut waren;

h) wegen unerlaubter Aufbewahrung von Sprengstoffen im Sinne des § 8 des Reichsgesetzes v. 9. 6. 1884 (RGBl. S. 61).

B. Auf Grund gegenseitigen Einverständnisses über erweiternde Auslegung des Vertrages:

i) wegen Hehlerei als einer Form der in Art. 1 Abs. 1 vorgesehenen Teilnahme.

Im übrigen hat sich die Schweiz bereit erklärt, auf Auslieferungsanträge wegen anderer Verbrechen und Vergehen gegen die Sittlichkeit und wegen Sachbeschädigung einzugehen, soweit es die schweizerischen Gesetze gestatten. (Vgl. Pr. JMBl. 1897 S. 301, 302; 1905 S. 181; 1907 S. 394.)

[2]) Gleichviel, wo sie begangen sind. (Reichtagsverhandlungen stenogr. Ber. S. 19; vgl. auch Einl. S. 13.)

[2a]) Der Anstifter ist als „Urheber" im Sinne des Vertrages anzusehen. (RG. in Goltd. Arch. 50 S. 103.)

[3]) Hierunter fällt auch der Begünstiger (Schweizer

Bundesgericht in Z. II S. 509ff.); wegen des Hehlers vgl. oben Anm. 1 B i.

[4]) Die Absicht, dort Zuflucht zu suchen, ist nicht Voraussetzung der Auslieferung (RG. 30 S. 443), auch ist Freiwilligkeit des Aufenthalts nicht erforderlich. (Vgl. RG. 30 S. 446 und 29 S. 24. Siehe auch Einl. S. 39.)

[5]) Die Klausel der Strafbarkeit nach beiden Gesetzgebungen findet sich nur bei einzelnen Delikten. (Ziff. 9, 12, 13 und beim Versuch — Abs. 2 —.) Vgl. hierzu Einl. S. 16, 17 und Entsch. des Schweiz. Bundesgerichts in Z. II S. 505; V S. 203, 204.)

[6]) Vgl. §§ 235—238 RStGB.; Entführung Großjähriger fällt unter Ziff. 6.

[7]) Über die Auslieferung wegen anderer Sittlichkeitsdelikte vgl. oben Anm. 1.

[8]) Wegen Kuppelei mit großjährigen Personen vgl. oben Anm. 1 A c.

[9]) Vgl. hierzu oben Anm. 1 A a.

[10]) Verweigert wurde die Auslieferung wegen Tötung im Zweikampfe. (Pr. JMBl. 1889 S. 25.)

[11]) Ohne Rücksicht auf den Wert des gestohlenen Gegenstandes. (Abweichung von Art. 1 Ziff. 11 des deutsch-italienischen Vertrages.) Vgl. auch Einl. S. 10.

[12]) Nach dem StGB. des Kantons Zürich ist Unterschlagung nur dann von Amts wegen strafbar, wenn dieselbe von der Ableugnung des Besitzes der fremden Sache oder von solchen positiven Handlungen begleitet ist, welche darauf berechnet sind, über die rechtswidrige Aneignung zu täuschen; andernfalls ist der Antrag des Geschädigten erforderlich. Bei der Fassung des Haftbefehls (Art. 7) muß daher auf diese Umstände besondere Rücksicht genommen werden. (Pr. JMBl. 1889 S. 25.)

[13]) Der sog. Kreditbetrug ist nach § 223 des Luzerner Strafgesetzes nur strafbar, wenn die unwahre Tatsache der Zahlungsfähigkeit vorgespiegelt oder die wahre Tatsache der Zahlungsunfähigkeit in rechtswidriger Weise

verschwiegen wurde. (Schweiz. Bundesger. in Z. V S. 87 ff.) Der Haftbefehl (Art. 7) muß also, wenn solche Umstände vorliegen, derselben Erwähnung tun.

[14]) Fahrlässiger Falscheid ist kein Auslieferungsdelikt (RG. 37 S. 88), wohl aber das Verbrechen aus § 159 RStGB. (Schweiz. Bundesger. in Z. X S. 318 ff.)

[15]) Ob auch die Fälschung von Stempeln, Briefmarken usw. hierzu gerechnet werden kann, ist zweifelhaft. Die Erklärung des Bundesratskommissars Wilke im Reichstage, stenogr. Ber. 1874 S. 55, beseitigt den Zweifel nicht. Der Schweizer Bundesrat hat die Frage verneint. (Z. X S. 169 b.)

[16]) Vgl. hierzu Stenogr. Ber. des Reichstags 1874 S. 55.

[17]) Vgl. auch § 311 RStGB.

[18]) Wegen der Bedeutung des Wortes „kann" vgl. Anm. 1 zu Art. 2 des deutsch-belgischen Vertrages. Nach Delius (in Z. V S. 532 Anm. 2) erkennt aber die Schweiz wegen der Fassung „kann" eine Auslieferungs-pflicht bei Versuch nicht an.

2. Jedoch soll von seiten der Regierungen des Deutschen Reichs kein Deutscher an die schweizerische Regierung und von seiten dieser kein Schweizer an eine der deutschen Regierungen ausgeliefert werden[1]).

Wenn nach den Gesetzen desjenigen Staats, welchem der Beschuldigte angehört, Anlaß vorhanden sein sollte, ihn wegen der in Frage stehenden Handlung zu verfolgen, so soll der andere Staat die Erhebungen und Schriftstücke, die zur Feststellung des Tatbestandes dienenden Gegenstände und jede andere für das Strafverfahren erforderliche Urkunde oder Aufklärung mitteilen[2]).

Ist die reklamierte Person weder ein Deutscher,

noch ein Schweizer, so kann[3]) der Staat, an welchen der Auslieferungsantrag gerichtet wird, von dem gestellten Antrage diejenige Regierung, welcher der Verfolgte angehört, in Kenntnis setzen, und wenn diese Regierung ihrerseits den Angeschuldigten beansprucht, um ihn vor ihre Gerichte zu stellen, so kann[3]) diejenige Regierung, an welche der Auslieferungsantrag gerichtet ist, den Angeschuldigten nach ihrer Wahl der einen oder der anderen Regierung ausliefern.

[1]) Vgl. § 9 RStGB.

[2]) Vgl. hierzu Einl. S. 28, 29. — Während der Schweizer Bundesrat in Übereinstimmung mit der deutschen Auffassung aus Art. 2 Abs. 2 eine Verpflichtung der Vertragsstaaten zur Verfolgung ihrer nicht ausgelieferten Nationalen folgert (vgl. Z. III S. 347), erkennt das Schweiz. Bundesgericht eine derartige Verpflichtung nicht an. (Vgl. Z. VII S. 357 ff.)

[3]) Fakultativ. — Macht der ersuchte Staat hiervon keinen Gebrauch und liefert er dem andern Teile aus, so untersteht der Angehörige einer andern (dritten) Nation denselben Bestimmungen wie die Angehörigen der Vertragsstaaten. (RG. in Jur. Wochenschr. 01 S. 820[4].)

3. Die Auslieferung soll nicht stattfinden, wenn die von einer deutschen Regierung reklamierte Person in der Schweiz oder die von der schweizerischen Regierung reklamierte Person in einem der deutschen Staaten wegen derselben strafbaren Handlung, wegen deren die Auslieferung beantragt wird, in Untersuchung gewesen und außer Verfolgung gesetzt worden ist, oder sich noch in Untersuchung befindet, oder bereits bestraft worden ist.

Wenn die seitens einer deutschen Regierung reklamierte Person in der Schweiz oder die seitens der schweizerischen Regierung reklamierte Person in einem der deutschen Staaten wegen einer anderen strafbaren Handlung in Untersuchung ist, so soll ihre Auslieferung bis zur Beendigung dieser Untersuchung und vollendeter Vollstreckung der etwa gegen sie erkannten Strafe aufgeschoben werden [1].

[1]) Vgl. Einl. S. 29, 30.

4. Die Auslieferung soll nicht stattfinden, wenn die strafbare Handlung, wegen deren die Auslieferung verlangt wird, einen politischen Charakter [1]) an sich trägt, oder wenn die auszuliefernde Person beweisen kann, daß der Antrag auf ihre Auslieferung in Wirklichkeit mit der Absicht gestellt worden, sie wegen eines Verbrechens oder Vergehens politischer Natur [1]) zu verfolgen oder zu bestrafen.

Die Person, welche wegen eines der im Artikel 1 aufgeführten gemeinen Verbrechens oder Vergehens ausgeliefert worden ist, darf demgemäß in demjenigen Staate, an welchen die Auslieferung gewährt ist, in keinem Falle wegen eines von ihr vor der Auslieferung verübten politischen Verbrechens oder Vergehens, noch wegen einer Handlung, die mit einem solchen politischen Verbrechen oder Vergehen im Zusammenhange steht, zur Untersuchung gezogen oder bestraft oder für solche an einen dritten Staat ausgeliefert werden.

Ebensowenig kann eine solche Person wegen eines

Verbrechens oder Vergehens, welches in dem gegenwärtigen Vertrage nicht vorgesehen ist, zur Untersuchung gezogen oder bestraft werden; es sei denn, daß dieselbe, nachdem sie wegen des Verbrechens, welches zur Auslieferung Anlaß gegeben hat, bestraft oder freigesprochen ist, versäumt habe, vor Ablauf einer Frist von drei Monaten das Land zu verlassen oder daß sie aufs neue dorthin komme[2]).

[1]) Vgl. Einl. S. 23 ff. — Die Fassung „politischer Charakter" und „politische Natur" begründet sachlich keinen Unterschied. (Vgl. Reichstagsverhandl. 1874, sten. Ber. S. 20.) Sie umfaßt auch die sog. relativ politischen Delikte, also auch Delikte, die zwar an sich nur den Tatbestand eines gemeinen Verbrechens erfüllen, aber mit einem politischen Verbrechen konnex sind. Beispiel: A. hatte in einem Majestätsbeleidigungsverfahren gegen B. auf Anstiften des letzteren einen Meineid geleistet. Das schweizerische Bundesgericht verweigerte die wegen der Anstiftung zum Meineide beantragte Auslieferung des B., weil dieser zum Meineid angestiftet habe, um der Bestrafung wegen der Majestätsbeleidigung zu entgehen, mithin die Anstiftung zum Meineide in Zusammenhang mit dem politischen Vergehen der Majestätsbeleidigung stehe und daher als relativ politisches Delikt anzusehen sei. (Z. III S. 320 ff.)

[2]) Der Grundsatz der Spezialität (vgl. Einl. S. 40 ff.) gilt (abw. von den Verträgen mit Großbritannien, Griechenland, dem Kongostaat und den Niederlanden) nur beschränkt. (RG. 31 S. 236.) Die strafrechtliche Verfolgung des Ausgelieferten wegen einer anderen Straftat, als wegen welcher die Auslieferung erfolgte, ist statthaft, sofern es sich nur um ein „in dem gegenwärtigen Vertrage vorgesehenes Verbrechen oder Vergehen" handelt. (RG. 30 S. 440 ff.; Goltd. Arch. 50

S. 103.) — Handelt es sich nicht um ein solches, so ist die Strafverfolgung nur zulässig, wenn die Voraussetzungen des Art. 4 Abs. 3 Halbsatz 2 vorliegen. Der Ausgelieferte darf in solchem Falle (nämlich wegen eines im Vertrage nicht vorgesehenen Delikts) aber erst dann zur Untersuchung gezogen werden, wenn zunächst Bestrafung oder Freisprechung wegen des den Anlaß der Auslieferung bildenden Delikts erfolgt ist und wenn er darauf binnen drei Monaten das Land nicht verläßt oder aufs neue dorthin kommt. — Während der dreimonatigen Frist des Halbsatz 2 ist der Ausgelieferte wegen aller nicht im Vertrage vorgesehenen, vor der Auslieferung begangenen Delikte immun. Jede diesbezügliche Untersuchungshandlung während dieser Frist ist unzulässig und daher auch nicht geeignet, eine rechtsgültige Unterbrechung der Verjährung zu begründen. (RG. 32 S. 247ff.) — Gegen einen von der Schweiz wegen wissentlicher Eidesverletzung Ausgelieferten darf deshalb ferner an die Geschworenen neben der Frage wegen Meineids eine Hilfsfrage wegen fahrlässigen Falscheids (kein Auslieferungsdelikt, vgl. Anm. 14 zu Art. 1) nicht gestellt werden. (RG. 37 S. 88—90; darüber, daß die Stellung einer Hilfsfrage ein „zur Untersuchung Ziehen" enthält, vgl. auch noch RG. 29 S. 270.) Ist trotzdem diese Hilfsfrage gestellt und, nach Verneinung der Hauptfrage, bejaht worden, so ist die Sachlage so zu beurteilen, als wenn die Hilfsfrage nicht gestellt und also auch nicht beantwortet wäre. Es ist also auf Freisprechung von der Anklage des wissentlichen Meineids zu erkennen. Diese Freisprechung steht einer späteren Verfolgung des Angeklagten wegen fahrlässigen Falscheids (d. h. nach dreimonatigem Verbleiben im Lande oder Rückkehr nach Verlassen desselben) nicht entgegen. Denn der Grundsatz des Verbrauchs der Strafklage reicht nur so weit, als die Befugnis des Gerichts zur Umgestaltung der Strafklage reicht. (Vgl. RG. 37 S. 90—92.)

5. Die Auslieferung soll nicht stattfinden, wenn seit der begangenen strafbaren Handlung oder der letzten gerichtlichen Handlung im Strafverfahren oder der erfolgten Verurteilung nach den Gesetzen desjenigen Landes, in welchem der Verfolgte zur Zeit, wo die Auslieferung beantragt wird, sich aufhält, Verjährung der strafgerichtlichen Verfolgung oder der erkannten Strafe eingetreten ist[1][2][3].

[1]) Vgl. Einl. S. 19 ff. — Der ersuchte Staat soll nicht ausliefern, wenn nach seinen gesetzlichen Bestimmungen Verjährung eingetreten ist. Ob nach dem Recht des ersuchenden Staates Verjährung vorliegt, hat nicht der ersuchte Staat, sondern lediglich der erkennende Richter zu prüfen. (Schweiz. Bundesger. in Z. II S. 503; III S. 453; VII S. 279.)

[2]) Das Reichsgericht (Bd. 38 S. 334 ff.) hat auf Grund der Bestimmungen des St. Galler Strafgesetzes angenommen, daß die Bestrafung eines Delikts, bezüglich dessen nach St. Galler Strafgesetz zufolge Versäumung der Antragsfrist „Verjährung" eingetreten sei, nicht erfolgen dürfe; der unbenutzte Ablauf der Antragsfrist stehe dem Ablauf der „anderweiten Verjährungszeit" im Sinne des Art. 5 vollständig gleich. — In einem nach Züricher Strafgesetz zu beurteilenden Falle hat dagegen das Schweizer Bundesgericht angenommen, daß die sog. „Antragsverjährung" von der eigentlichen Verjährung der Strafverfolgung, welche Art. 5 im Auge habe, völlig verschieden sei und ihr bei Anwendung des Art. 5 nicht gleichgestellt werden dürfe. (Z. V S. 202 ff.) Vgl. auch Einl. S. 20.

[3]) Nach dem Züricher Strafgesetz wird die Verjährung einer erkannten Strafe nur unterbrochen, wenn die Vollziehung der Strafe bereits begonnen hat oder wenn der Verurteilte ein neues gleichartiges Verbrechen verübt; in

Deutschland erfolgte andere Akte kommen also für die Auslieferung als Unterbrechungsgründe nicht in Betracht. (Schweiz. Bundesger. in Z. VII S. 279.)

Wegen Unterbrechung der Verjährung vgl. auch noch Anm. 2 Satz 5 u. 6 zu Art. 4.

6. Eine an sich begründete Auslieferung soll auch dann zugestanden werden, wenn der Angeschuldigte dadurch verhindert wird, übernommene Verbindlichkeiten gegen Privatpersonen zu erfüllen, und es bleibt dem dadurch beeinträchtigten Teile überlassen, seine Rechte vor der zuständigen Behörde geltend zu machen.

7. Die Auslieferung soll bewilligt werden auf den im diplomatischen Wege[1] [2]) gestellten Antrag, und nach Beibringung eines Strafurteils oder eines Beschlusses über Versetzung in den Anklagestand, eines Haftbefehls oder eines anderen Aktes, welcher die gleiche Wirkung hat und ebenfalls die Art und Schwere der verfolgten Tat, sowie die auf dieselbe anwendbare strafgesetzliche Bestimmung angibt. Diese Aktenstücke sollen im Original oder in beglaubigter Ausfertigung eines Gerichtshofes oder einer anderen zuständigen Behörde des die Auslieferung beantragenden Landes mitgeteilt werden. Gleichzeitig sollen, sofern dies möglich ist, das Signalement der reklamierten Person und alle anderen zur Feststellung ihrer Identität geeigneten Angaben beigebracht werden[3]).

[1]) Wegen der Zulässigkeit direkten Verkehrs zwischen der Schweiz und den Regierungen der deutschen Grenz-

staaten (und umgekehrt) vgl. das am Schlusse des Vertrages abgedruckte Protokoll v. 6. 7. 1874.

[2]) Wenngleich nach Maßgabe des Abkommens vom 1./10. Dezbr. 1878 (Pr. JMBl. 1879 S. 20) zwischen den deutschen und den schweizerischen Justizbehörden unmittelbarer Schriftwechsel stattfindet, so darf doch der Auslieferungsantrag (anders nach Art. 9 der Antrag auf vorläufige Festnahme —) nicht im direkten Geschäftsverkehre, sondern nur im diplomatischen Wege gestellt werden. (Pr. JMBl. 1889 S. 25.)

[3]) Zur Bewilligung der Auslieferung genügt es, daß die im Haftbefehl bezeichnete Tat alle Begriffsmerkmale eines Auslieferungsdelikts enthält; ob der Auszuliefernde sich des Delikts wirklich schuldig gemacht hat, hat nicht der ersuchte Staat, sondern der erkennende Richter zu prüfen. (Schweiz. Bundesgericht in Z. I S. 248; IX S. 496[2].)

8. In dringenden Fällen und insbesondere, wenn Gefahr der Flucht vorhanden ist, kann jeder der vertragenden Staaten unter Berufung auf das Vorhandensein eines Strafurteils, eines Beschlusses auf Versetzung in den Anklagestand oder eines Haftbefehls, in kürzester Weise, selbst auf telegraphischem Wege, die vorläufige Festnahme[1]) des Verurteilten oder Angeschuldigten beantragen und erwirken, unter der Bedingung, daß das Dokument, auf dessen Vorhandensein man sich berufen hat, binnen einer Frist von zwanzig Tagen[2]) nach der Festnahme beigebracht wird. Unter der gleichen Voraussetzung und unter derselben Bedingung soll der Verfolgte in dringenden Fällen auf direktes Verlangen der zuständigen Behörde einstweilen in Verhaft genommen werden.

[1]) Zwecks vorläufiger Festnahme des Verfolgten kann nach Art. 8 jede zuständige Behörde direkt mit der kompetenten Behörde des andern Staates in Verbindung treten. Ein solches Ersuchen kann jedoch nur dann Erfolg haben, wenn bereits ein Strafurteil oder ein Haftbefehl gegen den Flüchtigen ergangen ist und dieses Umstands in dem Antrag Erwähnung geschieht. (Pr. JMBl. 1889 S. 25.) Ein Verzeichnis der schweizerischen Behörden, bei denen die vorl. Festnahme von den deutschen Behörden unmittelbar beantragt werden kann, ist im Pr. JMBl. 1905 S. 318 ff. bekannt gemacht. Die schweiz. Behörden, die befugt sind, die Festnahme flüchtiger Verbrecher im Auslande zu beantragen, sind im Pr. JMBl. 1905 S. 197 ff. angegeben; zu diesen tritt noch die kantonale Polizeidirektion in Freiburg hinzu. (Pr. JMBl. 1905 S. 318.)

[2]) Der Lauf der Frist beginnt bereits mit dem Augenblick der Verhaftung. Vgl. hierzu das Zirkular des Min. d. Innern v. 12. 5. 1893. (MBl. f. d. i. V. S. 149, 150.) Wird innerhalb der Frist der Haftbefehl nicht beigebracht, so muß der Verhaftete auf freien Fuß gesetzt werden.

9. Die entwendeten oder im Besitze des Verurteilten oder Angeschuldigten vorgefundenen Gegenstände, die Gerätschaften und Werkzeuge, deren er sich zur Verübung seines Verbrechens oder Vergehens bedient hat, sowie alle anderen Beweisstücke sollen gleichzeitig mit der Auslieferung der verhafteten Person ausgefolgt werden. Dies soll selbst dann geschehen, wenn die Auslieferung, nachdem sie zugestanden[1]) worden ist, infolge des Todes[1]) oder der Flucht des Schuldigen nicht sollte stattfinden können. — Diese Ausfolgung wird sich auch auf alle Gegenstände der gedachten Art erstrecken, welche von

dem Angeschuldigten in dem Lande, in welches er sich geflüchtet hat, versteckt oder hinterlegt worden sind, und die daselbst später aufgefunden werden. Jedoch werden die Rechte dritter Personen an den erwähnten Gegenständen vorbehalten, und es sollen ihnen dieselben nach Schluß des gerichtlichen Verfahrens kostenfrei wieder ausgehändigt werden.

[1]) Über Satz 2 des Art. 9 hinaus wird von den Vertragsstaaten die Ausantwortung der in Satz 1 genannten Gegenstände auch dann bewilligt, wenn der Auszuliefernde vor der Entscheidung über die Bewilligung der Auslieferung gestorben war, sofern nur der Auslieferung an und für sich nichts entgegengestanden hätte. (Vgl. Vfg. des Justizministers und des Ministers des Innern v. 6. 10. 03 [MBl. f. d. i. V. S. 270.])

10. Liefert eine dritte Regierung jemanden aus, so gestatten die vertragenden Teile die Durchführung des Auszuliefernden durch ihr Landesgebiet [1]), oder den Transport des Auszuliefernden auf ihren Fahrzeugen und Dienstschiffen, sofern die betreffende Person nicht dem um die Gewährung der Durchführung angegangenen Staate angehört. In diesem Falle bedarf es nur eines einfachen Antrags auf diplomatischem Wege seitens derjenigen Regierung, welche die Auslieferung verlangt hat, und der Beibringung der nötigen Beweisstücke dafür, daß es sich nicht um ein politisches oder rein militärisches Vergehen handelt.

Die Durchführung findet auf dem kürzesten Wege unter der Begleitung von Agenten des requirierten Landes und auf Kosten der reklamierenden Regierung statt.

[1]) Vgl. hierzu die Vorbemerkung 3 zum deutsch-italienischen Vertrage.

11. Die vertragenden Teile verzichten auf die Erstattung derjenigen Kosten, welche ihnen aus der Festnahme und dem Unterhalte des Auszuliefernden oder aus dessen Transporte bis zur Grenze des requirierten Teils erwachsen. Sie wollen vielmehr diese Kosten gegenseitig selbst tragen.

12. Wenn im Laufe eines nichtpolitischen Strafverfahrens einer der vertragenden Teile die Vernehmung von Zeugen[1]) oder irgend eine andere Untersuchungshandlung in dem Gebiete des anderen Teils für notwendig erachten sollte, so wird zu diesem Zwecke ein Ersuchsschreiben auf diplomatischem Wege oder direkt von der zuständigen Behörde des einen Landes an die zuständige Behörde des anderen Landes übersandt, und es soll demselben nach Maßgabe der Gesetzgebung des Landes, wo der Zeuge vernommen oder der Akt vorgenommen werden soll, stattgegeben werden; die Ausführung des Antrags kann verweigert werden, wenn das Verfahren gegen einen von der requirierenden Behörde noch nicht verhafteten Angehörigen des requirierten Landes gerichtet ist, oder wenn die Untersuchung eine Handlung zum Gegenstande hat, welche nach den Gesetzen des Staats, an welchen das Ersuchsschreiben gerichtet ist, nicht gerichtlich strafbar ist.

Die beteiligten Regierungen entsagen jedem Ansprüche auf Erstattung der aus der Ausführung der Requisition entstandenen Kosten, soweit es sich nicht um strafgerichtliche, kommerzielle oder medizinische Gutachten Sachverständiger handelt.

[1]) Nach Art. 13 des Vertrages kann das Erscheinen von in der Schweiz wohnhaften Zeugen von den deutschen Gerichten nicht erzwungen werden. Die Aussage eines kommissarisch gemäß §§ 222, 223 StPO. vernommenen Zeugen, der zuvor sein Erscheinen in der Hauptverhandlung trotz Ladung abgelehnt hatte, darf deshalb in der Hauptverhandlung auch dann verlesen werden, wenn der vernehmende schweizerische Richter mit Rücksicht auf die eine Beeidigung außerhalb der Hauptverhandlung nicht kennende Gesetzgebung des betr. Kantons dem Zeugen nur ein „Handgelübde an Eides Statt" abgenommen hatte. (RG. 12 S. 347 ff.)

13. Wenn in einer nichtpolitischen Untersuchungssache das persönliche Erscheinen eines in dem anderen Lande wohnhaften Zeugen[1]) notwendig oder wünschenswert ist, so wird seine Regierung ihn auffordern, der an ihn ergehenden Ladung Folge zu leisten. Leistet er Folge, so werden ihm die Kosten der Reise und des Aufenthalts nach seiner Wahl entweder nach den Tarifsätzen und Reglements des Landes, wo die Vernehmung stattfinden soll, oder nach denjenigen des requirierten Staats bewilligt werden; auch kann dem Zeugen auf seinen Antrag durch die Behörden seines Wohnorts der Gesamtbetrag oder ein Teil der Reisekosten vorgeschossen werden; diese Kosten werden demnächst von der dabei interessierten Regierung zurückerstattet.

In keinem Falle darf ein Zeuge, welcher infolge der in dem einen Lande an ihn ergangenen Vorladung freiwillig vor den Richtern des anderen Landes erscheint, daselbst wegen früherer strafbarer Handlungen oder Verurteilungen oder unter dem Vorwande der Mitschuld an den Handlungen, welche den Gegenstand der Untersuchung bilden, worin er als Zeuge erscheinen soll, zur Untersuchung gezogen oder in Haft genommen, oder für zivilrechtliche [2]) Ansprüche irgendwie belästigt werden. Hierbei kommt es auf die Staatsangehörigkeit des Zeugen nicht an.

[1]) Vgl. Anm. 1 zu Art. 12.

[2]) Die Bestimmung daß der Zeuge auch wegen zivilrechtlicher Ansprüche nicht belästigt werden dürfe, ist auf Wunsch der Schweiz aufgenommen. (Denkschr.) Von den übrigen Auslieferungsverträgen des Reiches enthält nur der Vertrag mit Griechenland (Art. 17 Abs. 3) eine ähnliche Vorschrift.

14. Wenn es bei einer Untersuchung, welche in einem der vertragenden Staaten geführt wird, notwendig werden sollte, den Angeschuldigten mit in dem anderen Lande verhafteten Schuldigen zu konfrontieren, oder Beweisstücke, oder gerichtliche Urkunden, welche letzterem Staate gehören, vorzulegen, so soll ein Gesuch dieser Art auf diplomatischem Wege oder im direkten Verkehr unter den zuständigen Behörden der vertragenden Teile gestellt werden und es soll demselben, sofern nicht etwa außergewöhnliche Bedenken dagegen obwalten, stets entsprochen werden, unter der Bedingung jedoch, daß sobald als möglich die Verhafteten zurückgeliefert und die obigen Beweisstücke und Urkunden zurückgesandt werden.

Die Kosten des Transports der oben erwähnten Personen und Gegenstände von einem Staate zum anderen werden von derjenigen Regierung getragen, welche den bezüglichen Antrag gestellt hat.

15. Die vertragenden Regierungen verpflichten sich, einander wechselseitig die Verurteilungen wegen Verbrechen und Vergehen jeder Art mitzuteilen, welche von den Gerichtshöfen des einen Landes gegen Angehörige des anderen ausgesprochen werden. Diese Mitteilung wird auf diplomatischem Wege erfolgen durch vollständige oder auszugsweise Übersendung des ergangenen und rechtskräftig gewordenen Urteils an die Regierung desjenigen Landes, welchem der Verurteilte angehört. Jede der vertragenden Regierungen wird zu diesem Zwecke an die zuständigen Behörden die entsprechenden Anweisungen erlassen[1]).

[1]) Für Preußen vgl. Allg. Vfg. v. 30. 6. 1888 (JMBl. S. 167, 168) und vom 9. 11. 1889 (JMBl. S. 268).

16. Der gegenwärtige Vertrag ist auf zehn Jahre abgeschlossen.

Von dem Zeitpunkte seiner Geltung ab verlieren die früher zwischen den einzelnen Staaten des Deutschen Reichs und der Schweiz abgeschlossenen Verträge über die Auslieferung von Verbrechern ihre Gültigkeit.

Wenn von keinem der vertragenden Teile sechs Monate vor dem Ablauf der zehnjährigen Frist die Absicht, diesen Vertrag außer Kraft zu setzen, angezeigt wird, so soll derselbe für zehn weitere Jahre in Geltung bleiben, und so ferner von zehn zu zehn Jahren.

Protokoll[1]).

Berlin, den 6. Juli 1874.

Bei Gelegenheit des Austausches der Ratifikationen des am 24. Januar d. J. abgeschlossenen Auslieferungsvertrags zwischen dem Deutschen Reich und der Schweiz haben die Unterzeichneten, namens der hohen vertragenden Teile, sich in bezug auf die Ausführung des Artikel VII dieses Vertrags darüber einverstanden erklärt,

daß in Auslieferungsangelegenheiten, welche schleuniger Erledigung bedürfen, ein direkter Verkehr zwischen den Regierungen der an die Schweiz angrenzenden deutschen Bundesstaaten und dem schweizerischen Bundesrat, sowie umgekehrt zwischen dem schweizerischen Bundesrat und den Regierungen der erwähnten Bundesstaaten stattfinden darf.

Demgemäß ist das gegenwärtige Protokoll in doppelter Ausfertigung unterzeichnet und ausgetauscht worden.

[1]) Vgl. Anm. 1 zu Art. 7.

XIV.
Auszug aus dem Konsularvertrag zwischen dem Deutschen Reich und Serbien.

Vom 6. Januar 1883.

(RGBl. S. 62 ff.).

Art. XXV. (Abs. 1, 2) . . .

Über die gegenseitige Auslieferung der Verbrecher und Erledigung von Requisitionen in Strafsachen wird zwischen den Hohen vertragschließenden Teilen eine besondere Vereinbarung getroffen werden. Bis zum Inkrafttreten dieser Vereinbarung sollen dem Deutschen Reich in Serbien dieselben Rechte und Begünstigungen, welche seitens Serbiens einem anderen Staate durch derartige Vereinbarungen eingeräumt sind, oder in Zukunft eingeräumt werden, insoweit zustehen, als seitens des Deutschen Reichs im einzelnen Falle für gleichartige Fälle die Gegenseitigkeit an Serbien zugesichert wird[1].

(Abs. 4) . . .

[1]) Gemäß Art. XXV Abs. 3 erfolgt bis auf weiteres die Auslieferung aus Serbien gegen Zusicherung der Gegenseitigkeit nach Maßgabe der von Serbien mit anderen Staaten abgeschlossenen Auslieferungsverträge. Nach Inhalt dieser letzteren ist die Auslieferung aus Serbien im allgemeinen an dieselben Voraussetzungen geknüpft und wegen derselben Delikte zulässig, wie sie in den neueren Verträgen des Deutschen Reiches, insbesondere in demjenigen mit Belgien festgestellt sind.

Die Anträge auf vorläufige Festnahme wie auf Auslieferung können nur im diplomatischen Wege gestellt werden; es ist deshalb in jedem Falle unter Beifügung der entsprechenden Urkunden an den Justizminister zu berichten. (Pr. JMBl. 1889 S. 25.)

XV.
Auslieferungsvertrag
zwischen dem Deutschen Reich und Spanien.
Vom 2. Mai 1878.
(RGBl. S. 213 ff.)

Vorbemerkungen.

1. Der Vertrag ist ratifiziert und im RGBl. vom 22. 7. 1878 mit offiziellem Doppeltext in deutscher und spanischer Sprache verkündet. — Er ist im wesentlichen dem deutsch-belgischen Vertrage nachgebildet, soweit nicht durch die spanische Gesetzgebung Abweichungen geboten waren. — Vorverhandlungen in den Verhandlungen des Reichstags 1878 II. Sess. Anl.Bd. Nr. 252, stenogr. Ber. S. 1429.

2. Das in Spanien geltende Strafgesetzbuch ist der Código penal reformado vom 30. 8. 1870. Er unterscheidet zwei Gruppen strafbarer Handlungen, nämlich „delitos", d. h. Verbrechen (welche wieder in schwere und weniger schwere eingeteilt werden) und „faltas" (Vertretungen). Er unterscheidet ferner zwischen Vollendung (delito consumado), Versuch (tentativa) und Fehlschlagung (delito frustrado.) Letztere wird um eine Stufe, der Versuch um zwei Stufen geringer bestraft als die Vollendung. Infolge der weiteren Unterscheidung zwischen Teilnehmern, welche um eine Stufe, und Begünstigern, welche um zwei Stufen geringer bestraft werden als der Urheber des (vollendeten, fehlgeschlagenen oder versuchten) Verbrechens ergeben sich fünf verschiedene Stufen

der Bestrafung. (Vgl. v. Liszt, Strafgesetzgebung der Gegenwart Bd. 1 S. 502 ff. Über eine Reihe späterer Einzelstrafgesetze vgl. das. Bd. 2 S. 526 ff.)

Art. 1. Die hohen vertragenden Teile verpflichten sich durch gegenwärtigen Vertrag, sich einander in allen nach den Bestimmungen desselben zulässigen Fällen diejenigen Personen auszuliefern, welche wegen einer der nachstehend aufgezählten strafbaren, im Gebiete des ersuchenden[1]) Staates begangenen und daselbst strafbaren Handlungen, sei es als Täter oder Teilnehmer, verurteilt oder in Anklagestand versetzt oder zur gerichtlichen Untersuchung gezogen worden sind und im Gebiete des anderen Teils sich aufhalten[2]), nämlich[3]):

1. wegen Totschlags, Mordes, Giftmordes, Elternmordes und Kindesmordes;
2. wegen vorsätzlicher Abtreibung der Leibesfrucht;
3. wegen Aussetzung eines Kindes unter sieben Jahren oder vorsätzlicher Verlassung eines solchen in hilfloser Lage;
4. wegen Raubes, Verheimlichung, Entführung, Unterdrückung, Verwechselung oder Unterschiebung eines Kindes;
5. wegen Entführung einer minderjährigen Person;
6. wegen vorsätzlicher und rechtswidriger Beraubung der persönlichen Freiheit eines Men-

schen, insofern sich eine Privatperson derselben schuldig macht;

7. wegen Eindringens in eine fremde Wohnung, insofern sich eine Privatperson derselben schuldig macht und die Handlung nach der Gesetzgebung beider Teile strafbar ist;
8. wegen Bedrohung mit Begehung eines Verbrechens;
9. wegen unbefugter Bildung einer Bande, in der Absicht, Personen oder Eigentum anzugreifen;
10. wegen mehrfacher Ehe;
11. wegen Notzucht;
12. wegen Vornahme unzüchtiger Handlungen mit Gewalt oder unter Drohungen in den von der Gesetzgebung beider Teile mit Strafe bedrohten Fällen;
13. wegen Vornahme unzüchtiger Handlungen mit oder ohne Gewalt oder Drohungen an einer Person des einen oder anderen Geschlechts unter vierzehn oder unter zwölf Jahren[4]), je nachdem auf die verfolgte Tat die in dem Gebiete des einen oder des anderen der vertragenden Teile geltenden strafgesetzlichen Bestimmungen Anwendung finden, sowie wegen Verleitung solcher Personen zur Verübung oder Duldung unzüchtiger Handlungen;
14. wegen gewohnheitsmäßiger Kuppelei mit

minderjährigen Personen des einen oder anderen Geschlechts;

15. wegen vorsätzlicher Mißhandlung oder Verletzung eines Menschen, welche eine voraussichtlich unheilbare Krankheit oder dauernde Arbeitsunfähigkeit oder den Verlust des unumschränkten Gebrauchs eines Organs, eine schwere Verstümmelung oder den Tod, ohne den Vorsatz zu töten, zur Folge gehabt hat;
16. wegen Raubes und Diebstahls;
17. wegen Unterschlagung, Untreue und Erpressung[5]) in den Fällen, in welchen diese Handlungen von der Gesetzgebung beider vertragenden Teile mit Strafe bedroht sind;
18. wegen Betruges in denjenigen Fällen, in welchen derselbe nach der Gesetzgebung beider Teile als Verbrechen oder Vergehen strafbar ist;
19. wegen betrüglichen Bankerutts und betrüglicher Benachteiligung einer Konkursmasse[6]);
20. wegen Meineides;
21. wegen falschen Zeugnisses und wegen falschen Gutachtens eines Sachverständigen oder Dolmetschers, in den Fällen, in welchen diese Handlungen von der Gesetzgebung beider Teile mit Strafe bedroht sind;
22. wegen Verleitung eines Zeugen, Sachverständigen oder Dolmetschers zum Meineide;
23. wegen Fälschung von Urkunden oder tele-

graphischen Depeschen in betrügerischer Absicht oder in der Absicht, jemandem zu schaden, sowie wegen wissentlichen Gebrauchs falscher oder gefälschter Urkunden und telegraphischer Depeschen in betrügerischer Absicht oder in der Absicht, jemandem zu schaden;

24. wegen vorsätzlicher und rechtswidriger Beschädigung, Vernichtung oder Unterdrückung einer öffentlichen oder Privaturkunde, begangen in der Absicht, einem anderen zu schaden;

25. wegen Fälschung oder Verfälschung von Stempeln, Stempelzeichen, Marken oder Siegeln, in der Absicht, sie als echte zu verwenden, und wegen wissentlichen Gebrauchs falscher oder gefälschter Stempel, Stempelzeichen, Marken oder Siegel;

26. wegen Falschmünzerei, nämlich wegen Nachmachens und Veränderns von Metall- und Papiergeld, sowie wegen wissentlichen Ausgebens und Inumlaufsetzens von nachgemachtem oder verfälschtem Metall- oder Papiergeld;

27. wegen Nachmachens und Verfälschens von Bankbillets und anderen vom Staate oder unter Autorität des Staates von Korporationen, Gesellschaften oder Privatpersonen ausgegebenen Schuldverschreibungen und sonstigen Wertpapieren, sowie wegen wissentlichen Aus-

gebens und Inumlaufsetzens solcher nachgemachten oder gefälschten Bankbillets, Schuldverschreibungen und anderer Wertpapiere;

28. wegen vorsätzlicher Brandstiftung;
29. wegen Unterschlagung und Erpressung seitens öffentlicher Beamten;
30. wegen Bestechung öffentlicher Beamten zum Zweck einer Verletzung ihrer Amtspflicht;
31. wegen folgender strafbarer Handlungen der Schiffsführer und Schiffsmannschaften auf Seeschiffen:
    a) vorsätzliche und rechtswidrige Zerstörung eines Schiffes;
    b) vorsätzlich bewirkte Strandung eines Schiffes;
    c) Widerstand mit Tätlichkeiten gegen den Schiffsführer, wenn dieser Widerstand von mehreren Schiffsleuten auf Verabredung gemeinschaftlich geleistet ist;
32. wegen vorsätzlicher und rechtswidriger gänzlicher oder teilweiser Zerstörung von Eisenbahnen, Dampfmaschinen oder Telegraphenanstalten;

    wegen vorsätzlicher Störung eines Eisenbahnzuges auf der Fahrbahn durch Aufstellen, Hinlegen oder Hinwerfen von Gegenständen, durch Verrückung von Schienen oder ihrer Unterlagen, durch Wegnahme von Weichen oder Bolzen oder durch Bereitung von Hindernissen anderer Art, welche dazu geeignet sind, den Zug aufzuhalten oder aus den Schienen zu bringen;

33. wegen vorsätzlicher und rechtswidriger Zerstörung oder Beschädigung von Gräbern, öffentlichen Denkmälern oder öffentlich ausgestellten Kunstgegenständen, von baulichen Anlagen, Lebensmitteln, Waren oder anderen beweglichen Sachen, von Feldfrüchten, Pflanzen aller Art, Bäumen oder Pfropfreisern, von landwirtschaftlichen Gerätschaften, von Haus- oder anderen Tieren — in denjenigen Fällen, in welchen diese Handlungen nach der Gesetzgebung beider vertragenden Teile als Verbrechen oder Vergehen strafbar sind;

34. wegen Verhehlung von Sachen, welche durch eines der im gegenwärtigen Vertrage vorgesehenen Verbrechen oder Vergehen erlangt worden sind, wofern diese Handlung nach der Gesetzgebung der beiden vertragschließenden Teile strafbar ist.

Es kann [7]) indessen, wenn das Verbrechen oder Vergehen, wegen dessen ein Antrag auf Auslieferung gestellt wird, außerhalb des Gebietes des ersuchenden Teils begangen worden ist, diesem Antrage alsdann stattgegeben werden, wenn nach der Gesetzgebung des ersuchten Staates wegen derselben, außerhalb seines Gebietes begangenen Handlungen eine gerichtliche Verfolgung statthaft ist.

[1]) Vgl. aber Abs. 2.

[2]) Freiwilligkeit des Aufenthalts ist nicht erforderlich.

[3]) In der nun folgenden Aufzählung wird bei einigen der aufgeführten Delikte ausdrücklich die übereinstimmende Anwendbarkeit der Strafgesetze beider Länder auf den Fall, wegen dessen die Auslieferung erfolgen soll, erfordert (so bei Ziff. 7, 12, 17, 18, 21, 33, 34), während dies bei den übrigen nicht verlangt wird. Dies begründet die Schlußfolgerung, daß da, wo im Vertrage betreffs anderer Straftaten das gleiche Erfordernis nicht aufgestellt wird, die Paziszenten die Übereinstimmung der Strafgesetze in allen Einzelheiten nicht für nötig erachteten, sondern sich damit genügen ließen, daß in den Hauptpunkten, im Großen und Ganzen, eine solche Übereinstimmung der beiderseitigen Gesetzgebungen vorliege, die die Auslieferung als im beiderseitigen Interesse liegend erscheinen lasse. Und diese Übereinstimmung in den Grundlinien wurde durch die Aufführung einer Straftat als Auslieferungsdelikt und die Art ihrer allgemeinen Charakterisierung im Vertrage anerkannt. In diesen Fällen hat daher der erkennende deutsche Richter immer nur zu prüfen, ob die konkrete Tat, deren Verfolgung in Frage steht, ihrem Wesen nach unter die im Vertrage aufgeführte allgemeine Kategorie fällt, ohne in eine Erörterung einzutreten, ob sie auch alle Strafbarkeitsmomente einer nach spanischem Recht mit Strafe bedrohten Handlung an sich trägt. (RG. 36 S. 347, 348; vgl. auch Anm. 6 und Einl. S. 52.)

[4]) Bei Ziff. 13 ist der spanischen Gesetzgebung, welche statt der Altersgrenze von 14 Jahren — wie im deutschen und belgischen Recht — eine solche von 12 Jahren festgesetzt hat, Rechnung getragen. (Denkschr.)

[5]) Ein der „Erpressung" des RStGB. genau entsprechendes strafbares Reat kennt das spanische Recht nicht. Als entsprechendste Wiedergabe des Begriffs der Erpressung ist im spanischen Text der Ausdruck „exaccion

con violencia ó amenazas“ (Abnötigung mit Gewalt oder Drohungen) gewählt worden. (Denkschr.)

[6]) Art. 1 Nr. 19 betrifft nicht nur den Fall der formellen Konkurseröffnung, sondern auch den der Zahlungseinstellung.

Die Bezeichnung „betrügliche Benachteiligung einer Konkursmasse“ umfaßt alle Tatbestände, die nach dem zur Zeit des Vertragsschlusses geltenden Strafrecht der vertragschließenden Staaten zwar nicht als betrüglicher Bankerutt im engeren Sinne angesehen werden, mit diesem aber das gemein haben, daß sie Handlungen betreffen, die vom Täter vorsätzlich zur Benachteiligung der Gläubigerschaft eines fallit gewordenen Schuldners vorgenommen werden oder dieselbe zur Folge haben. Der deutsche Richter hat hierbei ferner nur zu prüfen (vgl. oben Anm. 3), ob die konkrete Tat, deren Verfolgung in Frage steht, ihrem Wesen nach unter die genannte Kategorie fällt, ohne in eine Erörterung einzutreten, ob sie auch alle Strafbarkeitsmomente einer nach spanischem Recht mit Strafe bedrohten Handlung an sich trägt. Von diesen Gesichtspunkten aus fällt unter die Ziff. 19 („betrügliche Benachteiligung einer Konkursmasse“) insbesondere auch das Vergehen aus § 241 RKO. (RG. 36 S. 347 ff., 349.)

[7]) Fakultativ (vgl. Einl. S. 12, 13).

2. Die Auslieferung kann [1]) auch wegen Versuches [2]) einer der im Artikel 1 aufgeführten strafbaren Handlungen stattfinden, wenn der Versuch derselben nach der Gesetzgebung der beiden vertragenden Teile mit Strafe bedroht ist.

[1]) Vgl. Anm. 1 zu Art. 2 des deutsch-belgischen Vertrages. Das dort Gesagte gilt auch hier.

[2]) Vgl. Vorbem. 2.

3. Kein Deutscher [1]) wird von seiten der Re-

gierungen des Deutschen Reichs an die spanische Regierung und von seiten dieser kein Spanier an eine Regierung des Deutschen Reichs ausgeliefert werden.

Ist die reklamierte Person weder ein Deutscher noch ein Spanier, so kann der Staat, an welchen der Auslieferungsantrag gerichtet wird, von dem gestellten Antrage diejenige Regierung, welcher der Verfolgte angehört, in Kenntnis setzen, und wenn diese Regierung ihrerseits den Angeschuldigten beansprucht, um ihn vor ihre Gerichte zu stellen, so kann diejenige Regierung, an welche der Auslieferungsantrag gerichtet ist, den Angeschuldigten nach ihrer Wahl der einen oder der anderen Regierung ausliefern.

[1]) Vgl. § 9 RStGB.

4. Die Auslieferung soll nicht stattfinden, wenn die von einer Regierung des Deutschen Reichs reklamierte Person in Spanien, die seitens der spanischen Regierung reklamierte Person in einem der Staaten des Deutschen Reichs wegen derselben strafbaren Handlung, wegen deren die Auslieferung beantragt wird, in Untersuchung gewesen und außer Verfolgung gesetzt worden, oder sich noch in Untersuchung befindet oder bereits bestraft worden ist.

Wenn die von einer Regierung des Deutschen Reichs reklamierte Person in Spanien, oder wenn die seitens der spanischen Regierung reklamierte Person in einem der Staaten des Deutschen Reichs wegen einer anderen strafbaren Handlung in Untersuchung ist, so soll ihre Auslieferung bis zur Beendigung dieser Untersuchung und vollendeter Vollstreckung der etwa gegen sie erkannten Strafe aufgeschoben werden [1]).

[1]) Vgl. Einl. S. 29, 30.

5. Wenn eine reklamierte Person Verbindlichkeiten gegen Privatpersonen eingegangen ist, an deren Erfüllung sie durch die Auslieferung verhindert wird, so soll dieselbe dennoch ausgeliefert werden, und es bleibt dem dadurch beeinträchtigten Teile überlassen, seine Rechte vor der zuständigen Behörde geltend zu machen.

6. Die Bestimmungen des gegenwärtigen Vertrages finden auf solche Personen, die sich irgendeines politischen Verbrechens oder Vergehens schuldig gemacht haben, keine Anwendung. Die Person, welche wegen eines der in Art. 1 und 2 angeführten gemeinen Verbrechen oder Vergehen ausgeliefert worden ist, darf demgemäß in demjenigen Staate, an welchen die Auslieferung erfolgt ist, in keinem Falle wegen eines von ihr vor der Auslieferung verübten politischen Verbrechens oder Vergehens, noch wegen einer Handlung, welche mit einem solchen politischen Verbrechen oder Vergehen im Zusammenhang steht, noch wegen eines Verbrechens oder Vergehens, welches in dem gegenwärtigen Vertrage nicht vorgesehen ist, zur Untersuchung gezogen und bestraft werden [1]) [2]); es sei denn, daß dieselbe,

nachdem sie wegen des Verbrechens oder Vergehens, welches zur Auslieferung Anlaß gegeben hat, bestraft oder endgültig freigesprochen ist, während dreier Monate im Lande bleibt oder nach Verlassen desselben wieder in dasselbe zurückkehrt.

Der Angriff gegen das Oberhaupt einer fremden Regierung oder gegen Mitglieder seiner Familie soll weder als politisches Vergehen, noch als mit einem solchen in Zusammenhang stehend angesehen werden, wenn dieser Angriff den Tatbestand des Totschlags, Mordes oder Giftmordes bildet [3]).

[1]) Bis hierher stimmt Art. 6 mit dem Art. 6 des deutsch-belgischen Vertrages überein. Vgl. ferner Einl. S. 23 ff., 40 ff. und RG. 31 S. 236.

[2]) Da eine vom Auslieferungsantrage abweichende rechtliche Beurteilung der Tat dann zulässig ist, wenn diese auch in der abweichenden Qualifizierung ein in dem Vertrage vorgesehenes Delikt bildet, so darf ein aus Spanien an einen deutschen Bundesstaat wegen betrüglichen Bankerutts Ausgelieferter, wenn seine Tat in der Hauptverhandlung sich als Vergehen aus § 241 RKO. darstellt, wegen dieses Vergehens (welches unter den Begriff „betrügliche Benachteiligung einer Konkursmasse" fällt, vgl. Art. 1 Ziff. 19 und Anm. 6 zu Art. 1) verurteilt werden. (RG. 36 S. 345 ff.)

[3]) Sog. Attentatsklausel (vgl. Einl. S. 25). — Die Auslieferung muß nach Art. 2 (vgl. Anm. 1 daselbst) auch wegen Versuchs der im Art. 6 Abs. 2 genannten Verbrechen erfolgen.

7. Die Auslieferung soll nicht stattfinden, wenn nach den Gesetzen desjenigen Staates, in welchem der Verfolgte zur Zeit, wo die Auslieferung bean-

tragt wird, sich aufhält, Verjährung der strafgerichtlichen Verfolgung oder der erkannten Strafe eingetreten ist [1]).

[1]) Vgl. Einl. S. 19ff. — Im Gegensatz zu Art. 7 des deutsch-belgischen Vertrages ist hier über den Beginn der Verjährung nichts gesagt, weil der Beginn der Verjährung im deutschen und spanischen Recht nicht ganz gleichmäßig geordnet ist. Maßgebend ist also auch für den Beginn der Verjährung das Recht des ersuchten Staates. (Denkschr.)

8. Die Auslieferung eines der in Art. 1 und 2 aufgeführten strafbaren Handlungen Beschuldigten soll bewilligt werden auf Grund eines verurteilenden Erkenntnisses oder auf Grund eines förmlichen Beschlusses des zuständigen Gerichts auf Versetzung in den Anklagestand oder Eröffnung des Hauptverfahrens, oder auch auf Grund eines Haftbefehls oder eines anderen von der zuständigen Behörde erlassenen Dokuments, welches die gleiche Geltung hat und worin der Tatbestand, sowie die darauf anwendbare strafgesetzliche Bestimmung genau angegeben ist, — insofern diese Schriftstücke in Urschrift oder in beglaubigter Abschrift, und zwar in denjenigen Formen beigebracht sind, welche die Gesetzgebung des die Auslieferung begehrenden Staates vorschreibt.

Die Anträge auf Auslieferung erfolgen im diplomatischen Wege. Der Schriftwechsel und die Verhandlungen können jedoch je nach den Umständen des einzelnen Falles unmittelbar zwischen der bei der Auslieferung beteiligten Regierung des Deutschen Reichs und der spanischen Regierung stattfinden.

9. Der wegen einer der in Art. 1 und 2 aufgezählten strafbaren Handlungen Verfolgte darf in dringenden Fällen auf Grund einer amtlichen Mitteilung der zuständigen Behörde des die Auslieferung betreibenden Staates vorläufig festgenommen werden[1]).

In diesem Falle wird der vorläufig Festgenommene wieder auf freien Fuß gesetzt werden, wenn nicht binnen zweier Monate nach seiner Verhaftung der Auslieferungsantrag gemäß dem Artikel 8 des gegenwärtigen Vertrages gestellt worden ist.

[1]) Ein Haftbefehl braucht (abw. von Art. 9 Abs. 1 des deutsch-belgischen Vertrages) noch nicht vorzuliegen. — Die vorläufige Festnahme kann im Wege des unmittelbaren Geschäftsverkehrs beantragt werden. Geschieht dies, so ist ungesäumt wegen Stellung des Auslieferungsantrags an den Justizminister zu berichten. (Pr. JMBl. 1889 S. 25, 26.)

Die vorläufige Festhaltung dauert höchstens zwei, und falls die Festnahme in den überseeischen Besitzungen Spaniens stattfand, höchstens drei Monate. (Vgl. Abs. 2 und Art. 17.)

10. Alle in Beschlag genommenen Gegenstände, welche sich zur Zeit der Festnahme im Besitze des Auszuliefernden befinden, sollen, wenn die zuständige Behörde des um die Auslieferung ersuchten Staates die Ausantwortung derselben angeordnet hat, dem ersuchenden Staate mit übergeben werden, und es soll sich diese Überlieferung nicht bloß auf die entfremdeten Gegenstände, sondern auf alles erstrecken, was zum Beweise der strafbaren Handlung dienen könnte.

Jedoch werden die Rechte dritter Personen an den oben erwähnten Gegenständen vorbehalten, und es sollen ihnen dieselben nach dem Schlusse des gerichtlichen Verfahrens kostenfrei zurückgegeben werden.

11. Die vertragenden Teile gestatten ausdrücklich die Auslieferung mittels Durchführung Auszuliefernder durch ihr Landesgebiet auf Grund einfacher Beibringung eines der im Artikel 8 dieses Vertrages näher bezeichneten gerichtlichen Dokumente, in Urschrift oder beglaubigter Abschrift, vorausgesetzt, daß die strafbare Handlung, wegen welcher die Auslieferung beantragt wird, in dem gegenwärtigen Vertrage inbegriffen ist und nicht unter die Bestimmungen der vorangehenden Artikel 6 und 7 fällt.

12. Die vertragenden Teile verzichten darauf, die Erstattung derjenigen Kosten zu verlangen, welche ihnen aus der Festnahme und dem Unterhalte des Auszuliefernden und seinem Transporte bis zur Grenze erwachsen, willigen vielmehr gegenseitig darin, diese Kosten selbst zu tragen.

13. Wenn in einem Strafverfahren wegen Handlungen, welche nicht zu den politischen Verbrechen oder Vergehen gehören, einer der vertragenden Teile die Vernehmung von Zeugen, welche sich im Gebiete des anderen Teils aufhalten, oder irgend eine andere Untersuchungshandlung für notwendig erachten sollte, so wird ein entsprechendes Ersuchschreiben auf diplomatischem Wege mitgeteilt und demselben nach

Maßgabe der Gesetzgebung des Landes, wo der Zeuge vernommen oder der Akt vorgenommen werden soll, Folge gegeben werden. Die Ausführung des Antrags kann verweigert werden, wenn die Untersuchung eine Handlung zum Gegenstande hat, welche nach den Gesetzen des Staates, an welchen das Ersuchschreiben gerichtet ist, nicht strafbar ist, oder wenn es sich um rein fiskalische Vergehen handelt.

Die vertragenden Teile verzichten gegenseitig auf alle Ersatzansprüche wegen der aus der Ausführung der Requisition entspringenden Kosten, sofern es sich nicht um Gutachten in Straf- oder Handelssachen oder Sachen der gerichtlichen Medizin handelt, welche mehrere Termine erfordern.

14. Wenn in einer Strafsache, welche nichtpolitische Verbrechen oder Vergehen zum Gegenstande hat, das persönliche Erscheinen eines Zeugen notwendig ist, so wird die Regierung des Landes, in welchem der Zeuge sich aufhält, ihn auffordern, der an ihn ergehenden Ladung Folge zu leisten. In diesem Falle werden ihm die Kosten der Reise, welche von seinem derzeitigen Aufenthaltsorte zu berechnen sind, sowie die Kosten des Aufenthaltes nach den Tarifsätzen und den Reglements des Landes bewilligt, wo die Vernehmung stattfinden soll; auch kann dem Zeugen auf seinen Antrag durch die Behörden seines Wohnorts der Gesamtbetrag oder ein Teil der Reisekosten vorgeschossen werden; diese Kosten werden demnächst von der bei der Vernehmung interessierten Regierung zurückerstattet.

In keinem Falle darf ein Zeuge, welcher infolge der in dem einen Lande an ihn ergangenen Vorladung freiwillig vor den Richtern des anderen Landes erscheint, daselbst wegen früherer strafbarer Handlungen oder Verurteilungen oder unter dem Vorwande der Mitschuld an den Handlungen, welche den Gegenstand der Untersuchung, in welcher er als Zeuge erscheinen soll, bilden, zur Untersuchung gezogen oder in Haft genommen werden. Hierbei kommt es auf die Staatsangehörigkeit des Zeugen nicht an.

15. Wenn in einer Strafsache, welche nichtpolitische Verbrechen oder Vergehen zum Gegenstande hat, die Mitteilung von Beweisstücken oder von Urkunden, die in den Händen der Behörden des anderen Landes sind, für notwendig oder nützlich erachtet wird, so soll deshalb das Ersuchen auf diplomatischem Wege gestellt, und demselben, wenn nicht besondere Bedenken entgegenstehen, stattgegeben werden, dies jedoch nur unter der Bedingung, daß die Beweisstücke und Urkunden zurückgesandt werden.

Die vertragenden Teile verzichten gegenseitig auf Ersatz der Kosten, welche aus der Ausantwortung und Rücksendung der Beweisstücke und Urkunden bis zur Grenze entstehen.

16. Die vertragenden Teile machen sich verbindlich, sich gegenseitig die Straferkenntnisse wegen Verbrechen und Vergehen jeder Art mitzuteilen, welche von den Gerichten des einen Landes gegen Angehörige des anderen Landes ergehen. Diese Mitteilung wird auf diplomatischem Wege erfolgen, und zwar durch vollständige oder auszugsweise Übersendung des ergangenen und rechtskräftig gewordenen Urteils an die Regierung desjenigen Staates, welchem der Verurteilte angehört [1]).

[1]) Für Preußen vgl. Allg. Vfg. v. 30. 6. 1888 (JMBl. S. 167, 168) und v. 9. 11. 1889 (JMBl. S. 268).

17. Die Bestimmungen des gegenwärtigen Vertrages sollen für die auswärtigen Besitzungen Spaniens mit der Maßgabe Anwendung finden, daß für dieselben die im letzten Absatze des Artikel 9 vorgesehene Frist statt zwei, drei Monate beträgt [1]).

[1]) Die Balearen, die Presidios an der afrikanischen Küste und die kanarischen Inseln werden nicht zu den „auswärtigen Besitzungen" im Sinne des Art. 17 gerechnet. (Denkschr.) Für sie gilt also die zweimonatige Frist des Art. 9 Abs. 2.

18. Der gegenwärtige Vertrag soll zehn Tage nach seiner in Gemäßheit der durch die Gesetzgebung der vertragenden Teile vorgeschriebenen Formen erfolgten Veröffentlichung in Kraft treten. Von diesem Zeitpunkte ab verlieren die früher zwischen Staaten des Deutschen Reichs und Spanien abgeschlossenen Auslieferungsverträge ihre Gültigkeit.

Der gegenwärtige Vertrag kann von jedem der beiden vertragenden Teile aufgekündigt werden, bleibt jedoch nach erfolgter Aufkündigung noch sechs Monate lang in Kraft.

Derselbe wird ratifiziert und die Ratifikationen werden binnen möglichst kurzer Frist in Berlin ausgewechselt werden.

XVI.

Auslieferungsvertrag

zwischen dem Deutschen Reich und dem orientalischen Freistaat Uruguay.

Vom 12. Februar 1880.

(RGBl. 1883 S. 287 ff.)

Vorbemerkungen.

1. Der im wesentlichen dem deutsch-spanischen Vertrage nachgebildete Vertrag war bereits im Jahre 1880 abgeschlossen und vom Reichstag genehmigt. Die Auswechselung der Ratifikationsurkunden hat aber erst am 25. Juli 1883 in Montevideo stattgefunden. Der Vertrag ist deshalb erst im RGBl. vom 11. September 1883 verkündet. (Mit offiziellem Doppeltext in deutscher und spanischer Sprache.) Vorverhandlungen in den Verhandlungen des Reichstags 1880 III. Seff. Anl. Bd. Nr. 145; stenogr. Ber. S. 1108, 1317.

2. Bis zur Erlassung des Strafgesetzbuchs v. 17. 1. 1889 galt in Uruguay auf dem Gebiete des Strafrechts der alte „Código de las Siete Partidas“ Spaniens, der z. Z. der Lostrennung des Landes von der Krone Spanien noch in Kraft war. (Vgl. v. Liszt, Strafgesetzgebung der Gegenwart Bd. II S. 75 ff.; Bd. I S. 492 ff.)

Art. 1. Die Hohen vertragenden Teile verpflichten sich durch gegenwärtigen Vertrag, sich einander in allen nach den Bestimmungen desselben zulässigen Fällen diejenigen Personen auszuliefern, welche wegen einer der nachstehend aufgezählten strafbaren, im Gebiete des ersuchenden Teiles[1]) begangenen und daselbst strafbaren Handlungen, sei es als Täter oder Teilnehmer, verurteilt oder in Anklagestand versetzt oder zur gerichtlichen Untersuchung gezogen worden sind und im Gebiete des anderen Teiles sich aufhalten[2]), nämlich[3]):

1. wegen Totschlags, Mordes, Giftmordes, Elternmordes und Kindesmordes;
2. wegen vorsätzlicher Abtreibung der Leibesfrucht;
3. wegen Aussetzung eines Kindes unter sieben Jahren oder vorsätzlicher Verlassung eines solchen in hilfloser Lage;
4. wegen Raubes, Verheimlichung, Entführung, Unterdrückung, Verwechselung oder Unterschiebung eines Kindes;
5. wegen Entführung einer minderjährigen Person;
6. wegen vorsätzlicher und rechtswidriger Beraubung der persönlichen Freiheit eines Menschen, insofern sich eine Privatperson derselben schuldig macht;
7. wegen Eindringens in eine fremde Wohnung, insofern sich eine Privatperson desselben schul-

dig macht und die Handlung nach der Gesetzgebung beider Teile strafbar ist;

8. wegen Bedrohung mit Begehung eines Verbrechens;
9. wegen unbefugter Bildung einer Bande, in der Absicht, Personen oder Eigentum anzugreifen;
10. wegen mehrfacher Ehe;
11. wegen Notzucht;
12. wegen Vornahme unzüchtiger Handlungen mit Gewalt oder unter Drohungen in den von der Gesetzgebung beider Teile mit Strafe bedrohten Fällen;
13. wegen Vornahme unzüchtiger Handlungen mit oder ohne Gewalt oder Drohungen an einer Person des einen oder anderen Geschlechts unter vierzehn oder unter zwölf Jahren[4]), je nachdem auf die verfolgte Tat die in dem Gebiete des einen oder des anderen der vertragenden Teile geltenden strafgesetzlichen Bestimmungen Anwendung finden, sowie wegen Verleitung solcher Personen zur Verübung oder Duldung unzüchtiger Handlungen;
14. wegen gewohnheitsmäßiger Kuppelei mit minderjährigen Personen des einen oder anderen Geschlechts;
15. wegen vorsätzlicher Mißhandlung oder Verletzung eines Menschen, welche eine voraussichtlich unheilbare Krankheit oder dauernde

Arbeitsunfähigkeit oder den Verlust des unumschränkten Gebrauchs eines Organs, eine schwere Verstümmelung, oder den Tod, ohne den Vorsatz zu töten, zur Folge gehabt hat;

16. wegen Raubes und Diebstahls;
17. wegen Unterschlagung, Untreue und Erpressung in den Fällen, in welchen diese Handlungen von der Gesetzgebung beider vertragenden Teile mit Strafe bedroht sind;
18. wegen Betruges in denjenigen Fällen, in welchen derselbe nach der Gesetzgebung beider Teile als Verbrechen oder Vergehen strafbar ist;
19. wegen betrüglichen Bankerutts und betrüglicher Benachteiligung einer Konkursmasse;
20. wegen Meineides;
21. wegen falschen Zeugnisses und wegen falschen Gutachtens eines Sachverständigen oder Dolmetschers in den Fällen, in welchen diese Handlungen von der Gesetzgebung beider Teile mit Strafe bedroht sind;
22. wegen Verleitung eines Zeugen, Sachverständigen oder Dolmetschers zum Meineide;
23. wegen Fälschung von Urkunden oder telegraphischen Depeschen in betrügerischer Absicht oder in der Absicht, jemandem zu schaden, sowie wegen wissentlichen Gebrauchs falscher oder gefälschter Urkunden und telegraphischer

Depeschen in betrügerischer Absicht oder in der Absicht, jemandem zu schaden;

24. wegen vorsätzlicher und rechtswidriger Beschädigung, Vernichtung oder Unterdrückung einer öffentlichen oder Privaturkunde, begangen in der Absicht, einem anderen zu schaden;

25. wegen Fälschung oder Verfälschung von Stempeln, Stempelzeichen, Marken oder Siegeln in der Absicht, sie als echte zu verwenden, und wegen wissentlichen Gebrauchs falscher oder gefälschter Stempel, Stempelzeichen, Marken oder Siegel;

26. wegen Falschmünzerei, nämlich wegen Nachmachens und Veränderns von Metall- und Papiergeld, sowie wegen wissentlichen Ausgebens und Inumlaufsetzens von nachgemachtem oder verfälschtem Metall- oder Papiergeld;

27. wegen Nachmachens und Verfälschens von Bankbillets und anderen vom Staate oder unter Autorität des Staates von Korporationen, Gesellschaften oder Privatpersonen ausgegebenen Schuldverschreibungen und sonstigen Wertpapieren, sowie wegen wissentlichen Ausgebens und Inumlaufsetzens solcher nachgemachten oder gefälschten Bankbillets, Schuldverschreibungen und anderer Wertpapiere;

28. wegen vorsätzlicher Brandstiftung;
29. wegen Unterschlagung und Erpressung seitens öffentlicher Beamten;
30. wegen Bestechung öffentlicher Beamten zum Zweck einer Verletzung ihrer Amtspflicht;
31. wegen folgender strafbarer Handlungen der Schiffsführer und Schiffsmannschaft auf Seeschiffen:
    a) vorsätzliche und rechtswidrige Zerstörung eines Schiffes,
    b) vorsätzlich bewirkte Strandung eines Schiffes,
    c) Widerstand mit Tätlichkeiten gegen den Schiffsführer, wenn dieser Widerstand von mehreren Schiffsleuten auf Verabredung gemeinschaftlich geleistet ist;
32. wegen vorsätzlicher und rechtswidriger gänzlicher oder teilweiser Zerstörung von Eisenbahnen, Dampfmaschinen oder Telegraphenanstalten;

wegen vorsätzlicher Störung eines Eisenbahnzuges auf der Fahrbahn durch Aufstellen, Hinlegen oder Hinwerfen von Gegenständen, durch Verrückung von Schienen oder ihrer Unterlagen, durch Wegnahme von Weichen oder Bolzen oder durch Bereitung von Hindernissen anderer Art, welche dazu geeignet sind, den Zug aufzuhalten oder aus den Schienen zu bringen;

33. wegen vorsätzlicher und rechtswidriger Zerstörung oder Beschädigung von Gräbern, öffentlichen Denkmälern oder öffentlich ausgestellten Kunstgegenständen, von baulichen Anlagen, Lebensmitteln, Waren oder anderen beweglichen Sachen, von Feldfrüchten, Pflanzen aller Art, Bäumen oder Pfropfreisern, von landwirtschaftlichen Gerätschaften, von Haus- oder anderen Tieren, — in denjenigen Fällen, in welchen diese Handlungen nach der Gesetzgebung beider vertragenden Teile als Verbrechen oder Vergehen strafbar sind;

34. wegen Verhehlung von Sachen, welche durch eines der im gegenwärtigen Vertrage vorgesehenen Verbrechen oder Vergehen erlangt worden sind, wofern diese Handlung nach der Gesetzgebung der beiden vertragschließenden Teile strafbar ist.

Es kann [5]) indessen, wenn das Verbrechen oder Vergehen, wegen dessen ein Antrag auf Auslieferung gestellt wird, außerhalb des Gebiets des ersuchenden Teiles begangen worden ist, diesem Antrage alsdann stattgegeben werden, wenn nach der Gesetzgebung des ersuchten Staates wegen derselben, außerhalb seines Gebiets begangenen Handlungen eine gerichtliche Verfolgung statthaft ist.

[1]) Vgl. aber Abs. 2 und Anm. 5.

[2]) Freiwilligkeit des Aufenthalts ist nicht erforderlich.

[3]) Die Klausel der Strafbarkeit nach beiden Gesetzgebungen findet sich nur bei einzelnen Delikten der Vertragsliste. Vgl. hierzu Einl. S. 16, 17, 50—53.

[4]) Nach dem Strafrecht von Uruguay werden Kinder nur bis zum zwölften Lebensjahr geschützt.

[5]) Fakultativ. Vgl. Einl. S. 12, 13.

2. Die Auslieferung kann [1]) auch wegen Versuchs einer der im Artikel 1 aufgeführten strafbaren Handlungen stattfinden, wenn der Versuch derselben nach der Gesetzgebung der beiden vertragenden Teile mit Strafe bedroht ist.

[1]) Vgl. Anm. 1 zum Art. 2 des deutsch-belgischen Vertrages. Das dort Gesagte gilt auch hier.

3. Kein Deutscher wird von seiten der Regierungen des Deutschen Reichs an die Regierung von Uruguay und von seiten dieser kein Staatsangehöriger von Uruguay an eine Regierung des Deutschen Reichs ausgeliefert werden [1]).

Ist die reklamierte Person weder ein Deutscher, noch ein Staatsangehöriger von Uruguay, so kann der Staat, an welchen der Auslieferungsantrag gerichtet wird, von dem gestellten Antrage diejenige Regierung, welcher der Verfolgte angehört, in Kenntnis setzen, und wenn diese Regierung ihrerseits den Angeschuldigten beansprucht, um ihn vor ihre Gerichte zu stellen, so kann diejenige Regierung, an welche der Auslieferungsantrag gerichtet ist, den Angeschuldigten nach ihrer Wahl der einen oder anderen Regierung ausliefern.

[1]) Vgl. § 9 RStGB.

4. Die Auslieferung soll nicht stattfinden, wenn die von einer Regierung des Deutschen Reichs reklamierte Person in Uruguay, die seitens der Regierung von Uruguay reklamierte Person in einem der Staaten des Deutschen Reichs wegen derselben strafbaren Handlung, wegen deren die Auslieferung beantragt wird, in Untersuchung gewesen und außer Verfolgung gesetzt worden, oder sich noch in Untersuchung befindet, oder bereits bestraft worden ist.

Wenn die von einer Regierung des Deutschen Reichs reklamierte Person in Uruguay, oder wenn die seitens der Regierung von Uruguay reklamierte Person in einem der Staaten des Deutschen Reichs wegen einer anderen strafbaren Handlung in Untersuchung ist, so soll ihre Auslieferung bis zur Beendigung dieser Untersuchung und vollendeter Vollstreckung der etwa gegen sie erkannten Strafe aufgeschoben werden [1]).

[1]) Vgl. Einl. S. 29, 30.

5. Wenn eine reklamierte Person Verbindlichkeiten gegen Privatpersonen eingegangen ist, an deren Erfüllung sie durch die Auslieferung verhindert wird, so soll dieselbe dennoch ausgeliefert werden, und es bleibt dem dadurch beeinträchtigten Teile überlassen, seine Rechte vor der zuständigen Behörde geltend zu machen.

6. Die Bestimmungen des gegenwärtigen Vertrages finden auf solche Personen, die sich irgend eines politischen [1]) Verbrechens oder Vergehens

schuldig gemacht haben, keine Anwendung. Die Person, welche wegen eines der in Artikel 1 und 2 angeführten gemeinen Verbrechen oder Vergehen ausgeliefert worden ist, darf demgemäß in demjenigen Staate, an welchen die Auslieferung erfolgt ist, in keinem Falle wegen eines von ihr vor der Auslieferung verübten politischen[1]) Verbrechens oder Vergehens, noch wegen einer Handlung, welche mit einem solchen politischen Verbrechen oder Vergehen im Zusammenhang steht[1]), noch wegen eines Verbrechens oder Vergehens, welches in dem gegenwärtigen Vertrage nicht vorgesehen ist, zur Untersuchung gezogen und bestraft werden[2]); es sei denn, daß dieselbe, nachdem sie wegen des Verbrechens oder Vergehens, welches zur Auslieferung Anlaß gegeben hat, bestraft oder endgültig freigesprochen ist, während dreier Monate im Lande bleibt oder nach Verlassen desselben wieder in dasselbe zurückkehrt.

Der Angriff gegen das Oberhaupt einer fremden Regierung oder gegen Mitglieder seiner Familie soll weder als politisches Vergehen, noch als mit einem solchen im Zusammenhang stehend angesehen werden, wenn dieser Angriff den Tatbestand des Totschlags, Mordes oder Giftmordes bildet[3]).

[1]) Vgl. Einl. S. 23 ff.

[2]) Bis hierher stimmt Art. 6 mit dem Art. 6 des deutsch-belgischen Vertrages überein. (Vgl. Einl. S. 40 ff. und RG. 31 S. 236.)

³) Sog. Attentatsklausel. (Vgl. Einl. S. 25.) — Die Auslieferung muß nach Art. 2 (vgl. Anm. 1 das.) auch wegen Versuchs der im Art. 6 Abs. 2 bezeichneten Verbrechen erfolgen.

7. Die Auslieferung soll nicht stattfinden, wenn nach den Gesetzen desjenigen Staates, in welchem der Verfolgte zur Zeit, wo die Auslieferung beantragt wird, sich aufhält, Verjährung[1]) der strafgerichtlichen Verfolgung oder der erkannten Strafe eingetreten ist.

¹) Vgl. Einl. S. 19ff.

8. Die Auslieferung eines der in Art. 1 und 2 aufgeführten strafbaren Handlungen Beschuldigten soll bewilligt werden auf Grund eines verurteilenden Erkenntnisses oder auf Grund eines förmlichen Beschlusses des zuständigen Gerichts auf Versetzung in den Anklagestand oder Eröffnung des Hauptverfahrens, oder auch auf Grund eines Haftbefehls oder eines anderen von der zuständigen Behörde erlassenen Dokuments, welches die gleiche Geltung hat und worin der Tatbestand sowie die darauf anwendbare strafgesetzliche Bestimmung genau angegeben ist, insofern diese Schriftstücke in Urschrift oder in beglaubigter Abschrift und zwar in denjenigen Formen beigebracht sind, welche die Gesetzgebung des die Auslieferung begehrenden Staates vorschreibt.

Auch sollen, sofern dies möglich ist, das Signalement der reklamierten Person und alle anderen zur Feststellung ihrer Identität geeigneten Angaben beigebracht werden.

Die Auslieferung erfolgt infolge von Anträgen, welche in diplomatischem oder konsularischem Wege bei der Regierung desjenigen vertragenden Teiles oder Landes, von welchem die Auslieferung erfolgen soll, gestellt sind[1]).

[1]) Der Auslieferungsantrag kann nur im diplomatischen Wege gestellt werden; wenn im Abs. 3 auch vom „konsularischen Wege" die Rede ist, so haben doch die diesseitigen Behörden ihre Auslieferungsgesuche nicht an den deutschen Konsul in Uruguay zu richten, sondern stets an den Justizminister zu berichten. (Pr. JMBl. 1889 S. 26.)

9. In dringenden Fällen, und insbesondere, wenn Gefahr der Flucht vorhanden ist, kann jede der respektiven Regierungen, unter Berufung auf das Vorhandensein eines verurteilenden Erkenntnisses oder eines Haftbefehls oder irgend eines anderen von der zuständigen Behörde erlassenen Dokuments, welches die gleiche Geltung hat, in kürzester Weise, selbst auf telegraphischem Wege, die Verhaftung des Verbrechers beantragen und erwirken, unter der Bedingung, daß innerhalb neunzig Tagen das Dokument, auf dessen Vorhandensein man sich berufen hat, beigebracht wird. Wird diese Bedingung innerhalb der genannten Frist nicht erfüllt, so wird der Gefangene freigelassen werden[1]).

[1]) Auch der Antrag auf vorläufige Festnahme kann nur im diplomatischen Wege gestellt werden und nur dann, wenn ein Strafurteil oder ein Haftbefehl gegen den Verfolgten vorliegt. Der Bericht an den Justizminister muß deshalb über diesen Umstand Auskunft

geben. — Die vorläufige Festhaltung dauert höchstens 90 Tage. (Pr. JMBl. 1889 S. 26.)

10. Alle in Beschlag genommenen Gegenstände, welche sich zur Zeit der Festnahme im Besitz des Auszuliefernden befinden, sollen, wenn die zuständige Behörde des um die Auslieferung ersuchten Staates die Ausantwortung derselben angeordnet hat, dem ersuchenden Staate mitübergeben werden, und es soll sich diese Überlieferung nicht bloß auf die entfremdeten Gegenstände, sondern auf alles erstrecken, was zum Beweise der strafbaren Handlung dienen könnte.

Jedoch werden die Rechte dritter Personen an den oben erwähnten Gegenständen vorbehalten, und es sollen ihnen dieselben nach dem Schlusse des gerichtlichen Verfahrens kostenfrei zurückgegeben werden.

11. Die vertragenden Teile gestatten ausdrücklich die Auslieferung mittelst Durchführung Auszuliefernder durch ihr Landesgebiet auf Grund einfacher Beibringung eines der im Art. 8 dieses Vertrages näher bezeichneten gerichtlichen Dokumente, in Urschrift oder beglaubigter Abschrift, vorausgesetzt, daß die strafbare Handlung, wegen welcher die Auslieferung beantragt wird, in dem gegenwärtigen Vertrage inbegriffen ist und nicht unter die Bestimmungen der vorangehenden Artikel 6 und 7 fällt.

12. Die Kosten, welche aus der Festnahme, Bewachung, dem Unterhalte und Transporte der Personen, deren Auslieferung bewilligt worden, sowie aus dem Transporte der im Artikel 10 bezeichneten Gegenstände erwachsen, sollen jedem der vertragenden Teile innerhalb der Grenzen ihrer respektiven Gebiete[1]) zur Last fallen.

Die Kosten des Unterhaltes und Seetransportes zwischen den beiden Ländern kommen auf Rechnung desjenigen Landes, welches die Auslieferung beantragte.

[1]) D. h. bis zur Einschiffung.

13. Wenn in einem Strafverfahren wegen Handlungen, welche nicht zu den politischen Verbrechen und Vergehen gehören, einer der vertragenden Teile die Vernehmung von Zeugen, welche sich im Gebiete des anderen Teiles aufhalten, oder irgend eine andere Untersuchungshandlung für notwendig erachten sollte, so wird ein entsprechendes Ersuchschreiben auf diplomatischem oder konsularischem Wege der betreffenden Regierung mitgeteilt, und demselben nach Maßgabe der Gesetzgebung des Landes, wo der Zeuge vernommen oder der Akt vorgenommen werden soll, Folge gegeben werden. Die Ausführung des Antrages kann verweigert werden, wenn die Untersuchung eine Handlung zum Gegenstande hat, welche nach den Gesetzen des Staates, an welchen das Ersuchschreiben gerichtet ist, nicht strafbar ist.

Die vertragenden Teile verzichten gegenseitig auf alle Ersatzansprüche wegen der aus der Ausführung der Requisition entspringenden Kosten, sofern es sich nicht um Gutachten in Straf- oder

Handelssachen oder Sachen der gerichtlichen Medizin handelt, welche mehrere Termine erfordern.

14. Wenn in einer Strafsache, welche nichtpolitische Verbrechen oder Vergehen zum Gegenstande hat, das persönliche Erscheinen eines Zeugen für notwendig erachtet wird, so wird die Regierung des Landes, in welchem er sich aufhält, ihn befragen, ob er bereit ist, der Aufforderung Folge zu leisten, welche zu diesem Ende die andere Regierung erlassen hat.

Wenn die requirierten Zeugen sich zu der Reise verstehen, so werden die respektiven Regierungen sich gegenseitig verständigen, um die Entschädigung, welche ihnen nach Entfernung und Aufenthaltszeit durch die ersuchende Regierung zu gewähren ist, sowie die Summe, welche letztere ihnen vorzuschießen haben wird, festzusetzen.

In keinem Falle dürfen die Zeugen während ihres Aufenthaltes in dem Lande, wo sie vernommen werden sollen, noch während der Hin- und Rückreise wegen einer vor der an sie ergangenen Vorladung begangenen strafbaren Handlung in Haft genommen oder belästigt werden.

15. Wenn in einer Strafsache, welche nichtpolitische Verbrechen oder Vergehen zum Gegenstande hat, die Mitteilung von Beweisstücken oder von Urkunden, die in den Händen der Behörden des anderen Landes sind, für notwendig oder nützlich erachtet wird, so soll deshalb das Ersuchen auf

diplomatischem oder konsularischem Wege bei der betreffenden Regierung gestellt und demselben, wenn nicht besondere Bedenken entgegenstehen, stattgegeben werden, dies jedoch nur unter der Bedingung, daß die Beweisstücke und Urkunden zurückgesandt werden.

Die vertragenden Teile verzichten gegenseitig auf Ersatz der Kosten, welche aus der Ausantwortung und Rücksendung der Beweisstücke und Urkunden bis zur Grenze entstehen.

16. Dieser Vertrag soll ratifiziert werden und sollen die Ratifikationsurkunden in möglichst kurzer Frist in Montevideo ausgetauscht werden.

Derselbe soll zwei Monate nach Austausch der Ratifikationsurkunden in Kraft treten und in Kraft bleiben bis zu einem Jahr nach dem Tage, an welchem einer der vertragenden Teile dem anderen die Absicht, ihn außer Kraft treten zu lassen, kundgibt.

Zweiter Teil.

Auslieferungsverträge deutscher Bundesstaaten mit ausländischen Staaten.

A. Verträge mit den Vereinigten Staaten von Amerika.

Ia.

Vertrag zwischen dem Norddeutschen Bunde und den Vereinigten Staaten von Amerika, betr. die Staatsangehörigkeit derjenigen Personen, welche aus dem Gebiete des einen Teils in dasjenige des andern Teils einwandern.

Vom 22. Februar 1868.

(BGBl. S. 228 ff.)

Vorbemerkungen.

1. Der Vertrag ist ratifiziert und im BGBl. vom 27. 5. 1868 mit Doppeltext in deutscher und englischer Sprache verkündet.

2. Für das Auslieferungsrecht ist der Vertrag dadurch von Bedeutung, daß er in Art. 3 den zwischen

Preußen und anderen deutschen Staaten einerseits mit den Vereinigten Staaten von Nordamerika andrerseits abgeschlossenen Auslieferungsvertrag vom 16. Juni 1852 (vgl. unten Nr. Ib) auf alle Staaten des Norddeutschen Bundes ausdehnt.

Art. 1. Angehörige des Norddeutschen Bundes, welche naturalisierte Staatsangehörige der Vereinigten Staaten von Amerika geworden sind und fünf Jahre lang ununterbrochen in den Vereinigten Staaten zugebracht haben, sollen von dem Norddeutschen Bunde als amerikanische Angehörige erachtet und als solche behandelt werden.

Ebenso sollen Staatsangehörige der Vereinigten Staaten von Amerika, welche naturalisierte Angehörige des Norddeutschen Bundes geworden sind und fünf Jahre lang in Norddeutschland zugebracht haben, von den Vereinigten Staaten als Angehörige des Norddeutschen Bundes erachtet und als solche behandelt werden.

Die bloße Erklärung der Absicht, Staatsangehöriger des einen oder des anderen Teils werden zu wollen, soll in Beziehung auf keinen der beiden Teile die Wirkung der Naturalisation haben.

2. Ein naturalisierter Angehöriger des einen Teils soll bei etwaiger Rückkehr in das Gebiet des anderen Teils wegen einer, nach den dortigen Gesetzen mit Strafe bedrohten Handlung, welche er vor seiner Auswanderung verübt hat, zur Untersuchung

und Strafe gezogen werden können, sofern nicht nach den bezüglichen Gesetzen seines ursprünglichen Vaterlandes Verjährung eingetreten ist.

3. Der Vertrag zwischen den Vereinigten Staaten von Amerika einerseits und Preußen und anderen deutschen Staaten andererseits, wegen der in gewissen Fällen zu gewährenden Auslieferung der vor der Justiz flüchtigen Verbrecher, welcher am 16. Juni 1852 abgeschlossen worden ist, wird hiermit auf alle Staaten des Norddeutschen Bundes ausgedehnt [1]).

[1]) Vgl. Vorbem. 2.

4. Wenn ein in Amerika naturalisierter Deutscher sich wieder in Norddeutschland niederläßt ohne die Absicht nach Amerika zurückzukehren, so soll er als auf seine Naturalisation in den Vereinigten Staaten Verzicht leistend, erachtet werden.

Ebenso soll ein in dem Norddeutschen Bunde naturalisierter Amerikaner, wenn er sich wieder in den Vereinigten Staaten niederläßt ohne die Absicht, nach Norddeutschland zurückzukehren, als auf seine Naturalisation in Norddeutschland Verzicht leistend erachtet werden.

Der Verzicht auf die Rückkehr kann als vorhanden angesehen werden, wenn der Naturalisierte des einen Teils sich länger als zwei Jahre in dem Gebiete des andern Teils aufhält.

5. Der gegenwärtige Vertrag tritt sofort nach dem Austausche der Ratifikationen in Kraft und hat für zehn Jahre Gültigkeit. Wenn kein Teil dem

andern sechs Monate vor dem Ablauf dieser zehn Jahre Mitteilung von seiner Absicht macht, denselben dann aufzuheben, so soll er ferner in Kraft bleiben bis zum Ablauf von 12 Monaten, nachdem einer der kontrahierenden Teile dem andern von einer solchen Absicht Kenntnis gegeben.

6. Der gegenwärtige Vertrag soll ratifiziert werden von S. M. dem Könige von Preußen im Namen des Norddeutschen Bundes und von dem Präsidenten unter und mit Genehmigung des Senats der Vereinigten Staaten, und die Ratifikationen sollen zu Berlin innerhalb sechs Monaten vom heutigen Datum ausgewechselt werden.

Ib.

Vertrag zwischen Preußen und anderen Staaten des Deutschen Bundes einerseits und den Vereinigten Staaten von Nord-Amerika andererseits wegen der in gewissen Fällen zu gewährenden Auslieferung der vor der Justiz flüchtigen Verbrecher.

Vom 16. Juni 1852.

(Preuß. Ges.Samml. v. 1853 S. 645 ff.; vgl. auch BGBl. 1868 S. 231 ff.)

Vorbemerkungen.

1. Der Vertrag (Doppeltext in deutscher und englischer Sprache) ist nebst dem dazu gehörigen Additional-

artikel (vgl. Anm. 1 zu Art. VI) am 30. Mai 1853 in Washington ratifiziert. (Ges.Samml. S. 651.) — Wegen seiner Ausdehnung auf sämtliche Staaten des Norddeutschen Bundes vgl. Vorbem. 2 zu dem Vertrage v. 22. 2. 1868 (oben zu I a). Er war ferner schon ursprünglich von Preußen auch für das Großherzogtum Hessen mit abgeschlossen, gilt also auch für Hessen südlich des Mains. Beigetreten ist dem Vertrage auch das Königreich Württemberg. — Der Vertrag wird auch für die Philippinen für anwendbar erachtet. (Pr. JMBl. 1905 S. 285.)

2. Von den Vereinigten Staaten hat jeder einzelne seine besondere Strafgesetzgebung; doch besteht zwischen diesen trotz aller Verschiedenheit im einzelnen eine weitgehende Verwandtschaft in den Grundlagen. — So wird allgemein jeder bei einer strafbaren Handlung irgendwie Beteiligte als Täter behandelt; der Anstifter wird selbst dann bestraft, wenn der Täter nicht überführt oder aus irgend einem andern Grunde nicht bestraft werden kann. (Vgl. v. Liszt, Strafgesetzgebung der Gegenwart Bd. 2 S. 197 ff.) Die Dreiteilung der Delikte, wie sie das RStGB. vorsieht, ist dem nordamerikanischen Strafrecht unbekannt. (Vgl. RG. 27 S. 129.)

3. Über das von den preußischen Justizbehörden behufs Erwirkung von Auslieferungen aus den Vereinigten Staaten im Einzelnen zu beobachtende Verfahren vgl. die als Anhang zu diesem Vertrage abgedruckten Bestimmungen im Pr. JMBl. 1889 S. 26 ff. bzw. 1892 S. 46 ff.

Art. I. Man ist dahin übereingekommen, daß Preußen nebst den anderen Staaten des Deutschen Bundes, die in diese Übereinkunft mit eingeschlossen sind oder die derselben später beitreten mögen, und die Vereinigten Staaten, auf gegenseitige Requisitionen, welche resp. sie selbst oder ihre Gesandten, Beamten oder Behörden erlassen, alle Individuen der Justiz ausliefern sollen, welche beschuldigt, das Verbrechen[1]) des Mordes, oder eines Angriffs in mörderischer Absicht oder des Seeraubes, oder der Brandstiftung oder des Raubes, oder der Fälschung oder des Ausgebens falscher Dokumente[2]), oder der Verfertigung oder Verbreitung falschen Geldes, — sei es gemünztes oder Papiergeld —, oder des Defekts oder der Unterschlagung öffentlicher Gelder[3]), innerhalb der Gerichtsbarkeit eines der beiden Teile begangen zu haben — in dem Gebiete des anderen Teils eine Zuflucht suchen oder dort aufgefunden werden: mit der Beschränkung jedoch, daß dies nur auf solche Beweise[3a]) für die Strafbarkeit geschehen soll, welche nach den Gesetzen des Orts, wo der Flüchtling oder das so beschuldigte Individuum aufgefunden wird, dessen Verhaftung und Stellung vor Gericht rechtfertigen würden, wenn das Verbrechen oder Vergehen dort begangen wäre; und die respektiven Richter und anderen Behörden der beiden Regierungen sollen Macht, Befugnis und Autorität haben, auf eidlich erhärtete Angabe einen Befehl zur Verhaftung des Flüchtlings oder so beschuldigten Individuums zu erlassen, damit er vor die gedachten Richter oder anderen Behörden zu dem Zwecke gestellt werde, daß der Beweis für die Strafbarkeit gehört und in Erwägung gezogen werde[3a]); und wenn bei dieser Vernehmung der Beweis für ausreichend zur Aufrechterhaltung der Beschuldigung erkannt wird, so soll es die Pflicht des prüfenden Richters oder der Behörde sein, selbigen für die betreffende exekutive Behörde festzustellen, damit ein Befehl zur Auslieferung eines solchen Flüchtlings erlassen werden könne[4]).

Die Kosten einer solchen Verhaftung und Auslieferung sollen von dem Teil getragen und erstattet werden, welcher die Requisition erläßt und den Flüchtling in Empfang nimmt[5]).

[1]) Der Ausdruck „Verbrechen" ist hier nicht in dem technischen Sinne des RStGB. aufzufassen, sondern bedeutet ganz allgemein „strafbare Handlung", umfaßt also insbesondere auch den Begriff des „Vergehens", was sich schon daraus ergibt, daß Art. 1 selbst bei der weiteren Vorschrift, welche Beweise vorliegen müssen, von „Verbrechen und Vergehen" spricht. Danach kann ein von Amerika wegen Verbrechen gegen §§ 348, 349, 350, 351 RStGB. Ausgelieferter, wenn später die erschwerenden Umstände des § 349 bzw. des § 351 a. a. O. verneint werden, wegen Vergehen gegen §§ 348, 350 a. a. O. bestraft werden. (RG. 27 S. 126 ff.) Vgl. auch Anm. 3.

Der völkerrechtliche Grundsatz der Spezialität (vgl. Einl. S. 40) gilt auch für den vorliegenden Vertrag. Dieser Grundsatz schließt aber die Bestrafung der den Anlaß der Auslieferung bildenden Tat aus einem veränderten rechtlichen Gesichtspunkt nicht aus, sofern nur die Tat auch in der neuen juristischen Qualifikation unter die Auslieferungsdelikte des Art. 1 fällt. (RG. 27 S. 415, 416.)

[2]) Der Tatbestand der §§ 271, 272 RStGB. fällt unter den Begriff „der Fälschung oder des Ausgebens falscher Doku-

mente" (im englischen Text: „forgery or the utterance of forged papers") im Sinne des Art. 1 des Vertrages. (RG. 27 S. 416, 417.)

[3]) Es verstößt nicht gegen den Grundsatz der Spezialität, wenn ein von Amerika wegen Verbrechen gegen §§ 348, 349, 350, 351 RStGB. Ausgelieferter demnächst, weil die erschwerenden Umstände des § 349 bzw. des § 351 a. a. O. verneint werden, wegen Vergehen gegen §§ 348, 350 a. a. O. verurteilt wird. Denn der Tatbestand der Auslieferungsdelikte der „Fälschung" bzw. der „Unterschlagung öffentlicher Gelder" bleibt auch beim Wegfall der genannten erschwerenden Umstände bestehen. (RG. 27 S. 127, 128.)

[3a]) Es wird also die Beweislage geprüft. (Vgl. Einl. S. 14, 15.) Für die Auslieferung aus Preußen gilt hier im wesentlichen das in Anm. 1 und 3 zu Art. IX des deutsch-britischen Vertrages Gesagte; nur sind die Gerichte bei der Prüfung der Schuldfrage nicht (wie nach Art. XI des deutsch-britischen Vertrages) beschränkt.

Über das Verfahren in den Vereinigten Staaten vgl. Grosch S. 55, 56.

[4]) Ist dann die Auslieferung erfolgt, so darf das erkennende Gericht die Legalität und Vertragsmäßigkeit der erfolgten Auslieferung einer Nachprüfung nicht unterziehen. Liefert also Amerika eine Person wegen einer in Deutschland begangenen „Brandstiftung (arson)" aus, so hat das erkennende deutsche Gericht nicht nachzuprüfen, ob auch der Tatbestand des Verbrechens „arson" nach dem Rechte der Vereinigten Staaten vorliegt. Zu einer Erörterung der rechtlichen Qualifikation der Tat nach amerikanischem Recht ist das erkennende Gericht erst berufen, wenn die Tat nach dem Ergebnis der Hauptverhandlung eine Gestalt angenommen hat, die von der dem Auslieferungsantrage und der Auslieferungsbewilligung zugrunde liegenden abweicht. (RG. 29 S. 63, 64.) Vgl. auch Einl. S. 50ff.

[5]) Da die Herbeiführung einer Auslieferung aus den Vereinigten Staaten infolge des daselbst stattfindenden Verfahrens regelmäßig sehr erhebliche Kosten verursacht, so hat die Justizbehörde, bevor sie die zur Begründung des Auslieferungsantrags erforderlichen Urkunden dem Justizminister einreicht, diesem über die Angelegenheit zu berichten und sich dabei über die Natur und Schwere des begangenen Verbrechens, sowie darüber zu äußern, ob im öffentlichen Interesse trotz der voraussichtlich erheblichen und in der Regel der Staatskasse zur Last bleibenden Kosten die Stellung des Auslieferungsantrags angezeigt erscheint. (Pr. JMBl. 1889 S. 26.)

II. Die Bestimmungen dieser Übereinkunft sollen auf jeden andern Staat des Deutschen Bundes Anwendung finden, der später seinen Beitritt[1]) zu derselben erklärt.

[1]) Beigetreten ist Württemberg. (Württemb. Reg.-Bl. 1854 S. 31 ff.)

III. Keiner der kontrahierenden Teile soll gehalten sein, in Gemäßheit der Bestimmungen dieser Übereinkunft seine eigenen Bürger oder Untertanen auszuliefern[1]).

[1]) Vgl. § 9 RStGB.

IV. Wenn ein Individuum, das eines der in dieser Übereinkunft aufgezählten Verbrechen angeklagt ist, ein neues Verbrechen in dem Gebiete des Staates begangen haben sollte, wo es eine Zuflucht gesucht hat oder aufgefunden wird, so soll ein solches Individuum nicht eher in Gemäßheit der Bestimmungen dieser Übereinkunft ausgeliefert werden, als bis dasselbe vor Gericht gestellt worden sein und die auf ein solches neues Verbrechen gesetzte Strafe erlitten haben oder freigesprochen worden sein wird.

V. Die gegenwärtige Übereinkunft soll bis zum 1. Januar 1858 in Kraft bleiben, und wenn kein Teil dem andern sechs Monate vorher Mitteilung von seiner Absicht macht, dieselbe dann aufzuheben, so soll sie ferner in Kraft bleiben bis zu dem Ablauf von zwölf Monaten, nachdem einer der hohen kontrahierenden Teile dem anderen von einer solchen Absicht Kenntnis gegeben; wobei jeder der hohen vertragenden Teile sich das Recht vorbehält, dem andern eine solche Mitteilung zu jeder Zeit nach dem Ablauf des gedachten 1. Januar 1858 zugehen zu lassen.

VI. Die gegenwärtige Übereinkunft soll ratifiziert werden von der preußischen Regierung und von dem Präsidenten unter und mit der Genehmigung und Zustimmung des Senates der Vereinigten Staaten und die Ratifikationen sollen zu Washington innerhalb sechs Monaten[1]) von dem heutigen Datum, oder womöglich früher, ausgewechselt werden.

[1]) Da die sechsmonatige Auswechselungsfrist demnächst zu kurz erschien, wurde durch den am 16. 11. 1852 in Washington vereinbarten Additionalartikel (Ges.Samml. S. 650) bestimmt, daß die Auswechselung der Ratifikationen spätestens innerhalb eines Jahres (seit dem 16. 11. 1852) erfolgen solle. Dies ist dann am 30. 5. 1853 geschehen. (Vgl. Vorbem. 1.)

Anhang

zum Vertrage vom 16. Juni 1852 (oben unter I b; siehe Vorbem. 3 daselbst).

Da die Herbeiführung einer Auslieferung aus den Vereinigten Staaten infolge des daselbst stattfindenden Verfahrens regelmäßig einen sehr erheblichen Kostenaufwand verursacht, so hat die Justizbehörde, bevor sie die zur Begründung des Auslieferungsantrags erforderlichen Urkunden einreicht, über die Angelegenheit zu berichten und sich dabei über die Natur und Schwere des begangenen Verbrechens, sowie darüber zu äußern, ob im öffentlichen Interesse trotz der voraussichtlich erheblichen und in der Regel der Staatskasse zur Last bleibenden Kosten die Stellung des Auslieferungsantrags angezeigt erscheint. (Pr. JMBl. 1889 S. 26.)

Nach Art. I des Vertrags erfolgt die Auslieferung nur auf Grund solcher Beweise, welche nach dem Gesetze des Ortes, wo der Flüchtling aufgefunden wird, dessen Verhaftung und Stellung vor Gericht rechtfertigen würden, wenn das Verbrechen oder Vergehen dort begangen wäre. Es werden also in den Vereinigten Staaten die gegen den Verfolgten vorhandenen Beweise einer richterlichen Prüfung unterzogen. Der Auslieferungsantrag muß deshalb gestützt werden auf das gegen den Verfolgten erbrachte Beweismaterial. Dieses gilt auch dann, wenn es sich um die Auslieferung eines im Inlande bereits verurteilten Verbrechers handelt.

Demgemäß ist eine beglaubigte Abschrift der für die Überführung des Verfolgten wesentlichen Beweisverhandlungen einzureichen. Dabei ist zu bemerken, daß nur beschworene Aussagen geeignet sind, vor den amerikanischen Gerichten als Beweismittel zu dienen, daß deshalb jeder Zeuge bzw. Sachverständige bei seiner Vernehmung zu beeidigen ist, und daß die Versicherung der Richtigkeit einer Aussage auf einen früher bereits in derselben Sache geleisteten Eid oder auf einen Diensteid nicht ausreicht. Sprechen sich Sachverständige über eigene Wahrnehmungen aus, so sind sie auch als Zeugen zu beeidigen; es empfiehlt sich, daß das Gutachten Sachverständiger in Form eines Protokolls und nicht in Form einer schriftlichen Erklärung beigebracht wird. Auslassungen von Mitbeschuldigten oder von Zeugen, welche aus irgend einem Grunde nicht beeidigt werden können, sind aus der Abschrift des Beweismaterials fortzulassen.

Von den Überführungsstücken, insbesondere von gefälschten Urkunden, ist ebenfalls Abschrift beizubringen. Handelt es sich um kurze Urkunden, wie Wechsel und dergleichen, so ist die Abschrift der Urkunde am besten in das Protokoll über die Vernehmung der Zeugen, von welchen die Urkunde überreicht, oder welchen sie vorgelegt wird, mitaufzunehmen. Soweit dieses nicht geschehen ist, hat die Beglaubigung der Abschriften der Überführungsstücke dahin zu lauten, daß das Schriftstück eine wortgetreue Abschrift des bei den Gerichtsakten befindlichen Originals ist, daß letzteres dem Zeugen (Vor- und Zuname) bei seiner (nach Ort und Tag näher zu bezeichnenden) Vernehmung vorgelegen hat und daß die Aussage des Zeugen sich auf vorstehende Urkunde bezieht.

Urteile und Beschlüsse des die Untersuchung führenden deutschen Gerichts können nicht als Beweismittel angesehen werden. Dasselbe gilt von Feststellungen dieses Gerichts (z. B. Augenschein) oder anderer öffentlicher Behörden, soweit es sich nicht um die Beglaubigung von Abschriften und Auszügen aus gerichtlichen Akten und öffentlichen Büchern handelt.

Die Beifügung des gerichtlichen Haftbefehls ist vertragsmäßig und gesetzlich in den Vereinigten Staaten nicht erforderlich; es empfiehlt sich jedoch aus praktischen Gründen, den Haftbefehl beizufügen.

Besonders wichtig ist die Beibringung einer genauen Personenbeschreibung und womöglich einer Abbildung des Verfolgten. Wenn die Personenbeschreibung oder Abbildung nicht nur zur Ermittelung des Verfolgten, sondern auch für den Fall, daß derselbe seine Identität bestreitet, als Beweismittel dienen soll, so genügt es nicht, daß unter der Beschreibung oder Abbildung die Identität der beschriebenen oder abgebildeten Person mit dem Verfolgten gerichtlich bescheinigt ist, sondern es muß diese Identität durch eidliche Aussagen eines Zeugen, welcher die Personenbeschreibung oder Abbildung überreicht, oder welchem sie bei seiner Vernehmung vom Richter vorgelegt wird, bekundet, und unter der Personenbeschreibung oder Abbildung vom Richter bescheinigt werden, daß dieselbe von dem Zeugen (Vor- und Zuname) bei seiner (nach Ort und Tag näher zu bezeichnenden) Vernehmung überreicht, bzw. ihm vorgelegt worden ist, und daß die Aussage des Zeugen sich auf dieselbe bezieht. Sind in den Vereinigten Staaten wohnhafte Personen bekannt, welche als Identitätszeugen verwendet werden können, so ist deren Aufenthaltsort in dem Bericht anzugeben.

Gemäß Abschnitt 5 des Gesetzes der Vereinigten Staaten vom 3. August 1882 sollen die zur Erwirkung der Auslieferung vorgelegten Dokumente dann als Beweismittel zugelassen werden, wenn sie gehörig und gesetzlich beurkundet und so ausgestellt sind, daß sie für ähnliche Zwecke auch von den Gerichten des Landes, von welchem der Angeschuldigte entflohen ist, zugelassen werden. Dieser Beweis wird durch die entsprechende Bescheinigung des betreffenden diplomatischen oder konsularischen Vertreters der Vereinigten Staaten erbracht. Die Bescheinigung wird von dem Herrn Minister der auswärtigen Angelegenheiten herbeigeführt werden.

Die Stellung des Auslieferungsantrags hat in jedem Falle im diplomatischen Wege stattzufinden; von der im Vertrage den respektiven Beamten oder

Behörden gegebenen Befugnis, derartige Requisitionen zu erlassen, werden die diesseitigen Behörden keinen Gebrauch machen dürfen.

Besondere Sorgfalt ist zu verwenden, wenn es sich darum handelt, die vorläufige Festnahme eines Flüchtigen, dessen Auslieferung aus den Vereinigten Staaten vertragsmäßig beansprucht werden kann, herbeizuführen. Da nach den gemachten Erfahrungen die Festnahme des Verfolgten sich erheblich leichter erreichen läßt, wenn schon vor dem Eintreffen des Verfolgten in den Vereinigten Staaten die erforderlichen Anordnungen daselbst getroffen werden können, so kommt es in solchen Fällen darauf an, mit möglichster Beschleunigung vorzugehen, namentlich auch ohne Zeitverlust dahin zu wirken, daß alsbald im Inlande ein Haftbefehl gegen den Verfolgten erlassen wird.

Behufs Festnahme des Verfolgten in den Vereinigten Staaten kann der Generalkonsul in New-York von der verfolgenden Justizbehörde unmittelbar ersucht werden, und zwar auch dann, wenn der Bestimmungshafen des Schiffes, welches der Verfolgte zu seiner Flucht benutzt hat, ein anderer als New-York ist; es empfiehlt sich jedoch, die Vermittelung des Justizministers bzw. des Herrn Ministers der auswärtigen Angelegenheiten nicht zu umgehen, da andernfalls durch etwaige Telegramme an den Generalkonsul, welche nicht alle erforderlichen Angaben enthalten und deshalb vervollständigt werden müssen, leicht Verzögerungen und nicht unbeträchtliche Mehrkosten entstehen. Erscheint die Festnahme des Verfolgten alsbald bei seiner Ankunft in den Vereinigten Staaten nach Maßgabe der über seine Abfahrt aus einem europäischen Hafen eingetroffenen Nachrichten noch möglich, so wird in der Regel doch die Zeit zur Erstattung schriftlicher Berichte nicht ausreichen; alsdann sind alle Angaben dem Justizminister bzw. dem Herrn Minister der auswärtigen Angelegenheiten telegraphisch mitzuteilen, und das Telegramm hat sich in diesem Falle auch über die Schwere der Tat kurz auszulassen. Hat jedoch die verfolgte Person inzwischen bereits Amerika erreicht, so ist nur bei besonderer Dringlichkeit der bezügliche Antrag telegraphisch zu stellen.

Der Bericht bzw. das Telegramm, in welchem Maßregeln zur vorläufigen Festnahme des Verfolgten in Anregung gebracht werden, hat zu enthalten: die Vor- und Zunamen des Verfolgten, dessen Stand, letzten Wohnort und Geburtsort, dessen Personenbeschreibung, die Bezeichnung des ihm zur Last gelegten Verbrechens, den Ort und die Zeit der verübten Tat nebst kurzer Angabe der näheren Umstände, so daß sich beurteilen läßt, ob die Tat unter diejenigen Verbrechen fällt, wegen deren vertragsmäßig die Auslieferung beansprucht werden kann; bei Wechsel- und anderen Urkundenfälschungen die genaue Beschreibung der Urkunde (Tag der Ausstellung und Zeitpunkt der Fälligkeit, Summe, Name des Ausstellers, des Bezogenen und der Person, an welche gezahlt werden soll), sowie die Angabe, welcher Name oder welcher andere Teil der Urkunde gefälscht wurde; die Angabe, daß, wann und von welchem Gericht ein Haftbefehl im Inlande gegen ihn erlassen ist; die genaue Bezeichnung des beschädigten Teiles nach seinem Vor- und Zunamen, bei einer Firma die Namen der Inhaber derselben, bei einer öffentlichen Kasse die amtliche Benennung derselben, den ungefähren Betrag des durch das Verbrechen verursachten Schadens. Wünschenswert ist ferner: die Benennung etwa bekannter Identitätszeugen und die Angabe des Namens des Dampfschiffes, auf welchem der Flüchtige sich eingeschifft hat; ist dieser Name nicht bekannt, so ist der Abgangshafen, der Zeitpunkt der Abfahrt, sowie ferner mitzuteilen, ob der Verfolgte die Überfahrt auf einem Segelschiff oder einem Dampfschiff gemacht, und nach welchem amerikanischen Hafen das Schiff bestimmt war. Hat hierüber nichts ermittelt werden können, so ist wenigstens anzuzeigen, bis wohin die Spur des Flüchtlings verfolgt worden ist, sofern daraus Mutmaßungen hinsichtlich der zur Überfahrt benutzten Gelegenheit sich ergeben können.

Sind jene Maßnahmen telegraphisch beantragt, so ist nachträglich noch ein ausführlicher schriftlicher Bericht zu erstatten. Werden die beantragten Maßnahmen aus irgend einem Grunde überflüssig, so ist hiervon sofort telegraphisch dem Justizminister Anzeige zu erstatten, damit die alsbaldige Freilassung des etwa inzwischen Festgenommenen mittelst Depesche veranlaßt werden kann.

Hat die Verhaftung eines Verfolgten auf Grund eines telegraphischen Antrags in den Vereinigten Staaten stattgefunden, so sind die wesentlichen schriftlichen Beweismittel mit tunlichster Beschleunigung einzureichen, da die amerikanischen Richter den Verhafteten in Ermangelung solcher Beweismittel in der Regel nicht länger als drei bis vier Wochen in Haft halten. (Pr. JMBl. 1892 S. 46ff.)

Anträge, in Amerika auf den Verfolgten zu fahnden, haben, wenn keine Anhaltspunkte dafür vorliegen, daß der Verfolgte sich in der Tat nach Amerika gewendet hat, in der Regel keinen Erfolg und sind daher zu unterlassen. Mehr Erfolg ist in solchem Falle zu erwarten, wenn die betreffenden Behörden in den europäischen, insbesondere englischen Hafenplätzen zu einer genauen Beobachtung der nach Amerika abgehenden Schiffe veranlaßt werden. Es empfiehlt sich, hierzu die Mitwirkung der Konsuln in den Hafenplätzen in Anspruch zu nehmen.

Die durch die Festnahme, den Unterhalt, den Transport des Auszuliefernden bis zum Einschiffungshafen entstehenden Kosten sind den Vereinigten Staaten zu erstatten, desgleichen die Kosten des vor dem amerikanischen Richter über den Auslieferungsantrag stattfindenden Verfahrens.

Die Übergabe des Verfolgten an die deutschen

Behörden pflegt regelmäßig in New-York stattzufinden; der Ausgelieferte wird dann auf einem deutschen Schiffe, in der Regel nach Bremerhaven oder Hamburg, übergeführt.

Das Auslieferungsverfahren betrifft in Amerika nur die Person des Flüchtigen, nicht auch die von ihm etwa mitgeführten Gegenstände. Soll die Beschlagnahme und Ablieferung der letzteren erwirkt werden, so bedarf es hierzu einer von dem geschädigten Teile gegen den Flüchtigen in Amerika zu erhebenden Klage. Die Justizbehörden haben hierbei nur auf Antrag des geschädigten Teiles und unter denselben, unten näher bezeichneten Voraussetzungen mitzuwirken, wie in Fällen, in denen die Auslieferung der Person des Flüchtlings nicht in Frage kommt, die Geschädigten aber die Aushändigung der von dem Verfolgten mitgeführten Gegenstände herbeiführen wollen. Ist der geschädigte Teil jedoch eine Reichs- oder Staatskasse, so ist auf den Antrag dieser Kasse die Beschlagnahme der von dem Flüchtling mitgeführten Gegenstände alsbald bei dem Gesuch um Festnahme beziehungsweise Auslieferung in Anregung zu bringen, ohne daß die nachstehend angegebenen Grundsätze insbesondere hinsichtlich der Sicherstellung der Kosten des Beschlagnahmeverfahrens zu beachten sind.

In denjenigen Fällen, in welchen ein Auslieferungsantrag vertragsmäßig nicht zulässig ist, zum Beispiel wenn der nach den Vereinigten Staaten Geflüchtete des betrüglichen Bankerutts oder der Unterschlagung von Geldern, welche Privatpersonen gehören usw. beschuldigt ist, wird von den Geschädigten zuweilen beantragt, zu erwirken, daß sie wenigstens wieder in den Besitz der von dem Flüchtigen mitgenommenen Gelder und anderen Gegenstände gelangen. Die Beschlagnahme und Herausgabe dieser Sachen kann, wie bemerkt, in den Vereinigten Staaten nur im Wege eines Zivilprozesses erwirkt und daher eine Vermittelung seitens der Konsuln in Amerika nur in der Weise geübt werden, daß dieselben namens der Geschädigten durch einen Anwalt eine Klage erheben lassen. Da hierbei die Konsuln nach der amerikanischen Gesetzgebung die tatsächlichen Vorgänge, unter welchen die die Gläubiger des Geflüchteten schädigende strafbare Handlung begangen ist, eidlich zu vertreten haben, so können dieselben in dieser Richtung im Interesse der Geschädigten nicht eher vorgehen, bis sie in amtlicher Weise von jenen Tatsachen zuverlässig unterrichtet worden sind. Aus diesem Grunde erscheint es zweckmäßig, daß die verfolgenden Justizbehörden den Geschädigten, falls dieselben hierzu deren Vermittelung in Anspruch nehmen, zur Anstrengung der Klage hilfreiche Hand leisten. Da jedoch die Kosten des in Amerika anzustellenden Verfahrens ausschließlich von den Gläubigern zu tragen sind, so haben die Justizbehörden, bevor von ihnen irgend etwas in dieser Richtung veranlaßt wird, die die Angelegenheit betreibenden geschädigten Personen zu Protokoll darauf aufmerksam zu machen, daß sie zur Tragung aller aus der Führung des Zivilprozesses, insbesondere auch für die dem Anwalt in Amerika zustehenden Gebühren, sowie für die Kosten der zur Benachrichtigung des betreffenden Konsuls erforderlichen Telegramme usw. verpflichtet sind, daß die Staatskasse irgendwelche Zahlungen für sie auch nicht vorschußweise leisten werde und daß sie deshalb Sicherheit für die entstehenden Auslagen zu bestellen haben, ferner, daß die Verfolgung derartiger Rechtsansprüche in Amerika mit sehr erheblichen Kosten, deren Höhe im voraus auch nicht annähernd zu bestimmen sei, verknüpft ist, und daß häufig, insbesondere wenn es sich um nicht erhebliche Beträge handelte, die von den Geschädigten zu tragenden Kosten nicht allein die bei dem Flüchtigen mit Beschlag belegten Summen aufgezehrt, sondern noch überstiegen haben, so daß die Gläubiger den Mehrbetrag haben erstatten müssen. Erst nachdem sich die Geschädigten zur Tragung sämtlicher durch das Beschlagnahmeverfahren entstehenden Kosten bedingungslos und schriftlich verpflichtet, die Hinterlegung einer Sicherheit, welche nach Auskunft des Herrn Ministers der auswärtigen Angelegenheiten regelmäßig mindestens dem Betrage der in Anspruch genommenen Forderungen gleichkommen muß, versprochen und wenigstens den Betrag von Eintausend Mark tatsächlich bei der Gerichtskasse bzw. bei der Legationskasse in Berlin W., Wilhelmstraße 75 eingezahlt haben, hat die Justizbehörde die erforderlichen weiteren Anträge unter Beachtung der folgenden Gesichtspunkte zu stellen:

Da es auch bei diesem Vorgehen besonderer Eile bedarf, damit, wenn möglich, die entsprechenden Maßregeln in Amerika getroffen werden können, ehe der Flüchtige den amerikanischen Boden betritt, so sind derartige Anträge regelmäßig telegraphisch zu stellen und an den Herrn Minister der auswärtigen Angelegenheiten unmittelbar zu richten.

Das Telegramm hat zu enthalten: den Vor- und Zunamen, Stand, Geburtsort und letzten Wohnort des Flüchtigen, seine Personalbeschreibung, etwaige Angaben, die seine Identifizierung in Amerika ermöglichen, den Namen des Schiffes, auf welchem die Flucht bewerkstelligt ist, den Tag der Abfahrt, den Abfahrtshafen, die Vor- und Zunamen der Geschädigten, den Betrag und den Grund der Forderung eines jeden Gläubigers, Zeit, Ort und in Kürze die näheren Umstände der begangenen Straftat, den Antrag auf Erwirkung der Beschlagnahme der von dem Flüchtigen mitgeführten Gelder und anderen Sachen, endlich die Angabe, daß die Gläubiger sich zur Tragung und Sicherstellung der entstehenden Kosten verpflichtet haben und welcher Betrag zu diesem Behufe vorläufig eingezahlt sei.

Liegt zwischen dem Zeitpunkte, zu welchem ein solcher Antrag gestellt werden kann, und dem mutmaßlichen Tage der Ankunft des Schiffes, auf welchem sich der Flüchtige befindet, in Amerika nur ein Zeitraum von drei Tagen oder weniger, so hat die Justizbehörde das nach vorstehenden Angaben abgefaßte Telegramm unmittelbar an den Konsul im Ankunftshafen, eventuell an den Generalkonsul in New-York abzulassen, gleichzeitig aber dem Herrn Minister der auswärtigen Angelegenheiten hiervon telegraphisch Mitteilung zu machen.

In beiden Fällen ist von dem Veranlaßten dem Justizminister alsbald schriftlicher Bericht zu erstatten.

Es ist darauf zu halten, daß der volle Betrag der erforderlichen Kaution tunlichst bald von den Geschädigten hinterlegt werde, damit nicht etwa später für die Behörden, welche hierbei ausschließlich im Interesse der Privatpersonen handeln, Weiterungen entstehen. Sollten die Geschädigten, nachdem die Einleitungen zur Beschlagnahme der von dem Flüchtigen mitgeführten Gelder getroffen, sich der Einzahlung der Kaution entziehen, so ist hierüber ungesäumt an den Herrn Minister der auswärtigen Angelegenheiten zu berichten, damit eventuell die Einstellung des in Amerika eingeleiteten Verfahrens herbeigeführt werden kann. (Pr. JMBl. 1889 S. 28 ff.)

II.

Vertrag zwischen dem Königreiche Bayern einerseits und den Vereinigten Staaten andererseits wegen der in gewissen Fällen zu gewährenden gegenseitigen Auslieferung der vor der Justiz flüchtigen Verbrecher.

Vom 12. September 1853.

(Reg.-Bl. f. Bayern 1854 S. 1089 ff.)

Vorbemerkungen.

1. Die Auswechselung der Ratifikationsurkunden hat am 1. November 1854 stattgefunden. — Der Vertrag hat Gesetzeskraft.

2. Der Vertrag entspricht inhaltlich dem oben unter Ib abgedruckten Vertrage v. 16. Juni 1852. Es kann daher auf die dort gegebenen Anmerkungen 1—3, 4 zu Art. I verwiesen werden. Der Vertrag ist auch für die Philippinen für anwendbar erachtet.

3. Wegen des in den Vereinigten Staaten geltenden Strafrechts vgl. Vorbem. 2 zum Vertrage v. 16. 6. 1852. (Oben unten Ib.)

Art. I. Die K. Bayerische Regierung und die Regierung der Vereinigten Staaten versprechen und machen sich verbindlich auf gegenseitige Requisition, welche respektive sie selbst oder ihre Gesandten, Beamten oder Behörden erlassen, alle Individuen der Justiz auszuliefern, welche beschuldigt, das Verbrechen des Mordes oder eines Angriffs in mörderischer Absicht, oder des Seeraubes, oder der Brandstiftung, oder des Raubes, oder der Fälschung oder des Ausgebens falscher Dokumente, oder der Verfertigung oder Verbreitung falschen Geldes, sei es gemünztes oder Papiergeld, oder des Defektes, oder der Unterschlagung öffentlicher Gelder, innerhalb der Gerichtsbarkeit eines der beiden Teile begangen zu haben, in dem Gebiete des andern Teils eine Zuflucht suchen oder dort aufgefunden werden, mit der Beschränkung jedoch, daß dies nur auf solche Beweise für die Strafbarkeit geschehen soll, welche nach den Gesetzen des Orts, wo der Flüchtling oder das so beschuldigte Individuum aufgefunden wird, dessen Verhaftung und Stellung vor Gericht rechtfertigen würden, wenn das Verbrechen oder Vergehen dort begangen wäre, und die resp. Richter und anderen Behörden der beiden Regierungen sollen Macht, Befugnis und Autorität haben, auf eidlich erhärtete Angabe, einen Befehl zur Verhaftung des Flüchtlings oder so beschuldigten Individuums zu erlassen, damit er vor die gedachten Richter oder anderen Behörden zu dem Zwecke gestellt werde, daß der Beweis für die Strafbarkeit gehört und in Erwägung gezogen werde, und wenn bei dieser Vernehmung der Beweis für ausreichend zur Aufrechterhaltung der Beschuldigung erkannt wird, so soll es die Pflicht des prüfenden Richters oder der Behörde sein, selbigen für die betreffende exekutive Behörde festzustellen, damit ein Befehl zur Auslieferung eines solchen Flüchtlings erlassen werden könne.

Die Kosten einer solchen Verhaftung und Auslieferung sollen von dem Teile getragen und erstattet werden, welcher die Requisition erläßt und den Flüchtling in Empfang nimmt.

II. Die Bestimmungen dieser Übereinkunft sollen auf jeden anderen Staat des Deutschen Bundes Anwendung finden, der später seinen Beitritt zu derselben erklärt.

III. Keiner der kontrahierenden Teile soll gehalten sein, in Gemäßheit der Bestimmungen dieser Übereinkunft, seine eigenen Untertanen oder Bürger auszuliefern.

IV. Wenn ein Individuum, welches eines der in dieser Übereinkunft aufgezählten Verbrechen angeklagt ist, ein neues Verbrechen in dem Gebiete des Staates begangen haben sollte, wo es eine Zuflucht gesucht hat oder aufgefunden wird, so soll ein solches Individuum nicht eher in Gemäßheit der Bestimmungen dieser Übereinkunft ausgeliefert werden, als bis dasselbe vor Gericht gestellt worden sein und die auf ein solches neues Verbrechen gesetzte Strafe erlitten haben oder freigesprochen worden sein wird.

V. Die gegenwärtige Übereinkunft soll bis zum ersten Januar Eintausend achthundert und acht und fünfzig in Kraft bleiben, und wenn kein Teil dem andern sechs Monate vorher Mitteilung von seiner Absicht macht, dieselbe dann aufzuheben, so soll sie ferner in Kraft bleiben, bis zu dem Ablaufe von zwölf Monaten, nachdem einer der hohen kontrahierenden Teile dem andern von einer solchen Absicht Kenntnis gegeben; wobei jeder der hohen kontrahierenden Teile sich das Recht vorbehält, dem andern eine solche Mitteilung zu jeder Zeit nach dem Ablaufe des gedachten ersten Januars Eintausend achthundert und acht und fünfzig zugehen zu lassen.

VI. Die gegenwärtige Übereinkunft soll ratifiziert werden von der Bayerischen Regierung und von dem Präsidenten unter und mit der Genehmigung und Zustimmung des Senates der Vereinigten Staaten, und die Ratifikationen sollen zu London innerhalb neun Monaten von dem heutigen Datum oder womöglich früher ausgewechselt werden.

IIIa.

Staatsvertrag des Großherzogtums Baden mit den Vereinigten Staaten von Amerika wegen Regelung der Staatsbürgerrechte der Ausgewanderten.

Vom 19. Juli 1868.

(Bad. Ges. u. V.Bl. 1869 S. 580ff.)

Vorbemerkung.

Der Vertrag ist am 7. 12. 1869 ratifiziert (Bad. Ges. u. V.Bl. S. 579), und zwar nach erfolgter Genehmigung seitens der badischen Stände, so daß der Vertrag nach der badischen Verfassung Gesetzeskraft hat.

Art. 1. Angehörige des Großherzogtums Baden, welche fünf Jahre ununterbrochen in den Vereinigten Staaten von Amerika zugebracht haben und vor, während oder nach dieser Zeit naturalisierte Staatsangehörige der Vereinigten Staaten geworden sind, sollen von Seite Badens als amerikanische Angehörige erachtet und als solche behandelt werden.

Ebenso sollen Staatsangehörige der Vereinigten Staaten von Amerika, welche fünf Jahre ununterbrochen im Großherzogtum Baden zugebracht haben und vor, während oder nach dieser Zeit naturalisierte Angehörige des Großherzogtums Baden geworden sind, von den Vereinigten Staaten als Angehörige Badens erachtet und als solche behandelt werden.

Die bloße Erklärung der Absicht, Staatsangehöriger des einen oder des anderen Teils werden zu wollen, soll in Beziehung auf keinen der beiden Teile die Wirkung der Naturalisation haben.

2. Ein naturalisierter Angehöriger des einen Teils soll bei etwaiger Rückkehr in das Gebiet des anderen Teils wegen einer nach den Gesetzen des letzteren mit Strafe bedrohten Handlung, welche er vor seiner Auswanderung verübt hat, zur Untersuchung und Strafe gezogen werden können, sofern nicht nach den Gesetzen seines ursprünglichen Vaterlandes Verjährung oder sonstige Straflosigkeit eingetreten ist.

Namentlich soll ein nach Art. 1 als amerikanischer Staatsbürger zu erachtender früherer Badener nach den badischen Gesetzen wegen Nichterfüllung der Wehrpflicht zur Untersuchung und Strafe gezogen werden können:

1. wenn er ausgewandert ist, nachdem er bei der Aushebung der Wehrpflichtigen bereits als Rekrut zum Dienste im stehenden Heere herangezogen war;
2. wenn er ausgewandert ist, während er im Dienste bei den Fahnen stand oder nur auf bestimmte Zeit beurlaubt war;
3. wenn er als auf unbestimmte Zeit Beurlaubter, oder als Reservist oder als Landwehrmann ausgewandert ist, nachdem er bereits eine Einberufungsordre erhalten, oder nachdem bereits eine öffentliche Aufforderung zur Stellung erlassen oder der Krieg ausgebrochen war.

Dagegen soll ein in den Vereinigten Staaten naturalisierter Badener, welcher sich bei oder nach seiner Auswanderung durch andere als die in Ziffer 1 bis 3 bezeichneten Handlungen oder Unterlassungen gegen die gesetzlichen Bestimmungen über die Wehrpflicht vergangen hat, bei seiner Rückkehr in sein ursprüngliches Vaterland weder nachträglich zum Kriegsdienst, noch wegen Nichterfüllung seiner Wehrpflicht zur Untersuchung und Strafe gezogen werden.

Auch soll der Beschlag, welcher in anderen als den in Ziffer 1 bis 3 bezeichneten Fällen wegen

Nichterfüllung der Wehrpflicht auf das Vermögen eines Ausgewanderten gelegt wurde, wieder aufgehoben werden, sobald derselbe die nach Art. 1 vollzogene Naturalisation in den Vereinigten Staaten von Amerika nachweist.

3. Der Vertrag zwischen dem Großherzogtum Baden einerseits und den Vereinigten Staaten von Amerika andererseits wegen der in gewissen Fällen zu gewährenden Auslieferung der vor der Justiz flüchtigen Verbrecher, welcher am 30. Januar 1857 abgeschlossen worden ist[1]), bleibt unverändert fortbestehen.

[1]) Abgedruckt unten unter IIIb.

4. Derjenige, welcher aus dem einen Staat ausgewandert und nach Art. 1 als Angehöriger des anderen Staates zu erachten ist, soll bei etwaiger Rückkehr in sein früheres Vaterland nicht angehalten werden können, in die alte Staatsangehörigkeit zurückzutreten. Wenn er dieselbe jedoch mit seinem Willen wieder erwirkt und auf sein durch Naturalisation erworbenes Staatsbürgerrecht wieder verzichtet, so soll ein solcher Verzicht zulässig und soll für die Anerkennung der Wiedererwerbung des Staatsbürgerrechts im ursprünglichen Heimatsstaate eine gewisse Dauer des Aufenthalts in diesem Staate nicht erforderlich sein.

5. Der gegenwärtige Vertrag tritt sofort nach Austausch der Ratifikationen in Kraft und hat für zehn Jahre Gültigkeit.

Wenn kein Teil dem andern sechs Monate vor dem Ablauf dieser zehn Jahre Mitteilung von seiner Absicht macht, denselben alsdann aufzuheben, so soll er ferner in Kraft bleiben bis zum Ablauf von zwölf Monaten, nachdem einer der kontrahierenden Teile dem anderen von einer solchen Absicht Kenntnis gegeben.

III b.

Vertrag zwischen dem Großherzogtum Baden einerseits und den Vereinigten Staaten von Amerika andererseits wegen der in gewissen Fällen zu gewährenden Auslieferung der vor der Justiz flüchtigen Verbrecher.

Vom 30. Januar 1857.

(Bad. Reg.Bl. 1857 S. 155 ff.)

Vorbemerkungen.

1. Der Vertrag ist ratifiziert (Bad. Reg.Bl. 1857 S. 154), aber den Ständen nicht vorgelegt, so daß er an sich keine Gesetzeskraft haben würde. Durch die Bestimmung des Art. 3 des Vertrages v. 19. 7. 1868 (oben zu III a), der von den Ständen genehmigt worden ist, hat dann aber der Vertrag v. 30. 1. 1857 ebenfalls Gesetzeskraft erhalten. Seine Verletzung begründet also die Revision. (Vgl. die Vorbem. z. Vertr. v. 19. 7. 1868.) — Der Vertrag ist auch für die Philippinen für anwendbar erachtet.

2. Wegen des in den Vereinigten Staaten geltenden Strafrechts vgl. Vorbem. 2 zu dem Vertrage v. 16. 6. 1852 (oben unter I b).

I.[1]) Man ist dahin übereingekommen, daß Baden und die Vereinigten Staaten, auf gegenseitige Requisitionen, welche respektive sie selbst oder ihre Gesandten, Beamten oder Behörden erlassen, alle Individuen der Justiz ausliefern sollen, welche beschuldigt, das Verbrechen des Mordes, oder eines Angriffs in mörderischer Absicht, oder des Seeraubs, oder der Brandstiftung, oder des Raubes, oder der Fälschung, oder der Verfertigung oder Verbreitung falschen Geldes, sei es gemünztes oder Papiergeld, oder des Defekts oder der Unterschlagung öffentlicher Gelder, innerhalb der Gerichtsbarkeit eines der beiden Teile begangen zu haben, in dem Gebiete des andern Teils eine Zuflucht suchen, oder dort aufgefunden werden; mit der Beschränkung jedoch, daß dies nur auf solche Beweise für die Strafbarkeit geschehen soll, welche nach den Gesetzen des Orts, wo der Flüchtling oder das so beschuldigte Individuum aufgefunden wird, dessen Verhaftung und Stellung vor Gericht rechtfertigen würden, wenn das Verbrechen oder Vergehen dort begangen wäre; und die respektiven Richter und andern Behörden der beiden Regierungen sollen Macht, Befugnis und Autorität haben, auf eidlich erhärtete Angabe einen Befehl zur Verhaftung des Flüchtlings oder so beschuldigten Individuums zu erlassen, damit er vor die gedachten Richter oder anderen Behörden zu dem Zwecke gestellt werde, daß der Beweis für die Strafbarkeit gehört und in Erwägung gezogen werde, und wenn bei dieser Vernehmung der Beweis für ausreichend zur Aufrechterhaltung der Beschuldigung erkannt wird, so soll es die Pflicht des prüfenden Richters oder der Behörde sein, selbigen für die betreffende exekutive Behörde festzustellen, damit ein Befehl zur Auslieferung eines solchen Flüchtlings erlassen werden könne. Die Kosten einer solchen Verhaftung und Auslieferung sollen von dem Teil getragen und erstattet werden, welcher die Requisition erläßt und den Flüchtling in Empfang nimmt.

Der Inhalt dieses Artikels darf keine solche ausdehnende Auslegung erhalten, daß er auf Verbrechen politischer Natur anwendbar wäre.

[1]) Das in Anm. 1—3 und 4 zu Art. I des Vertrages v. 16. 6. 1852 (oben unter Ib) Gesagte gilt auch für den badisch-amerikanischen Vertrag.

II. Keiner der kontrahierenden Teile soll gehalten sein, in Gemäßheit der Bestimmungen dieser Übereinkunft, seine eigenen Bürger oder Untertanen auszuliefern.

III. Wenn ein Individuum, das eines der in dieser Übereinkunft aufgezählten Verbrechen angeklagt ist, ein neues Verbrechen in dem Gebiete des Staates begangen haben sollte, wo es eine Zuflucht gesucht hat oder aufgefunden wird, so soll ein solches Individuum nicht eher in Gemäßheit der Bestimmungen dieser Übereinkunft ausgeliefert werden, als bis dasselbe vor Gericht gestellt worden sein und die auf ein solches neues Verbrechen gesetzte Strafe erlitten haben oder freigesprochen sein wird.

IV. Die gegenwärtige Übereinkunft soll bis zum 1. Januar Eintausend Achthundert und Sechzig (1860) in Kraft bleiben, und wenn kein Teil dem andern sechs Monate vorher Mitteilung von seiner Absicht macht, dieselbe dann aufzuheben, so soll sie ferner in Kraft bleiben bis zu dem Ablauf von zwölf Monaten, nachdem einer der hohen kontrahierenden Teile dem andern von einer solchen Absicht Kenntnis gegeben hat; wobei jeder der hohen kontrahierenden Teile sich das Recht vorbehält, dem andern eine solche Mitteilung zu jeder Zeit nach dem Ablauf des gedachten ersten Januar Eintausend Achthundert und Sechzig (1860) zugehen zu lassen.

V. Die gegenwärtige Übereinkunft soll ratifiziert werden von der badischen Regierung und von dem Präsidenten unter und mit Genehmigung und Zustimmung des Senats der Vereinigten Staaten, und die Ratifikationen sollen zu Berlin innerhalb eines Jahres von dem heutigen Datum, oder womöglich früher, ausgewechselt werden.

B. Verträge mit Frankreich.

Vorbemerkung.

Die Auslieferungsverträge, welche zwischen deutschen Staaten und Frankreich bestanden hatten und durch den Krieg 1870/71 erloschen waren, sind durch Art. 18 Abs. 1 der Zusatzkonvention zum Frankfurter Friedensvertrage vom 11. Dezember 1871 (abgedr. unter Ib unten S. 362) wieder in Kraft gesetzt. (Vgl. auch Einl. S. 34.)

Ia.

Vertrag zwischen Preußen und Frankreich wegen gegenseitiger Auslieferung flüchtiger Verbrecher.

Vom 21. Juni 1845.

(Pr. GS. S. 579 ff.)

Vorbemerkungen.

1. Der Vertrag ist am 20. August 1845 in Paris ratifiziert und in der Pr. Ges.Samml. v. 25. 9. 1845 mit offiziellem Doppeltext in deutscher und französischer Sprache verkündet. Er hat Gesetzeskraft. (Vgl. Einl. S. 7 u. Goltd. Arch. 36 S. 405.) Nach Art. 18 der Zusatzkonvention zum Frankfurter Friedensvertrage vom 11. 12. 1871 (abgedr. unter Ib unten S. 362) gilt er auch für Elsaß-Lothringen, und zwar infolge der nach § 1 d. Ges. v. 3. 7. 1871 (Ges.Bl. f. Elf.-Lothr. S. 2) in diesem Ges.Bl. (1872 S. 76) erfolgten Verkündung der Zusatzkonvention gemäß § 3 d. Ges. v. 9. 6. 1871 (Ges.Bl. f. Elf.-Lothr. S. 1) gleichfalls mit der Kraft eines Landesgesetzes. (Vgl. RG. 34 S. 381.)

2. Das in Frankreich geltende StGB. ist der Code pénal von 1810. (Vgl. v. Liszt, Strafgesgeb. d. Gegenw. Bd. 1 S. 435 ff.)

Art. 1. Das preußische und das französische Gouvernement verpflichten sich, durch gegenwärtige Konvention sich gegenseitig, mit Ausnahme ihrer Nationalen[1]), die von Preußen nach Frankreich und von Frankreich nach Preußen flüchtig[2]) gewordenen, durch die kompetenten Gerichtshöfe als Urheber oder Teilhaber der unten (Art. 2) aufgeführten Verbrechen zur Untersuchung gezogenen oder verurteilten Individuen auszuliefern. Diese Auslieferung[3]) soll infolge des von der einen der beiden Regierungen an die andere im diplomatischen Wege zu richtenden Antrags stattfinden[3]).

[1]) Vgl. § 9 RStGB.

[2]) Aus den Worten „flüchtig gewordenen" ist nicht zu schließen, daß F r e i w i l l i g k e i t des Aufenthalts im Asylstaate Voraussetzung der Auslieferung sei. Es handelt sich dabei offenbar nur um ein Redaktionsversehen, das in den meisten späteren Verträgen bereits vermieden ist. (Vgl. z. B. oben S. 123 Anm. 3 [deutsch-britischer Vertrag] u. S. 162 Anm. 1 [deutsch-italienischer Vertrag].) Siehe auch Einl. S. 39. Die bloße Tatsache der A n w e s e n h e i t im Asylstaate wird also als genügend anzusehen sein, gleichviel worauf sie beruht. Auf diesem Standpunkt steht auch die neuere französische Literatur. (Vgl. Lammasch S. 375.)

[3]) Über die sog. extradition volontaire, welche aber nicht mehr unter den Begriff der Auslieferung fällt, vgl. Anm. 3 zu Art. 8.

2. Die Verbrechen, derentwegen gegenseitig die Auslieferung bewilligt werden soll, sind folgende[1]):

1. Meuchelmord, Giftmischerei, Vatermord, Kindermord, Totschlag[2]), Notzucht, voll-

endete oder versuchte gewaltsame Verletzung der Schamhaftigkeit;

2. Brandstiftung;
3. Verfälschung[3]) von authentischen Schriften oder Handelspapieren und von Privatschriften, mit Inbegriff der Nachmachung von Bankbillets und öffentlichen Papieren, wenn die angeschuldigte Tat von Umständen begleitet ist, die, falls dieselbe in Frankreich begangen wäre, die Anwendung einer peinlichen und entehrenden Strafe zur Folge haben würden;
4. Nachmachung oder Ausgebung falscher Münzen mit Inbegriff der Nachmachung, Ausgebung oder Verfälschung von Papiergeld;
5. falsches Zeugnis, Verleitung von Zeugen zu einer falschen Aussage;
6. Diebstahl, wenn derselbe von Umständen begleitet ist, die ihm nach der Gesetzgebung beider Staaten den Charakter eines Verbrechens geben;
7. Unterschlagungen seitens öffentlicher Kassenbeamten für den Fall, daß dieselben nach den französischen Gesetzen mit einer peinlichen und entehrenden Strafe bestraft werden;
8. betrüglicher Bankerott.

[1]) Der auf dem Vertrage vom 21. 6. 1845 beruhende Auslieferungsverkehr zwischen Preußen und Frankreich hat im Laufe der Zeit durch Austausch von

Gegenseitigkeitserklärungen und in anderer Weise die folgenden Erweiterungen und Ergänzungen erfahren:

A. Auf Grund förmlicher Gegenseitigkeitserklärungen (vgl. Einl. S. 50) findet die Auslieferung statt:

1. wegen Körperverletzung mit tödlichem Ausgange;
2. wegen Blutschande, wenn die Handlung zugleich nach § 173 RStGB. und nach Art. 331 Abs. 2 des Code pénal strafbar ist;
3. wegen Entführung von Minderjährigen, gleichviel, ob die Tat sich nach dem Recht des einen wie des andern Teils als Verbrechen oder Vergehen darstellt; (nach Pr. JMBl. 1905 S. 6 findet auf Grund von Gegenseitigkeitserklärungen die Auslieferung wegen Entführung von Minderjährigen beiderlei Geschlechts statt, wenn die Tat nach der Gesetzgebung des einen wie des andern Teiles als Verbrechen oder Vergehen strafbar ist [§§ 235 bis 237 RStGB. u. § 21 des preuß. Ges. v. 2. Juli 1900 — Ges.Samml. S. 264 —; Art. 354ff. des Code pénal u. das den Art. 357 ergänzende französische Gesetz v. 5. Dezember 1901]);
4. wegen einfachen Diebstahls ohne Rücksicht auf den Wert des Gegenstandes, sofern die betreffende Handlung nach der Gesetzgebung des einen wie des andern Teiles als Verbrechen oder Vergehen unter Strafe gestellt ist;
5. wegen Unterschlagung ohne Rücksicht auf den Wert des Gegenstandes, wenn die Handlung nach deutschem Rechte als Unterschlagung und nach französischem Rechte als abus de confiance strafbar ist;
6. wegen solcher Handlungen, die nach deutschem Rechte als Untreue (§ 266 RStGB.) und

nach französischem Rechte als abus de confiance strafbar sind;

7. wegen Betruges, sofern die Handlung gleichzeitig nach deutschem Rechte als Betrug und nach französischem Rechte als escroquerie strafbar ist;
8. wegen aktiver und passiver Beamtenbestechung, wenn die Handlung gleichzeitig nach deutschem Rechte als Bestechung öffentlicher Beamten zum Zwecke einer Verletzung ihrer Amtspflicht (§§ 332—334 RStGB.) und nach französischem Recht als corruption de fonctionnaires publics (Art. 177—179, 181, 182 des Code pénal) mit Strafe bedroht ist;
9. wegen Begünstigung, wenn die Handlung als Begünstigung nach §§ 257, 258 u. 260 RStGB. und nach Art. 248 des Code pénal mit Strafe bedroht ist;
10. wegen Versuchs aller der Straftaten, die nach dem Auslieferungsvertrage v. 21. 6. 1845 und den in Ergänzung dieses Vertrages ausgetauschten Gegenseitigkeitserklärungen die Auslieferung begründen, soweit der Versuch nach der Gesetzgebung beider Länder strafbar ist.

B. Ferner besteht wechselseitiges Einverständnis über erweiternde Auslegung des Auslieferungsvertrages hinsichtlich folgender Punkte:

1. Die Hehlerei ist als Teilnahme an dem Verbrechen oder Vergehen aufzufassen, durch das die verhehlten Sachen erlangt sind. Die Auslieferung hat daher in gleicher Weise wie wegen sonstiger Teilnahme stattzufinden.
2. Unter dem in Art. 2 Nr. 3 des Auslieferungsvertrags v. 21. 6. 1845 aufgeführten Verbrechen der Verfälschung von authentischen Schriften oder Handelspapieren und von Privat-

schriften ist nicht nur die Fälschung dieser Urkunden, sondern auch das Gebrauchmachen von einem solchen verfälschten Schriftstücke verstanden. (Pr. JMBl. 1889 S. 18; 1899 S. 273; 1903 S. 54; 1905 S. 6; 1907 S. 484.)

[2]) Unter den Begriff des Totschlags fällt nach den maßgebenden (vgl. Einl. S. 22), beim Abschluß des Auslieferungsvertrages in Geltung gewesenen §§ 806 ff. II, 20 ALR. in Verbindung mit der Kabinettsorder vom 10. Juli 1837 (Ges.Samml. S. 128) auch die Körperverletzung mit tödlichem Ausgange (§ 226 RStGB.). Vgl. RG. 21 S. 181, 182. Siehe jetzt auch noch oben Anm. 1 A 1.

[3]) Vgl. Anm. 1 B 2.

3. Alle Sachen, welche sich im Besitz eines Angeschuldigten zur Zeit seiner Verhaftung befinden, sollen in dem Moment mit überliefert werden, wo die Auslieferung bewirkt wird, und es wird sich diese Aushändigung nicht bloß auf die entwendeten Sachen beschränken, sondern alle diejenigen Gegenstände mitumfassen, welche zum Beweise des Verbrechens dienen könnten.

4. Die Urkunden, welche zur Unterstützung des Antrags auf Auslieferung beigebracht werden müssen, sind der Verhaftsbefehl, welcher gegen den Angeschuldigten erlassen und in den durch die Gesetzgebung des die Auslieferung begehrenden Gouvernements vorgeschriebenen Formen ausgefertigt ist, oder alle anderen Urkunden, die wenigstens dieselbe Kraft als der gedachte Befehl haben, und so-

wohl die Natur und Schwere des in Rede stehenden Verbrechens als auch das darauf anwendbare Strafgesetz näher bezeichnen [1] [2]).

[1]) Der Haftbefehl ist, wo er vorliegt, die urkundliche Grundlage des ganzen Auslieferungsgeschäfts. Nach seinem Inhalt bemißt sich, wenn nicht ein anderer Wille der ausliefernden Regierung erkennbar ist, die Frage, wegen welcher Delikte die Auslieferung erfolgt ist. (RG. 29 S. 289.)

[2]) Vorläufige Festnahme ist zulässig. — Wird die vorläufige Festnahme wegen einer Straftat beantragt, die unzweifelhaft unter den Auslieferungsvertrag oder eine der im Pr. JMBl. 1899 S. 273 veröffentlichten Gegenseitigkeitserklärungen fällt, so ist das Ersuchen um Herbeiführung der vorläufigen Festnahme unmittelbar an die Kaiserliche Botschaft in Paris zu richten, sofern nicht etwa anzunehmen ist, daß der Verfolgte sich in den Amtsbezirk eines der Kaiserlichen Berufskonsulate in Havre, Bordeaux oder Marseille geflüchtet hat. In den letzterwähnten Fällen ist die Vermittelung des für den Zufluchtsort zuständigen Kaiserlichen Konsuls unmittelbar in Anspruch zu nehmen.

Bestehen Zweifel, ob die Straftat unter den Auslieferungsvertrag oder unter die erwähnten Gegenseitigkeitserklärungen fällt, so ist an den Justizminister, in eiligen Fällen an den Minister der auswärtigen Angelegenheiten wegen Herbeiführung der vorläufigen Festnahme zu berichten. (Pr. JMBl. 1905 S. 180.)

5. Wenn das Individuum, dessen Auslieferung verlangt wird, in dem Lande, wohin es sich geflüchtet, bereits wegen eines eben daselbst begangenen Verbrechens oder Vergehens zur Untersuchung gezogen oder verurteilt ist, so braucht das-

selbe erst nach Abbüßung der gegen dasselbe erkannten Strafe ausgeliefert zu werden.

6. Die Auslieferung kann nicht stattfinden, wenn seit den angeschuldigten Tatsachen, seit der eingeleiteten Untersuchung oder der Verurteilung, die Anklage oder die Strafe nach den Gesetzen des Landes, wohin der Angeschuldigte oder Verurteilte sich geflüchtet hat, verjährt ist[1]).

[1]) Vgl. Einl. S. 19ff.

7. Die durch die Haft, den Unterhalt und den Transport der Ausgelieferten bis zu dem Orte, wo die Überlieferung bewirkt wird, erwachsenen Kosten trägt derjenige Staat, in dessen Gebiete die Ausgelieferten ergriffen worden sind.

8. Die Bestimmungen der gegenwärtigen Konvention können nicht auf Individuen Anwendung finden, die sich irgend ein politisches Vergehen haben zuschulden kommen lassen[1])[2]).

Die Auslieferung kann nur behufs der Untersuchung und Bestrafung gemeiner Verbrechen erfolgen[2])[3]).

[1]) Vgl. Einl. S. 23, 24.

[2]) Aus Art. 8 ergibt sich als Folgerung nur, daß eine bei der Auslieferung als gemeines Verbrechen beurteilte Tat nicht bestraft werden darf, wenn sie sich später als ein politisches Verbrechen herausstellt. (RG. 34 S. 382.)

Trotz des Schweigens des Vertrages gilt aber auch hier das Prinzip der Spezialität. (Vgl. Einl. S. 40ff. u. RG. 29 S. 289; 34 S. 382, 383.) Gleichwohl hat das RG. in Bd. 34 S. 380 angenommen, daß ein von Frankreich wegen betrüglichen Bankerutts (Art. 2 Ziff. 8) Ausgelieferter wegen Versuchs dieses Verbrechens verurteilt werden könne, wenn in der Hauptverhandlung die Tat als ein solcher sich herausstelle. Diese Entscheidung wäre gegenwärtig (nachdem nämlich neuerdings durch Gegenseitigkeitserklärungen auch der Versuch des betrüglichen Bankerutts Auslieferungsdelikt geworden ist, — vgl. Anm. 1 A 10 zu Art. 2 —) zweifellos richtig. Zur Zeit ihres Erlasses dürfte sie bedenklich gewesen sein. Bedenklich erscheint auch der dabei vom RG. anscheinend ganz allgemein aufgestellte Satz (a. a. O. S. 385), daß der Aburteilung des Ausgelieferten durch die Gerichte des verfolgenden Staates kein rechtliches Hindernis entgegenstehe, wenn die in der Untersuchung sich ergebende Abweichung von der der Auslieferung zugrunde liegenden rechtlichen Qualifikation der konkreten Tat nur zu einer Modifikation derselben Straftat im Rahmen des der Auslieferung zugrunde liegenden Strafgesetzes führe. Dieser Satz mag für diejenigen Verträge zutreffen, die die Auslieferung wegen Versuchs, Beihilfe usw. überhaupt nicht erwähnen. Nur insoweit ist auch das vom RG. angezogene, den Fall der Beihilfe nach dem früheren preußisch-holländischen Vertrage von 1850 betreffende Urteil des RG. v. 29. 8. 1888 (abgedr. im Pr. JMBl. 1889 S. 120) hier verwertbar. Wenn aber ein Vertrag den Versuch zwar bei einzelnen Straftaten als Auslieferungsdelikt bezeichnet, bei anderen dagegen nicht, so gibt er zu erkennen, daß bei diesen letzteren Delikten der Versuch eine Auslieferungspflicht nicht begründen soll, daß der Versuch hier also im Sinne des Vertrages (worauf es allein ankommt) einen von dem vollendeten Delikt streng zu sondernden Tatbestand bildet und für die Auslieferung und das dadurch begründete Recht der Strafverfolgung dem vollendeten Delikt nicht gleichgestellt werden darf.

Wird die Auslieferung auch wegen eines Nichtauslieferungsdelikts beantragt und liefert die französische Regierung in Kenntnis dieser Tatsache vorbehaltlos aus, so kann auch wegen des Nichtauslieferungsdelikts Verurteilung erfolgen. (RG. 29 S. 288 ff.)

Nach Pr. JMBl. 1899 S. 274 besteht ferner wechselseitiges Einverständnis über erweiternde Auslegung des Vertrages in folgenden Punkten:

a) Auch nach Übergabe einer ausgelieferten Person soll noch die nachträgliche Genehmigung zur Strafverfolgung wegen solcher in dem ursprünglichen Auslieferungsantrage nicht enthaltener Handlungen bewilligt werden, wegen deren die Auslieferung nach dem Auslieferungsvertrage vom 21. Juni 1845 und den zu seiner Erläuterung oder Ergänzung getroffenen sonstigen Abmachungen überhaupt zu bewilligen ist.

b) Wenn eine ausgelieferte Person nach rechtskräftiger Aburteilung wegen der Straftat, wegen deren die Auslieferung erfolgt ist, es unterlassen sollte, das Gebiet des Staates, an den sie ausgeliefert worden ist, innerhalb einer ihr gestellten Frist, deren Bemessung der Justizverwaltung zusteht, zu verlassen, so kann sie auch wegen eines vor der Auslieferung begangenen gemeinen Verbrechens oder Vergehens, wegen dessen die Auslieferung nicht erfolgt ist (d. h. also auch wegen eines in dem Auslieferungsvertrag oder den sonstigen Abmachungen nicht vorgesehenen gemeinen Verbrechens oder Vergehens), von den Gerichten des ersuchenden Staates strafrechtlich verfolgt werden.

[3]) In der neueren französischen Jurisprudenz hat sich die Auffassung herausgebildet, daß ein Franzose, dessen Auslieferung von Frankreich bei einem fremden Staate beantragt ist, der aber bei seiner Vernehmung im Auslieferungsstaate erklärt, er wolle, ohne die Formali-

täten des Auslieferungsverfahrens abzuwarten, seiner Heimatsbehörde zur Verfügung gestellt werden und der daraufhin an die französische Grenze gebracht wird (sog. extradition volontaire), nicht als Ausgelieferter, sondern als eine Person zu betrachten ist, die freiwillig in die Heimat zurückgekehrt ist und sich der dortigen Justiz zur Verfügung gestellt hat. Von diesem Standpunkt aus kann, da der Verfolgte durch seine Flucht an sich Rechte nicht erwerben kann und der Grundsatz der sog. Spezialität lediglich auf der der Souveränität des fremden Staates gebührenden Rücksicht beruht, von dessen Anwendung in einem solchen Falle keine Rede sein, und der freiwillig in die Gewalt des Heimatsgerichts gelangte Verfolgte hat sich vor diesem wegen aller gegen ihn vorliegenden Anklagen zu verantworten. Die sog. extradition volontaire fällt demnach nicht mehr unter den Begriff der Auslieferung.

Schon nach dem Prinzip der Gegenseitigkeit wird sich in gleichliegenden Fällen für die deutschen Gerichte die Anwendung der gleichen Grundsätze rechtfertigen. Es muß aber auch angenommen werden, daß die französische Regierung, wenn sie auf das Begehren des Auszuliefernden, die Erfüllung der Auslieferungsformalitäten nicht abzuwarten, eingeht und ihn den deutschen Behörden zur Verfügung stellt, den in Frankreich herrschenden Anschauungen entsprechend, auf die Wahrung des Asylrechts verzichtet und den Flüchtling nicht im völkerrechtlichen Sinne ausliefert, was sie unzweifelhaft tun könnte, wenn sie auf den dem ausliefernden Staate unbestritten gebührenden Rechten bestehen wollte. (Vgl. RG. 35 S. 254ff. Die Entscheidung betrifft eine Auslieferung an das Herzogtum Anhalt, welches keinen Auslieferungsvertrag mit Frankreich besitzt; sie trifft aber auch für die Staaten zu, die Auslieferungsverträge mit Frankreich abgeschlossen haben. In RG. 29 S. 289, 290 war die ganze Frage noch unentschieden gelassen.)

9. Wenn ein reklamiertes Individuum Verbindlichkeiten gegen Privatpersonen eingegangen ist, an deren Erfüllung es durch seine Auslieferung verhindert wird, so soll dasselbe dennoch ausgeliefert werden und bleibt dem dadurch beeinträchtigten Teile überlassen, seine Rechte vor der kompetenten Behörde geltend zu machen.

10. Die gegenwärtige Konvention wird erst zehn Tage nach ihrer in Gemäßheit der durch die Gesetzgebung beider Länder vorgeschriebenen Formen erfolgten Publikation zur Ausführung gebracht.

11. Die gegenwärtige Konvention bleibt bis zum Ablaufe von sechs Monaten nach der seitens des einen der beiden kontrahierenden Gouvernements erfolgten Aufkündigung in Kraft.

Sie wird ratifiziert, und die Ratifikationen werden binnen zwei Monaten, oder wo möglich früher ausgewechselt werden.

Ib.

Auszug aus der Zusatzkonvention

zu dem am 10. Mai 1871 zu Frankfurt a. M. abgeschlossenen Friedensvertrage zwischen Deutschland und Frankreich,

unterzeichnet Frankfurt a. M., den 11. Dezember 1871[1]).

(RGBl. 1872 S. 7ff.)

Art. 18. Abgesehen von den internationalen Vereinbarungen, die der Friedensvertrag vom 10. Mai 1871 erwähnt, sind die Hohen vertragenden Teile übereingekommen, die verschiedenen Verträge und Konventionen wieder in Kraft zu setzen, welche vor dem Kriege zwischen den deutschen Staaten und Frankreich bestanden haben[2]), alles unter Vorbehalt der Zustimmungserklärungen der betreffenden Regierungen, welche bei Gelegenheit der Auswechselung der Ratifikationen der gegenwärtigen Übereinkunft werden beigebracht werden.

(Abs. 2, 3) . . .

Ferner wird verabredet, daß die Bestimmungen . . . des zwischen Preußen und Frankreich am 21. Juli[3]) 1845 abgeschlossenen Auslieferungsvertrages ... vorläufig auf Elsaß-Lothringen angewandt werden[4]) und daß diese drei Verträge, bezüglich der darin verzeichneten Verhältnisse, für die Beziehungen zwischen den abgetretenen Gebieten und

Frankreich bis auf weiteres als Richtschnur dienen sollen.

[1]) Ratifiziert am 11. Januar 1872. (RGBl. S. 21.)

[2]) Vgl. die Vorbem. vor den Verträgen mit Frankreich, oben S. 350.

[3]) Druckfehler statt „Juni".

[4]) Vgl. Vorbem. 1 zum preußisch-französischen Vertrage, oben S. 350.

II.

Auslieferungsvertrag

zwischen Bayern und Frankreich.

Vom 29. November 1869.

Vorbemerkungen.

Die Auswechselung der Ratifikationsurkunden ist am 19. Dezember 1869 erfolgt. Mittels Bekanntmachung vom selben Tage ist der Vertrag von dem bayerischen Staatsministerium des königlichen Hauses und des Äußeren im Regierungsblatt für Bayern 1869 S. 2281 ff. publiziert.

Der Vertrag, der parlamentarischer Genehmigung nicht bedurfte, hat Gesetzeskraft. (Vgl. Grosch S. 6.)

Art. 1. Die Königl. bayrische und die Kaiserlich französische Regierung verpflichten sich, — mit Ausnahme ihrer eigenen Untertanen[1]) — auf das von einer der beiden Regierungen an die andere Regierung gestellte Ansuchen hin, gegenseitig diejenigen Individuen auszuliefern[2]), gegen welche, — sei es als Täter oder Teilnehmer — durch die zuständigen Gerichte des einen der beiden Länder wegen eines der in dem folgenden Artikel aufgeführten Verbrechen oder Vergehen strafrechtliche Verfolgung eingeleitet oder ein verurteilendes Erkenntnis erlassen wurde, und welche sich aus Bayern in die festländischen oder überseeischen Besitzungen Frankreichs oder aus den letzteren nach Bayern geflüchtet[3]) haben.

[1]) Vgl. aber bezüglich französischer Untertanen die Ausnahme in Art. 15.

[2]) Über die sog. extradition volontaire vgl. Anm. 3 zu Art. 8 des preußisch-französischen Vertrages.

[3]) Vgl. Anm. 2 zu Art. 1 des preußisch-französischen Vertrages.

2.[1]) 1. Mord (Art. 228; art. 296 C.P.).

2. Vatermord (Art. 230; art. 299 C.P.).

3. Kindesmord (Art. 231; art. 300 C.P.).

4. Vergiftung (Artt. 228, 229, 48; art. 301 C.P.).

5. Totschlag (Art. 229; art. 295 C.P.).

6. Kindesabtreibung (Artt. 243—245; art. 317 C.P.).

7. Notzucht (Art 204; art. 332 §§ 1 et 2 C.P.).

8. Unzüchtige Handlungen, begangen ohne Anwendung von Gewalt gegen ein Kind unter zwölf Jahren; Mißbrauch zum Beischlaf, begangen an einem Mädchen unter zwölf Jahren (Art. 205). Gewaltsame Angriffe auf die Schamhaftigkeit (Artt. 215, 216; artt. 331, 332 §§ 3 et 4, 333 C.P.).

9. Kuppelei, wenn sie nach der beiderseitigen Gesetzgebung strafbar ist (Artt. 220, 221; artt. 334 et 335 C.P.).
10. Entführung minderjähriger Personen, Menschenraub, widerrechtliche Gefangenhaltung. (Artt. 251—255; artt. 341 à 344, 354 à 357 C.P.).
11. Aussetzung von Kindern unter sieben Jahren (Art. 246, 247; artt. 349 à 353 C.P.).
12. Mehrfache Ehe (Art. 219; art. 340 C.P.).
13. Vorsätzliche Körperverletzungen gegen eheliche oder außereheliche Eltern und andere eheliche Verwandte in aufsteigender Linie. — Kastration. — Vorsätzliche Körperverletzungen, welche entweder den Tod, eine mehr als zwanzigtägige Krankheit oder persönliche Arbeitsunfähigkeit, eine Verstümmelung, Verlust oder Gebrauchsbeschränkung eines Gliedes, Erblindung, Verlust eines Auges oder einen anderen bleibenden Nachteil an Körper oder Gesundheit zur Folge hatten. Körperverletzung durch Anwendung gesundheitsschädlicher Stoffe. (Artt. 234, 235, 237 Abs. 2; artt. 309, 310, 312, 316, 317 §§ 4 et 5 C.P.).
14. Erpressung; Vergewaltigung und strafbare Bedrohung, um eine Handlung, Duldung oder Unterlassung zu erzwingen (Artt. 303, 304, 307 Abs. 2; artt. 305, 307, 308, 400 C.P.).

15. Vorsätzliche Brandstiftung. Zerstörung durch Pulver und ähnliche Stoffe. (Artt. 347—350, 353; artt. 434, 435 C.P.).
16. Diebstahl und Raub (Artt. 271—282, 286, 287, 300—302; artt. 379, 381 à 386, 387, 388 à 398, 401 C.P.).
17. Betrug in dem Falle der Artikel 314, 315 Abs. 2, 316, 319—321, 325, 327; artt. 405, 423 et 424 C.P. (Loi des 10—27 Mars 1851).
18. Benachteiligung Minderjähriger. Unterschlagung. Amtsuntreue. Mißbrauch der Amtsgewalt zur Nötigung, Bedrückung oder Erpressung. Mißbrauch des Amtes zur Unterdrückung von Urkunden. (Artt. 293, 294 Nr. 2—4, 295, 296, 332, 366—369, 371, 375—377, 386, 397; artt. 169 à 174, 177 à 183, 406 à 408 C.P.).
19. Fälschung von Geld, wissentliches Inumlaufsetzen und Ausgabe falschen Geldes, Fälschung von Papiergeld mit gesetzlichem Kurse.

Nachahmung oder Fälschung öffentlicher Kreditpapiere von Banknoten, öffentlichen oder Privatwertpapieren; Ausgabe, Inumlaufsetzen oder Gebrauch solcher gefälschter oder nachgeahmter Werte.

Nachahmung oder Fälschung des Staatssiegels und aller von den beiderseitigen Regierungen mit öffentlicher Glaubwürdigkeit versehenen Stempel und Marken, auch in dem Falle, daß die Ausfertigung, Nachahmung oder Fälschung außerhalb des Staates begangen worden wäre, welcher die Auslieferung verlangt.

Mißbrauch des Amtes zur Fälschung von Urkunden. Fälschung öffentlicher Urkunden. Betrug durch Fälschung von Privaturkunden. Wissentlicher Gebrauch dieser Fälschungen. (Artt. 169—171, 176—178, 185—187, 190, 316 Nr. 4, 317, 318, 371 bis 374; artt. 132 à 134, 139 à 141, 145 à 148, 150 et 151 C.P.).

20. Meineid. Falsches Zeugnis vor Gericht. Anstiftung von Zeugen, Sachverständigen oder von Dolmetschern zur Begehung dieser Reate (Artt. 52, 192—197, 200 Abs. 2—4; artt. 361 à 366 C.P.).

21. Falsche Anzeige bei öffentlichen Behörden (Art. 199 Abs. 2; art. 373 C.P.).

22. Betrügerischer Bankerott (Art. 329; artt. 402 § 2, 403 C.P.).

23. Einfacher Bankerott (Art. 328; art. 402 § 3 C.P.).

24. Störung der Benutzung von Eisenbahnen und Telegraphen in widerrechtlicher Absicht (Art. 356—358; lois des 15. Juillet 1845 et 27. Décembre 1851).

25. Vernichtung, Verwüstung oder Beschädigung fremder beweglicher oder unbeweglicher Habe (Artt. 183, 184, 334, 340, 343 Nr. 1—4;

artt. 437, 439 à 442, 444, 448, 451, 453, 454, 456 C.P.).

26. Vergiftung von Haustieren und Fischen in Weihern, Teichen und Behältern (Art. 363 Abs. 1; art. 452 C.P.).

Die erwähnten Reate begreifen auch die Fälle des Versuches bezüglich aller nach der Gesetzgebung des die Auslieferung begehrenden Landes als Verbrechen bestraften Handlungen und bezüglich der Vergehen des Diebstahls, des Betrugs und der Erpressungen in sich.

In den vorstehend bestimmten Fällen soll die Auslieferung wegen strafbarer Handlungen, die sich nur als Vergehen darstellen, stattfinden:

1. unter der Voraussetzung einer im kontradiktorischen oder im Ungehorsamsverfahren erfolgten Verurteilung, wenn die ausgesprochene Strafe wenigstens zwei Monate Gefängnis beträgt;
2. unter der Voraussetzung einer anhängig gemachten Untersuchung oder erfolgten Verweisung, wenn nach der Gesetzgebung des die Auslieferung begehrenden Landes als Maximum der im konkreten Falle gesetzlich zulässigen Strafe eine zweijährige Gefängnis- oder eine hiermit gleichbedeutende sonstige Strafe angedroht ist.

In allen Fällen — gleichviel, ob Verbrechen oder Vergehen — soll die Auslieferung nur dann gewährt werden, wenn die in Frage stehende strafbare Handlung auch nach der Gesetzgebung des um Auslieferung angegangenen Landes als Verbrechen oder Vergehen erscheint, und unter der ferneren Voraussetzung, daß diese strafbare Handlung auch nach dieser Gesetzgebung wenigstens diejenigen Vergehensstrafen nach sich zieht, welche im vorhergehenden Absatze bestimmt sind.

1) Die in der nun folgenden Liste in Klammern aufgeführten Gesetzesbestimmungen beziehen sich auf das frühere bayrische StGB. von 1861 bzw. auf den Code pénal.

3. Die Wirkungen des vorstehenden Vertrages erstrecken sich nicht auf politische Verbrechen und Vergehen 1).

Der Angriff auf die Person des fremden Staatsoberhauptes oder dessen Familienglieder soll weder als politisches Verbrechen oder Vergehen, noch als eine mit einem solchen Reate konnexe Handlung dann erachtet werden, wenn dieser Angriff sich entweder als Totschlag, Mord oder Vergiftung darstellt 2).

1) Vgl. Einl. S. 23 ff.
2) Attentatsklausel; vgl. Einl. S. 25.

4. Die Auslieferung soll jederzeit auf diplomatischem Wege beantragt werden.

5. Individuen, welche wegen einer der in Art. 2 des gegenwärtigen Vertrages erwähnten strafbaren Handlungen verfolgt werden, sollen mit provisorischer

Haft belegt werden, sobald ein von der zuständigen Behörde ausgestellter Verhaftsbefehl oder eine von derselben erlassene Urkunde, welcher dieselbe rechtliche Bedeutung zukommt, auf diplomatischem Wege einbefördert ist.

Die provisorische Haft soll auch schon verhängt werden auf Grund einer durch die Post oder den Telegraphen übermittelten einfachen Anzeige, daß ein Verhaftsbefehl erlassen sei, vorausgesetzt, daß diese Anzeige auf diplomatischem Wege an den Minister der auswärtigen Angelegenheiten jenes Landes erfolgt, in welches sich der Angeklagte geflüchtet hat.

Sollte der Verhaftungsantrag direkt an ein Gericht oder an eine Verwaltungsbehörde eines der beiden Länder gerichtet worden sein, so bleibt es dem Ermessen einer solchen Behörde anheim gegeben, ob sie auf diesen Antrag eingehen wolle oder nicht. Dieselbe ist jedoch verpflichtet, unverzüglich alle Verhöre vorzunehmen und alle Nachforschungen zu veranlassen, welche geeignet sind, die Identität der Personen und den Tatbestand des Verbrechens festzustellen; im Falle irgend welche Bedenken oder Schwierigkeiten vorliegen, soll diese Behörde den Minister der auswärtigen Angelegenheiten sofort über die Gründe Rechenschaft ablegen, wegen welcher etwa der angesonnene Vollzug der Verhaftung unterlassen wurde.

Die provisorische Verhaftung hat nach den Bestimmungen und Formen zu geschehen, welche in dem requirierten Staate kraft der Gesetze desselben gelten. Dieselbe wird wieder aufgehoben, wenn vom Augenblicke ihres Beginnes an gerechnet vierzehn Tage abgelaufen sind, ohne daß innerhalb dieser Zeit die um Vornahme der Verhaftung angegangene Regierung — entsprechend dem Art. 4 — einen förmlichen Antrag auf Auslieferung des Verhafteten erhalten hat.

6. Bei Betätigung einer Auslieferung sollen alle mit Beschlag belegten Gegenstände, welche geeignet sind, die Konstatierung des Verbrechens oder Vergehens zu erleichtern, sowie die durch heimliche oder gewaltsame Hinwegnahme erworbenen Sachen der die Requisition stellenden Regierung eingehändigt werden, und zwar sowohl in dem Falle, daß nach vorgängiger Verhaftung die Auslieferung des Angeschuldigten stattfinden kann, als auch in dem anderen Falle, daß diese Auslieferung, sei es durch neuerdings erfolgtes Entweichen oder durch Tod des Angeschuldigten unmöglich geworden ist. Auch diejenigen Gegenstände sollen überliefert werden, welche der Angeschuldigte im Lande verborgen hat oder hinterlegte und welche erst später entdeckt wurden. Hierbei ist jedoch die Geltendmachung jener Ansprüche vorbehalten, welche in die strafrechtliche Untersuchung nicht verwickelte dritte Personen auf die in vorstehendem Artikel erwähnten Gegenstände erworben haben mögen.

7. Die Auslieferung wird nur gewährt werden auf Grund der Mitteilung eines verurteilenden Erkenntnisses oder auf Grund eines gegen den Angeschuldigten, unter Wahrung der durch die Gesetzgebung des requirierenden Landes vorgeschriebenen Formen, erlassenen Haftbefehls, oder auf Grund einer jeden anderen Urkunde, welcher gleiche Kraft wie dem Verhaftsbefehle innewohnt und welche ebenso den Tatbestand und die Schwere der verfolgten strafbaren Handlung, das Datum der Tat und die auf dieselbe anwendbare Strafgrenze angibt.

Soweit möglich sollen diese Urkunden von dem Signalement des Individuums, dessen Auslieferung begehrt wird, begleitet sein und sollen dieselben Abschrift derjenigen Stelle der Strafgesetzgebung enthalten, welche auf die zur Last gelegte Handlung Anwendung zu finden hat.

Im Falle es einem Zweifel unterliegen sollte, ob das Verbrechen oder Vergehen, wegen dessen die strafrechtliche Verfolgung stattfindet, unter die Bestimmungen des Vertrages fällt, so werden nähere Aufschlüsse begehrt werden, und steht es der Regierung, welche um Gewährung der Auslieferung angegangen wird, zu, nach Prüfung der Sache darüber zu entscheiden, ob dem Antrag auf Auslieferung stattgegeben werden wolle.

8. Wenn das Individuum, dessen Auslieferung begehrt wird, auch wegen einer solchen strafbaren

Handlung verfolgt oder verurteilt wurde, die es in dem Lande beging, in das es sich flüchtete, so kann die Auslieferung bis zu dem Zeitpunkte verschoben werden, da dasselbe entweder freigesprochen wurde, oder — im Falle der Verurteilung — seine Strafe erstanden hat. Wenn das Individuum, dessen Auslieferung begehrt wird, in dem Lande, wohin es sich geflüchtet, wegen privatrechtlicher Verbindlichkeiten, die es gegenüber von Privaten eingegangen, verklagt oder verhaftet ist, so soll der Auslieferung nichtsdestoweniger nachgegeben werden, vorbehaltlich des dem hierdurch benachteiligten Streitsteile zustehenden Rechtes, seine Ansprüche vor der zuständigen Obrigkeit geltend zu machen.

Wird von zwei Staaten der Antrag auf Auslieferung eines und desselben Individuums wegen verschiedener Verbrechen oder Vergehen gestellt, so hat die requirierte Regierung hierüber die Entscheidung zu treffen, und zwar mit Rücksicht auf die Schwere der verfolgten strafbaren Handlung oder in Erwägung der Zulässigkeit, daß dieses Individuum gegebenen Falles von dem einen Lande dem anderen Lande übergeben werde, um eine sukzessive Erschöpfung der gegen dasselbe bestehenden Anklagen zu ermöglichen.

Wenn zwei Staaten die Auslieferung eines und desselben Individuums auf Grund derselben strafbaren Handlung verlangen, so wird die Auslieferung an denjenigen Staat stattfinden, auf dessen Gebiet diese strafbare Handlung begangen wurde.

9.[1]) Wegen anderer Verbrechen oder Vergehen als der in dem Antrage auf Auslieferung erwähnten soll gegen das ausgelieferte Individuum weder strafrechtliche Untersuchung eingeleitet, noch Strafe verhängt werden. Eine Ausnahme ist nur in dem Falle gestattet, daß diese in dem Auslieferungsantrage nicht erwähnten Verbrechen oder Vergehen unter Art. 2 fallen und daß die ausliefernde Regierung ausdrücklich einwilligt; oder unter der Voraussetzung, daß der Angeschuldigte ausdrücklich und freiwillig seine Zustimmung hierzu erklärte und daß der ausliefernden Regierung hiervon Nachricht gegeben wurde.

Im Falle eine Auslieferung stattgefunden, soll es — unbeschadet der in den Artikeln 3 und 10 enthaltenen Vorbehalte — gestattet sein, auch wegen anderer Verbrechen oder Vergehen, welche zu der Hauptanschuldigung im Konnexitätsverhältnis stehen und entweder einen erschwerenden Umstand der Hauptanschuldigung oder eine Verschärfung der ursprünglichen Anklage selbst darstellen, — gleichzeitig strafrechtliche Verfolgung und Untersuchung einzuleiten und Bestrafung zu verhängen.

[1]) Das Prinzip der Spezialität gilt nach Art. 9 nur beschränkt.

10. Die Auslieferung kann verweigert werden, wenn — seit Begehung der zur Last gelegten Handlungen oder seit Einleitung der Untersuchung oder seit der erfolgten Verurteilung — nach der Gesetzgebung desjenigen Landes, wohin der Verbrecher sich geflüchtet, Verjährung der erkannten Strafe oder der gerichtlichen Verfolgung vorliegt[1]).

[1]) Vgl. Einl. S. 19ff.

11. Diejenigen Kosten, welche durch die Verhaftung, die provisorische Unterbringung, die Bewachung, Nahrung und den Transport der auszuliefernden Individuen entstehen, sowie der Aufwand für den Transport der in Artikel 6 des vorstehenden Vertrages erwähnten Gegenstände, sollen bis zu dem Orte, wo die Übergabe stattfindet, von demjenigen der beiden Staaten getragen werden, auf dessen Gebiete die auszuliefernden Individuen festgenommen wurden.

12. Sollte eine der beiden Regierungen in einer anhängigen strafrechtlichen Untersuchung es für notwendig erachten, daß im anderen Lande wohnende Zeugen verhört werden oder irgend welche andere strafprozessuale Handlungen stattfinden, so soll auf diplomatischem Wege eine Requisition übermittelt werden, welche lediglich die Unterschrift des die Untersuchung leitenden zuständigen Beamten zu enthalten hat, und wird diesem Ersuchen sofort auf staatsanwaltschaftlichen Antrag entsprochen werden.

Die hohen vertragschließenden Teile behalten sich jedoch das Recht vor, die Mitteilung von Beweisstücken und den Vollzug von Requisitionen abzulehnen, welche geeignet sind, die Schuld eines eigenen Untertanen darzutun, der von den Gerichten des requirierenden Staates wegen eines Verbrechens oder Vergehens verfolgt wird.

Die beiderseitigen Regierungen verzichten auf jeden Ersatzanspruch bezüglich der durch den Vollzug der gedachten Requisition veranlaßten Kosten, es müßte denn sein, daß es sich handelte um Abgabe eines sachverständigen Gutachtens in einer Strafrechtssache, in einer Handelssache oder in einer die gerichtliche Medizin berührenden Frage.

13. Gerichtliche Urkunden, Urteile oder andere prozessuale Ausfertigungen sollen, auf Antrag der Gerichte des einen der beiden Länder, den auf dem Gebiete des anderen Landes wohnenden Individuen einfach zugestellt werden, ohne daß der Staat hierbei irgend welche anderweitige Verbindlichkeit übernimmt als diejenige, die Authentizität der zugestellten Urkunde zu verbürgen.

Zu diesem Zwecke soll die betreffende Urkunde entweder auf diplomatischem Wege oder direkt an die Staatsanwaltschaft des Aufenthaltsortes gesendet und hierauf auf staatsanwaltschaftlichen Antrag durch ein zuständiges Vollzugsorgan dem Beteiligten persönlich zugestellt werden, worauf die Urschrift der Urkunde, mit der staatsanwaltschaftlichen Bestätigung der erfolgten Zustellung versehen, an die absendende Gerichtsbehörde zurückgeleitet wird.

14. Wenn im Laufe einer strafrechtlichen Untersuchung das persönliche Erscheinen eines Zeugen für notwendig befunden wird, so wird die Regierung des Landes, in welchem der Zeuge wohnt, denselben auffordern, der Einladung, die zu diesem Zwecke an ihn ergehen wird, nachzukommen. In diesem Falle werden dem Zeugen Reise- und Aufenthaltskosten nach den Tarifen und Ansätzen ersetzt werden, welche in dem Lande gelten, wo die Vernehmung stattfinden soll; einem solchen Zeugen kann überdies auf sein Verlangen durch Vermittelung der Behörde seines Wohnortes ein Vorschuß bis zum Betrage der gesamten Reisekosten oder eines Teils derselben geleistet werden, welcher Vorschuß durch die an der Vernehmung interessierte Regierung ersetzt werden wird.

Gegen einen Zeugen — gleichviel, welchem Lande er angehört — welcher zum persönlichen Erscheinen in einem der beiden Länder geladen, freiwillig vor den Gerichten des andern Landes sich stellt, darf weder wegen früher begangener strafbarer Handlungen oder wegen früher erfolgter strafrechtlicher Verurteilungen, noch unter dem Vorgeben, daß derselbe in die Anschuldigung, wegen welcher er als Zeuge erscheint, als Teilnehmer verwickelt sei — eine strafrechtliche Untersuchung eingeleitet, noch darf gegen ihn Haft verfügt werden.

Wenn im Laufe einer in einem der beiden Länder anhängigen strafrechtlichen Untersuchung entweder die Konfrontierung von im andern Lande in Haft befindlichen Verbrechern, oder die Einsichtnahme von Beweisstücken oder gerichtlichen Urkunden für nützlich befunden werden wird, so soll Antrag auf diplomatischem Wege erfolgen und wird demselben, unter der Verpflichtung der Zurücksendung der konfrontierten Verbrecher und der Beweisstücke entsprochen werden, wenn nicht besondere Erwägungen dem entgegenstehen.

Die kontrahierenden Regierungen verzichten auf jeden Ersatzanspruch bezüglich der Kosten, welche innerhalb ihrer beiderseitigen Gebiete durch den Transport und die Rücklieferung der konfrontierten Verbrecher und durch das Hin- und Hersenden der Beweisstücke und Urkunden werden veranlaßt werden.

15. Ein Ausländer, welcher das bayerische oder französische Indigenat erwirbt oder wiedererlangt, nachdem er vor Erlangung oder Wiedererlangung desselben auf dem Gebiete des anderen Staates eine der im gegenwärtigen Vertrage vorgesehenen strafbaren Handlungen begangen hat, soll — wenn er sich auf französischem Boden befindet, den bayerischen Behörden ausgeliefert werden, wenn nicht die französischen Gesetze dessen Vorgerichtstellung zulassen sollten[1]), — wenn er sich auf bayerischem Gebiete befindet, so soll er in Bayern den Landesgesetzen gemäß gerichtlich verfolgt, abgeurteilt und bestraft werden.

[1]) Hiernach muß also Frankreich in diesem Falle eigne Staatsangehörige an Bayern ausliefern.

16. Die Durchlieferung[1]) eines von einem dritten Staate an eine der beiden kontrahierenden Regierungen ausgelieferten Verbrechers, welcher nicht dem durch den Transport berührten Lande angehört, durch bayerisches oder französisches Gebiet, erfolgt auf einfachen im diplomatischen Wege übermittelten Antrag, welcher mit genügendem urkundlichen Nachweis darüber belegt sein soll, daß es sich um kein politisches und um kein ausschließlich militärisches Verbrechen oder Vergehen handelt.

Der Transport wird unter Begleitung von Bediensteten des requirierten Landes mit Benützung der schnellsten Verkehrsmittel stattfinden und hat die requirierende Regierung hierbei die Kosten zu tragen.

[1]) Vgl. Einl. S. 31, 32.

17. Vorstehender Vertrag ist auf fünf Jahre abgeschlossen.

Sollte, sechs Monate vor Ablauf dieser Frist, keine der beiden Regierungen erklärt haben, daß sie von dem Vertrage zurücktrete, so soll derselbe weitere fünf Jahre in Kraft bleiben und so fort von fünf zu fünf Jahren.

Der Vertrag soll ratifiziert und sollen die Ratifikationen innerhalb vier Wochen oder wenn möglich früher ausgetauscht werden.

III.

Übereinkunft zwischen dem Königreiche Sachsen und der französischen Republik über die gegenseitige Auslieferung der Verbrecher.

Vom 28. April 1850.

Vorbemerkungen.

Die Auswechselung der Ratifikationsurkunden ist am 12. Januar 1851 erfolgt. Mittels Bekanntmachung des sächsischen Justizministeriums vom 19. Januar 1851 ist der Vertrag im Königl. Sächs. Ges. u. V. Bl. 1851 S. 39ff. publiziert.

Da er den Ständen nicht zur Genehmigung vorgelegt worden ist, hat er keine Gesetzeskraft. (Vgl. Grosch, S. 6.)

Art. 1. Die Regierungen von Sachsen und Frankreich verpflichten sich durch die gegenwärtige Übereinkunft, Individuen, welche sich aus Sachsen nach Frankreich, oder aus Frankreich nach Sachsen geflüchtet[1]) haben und gegen welche wegen eines der nachstehend (Art. 2) aufgeführten Verbrechen von den zuständigen Gerichten eine Untersuchung eingeleitet oder eine Verurteilung erfolgt ist, jedoch mit Ausnahme ihrer eigenen Staatsangehörigen[2]), sich gegenseitig auszuliefern.

Die Auslieferung soll auf den von einer der beiden Regierungen im diplomatischen Wege an die andere gelangenden Antrag erfolgen.

[1]) Vgl. Anm. 2 zu Art. 1 des preußisch-französischen Vertrages.

[2]) Vgl. § 9 RStGB.

2. Die Verbrechen, wegen deren die Auslieferung zugestanden wird, sind folgende:

1. Meuchelmord, Vergiftung, Verwandtenmord, Kindesmord, jede vorsätzliche Tötung, Notzucht, in gewalttätiger Weise vollzogene oder versuchte Verbrechen gegen die Schamhaftigkeit;
2. Brandstiftung;
3. Fälschung von öffentlichen Urkunden, Handelsschriften und Privaturkunden mit Inbegriff der Nachmachung von Bankbillets und öffentlichen Kreditpapieren, wenn die zur Last gelegte Tat unter Umständen verübt worden ist, welche in Frankreich eine Leibes- und entehrende Strafe nach sich ziehen;
4. Verfertigung oder Ausgabe falscher Münzen, Nachmachung oder Verfälschung von Papiergeld, Ausgabe nachgemachten oder verfälschten Papiergeldes;
5. Nachmachung von zur Bezeichnung von Gold und Silber dienenden Staatsstempeln;
6. falsches Zeugnis in Fällen, wo es nach französischen Gesetzen Leibes- und entehrende Strafe nach sich zieht; Verleitung von Zeugen zu falschen Aussagen;
7. Diebstahl, wenn derselbe von Umständen be-

gleitet war, welche ihm nach französischen Gesetzen das Merkmal eines Verbrechens aufdrücken (mit Inbegriff des Raubes), Veruntreuung in Privatdienstverhältnissen;

8. von öffentlichen Verwahrern begangene Unterschlagungen, jedoch nur in solchen Fällen, wo sie nach französischen Gesetzen mit Leibes- und entehrenden Strafen bedroht sind;

9. betrügerischer Bankerutt.

3. Alle aus dem Besitz eines Angeschuldigten bei dessen Verhaftung hinweggenommenen Gegenstände sind bei der Auslieferung mit auszuliefern. Diese Ausantwortung beschränkt sich nicht auf die entwendeten Sachen, sondern erstreckt sich auf alle Gegenstände, welche zum Beweise des Verbrechens dienen können.

4. Wenn das Individuum, dessen Auslieferung verlangt wird, in dem Lande, wohin es sich geflüchtet hat, wegen eines daselbst begangenen Verbrechens oder Vergehens in Untersuchung oder Haft ist, so kann die Auslieferung bis nach ausgestandener Strafe aufgeschoben werden.

Ist es aber in demselben Lande nur wegen Verbindlichkeiten, die es gegen Privatpersonen eingegangen, gerichtlich belangt oder verhaftet, so soll die Auslieferung nichtsdestoweniger erfolgen, unbeschadet der dem beschädigten Teile freistehenden Verfolgung seiner Ansprüche vor der zuständigen Behörde.

5. Die Auslieferung findet nur statt nach Beibringung eines gegen den Angeschuldigten ergangenen, nach den Formen, welche die Gesetzgebung des die Auslieferung verlangenden Staates vorschreibt, ausgefertigten Straferkenntnisses oder eines gegen ihn erlassenen, nach eben diesen Formen ausgefertigten Verhaftsbefehls, oder irgend einer anderen Urkunde, welche mindestens dieselbe Kraft hat, wie ein Verhaftsbefehl und ebenfalls die Natur und Schwere der den Gegenstand der Untersuchung bildenden Tat, sowie die darauf anwendbaren Strafbestimmungen angibt.

Dem Inhalte der in Gemäßheit dieses Artikels beigebrachten gerichtlichen Urkunden soll stets voller Glaube beigemessen werden.

6. Jede der beiden kontrahierenden Regierungen kann auf Grund des beigebrachten Verhaftsbefehls die sofortige vorläufige Verhaftung des Angeschuldigten oder Verurteilten, dessen Auslieferung beantragt wird, von der andern Regierung verlangen. Diese Verhaftung selbst soll nur bewilligt werden und stattfinden nach den in dem requirierten Staate hierüber bestehenden gesetzlichen Vorschriften.

7. Wenn der Angeschuldigte oder Verurteilte nicht Untertan des die Auslieferung verlangenden, sondern eines dritten Staats ist, so soll er nicht eher ausgeliefert werden, als nachdem die Regierung jenes dritten Staats von dem Verlangen benachrichtigt und die Gründe eines etwa gegen die Aus-

lieferung zu erhebenden Widerspruchs geltend zu machen instand gesetzt worden ist.

Jedenfalls bleibt der um die Auslieferung angegangenen Regierung die Wahl, den Angeschuldigten entweder in sein Heimatland oder in das Land, wo er das Verbrechen verübt hat, auszuliefern, damit er in jenem oder in diesem vor Gericht gestellt werde.

8. Die Auslieferung findet nur statt zur Untersuchung und Bestrafung gemeiner Verbrechen. Es ist ausdrückliche Bedingung dieser Übereinkunft, daß der Angeschuldigte oder Verurteilte, dessen Auslieferung bewilligt wird, in keinem Falle wegen eines vor der Auslieferung begangenen politischen[1]) Verbrechens oder Vergehens oder wegen einer mit einem derartigen Verbrechen oder Vergehen zusammenhängenden Handlung zur Untersuchung gezogen oder bestraft werden darf[1]).

Hätte der Angeschuldigte außer dem Verbrechen, wegen dessen die Auslieferung bewilligt wird, sich eines Vergehens schuldig gemacht, so darf er von dem Staate, an welchen er ausgeliefert wird, nicht wegen dieses Vergehens, sondern allein wegen des die Auslieferung begründenden Verbrechens zur Untersuchung gezogen werden[2]) [3]).

[1]) Vgl. Einl. S. 23ff.

[2]) Der Vertrag führt als Auslieferungsdelikte nur Verbrechen auf (Art. 2). Art. 8 Abs. 2 besagt nun, daß der Ausgelieferte, falls er vor der Auslieferung auch noch Vergehen begangen hat, wegen dieser

Vergehen nicht verfolgt werden dürfe, sondern nur wegen des die Auslieferung begründenden Verbrechens. Wegen eines anderen, vor der Auslieferung begangenen, im Vertrage aufgeführten Verbrechens wird dagegen die Strafverfolgung ohne Zustimmung des Asylstaats zulässig sein. Im übrigen gilt auch hier das in der Einl. S. 40, 41 und 44—47 (zu b—d) Gesagte.

[3]) Wegen der sog. extradition volontaire vgl. Anm. 3 zu Art. 8 des preußisch-französischen Vertrages.

9. Die Auslieferung findet nicht statt, wenn seit der Verübung der zur Last gelegten Tat, seit der Untersuchung oder seit der Verurteilung die Verjährung der Anklage oder der Strafe nach den Gesetzen des Landes, wohin der Angeschuldigte sich geflüchtet hat, eingetreten ist[1]).

[1]) Vgl. Einl. S. 19 ff.

10. Die durch die Verhaftung, die Gefangenhaltung und den Transport der Ausgelieferten an den Ort der Übernahme verursachten Kosten werden von demjenigen der beiden Staaten getragen, in dessen Gebiete die Ausgelieferten ergriffen worden sind.

11. Die gegenwärtige Übereinkunft tritt zehn Tage nach ihrer in den durch die Gesetze der beiden Staaten vorgeschriebenen Formen erfolgten Veröffentlichung in Wirksamkeit.

12. Die gegenwärtige Übereinkunft dauert zehn Jahre von untengesetztem Tage an und dann weiter bis zum Ablauf von sechs Monaten nach der von seiten der einen oder der anderen Regierung erfolgenden Aufkündigung. Sie wird ratifiziert, und es sollen die Ratifikationen binnen drei Monaten oder, wo möglich, noch früher ausgewechselt werden.

IV.

Vertrag zwischen der Krone Württemberg und dem Französischen Kaiserreiche wegen gegenseitiger Auslieferung der Verbrecher und Leistung von Rechtshilfe in Strafsachen.

Vom 25. Januar 1853.

Vorbemerkung.

Der Vertrag ist — ohne eine Bemerkung darüber, ob die Ratifikation stattgefunden hat (vgl. Art. 13 Abs. 2) — durch Königliche Verordnung vom 6. März 1853 im Reg.Bl. f. Württemberg 1853 S. 69 bekannt gemacht. — Er hat Gesetzeskraft, da er parlamentarischer Genehmigung nicht bedurfte. (Vgl. Grosch, S. 6.)

Art. 1. Die Regierungen von Württemberg und Frankreich verpflichten sich durch die gegenwärtige Übereinkunft, diejenigen Individuen, welche sich von Württemberg nach Frankreich und von Frankreich nach Württemberg geflüchtet [1]) haben und wegen eines der nachstehend aufgezählten Verbrechen von den zuständigen Gerichten in Untersuchung gezogen oder verurteilt worden sind, jedoch mit Ausnahme ihrer eigenen Staatsangehörigen [2]), sich gegenseitig auszuliefern [3]).

Diese Auslieferung soll auf den Antrag erfolgen, welchen die eine Regierung an die andere im diplomatischen Wege richten wird.

[1]) Vgl. Anm. 2 zu Art. 1 des preußisch-französischen Vertrages.

[2]) Vgl. § 9 RStGB.

[3]) Wegen der sog. extradition volontaire vgl. Anm. 3 zu Art. 8 des preußisch-französischen Vertrages.

2. Die Verbrechen, wegen welcher die Auslieferung zugestanden sein soll, sind:

1. Mord, namentlich Giftmord und Vatermord, Kindesmord, Totschlag, Notzucht, gewaltsamer Angriff auf die Sittlichkeit.
2. Brandstiftung.
3. Fälschung von öffentlichen Urkunden, Handelspapieren und Privaturkunden mit Inbegriff des Nachmachens von Bankbillets und öffentlichen Kreditpapieren, jedoch mit Ausnahme solcher Fälschungen, welche in dem Lande, an welches das Auslieferungsbegehren gerichtet wird, gelinder als mit entehrenden Freiheitsstrafen geahndet werden.
4. Verfertigung oder Inumlaufsetzen von falscher Münze.
5. Nachahmen von zur Bezeichnung von Gold und Silber dienenden Staatsstempeln.
6. Gefährliche Drohungen gegen Personen oder

gegen das Eigentum; Erpressung von Urkunden oder Unterschriften.

7. Falsches Zeugnis, wenn solches mindestens mit einer entehrenden Freiheitsstrafe bedroht ist; Verführung von Zeugen zu falscher Aussage.

8. Diebstahl, wenn derselbe, nach der Beschaffenheit des einzelnen Falles, eine entehrende Freiheitsstrafe begründet; ferner Diebstahl und andere Veruntreuungen an der Dienstherrschaft und deren Hausgenossen verübt.

9. Restsetzung oder Unterschlagung von seiten öffentlicher Diener, sofern sie entehrende Freiheitsstrafen zur Folge haben.

10. Betrügerischer Bankerutt.

3. Alle Gegenstände, welche einem Beschuldigten bei seiner Verhaftung abgenommen werden, sind bei der Auslieferung mit zu übergeben, und es soll diese Übergabe nicht bloß auf die entwendeten Sachen sich beschränken, sondern auch alle diejenigen Gegenstände umfassen, welche zum Beweise des Verbrechens dienen können.

4. Wenn das Individuum, dessen Auslieferung verlangt wird, in dem Lande, in welches dasselbe sich geflüchtet hat, bereits wegen eines daselbst begangenen Verbrechens oder Vergehens gerichtlich verfolgt wird oder verhaftet ist, so kann seine Auslieferung bis nach Erstehung seiner Strafe ausgesetzt werden.

Wenn das betreffende Individuum in demselben Lande auch wegen Verbindlichkeiten gegen Privatpersonen verfolgt wird oder in Haft sich befindet, so findet seine Auslieferung gleichwohl statt, vorbehältlich des Rechts der verletzten Partei zur Verfolgung ihrer Ansprüche vor der zuständigen Behörde.

5. Die Auslieferung wird nur gegen Vorzeigung eines nach den gesetzlichen Formen der requirierenden Regierung ausgefertigten Urteils oder Haftbefehls, oder wenigstens einer sonstigen einem Haftbefehl gleichkommenden Verfügung bewilligt, in welcher die Art und Schwere des dem Auszuliefernden zur Last gelegten Vergehens, sowie die zur Anwendung kommenden Bestimmungen der Strafgesetze bezeichnet sind.

6. Jede der beiden kontrahierenden Regierungen kann bei Mitteilung des Haftbefehls verlangen, daß der Angeklagte oder Verurteilte, dessen Auslieferung beansprucht wird, sogleich in vorläufige Haft genommen werde.

7. Wenn der Angeklagte oder Verurteilte nicht Untertan desjenigen Staates ist, welcher seine Auslieferung verlangt, so kann diese erst dann statthaben, nachdem diejenige Regierung, deren Untertan er ist, befragt und in den Stand gesetzt worden ist, die etwaigen Gründe anzugeben, aus welchen sie sich der Auslieferung widersetzen könne.

In allen Fällen bleibt es derjenigen Regierung,

an welche das Auslieferungsverlangen gerichtet wird, freigestellt, diesem Verlangen diejenige Folge zu geben, welche sie für angemessen hält, und den Angeklagten entweder seiner Heimatsbehörde oder demjenigen Lande zur Aburteilung auszuliefern, in welchem er das Verbrechen begangen hat.

8.[1]) Die Bestimmungen der gegenwärtigen Übereinkunft können auf Individuen keine Anwendung finden, welche sich irgend eines politischen Vergehens schuldig gemacht haben.

Die Auslieferung kann nur zur Untersuchung und Bestrafung gemeiner Verbrechen stattfinden.

[1]) Art. 8 stimmt inhaltlich mit dem Art. 8 des preußisch-französischen Vertrages überein.

9. Die Auslieferung kann nicht stattfinden, wenn seit Begehung der zur Last gelegten Tat, seit dem Untersuchungsverfahren oder seit der Verurteilung die Verjährung der Untersuchung oder der Strafe nach den Gesetzen desjenigen Landes eingetreten ist, in welches sich der Beschuldigte geflüchtet hat[1]).

[1]) Vgl. Einl. S. 19ff.

10. Die beiderseitigen Regierungen verzichten auf jede Ersatzforderung von Kosten, für Beköstigung, Transport, vorläufige Verhaftung oder anderes, welche durch die Auslieferung der Verfolgten oder Verurteilten entstehen und verpflichten sich gegenseitig, diese Kosten auf sich zu übernehmen.

11. Wenn im Laufe einer Untersuchung eine der kontrahierenden Regierungen die Vernehmung von

Zeugen, welche in dem andern Staate wohnhaft sind, für notwendig erachten sollte, so wird auf diplomatischem Wege ein entsprechendes Requisitorium mitgeteilt und demselben nach den gesetzlichen Vorschriften des Landes, in welchem die Zeugen abzuhören sind, entsprochen werden.

Beide Regierungen verzichten gegenseitig auf jeden Ersatz von Kosten, welche hierdurch entstehen könnten.

12. Wenn in einer Strafsache die Mitteilung von Aktenstücken, welche in den Händen der Behörden des andern Staates sind, für wünschenswert oder notwendig erachtet wird, so wird das entsprechende Ansinnen auf diplomatischem Wege gestellt und demselben, wenn nicht besondere Rücksichten im Wege stehen, stattgegeben werden, unter der Verpflichtung, die Aktenstücke zurückzugeben.

Der im Artikel 10 der gegenwärtigen Übereinkunft ausgesprochene Grundsatz findet auch auf diejenigen Kosten Anwendung, welche durch die Mitteilung und Zurückgabe der Aktenstücke veranlaßt werden.

13. Die gegenwärtige Übereinkunft bleibt auch nach erfolgter Aufkündigung derselben von einer der beiden Regierungen noch sechs Monate in Kraft.

Sie wird ratifiziert, und die Ratifikationen werden binnen sechs Wochen oder wo möglich früher ausgewechselt werden.

Va.

Staatsvertrag zwischen Baden und Frankreich über gegenseitige Auslieferung von Verbrechern.

Vom 27. Juni 1844.

Vorbemerkungen.

Der Vertrag ist ratifiziert und mittels Bekanntmachung des badischen Ministeriums des großherzoglichen Hauses und der Auswärtigen Angelegenheiten vom 24. August 1844 im Bad. Reg.Bl. S. 169 publiziert. — Gesetzeskraft hat der Vertrag nicht, da er den Ständen nicht vorgelegt worden ist. (Vgl. Grosch, S. 6.)

Eine ausführlichere Erläuterung des Vertrages gibt Grosch S. 376 ff.

Art. I. Wenn badische oder französische Untertanen, die in ihrem Heimatstaate wegen eines der nachstehend aufgeführten Verbrechen in Untersuchung genommen oder verurteilt sind, in dem andern Staate, und zwar Badener in den Königlich französischen Staaten und Franzosen im Großherzogtum Baden, betreten werden, so sollen dieselben, auf das von einer der beiden Regierungen auf diplomatischem Wege gestellte Ansuchen, an die betreffenden Behörden ihrer Heimat gegenseitig ausgeliefert[1]) werden[2]):

1. Mord, Vergiftung, Verwandtenmord, Kindesmord, Tötung, Notzucht oder andere gewaltsame Verletzungen der Sittlichkeit;

2. Brandstiftung;
3. Fälschung von öffentlichen Urkunden, von Handelspapieren oder von Privaturkunden, Fertigung falscher Bankzettel und Staatspapiere, Diebstahl, Rechnersuntreue, insofern diese Handlungen nach der Strafgesetzgebung des Landes, in welches der Angeschuldigte geflohen ist, den Charakter von Verbrechen an sich tragen, so daß sie mit peinlicher Strafe bedroht sind;
4. Münzfälschung und Ausgeben falscher Münzen;
5. Meineid und falsches Zeugnis;
6. boshafte Zahlungsflüchtigkeit [3]).

[1]) Wegen der sog. extradition volontaire vgl. Anm. 3 zu Art. 8 des preußisch-französischen Vertrages.

[2]) Die nun folgende Liste der Auslieferungsdelikte ist durch die Zusatzverträge vom 16. 11. 1854 und 22. 3. 1868 (vgl. unten zu Vb) sowie durch Gegenseitigkeitserklärungen erweitert.

[3]) Vgl. hierzu Grosch S. 378, 379.

II. Die Gegenstände, welche im Besitze des Angeschuldigten gefunden werden oder deren man sich in dem einen Lande, als von einem in dem andern verübten Diebstahle herrührend oder als zum Beweise eines Verbrechens dienlich, bemächtigt, sollen zugleich mit dem Verbrecher ausgeliefert werden.

III. Wenn Personen, die weder Baden noch Frankreich angehören, nach Verübung eines der in Artikel 1 aufgezählten Verbrechen aus dem einen Lande in das andere entfliehen, so soll ihre Auslieferung in allen Fällen zugestanden werden, wo die Regierung des Staates, dem sie angehören, ihre Zustimmung gegeben hat.

IV. Zur Begründung des Auslieferungsbegehrens muß der gegen den Angeschuldigten erlassene Verhaftsbefehl oder irgend eine andere Urkunde vorgelegt werden, welche mindestens gleiche Kraft wie dieser hat und aus welcher sowohl die Natur und Schwere des Verbrechens als die hierauf anwendbare gesetzliche Strafbestimmung zu ersehen ist.

V. Wenn der Angeschuldigte, dessen Auslieferung begehrt wird, in dem Lande, wohin er sich geflüchtet hat, wegen dort begangener Verbrechen oder Vergehen in Untersuchung gezogen oder verurteilt ist, so kann die Auslieferung erst dann erfolgen, wenn er entweder durch Urteil freigesprochen oder im Falle der Verurteilung die gegen ihn erkannte Strafe vollzogen ist.

VI. Politische Verbrechen oder Vergehen sind von gegenwärtiger Übereinkunft ausgenommen. Es wird ausdrücklich bedungen, daß der Angeschuldigte, dessen Auslieferung zugestanden worden, in keinem Falle wegen eines vor der Auslieferung begangenen politischen Vergehens oder wegen einer mit einem solchen Vergehen in Verbindung stehenden Handlung in Untersuchung genommen oder bestraft werden soll [1] [2].

[1] Vgl. Einl. S. 23, 24.

[2] Der Grundsatz der Spezialität ist im Vertrage nicht erwähnt; er gilt aber trotzdem. (Vgl. Einl. S. 40.)

VII. Die Auslieferung findet nicht statt, wenn nach den Gesetzen des Landes, wohin der Angeschuldigte sich geflüchtet hat, seit der Verübung des Verbrechens, der letzten gerichtlichen Handlung oder der Verurteilung die strafrechtliche Verfolgung des Verbrechens oder die deshalb erkannte Strafe verjährt ist [1]).

[1]) Vgl. Einl. S. 19 ff.

VIII. Jeder der beiden Staaten übernimmt in Beziehung auf diejenigen Personen, deren Auslieferung von ihm zugestanden wird, die Kosten ihrer Verhaftung, ihrer Gefangenhaltung und ihrer Verbringung an die Grenze.

IX. Gegenwärtige Übereinkunft ist auf fünf Jahre abgeschlossen und bleibt fünf weitere Jahre in Kraft, wenn sechs Monate vor Ablauf des ersten Zeitraums keine der beiden Regierungen ihren Rücktritt erklärt, und so fort von fünf zu fünf Jahren.

Die Ratifikation und die Auswechselung der Ratifikationsurkunden soll binnen zwei Monaten oder womöglich noch früher erfolgen.

Vb.

Zusatzverträge zum badisch-französischen Auslieferungsvertrag vom 27. Juni 1844.

α. Zusatzvertrag vom 16. November 1854.

(Bad. Reg.Bl. S. 451 ff.)

Die Großherzoglich badische und die Kaiserlich französische Regierung haben sich im Interesse erhöhter Rechtssicherheit dahin geeinigt, unter die Verbrechen, wegen welcher nach dem Staatsvertrage vom 27. Juni 1844 die Auslieferung gegenseitig zugestanden ist, weiter aufzunehmen:

1. jede an einem Kinde unter elf Jahren ohne Unterschied des Geschlechts vollendete oder versuchte Verführung zum Beischlaf oder zu anderen unzüchtigen Handlungen, auch wenn keine Gewalt angewendet wurde.
2. Die Unterschlagung, wenn die Tat unter solchen Umständen verübt wurde, daß sie nach der Gesetzgebung beider Länder den Charakter eines Verbrechens an sich trägt.

Zur Urkunde dessen wurde gegenwärtige Erklärung durch den Großherzoglich badischen Staatsminister des großherzoglichen Hauses und der auswärtigen Angelegenheiten ausgefertigt und gegen eine gleichlautende Erklärung des Kaiserlich französischen Ministers und Staatssekretärs im Departement der auswärtigen Angelegenheiten ausgetauscht und es wurde hierbei bestimmt, daß dieselbe die nämliche Kraft und Gültigkeit haben solle, als wenn die angeführten Artikel Wort für Wort in der Übereinkunft vom 27. Juni 1844 enthalten wären, sowie daß in beiden Ländern die gegenwärtige Erklärung zur üblichen Veröffentlichung zu bringen sei.

β. Zusatzvertrag vom 22. März 1868.

(Bad. Reg.Bl. S. 540ff.)

In der Absicht, die Verhaftung der Verbrecher, deren Auslieferung kraft des am 27. Juni 1844 zwischen dem Großherzogtum Baden und Frankreich abgeschlossenen Auslieferungsvertrags verlangt wird, in wirksamerer Weise zu sichern und in der ferneren Absicht, den über diesen Gegenstand am 16. November 1854 vereinbarten Nachtrag zu dieser Übereinkunft mit den durch das Gesetz vom 13. Mai 1863 bewirkten Abänderungen des Strafgesetzbuchs des Kaiserreichs in Übereinstimmung zu bringen, haben die beiden Regierungen durch gegenwärtige Erklärung folgende Übereinkunft getroffen:

1. Jede Regierung verpflichtet sich, Personen auszuliefern, welche von den Gerichten des andern Landes wegen vollendeter oder versuchter (wenn auch nicht gewaltsamer) Verführung von noch nicht 13 Jahre alten Kindern des einen oder des andern Geschlechts

zum Beischlafe oder zu sonstigen unzüchtigen Handlungen verfolgt werden.

2. Eine Person, welche im Großherzogtum Baden oder in Frankreich wegen einer in den zwischen beiden Ländern bestehenden Auslieferungsverträgen nebst der gegenwärtigen Erklärung vorgesehenen Handlung verfolgt wird, soll auf Vorlage eines von der zuständigen Behörde erlassenen und auf diplomatischem Wege übermittelten Verhaftsbefehls vorläufig festgenommen werden.
3. Die vorläufige Verhaftung soll auch auf Grund einer durch die Post oder den Telegraphen übermittelten Benachrichtigung über das Vorhandensein eines Verhaftsbefehls bewirkt werden, jedoch unter der Bedingung, daß diese Benachrichtigung regelmäßig auf diplomatischem Wege dem Minister der auswärtigen Angelegenheiten desjenigen Landes behändigt werde, in dessen Gebiet der Angeschuldigte sich geflüchtet hat.
4. Die Verhaftung kann auch auf ein unmittelbar von einer richterlichen oder Verwaltungsbehörde des einen Staates an eine solche Behörde des andern Landes gerichtetes Gesuch verfügt werden.
5. Die vorläufige Verhaftung wird in den Formen und nach den Vorschriften der Gesetzgebung des darum angegangenen Staates

angeordnet; sie wird wieder aufgehoben, wenn die Regierung nicht innerhalb 14 Tagen, von dem Augenblick der Verhaftung an gerechnet, auf ordnungsmäßige Weise in den Besitz eines Gesuchs um Auslieferung des Festgenommenen gelangt ist.

Zu Urkunde dessen ist gegenwärtige Erklärung von dem Präsidenten des Ministeriums des großherzoglichen Hauses und der auswärtigen Angelegenheiten S. K. H. des Großherzogs von Baden unterzeichnet und gegen eine übereinstimmende Erklärung des Ministers und Staatssekretärs im Departement der auswärtigen Angelegenheiten S. M. des Kaisers der Franzosen ausgetauscht und hierbei bestimmt worden, daß diese Erklärung dieselbe Kraft und Gültigkeit haben solle, wie wenn sie Wort für Wort in den Vertrag vom 27. Juni 1844 aufgenommen wäre, und daß sie dieselbe Dauer haben solle, wie die Auslieferungsverträge, auf welche sie Bezug nimmt.

VIa.

Staatsvertrag zwischen dem Großherzogtum Hessen und Frankreich wegen gegenseitiger Auslieferung von Verbrechern.

Vom 26. Januar 1853.

Vorbemerkung.

Der Vertrag ist ratifiziert und mittels Bekanntmachung des Großherzogl. hess. Ministeriums des Hauses und des Äußern vom 25. 3. 1853 im Hess. Reg.Bl. S. 152ff. publiziert. — Er hat keine Gesetzeskraft, da er den Ständen nicht vorgelegt worden ist. (Vgl. Grosch S. 6.)

Art. 1. Die Großherzoglich hessische Regierung und die Kaiserlich französische Regierung übernehmen durch den gegenwärtigen Vertrag die Verbindlichkeit, sich gegenseitig, mit Ausnahme ihrer Staatsangehörigen[1]), alle diejenigen Individuen auszuliefern[2]), welche sich aus dem Großherzogtum Hessen nach Frankreich, oder aus Frankreich in das Großherzogtum Hessen geflüchtet[3]) haben, und wegen eines der nachstehend aufgeführten Verbrechen oder Vergehen durch die zuständige Gerichtsbehörde verurteilt worden sind oder noch in Untersuchung stehen.

Die Auslieferung soll nur auf diplomatischem Wege verlangt und zugestanden werden[4]).

[1]) Vgl. § 9 RStGB.

[2]) Vgl. Anm. 1 zu Art. 1 des badisch-französischen Vertrages.

[3]) Vgl. Anm. 2 zu Art. 1 des preußisch-französischen Vertrages.

[4]) Wegen des Antrags auf vorläufige Festnahme vgl. die Übereinkunft vom 10. April 1869 (unten zu VIb abgedruckt).

2. Die Verbrechen und Vergehen, bezüglich welcher die Auslieferung zugestanden wird, sind folgende:

1. Mord, Vergiftung, Verwandtenmord, Kindesmord, Totschlag, Notzucht und andere gewaltsame Verletzungen der Sittlichkeit;
2. vorsätzliche rechtswidrige Körperverletzung in den Fällen, wo nach den Normen des französischen Strafgesetzbuchs die Körperverletzung mit einer peinlichen und entehrenden Strafe bedroht ist;
3. Brandstiftung;
4. Fälschung von öffentlichen und Privaturkunden, von Wechseln oder sonstigen Handelskreditpapieren, namentlich auch Fälschung von Bankzetteln und öffentlichen Wertpapieren. Diejenigen Schriftfälschungen, welche das französische Strafgesetz mit peinlicher und entehrender Strafe nicht bedroht, sind von der gegenwärtigen Vertragsbestimmung ausgeschlossen;
5. Münzfälschung oder Falschmünzerei, wissentliche Verausgabung nachgemachter oder ver-

fälschter Münzen, Nachmachung oder Verfälschung von Papiergeld, oder wissentliche Verausgabung von nachgemachtem oder verfälschtem Papiergelde;

6. unbefugte Verfertigung solcher öffentlicher Stempel, mit welchen der Gehalt von Gold- oder Silberwaren unter öffentlicher Autorität bezeichnet wird;
7. Meineid und falsches Zeugnis;
8. Verleitung zum falschen Zeugnisse;
9. Raub, Diebstahl, bei welchem solche erschwerende Umstände eintreten, daß derselbe nach den Normen des französischen Strafrechts den Charakter eines Verbrechens annimmt; öffentliche Erpressung und Rechnersuntreue, jedoch nur in den Fällen, wo nach den Normen der französischen Gesetzgebung diese Erpressung und Veruntreuung mit einer peinlichen und entehrenden Strafe bedroht sind;
10. betrügerischer Bankerutt.

3. Alle Gegenstände, welche bei dem Angeschuldigten zur Zeit seiner Verhaftung vorgefunden, sollen gleichzeitig mit dem Angeschuldigten ausgeliefert werden. Dies gilt nicht allein von den gestohlenen Gegenständen, sondern von allen übrigen, welche zum Beweise des verübten Verbrechens dienen können.

4. Wenn dasjenige Individuum, dessen Aus-

lieferung begehrt wird, in dem Lande, wohin es sich geflüchtet hat, wegen eines dort begangenen Verbrechens oder Vergehens in Untersuchung steht oder verhaftet ist, so kann dessen Auslieferung so lange ausgesetzt werden, bis es seine Strafe erstanden hat.

Wenn jenes Individuum in dem Lande, wohin es sich geflüchtet, wegen Schulden, die es gegen Privatpersonen kontrahiert hat, vor Gericht belangt oder verhaftet ist, so soll die Auslieferung dennoch stattfinden, und dem verletzten Teile bleibt es überlassen, sein Recht vor der kompetenten Behörde zu verfolgen.

5. Dem Begehren um Auslieferung wird nur stattgegeben, wenn ein Straferkenntnis oder ein Verweisungsurteil, oder ein nach Vorschrift der Gesetze des die Auslieferung begehrenden Staates ausgefertigter Verhaftsbefehl, oder irgend ein anderer Nachweis der verhängten Anschuldigung vorgelegt wird, welcher gleiche Wirkung wie ein Verhaftsbefehl hat, die Natur und Schwere des Verbrechens bezeichnet und die Angabe der auf das fragliche Verbrechen anwendbaren Artikel des Strafgesetzes enthält.

6. Wenn der Angeschuldigte nicht Untertan desjenigen der beiden kontrahierenden Staaten ist, welcher die Auslieferung begehrt, so kann diesem Begehren erst dann stattgegeben werden, nachdem die Regierung des Staates, welchem der Auszu-

26*

liefernde angehört, darüber befragt und in Verzug gesetzt worden ist, die Gründe anzugeben, aus welchen sie gegen die Auslieferung Einsprache erheben zu können vermeint.

In allen Fällen bleibt es der Regierung, an welche das Begehren um Auslieferung gerichtet ist, unbenommen, diesem Begehren diejenige Folge zu geben, welche sie für angemessen erachtet, und den Angeschuldigten entweder an seine Heimatsbehörde oder an die Behörde des Landes, woselbst er das Verbrechen begangen hat, auszuliefern.

7. Der Ausgelieferte darf in keinem Falle, weder wegen eines politischen Vergehens[1]), noch wegen irgend eines in dieser Übereinkunft nicht vorgesehenen[2]) Verbrechens oder Vergehens, insofern er eines oder das andere vor der Auslieferung begangen hat, in Untersuchung genommen oder bestraft werden[2]).

[1]) Vgl. Einl. S. 23, 24.

[2]) Das Prinzip der Spezialität (vgl. Einl. S. 40) gilt also nur beschränkt.

8. Die Auslieferung findet nicht statt, wenn nach den Gesetzen des Landes, wo der Ausländer betreten wird, seit der Verübung des Verbrechens, der letzten gerichtlichen Handlung oder der Verurteilung, die strafrechtliche Verfolgung des Verbrechens oder die deshalb erkannte Strafe verjährt ist[1]).

[1]) Vgl. Einl. S. 19ff.

9. Die Kosten der Verhaftung, Verpflegung und

Auslieferung des Verbrechers trägt jeder Staat, soweit sie auf seinem Gebiete erwachsen.

Dagegen fallen die Kosten der Verpflegung und des Transports durch die dazwischen liegenden Länder demjenigen Staate zur Last, welcher die Auslieferung verlangt hat.

10. Wenn im Laufe einer strafrechtlichen Untersuchung eine der beiden kontrahierenden Regierungen die Vernehmung von Zeugen, welche ihren Wohnsitz in dem andern Staate haben, für nötig erachtet, so ist zu diesem Zwecke ein auf diplomatischem Wege weiter zu beförderndes Ersuchungsschreiben zu erlassen, welchem unter Beobachtung der Gesetze des Landes, wo die Zeugen vorgeladen werden, zu willfahren ist.

Die beiderseitigen Regierungen verzichten gegenseitig auf jeden Anspruch hinsichtlich des Ersatzes aller durch die Erledigung des Ersuchungsschreibens entstehenden Kosten.

11. Ist für den Zweck der Untersuchung oder Verhandlung einer Strafsache das persönliche Erscheinen eines Zeugen in dem andern Staate notwendig, so hat seine Regierung den Zeugen aufzufordern, der an ihn ergangenen Ladung Folge zu leisten. Im Falle seiner Einwilligung erhält er die in der Taxordnung des Staates, in welchem seine persönliche Vernehmung stattfinden soll, festgesetzte Entschädigung für Reise- und Aufenthaltskosten.

12. Wird für den Zweck der Untersuchung oder

Verhandlung einer Strafsache die Konfrontation mit in dem andern Staate verhafteten Verbrechern oder die Mitteilung von Überführungsstücken oder gerichtlichen Urkunden für sachdienlich erachtet, so hat das desfallsige Ersuchen auf diplomatischem Wege zu geschehen und ist demselben, insoweit nicht besondere Rücksichten entgegenstehen, und unter der Bedingung der Zurücklieferung der Verbrecher und mitgeteilten Gegenstände zu willfahren.

Die beiden kontrahierenden Regierungen verzichten gegenseitig auf jeden Ersatz der durch die Überlieferung und Rücksendung der zu konfrontierenden Verbrecher entstehenden, sowie derjenigen Kosten, welche durch Zusendung und Rücksendung der Überführungsstücke und Urkunden erwachsen.

13. Die gegenwärtige Übereinkunft tritt in Wirksamkeit nach Ablauf des zehnten Tages nach deren Bekanntmachung.

14. Die gegenwärtige Übereinkunft bleibt in Kraft bis zum Ablauf von sechs Monaten nach der von seiten einer der beiden Regierungen erfolgten Vertragsaufkündigung. Sie soll innerhalb sechs Wochen oder womöglich noch früher ratifiziert und die Auswechselung der Ratifikationsurkunden bewirkt werden.

VI b.

Übereinkunft über die Ausführung des zwischen Hessen und Frankreich am 26. Januar 1853 abgeschlossenen Staatsvertrages wegen gegenseitiger Auslieferung von Verbrechern.

Vom 10. April 1869.

Vorbemerkung.

Die über die Übereinkunft ausgefertigten Erklärungen sind von den beiderseitigen Bevollmächtigten am 10. April 1869 vollzogen.

Die Übereinkunft ist dann mittels Bekanntmachung des Großherzoglichen Ministeriums des Großherzoglichen Hauses und des Äußern vom 4. 5. 1869 im Hess. Reg.Bl. S. 277 ff. publiziert.

Art. 1. Eine Person, welche im Großherzogtum Hessen oder in Frankreich wegen einer in Art. 2 des Auslieferungsvertrags vom 26. Januar 1853 vorgesehenen Handlung verfolgt wird, soll auf Vorlage eines von der zuständigen Behörde erlassenen und auf diplomatischem Wege übermittelten Verhaftsbefehls vorläufig festgenommen werden.

2. Die vorläufige Verhaftung soll auch auf Grund einer durch die Post oder durch den Telegraphen übermittelten Benachrichtigung über das Vorhandensein eines Verhaftsbefehls bewirkt werden, jedoch unter der Bedingung, daß diese Benachrichtigung regelmäßig auf diplomatischem Wege dem Minister der auswärtigen Angelegenheiten desjenigen Landes behändigt werde, in dessen Gebiet der Angeschuldigte sich geflüchtet hat.

3. Die Verhaftung kann auch auf ein unmittelbar an eine richterliche oder Verwaltungsbehörde eines der beiden Staaten gerichtetes Gesuch verfügt werden; jedenfalls muß die requirierte Behörde unverzüglich alle Vernehmungen und Ermittelungen eintreten lassen, welche zur Feststellung der Identität oder zum Beweise der verbrecherischen Handlung dienen, und, im Falle sich Anstände ergeben sollten, dem Minister der auswärtigen Angelegenheiten über die Gründe berichten, welche sie zur Unterlassung der nachgesuchten Verhaftung bestimmt haben.

4. Die vorläufige Verhaftung wird in den Formen und nach den Vorschriften der Gesetzgebung des darum angegangenen Staates angeordnet; sie wird wieder aufgehoben, wenn die Regierung nicht innerhalb 14 Tagen, von dem Augenblicke der Verhaftung an gerechnet, auf ordnungsmäßige Weise in den Besitz eines Gesuchs um Auslieferung des Festgenommenen gelangt ist.

Die gegenwärtige Erklärung soll die nämliche Dauer haben wie der Vertrag vom 26. Januar 1853, auf welchen sie sich bezieht.

VII.
Konvention zwischen Frankreich und dem Großherzogtum Mecklenburg-Schwerin wegen gegenseitiger Auslieferung der Verbrecher.

Vom 26. Januar 1847.

Vorbemerkungen.

Nach Ratifikation des Vertrages sind die gegenseitigen Urkunden am 22. 3. 1847 ausgewechselt worden. Mittels Verordnung vom 3. 4. 1847 ist der Vertrag im Mecklenburg-Schweriner offiziellen Wochenblatt S. 96 ff. publiziert. — Der Vertrag hat Gesetzeskraft, da er der Genehmigung der Stände nicht bedurfte. (Vgl. Geßner in v. Holtzendorffs Handbuch des Völkerrechts Bd. 3 1887 S. 43.)

Art. 1. Die Regierungen von Frankreich und Mecklenburg-Schwerin verpflichten sich durch die gegenwärtige Konvention einander gegenseitig, eine jede mit Ausnahme ihrer Bürger und Einwohner[1]), die Individuen auszuliefern[2]), welche aus dem Großherzogtum Mecklenburg-Schwerin nach Frankreich oder aus Frankreich nach dem Großherzogtum Mecklenburg-Schwerin geflüchtet[3]) und von den zuständigen Gerichten wegen eines der nachstehend aufgezählten Verbrechen verfolgt oder verurteilt sind. Die Auslieferung soll erfolgen auf den Antrag einer der beiden Regierungen, den sie auf diplomatischem Wege an die andere richten wird.

[1]) Vgl. § 9 RStGB.

[2]) Vgl. Anm. 1 zu Art. 1 des badisch-französischen Vertrages.

[3]) Vgl. Anm. 2 zu Art. 1 des preußisch-französischen Vertrages.

2. Die Verbrechen, um derentwillen die Auslieferung bewilligt werden soll, sind:

1. Mord, Vergiftung, Parricidium, Kindesmord, Totschlag, Notzucht, Verletzung der Keuschheit, wenn sie mit Gewalt vollführt oder versucht worden;
2. Brandstiftung;
3. Fälschung von öffentlichen oder Handels-, sowie von Privaturkunden, mit Inbegriff der Nachbildung von Bankbillets und Staatsschuldscheinen, aber mit Ausschluß derjenigen Fälschungen, die in dem Lande, bei welchem die Auslieferung nachgesucht wird, nicht mit Leibes- und Ehrenstrafen belegt sind;
4. Anfertigung und Verausgabung falscher Münzen;
5. Nachbildung der zur Bezeichnung von Gold- und Silberbarren dienenden Staatsstempel;
6. Falsches Zeugnis in den Fällen, wo es Leibes- und Ehrenstrafe nach sich zieht;
7. Diebstahl, sobald er von Umständen begleitet ist, die ihm nach der Gesetzgebung beider

Länder den Charakter eines Kriminalverbrechens aufdrücken;

8. Unterschlagungen, die von den öffentlichen Depositarien begangen worden, aber nur in den Fällen, wo sie mit Leibes- und Ehrenstrafen belegt sind;

9. Betrügerischer Bankerutt.

3. Alle im Besitze eines Angeschuldigten bei seiner Verhaftung ergriffenen Gegenstände sollen im Augenblick, wo die Auslieferung erfolgt, mit übergeben werden, und soll sich diese Herausgabe nicht allein bloß auf gestohlene Gegenstände beschränken, sondern alle diejenigen begreifen, welche zum Beweise des Verbrechens dienen könnten.

4. Wenn derjenige, dessen Auslieferung begehrt wird, wegen eines in dem Lande, wohin er sich geflüchtet hat, begangenen Verbrechens oder Vergehens verfolgt wird oder verhaftet worden ist, so soll seine Auslieferung bis nach Erduldung seiner Strafe ausgesetzt werden dürfen.

In dem Falle, daß er in demselben Lande wegen Verbindlichkeiten, die er gegen Privatpersonen eingegangen, verfolgt oder verhaftet sein sollte, soll seine Auslieferung dessenungeachtet stattfinden, vorbehältlich der Befugnis des verletzten Teils, seine Rechte vor der zuständigen Behörde zu verfolgen.

5. Die Auslieferung soll nicht anders bewilligt werden als auf Beibringung eines in Urschrift oder beglaubigter Ausfertigung von den zuständigen Gerichten in den von der Gesetzgebung der antragenden Regierung vorgeschriebenen Formen ausgestellten Erkenntnisses der Verurteilung, oder der Verweisung vor die öffentlichen Sitzungen eines Gerichtshofes, oder der Versetzung in den Anklagestand.

6. Jede der beiden kontrahierenden Regierungen soll, auf Vorweisung eines von der zuständigen Behörde erlassenen Verhaftsbefehls, von der andern die vorläufige Verhaftung des Angeschuldigten oder Verurteilten begehren können, dessen Auslieferung sie nachsuchen wird. Diese Verhaftung soll nicht anders bewilligt werden und statthaben als nach den von der Gesetzgebung des Landes, bei welchem sie nachgesucht wird, vorgeschriebenen Regeln. Der auf solche Weise vorläufig verhaftete Fremde soll wieder in Freiheit gesetzt werden, wenn nicht innerhalb dreier Monate die im Artikel 5 erwähnten Aktenstücke von seiten der Regierung, welche die Auslieferung begehrt, beigebracht worden sind.

7. Ist der Angeschuldigte oder Verurteilte kein Untertan desjenigen von den beiden kontrahierenden Staaten, welcher ihn zurückfordert, so soll er nicht ausgeliefert werden dürfen, bevor seine Regierung befragt und in den Stand gesetzt worden ist, die Gründe anzugeben, die sie veranlassen könnten, sich der Auslieferung zu widersetzen.

8. Es ist ausdrücklich festgesetzt, daß der Angeschuldigte oder der Verurteilte, dessen Auslieferung bewilligt worden, in keinem Falle wegen eines vor

der Auslieferung verübten politischen [1]) Verbrechens oder wegen einer mit einem derartigen Verbrechen in Verbindung [1]) stehenden Begangenschaft, oder wegen eines in der gegenwärtigen Konvention nicht berührten [2]) Verbrechens oder Vergehens verfolgt oder bestraft werden darf.

[1]) Vgl. Einl. S. 23, 24.

[2]) Das Prinzip der Spezialität (vgl. Einl. S. 40) gilt also nur beschränkt.

9. Die Auslieferung soll nicht stattfinden dürfen, wenn seit den zur Last gelegten Begangenschaften der Verfolgung oder der Verurteilung die Klag- oder Strafverjährung nach den Gesetzen des Landes, wohin der Angeschuldigte sich geflüchtet, eingetreten ist [1]).

[1]) Vgl. Einl. S. 19ff.

10. Die Kosten, welche die Verhaftung, Gefangenhaltung und Abführung bis zur Grenze rücksichtlich der Individuen veranlaßt, deren Auslieferung bewilligt worden, sind von jedem Teile nach den gesetzlichen Bestimmungen und Tarifen des Landes zu erstatten, welches sie vorschießt.

11. Die gegenwärtige Konvention soll erst zehn Tage nach ihrer Bekanntmachung in Wirksamkeit treten.

12. Die gegenwärtige Konvention soll noch bis nach Ablauf von sechs Monaten nach erklärtem Rücktritte von seiten einer der beiden Regierungen in Kraft bleiben.

Sie soll ratifiziert und die Ratifikationen innerhalb sechs Wochen oder womöglich noch früher ausgewechselt werden.

VIII.

Staatsvertrag zwischen dem Großherzogtum Sachsen-Weimar-Eisenach und Frankreich wegen gegenseitiger Auslieferung der gemeinen Verbrecher.

Vom 7. August 1858.

Vorbemerkungen.

Der Vertrag ist mittels Weimar. Ministerial-Bekanntmachung vom 12. 11. 1858 im Reg.Bl. für Sachsen-Weimar-Eisenach S. 315 ff. publiziert.

Er hat Gesetzeskraft, da er der Genehmigung der Volksvertretung nicht bedurfte. (Vgl. Grosch S. 6.)

Art. 1. Die Großherzoglich sächsische Regierung und die Kaiserlich französische Regierung verpflichten sich durch gegenwärtigen Staatsvertrag, einander auf das von einer der beiden Regierungen an die andere zu richtende Begehren, alle diejenigen Individuen, mit alleiniger Ausnahme ihrer Staatsangehörigen[1]), auszuliefern[2]), welche aus Frankreich und dessen überseeischen Besitzungen in die Großherzoglich sächsischen Lande oder aus diesen nach

Frankreich und in dessen überseeische Besitzungen geflüchtet[3]) sind und wegen eines der nachfolgend aufgezählten Verbrechen von den Gerichtsbehörden desjenigen der beiden Staaten, in welchem das Verbrechen begangen worden[4]), verfolgt worden oder verurteilt worden sind.

Der Antrag auf Auslieferung ist jederzeit auf diplomatischem Wege zu stellen.

[1]) Vgl. § 9 RStGB.

[2]) Vgl. Anm. 1 zu Art. 1 des badisch-französischen Vertrages.

[3]) Vgl. Anm. 2 zu Art. 1 des preußisch-französischen Vertrages.

[4]) Es wird also nur ausgeliefert, wenn die Tat im e r s u c h e n d e n Staate begangen ist. (Vgl. Einl. S. 12.)

2. Die Verbrechen, wegen welcher die Auslieferung gewährt werden wird, sind folgende:

1. Meuchelmord, Giftmord, Elternmord, Kindermord, Abtreibung der Leibesfrucht, Mord, Verletzungen und absichtliche Körperbeschädigungen, welche entweder den Tod oder eine Krankheit, oder eine mehr als zwanzigtägige Arbeitsunfähigkeit herbeigeführt haben; Entmannung; Vergesellschaftung von Verbrechern; Androhung widerrechtlichen Angriffs auf Person oder Eigentum; Erpressung von Urkunden und Unterschriften; gesetzwidrige Gefangennehmung, Verhaftung oder Festhaltung von Personen;
2. Notzucht, gewaltsam versuchter oder voll-

führter Angriff auf die Schamhaftigkeit, versuchter oder vollführter Angriff auf die Schamhaftigkeit auch ohne Anwendung von Gewalt, wenn gegen eine Person gerichtet, welcher gegenüber, in Anbetracht ihres Alters, ein solcher Angriff ein Verbrechen ist;

3. Brandstiftung;
4. Diebstahl, wenn er von solchen Umständen begleitet war, welche ihm den Charakter eines Verbrechens verleihen;
5. Verfertigung, Einführung und Ausgabe falscher Münze; Nachahmung oder Verfälschung von Papiergeld oder Ausgabe von nachgemachtem oder verfälschtem Papiergelde; Nachahmung der Stempel, welche zur Bezeichnung des Gold- oder Silbergehalts dienen; Nachahmung der Staatssiegel und Landesstempel auch dann, wenn die Verfertigung oder Nachahmung außerhalb des die Auslieferung begehrenden Staates stattgefunden hat;
6. Verfälschung von öffentlichen oder authentischen und Handelsurkunden, mit Inbegriff der Nachahmungen von öffentlichen Wertpapieren, was immer für eine Art, und von Banknoten; der Gebrauch solcher verfälschter Urkunden. Ausgenommen hiervon sind diejenigen Verfälschungen, welche nicht von Umständen begleitet sind, die ihnen den Charakter eines Verbrechens verleihen;

7. falsches gerichtliches Zeugnis und falscher gerichtlicher Eid, wenn sie von Umständen begleitet sind, die ihnen den Charakter eines Verbrechens verleihen; Verleitung von Zeugen zu falscher Aussage vor Gericht;
8. Unterschlagung und Veruntreuung, welche von mit öffentlichem Charakter bekleideten Depositaren oder Kassierern an Wertsobjekten begangen wurden, die kraft ihres Amts ihnen anvertraut waren; Unterschlagungen, welche von Kassierern oder Depositaren an öffentlichen Anstalten oder in Handlungshäusern begangen wurden, jedoch nur in dem Falle, wenn diese Unterschlagungen von Umständen begleitet sind, die ihnen den Charakter von Verbrechen verleihen;
9. betrügerischer Bankerutt;
10. Unterschleif von seiten der Schiffspatrone (Baraterie).

3. Alle Gegenstände, welche im Besitze eines Angeklagten bei seiner Verhaftung in Beschlag genommen werden, sollen gleichzeitig mit der Auslieferung übergeben werden, und diese Übergabe soll sich nicht bloß auf die entwendeten Gegenstände beschränken, sondern auf alle diejenigen sich erstrecken, welche zum Beweise des Verbrechens dienen können.

4. Jede der beiden vertragschließenden Regierungen kann, selbst vor erfolgter Vorzeigung des Verhaftsbefehls, die unmittelbare und vorläufige Verhaftung des Angeklagten oder Verurteilten verlangen, die andere Regierung hat aber das Recht, sie zu verweigern.

Wenn die vorläufige Verhaftung zugestanden worden ist, muß der Verhaftsbefehl spätestens binnen zwei Monaten übersandt werden.

5. Wenn das reklamierte Individuum wegen eines in dem Lande, wohin es sich geflüchtet, begangenen Verbrechens oder Vergehens gerichtlich verfolgt oder verurteilt ist, so soll seine Auslieferung bis nach seiner Aburteilung und Strafverbüßung verschoben werden. Wird es in demselben Lande auf Grund von Verpflichtungen, die es gegen Privatpersonen eingegangen, gerichtlich verfolgt oder in Haft gehalten, so soll seine Auslieferung nichtsdestoweniger erfolgen, jedoch unbeschadet des Rechts des beschädigten Teils auf Verfolgung seiner Ansprüche vor der zuständigen Behörde.

6. Die Auslieferung wird nur gewährt auf Vorweisung eines Strafurteils oder Verhaftsbefehls, welche in der durch die Gesetzgebung des die Auslieferung verlangenden Staates vorgeschriebenen Form gegen den Angeklagten erlassen und ausgefertigt wurde, oder auf Vorzeigung irgend einer anderen Akte, welche mindestens dieselbe Wirksamkeit wie ein solcher Verhaftsbefehl hat und sowohl die Beschaffenheit und Schwere der gerichtlich verfolgten Handlungen als auch das auf dieselben anwendbare Strafmaß angibt. Diesen Schriftstücken ist eine

Personbeschreibung des reklamierten Individuums beizufügen.

7. Ist der Angeklagte oder Verurteilte kein Untertan desjenigen der beiden Staaten, welcher ihn reklamiert, so kann die Auslieferung verschoben werden, bis seine Regierung — wenn Veranlassung dazu vorhanden — darum befragt und um Angabe der Beweggründe, aus welchen sie sich der Auslieferung etwa widersetzen möchte, ersucht worden ist.

In allen Fällen bleibt der Regierung, an welche das Ersuchen der Auslieferung ergangen, freigestellt, diesem Gesuche die ihr angemessen erscheinende Folge zu geben und den Angeklagten zum Behufe des gerichtlichen Verfahrens gegen denselben entweder an sein eigenes Vaterland oder an das Land, wo er das Verbrechen begangen, auszuliefern.

8. Die Auslieferung kann nur wegen der gerichtlichen Verfolgung und Bestrafung gemeiner Verbrechen stattfinden. Es wird hiermit ausdrücklich bestimmt, daß der Angeklagte oder Verurteilte, dessen Auslieferung zugestanden worden, in keinem Falle wegen irgend eines der Auslieferung vorausgegangenen politischen [1]) Verbrechens oder Vergehens gerichtlich verfolgt oder bestraft werden kann [2]).

Als politisches Verbrechen oder mit diesem konnex[1]) ist nicht zu betrachten ein Angriff auf die Person des Oberhauptes einer auswärtigen Regierung oder auf die Person eines Gliedes seiner Familie, dafern dieser Angriff den Tatbestand des Mordes oder Meuchelmordes oder Giftmordes in sich schließt [3]).

[1]) Vgl. Einl. S. 23, 24.

[2]) Trotz des Schweigens des Vertrages gilt auch hier das Prinzip der Spezialität. (Vgl. Einl. S. 40.)

[3]) Sog. Attentatsklausel. (Vgl. Einl. S. 25.)

9. Die Auslieferung kann nicht stattfinden, wenn die Verjährung der Anklage oder der Strafe nach den Gesetzen des Landes, in das sich der Beklagte geflüchtet hat, eingetreten ist [1]).

[1]) Vgl. Einl. S. 19 ff.

10. Die durch die Verhaftung, die Unterbringung (den Gewahrsam), die Bewachung, Verpflegung und den Transport des Ausgelieferten nach dem Orte, wo die Übergabe stattfinden soll, entstandenen Auslagen sind von demjenigen der beiden Staaten zu tragen, auf dessen Gebiete die Ausgelieferten ergriffen worden sind.

Die Ablieferung derjenigen, welche auf Grund gegenwärtiger Übereinkunft in Frankreich eingezogen werden, um in das Großherzogtum Sachsen transportiert zu werden, findet in Straßburg, die Ablieferung derjenigen, welche aus gleichem Grunde im Großherzogtum Sachsen aufgegriffen werden, um nach Frankreich transportiert zu werden, in Eisenach statt.

11. Wenn im Verlaufe einer strafgerichtlichen Verhandlung von einer der beiden Regierungen die Abhörung von Zeugen, welche in dem andern

Staate wohnhaft sind, für notwendig erachtet wird, so ist dieses mittels eines gerichtlichen Requisitionsschreibens im diplomatischen Wege zu beantragen und diesem Begehren unter Beobachtung der Gesetze des Landes, in welchem die Zeugen vorgeladen werden, Folge zu geben.

Beide Regierungen entsagen jedem Anspruche auf Rückersatz der aus der Vollziehung des gerichtlichen Requisitionsschreibens erwachsenden Kosten. Wenn in einer strafgerichtlichen Untersuchungssache das persönliche Erscheinen eines Zeugen nötig wird, so wird die Regierung des Landes, welchem der Zeuge angehört, denselben auffordern, der an ihn ergangenen Einladung Folge zu leisten, und wenn er dieser Aufforderung folgt, werden ihm die Reise- und Aufenthaltskosten nach den Ansätzen und Bestimmungen vergütet, welche hierüber in dem Lande gelten, in welchem seine Abhörung stattgefunden hat.

12. Wenn in einer strafgerichtlichen Untersuchung, welche in einem der beiden Länder anhängig ist, die Konfrontation von Verbrechern, welche in dem andern in Haft gehalten werden, oder die Vorlegung von Beweisstücken oder gerichtlichen Akten für zweckdienlich erkannt wird, so wird hierauf das Ersuchen im diplomatischen Wege gerichtet und diesem Ersuchen wird, sobald nicht besondere Rücksichten entgegenstehen, gegen Verpflichtung zur Rücksendung der Verbrecher und der Beweis- oder Aktenstücke Folge gegeben werden.

13. Die kontrahierenden Regierungen verzichten auf jeden Ersatz derjenigen Kosten, welche sowohl durch die Fortschaffung und Zurücksendung der zu konfrontierenden Verbrecher innerhalb der Grenzen ihrer Gebiete, als auch durch die Zu- und Rücksendung der Beweisstücke und Urkunden erwachsen.

14. Gegenwärtige Übereinkunft wird erst zehn Tage nach ihrer Kundmachung in Kraft treten und fünf Jahre lang in Kraft bleiben. Hat sechs Monate vor Ablauf dieses Zeitraums keine der beiden Regierungen erklärt, davon zurücktreten zu wollen, so gilt sie fünf weitere Jahre, und so fort von fünf zu fünf Jahren.

Sie wird ratifiziert werden, und die Ratifikationen sollen binnen drei Monaten oder, wenn möglich, noch früher ausgewechselt werden.

IX.

Auslieferungsvertrag des Großherzogtums Mecklenburg-Strelitz mit Frankreich.

Vom 10. Februar 1847.

Vorbemerkungen.

Eine amtliche Publikation des Vertrages ist mecklenburgischerseits nicht erfolgt. Ein deutscher Text ist nirgends aufzufinden. Der nachstehend abgedruckte französische Text findet sich im Bulletin des Lois du Royaume de France IX. Serie, Premier Semestre de 1847 Tome Trente-Quatrième p. 375 sq.

Art. 1. Les Gouvernements Français et de Mecklenbourg-Strélitz s'engagent, par la présente Convention, à se livrer[1]) réciproquement chacun, à l'exception de ses citoyens et habitants[2]), les individus réfugiés[3]) du Grand-Duché de Mecklenbourg-Strélitz en France, ou de France dans le Grand-Duché de Mecklenbourg-Strélitz, et poursuivis ou condamnés par les tribunaux compétents pour l'un des crimes ci-après énumérés.

L'extradition aura lieu sur la demande que l'un des deux Gouvernements adressera à l'autre par voie diplomatique.

¹) Vgl. Anm. 1 zu Art. 1 des badisch-französischen Vertrages.
²) Vgl. § 9 RStGB.
³) Vgl. Anm. 2 zu Art. 1 des preußisch-französischen Vertrages.

2. Les crimes à raison desquels cette extradition sera accordée sont:

1°. Assassinat, empoisonnement, parricide, infanticide, meurtre, viol, attentat à la pudeur consommé ou tenté avec violence;

2°. Incendie;

3°. Faux en écriture authentique ou de commerce et en écriture privée, y compris la contrefaçon des billets de banque et effets publics, mais non compris les faux qui, dans le pays auquel l'extradition est demandée, ne sont point punis de peines afflictives et infamantes;

4°. Fabrication et émission de fausse monnaie;

5°. Contrefaçon des poincons de l'État servant à marquer les matières d'or et d'argent;

6°. Faux témoignage, dans les cas où il entraîne peine afflictive et infamante;

7°. Vol, lorsqu'il a été accompagné de circonstances qui lui impriment le caractère de crime devant la législation des deux pays;

8°. Soustractions commises par les dépositaires publics, mais seulement dans les cas où elles sont punies de peines afflictives et infamantes;

9°. Banqueroute frauduleuse.

3. Tous les objets saisis en la possession d'un prévenu, lors de son arrestation, seront livrés au moment où s'effectuera l'extradition; et cette remise ne se bornera pas seulement aux objets volés, mais comprendra tous ceux qui pourraient servir à la preuve du délit.

4. Si l'individu réclamé est poursuivi ou se trouve détenu pour un crime ou délit qu'il à commis dans le pays où il s'est réfugié, son extradition pourra être différée jusqu' à ce qu'il ait subi sa peine.

Dans le cas où il serait poursuivi ou détenu dans le même pays à raison d'obligations par lui contractées envers des particuliers, son extradition aura lieu néanmoins, sauf à la partie lésée à poursuivre ses droits devant l'autorité compétente.

5. L'extradition ne sera accordée que sur la production d'un arrêt de condamnation ou de renvoi à l'audience publique d'une cour, ou de mise en accusation, délivré en original ou en expédition authentique par les tribunaux compétents, dans les formes prescrites par la législation du Gouvernement qui fait la demande.

6. Chacun des deux Gouvernements contractants pourra, sur l'exhibition d'un mandat d'arrêt décerné par l'autorité compétente, demander à l'autre l'arrestation provisoire du prévenu ou du condamné dont il réclamera l'extradition. Cette arrestation ne sera accordée et n'aura lieu que suivant les règles prescrites par la législation du pays auquel elle sera demandée. L'étranger ainsé arrêté provisoirement sera remis en liberté, si, dans les trois mois, la production des pièces mentionnées dans l'article 5 n'a pas eu lieu de la part du Gouvernement qui réclame l'extradition.

7. Si le prévenu ou le condamne n'est pas sujet de celui des deux États contractants qui le réclame, il ne pourra être livré qu'après que son Gouvernement aura été consulté et mis en demeure de faire connaître les motifs qu'il pourrait avoir de s'opposer à l'extradition.

8. Il est expressément stipulé que le prévenu ou le condamné dont l'extradition aura été accordée ne pourra être, dans aucun cas, poursuivi ou puni pour aucun délit politique [1]) antérieur à l'extradition, ou pour aucun fait connexe à un semblable délit [1]), ni pour aucun des crimes ou délits non prévus par la présente Convention [2]).

[1]) Vgl. Einl. S. 23, 24.

[2]) Das Prinzip der Spezialität (vgl. Einl. S. 40) gilt also nur beschränkt.

9. L'extradition ne pourra avoir lieu si, depuis les faits imputés, la poursuite ou la condamnation, la prescription de l'action ou de la peine est acquise, d'après les lois du pays où le prévenu s'est réfugié [1]).

[1]) Vgl. Einl. S. 19ff.

10. Les frais auxquels auront donné lieu l'arrestation, la détention et le transport à la frontière des invidus dont l'extradition aura été accordée, seront remboursés, de part et d'autre, d'après les règlements légaux et les tarifs existant dans le pays qui en a fait l'avance.

11. La présente Convention ne sera exécutoire que dix jours après sa publication.

12. La présente Convention continuera à être en vigueur, jusqu'à l'expiration de six mois après déclaration contraire de la part de l'un des deux Gouvernements.

Elle sera ratifiée, et les ratifications en seront échangées dans le délai de six semaines, ou plus tôt, si faire se peut.

Xa.

Vertrag zwischen Frankreich und dem Großherzogtum Oldenburg wegen gegenseitiger Auslieferung der Verbrecher.

Vom 6. März 1847.

Vorbemerkung.

Nach Ratifikation des Vertrages hat die Auswechselung der Urkunden am 27. April 1847 in Oldenburg stattgefunden. Mittels Verordnung vom 15. 6. 1847 ist der Vertrag im Oldenburg. Ges.Bl. Bd. 11, 1849, S. 423 ff. publiziert. — Der Vertrag hat Gesetzeskraft.

Der Vertrag wurde ergänzt durch Deklaration vom 5. Mai 1868, abgedruckt unten zu Xb.

Art. I. Die Regierungen von Frankreich und Oldenburg verpflichten sich durch den gegenwärtigen Vertrag einander gegenseitig, eine jede, mit Ausnahme ihrer Bürger und Einwohner [1]), die Individuen auszuliefern [2]), welche aus dem Großherzogtum Oldenburg nach Frankreich oder aus Frankreich nach dem Großherzogtum Oldenburg geflüchtet [3]) und von den zuständigen Gerichten wegen eines der nachstehend aufgezählten Verbrechen verfolgt oder verurteilt sind. Die Auslieferung soll erfolgen auf den Antrag einer der beiden Regierungen, den sie auf diplomatischem Wege an die andere richten wird.

[1]) Vgl. § 9 RStGB.

[2]) Vgl. Anm. 1 zu Art. 1 des badisch-französischen Vertrages.

[3]) Vgl. Anm. 2 zu Art. 1 des preußisch-französischen Vertrages.

II. Die Verbrechen, um derentwillen die Auslieferung bewilligt werden soll, sind:

1. Mord, Vergiftung, Parrizidium, Kindesmord, Totschlag, Notzucht, Verletzung der Keuschheit, wenn sie mit Gewalt vollführt oder versucht worden;
2. Brandstiftung;
3. Fälschung von öffentlichen oder Handels- sowie von Privaturkunden mit Inbegriff der Nachbildung von Bankbillets und Staatsschuldscheinen,

   aber mit Ausschluß der Fälschungen, die in dem Lande, bei welchem die Auslieferung nachgesucht wird, nicht mit Kriminal- oder Leibes- und Ehrenstrafen bestraft werden;
4. Anfertigung und Verausgabung falscher Münzen;
5. Nachbildung der Staatsstempel, welche zur Bezeichnung der aus Gold und Silber bestehenden Gegenstände dienen;
6. falsches Zeugnis in den Fällen, wo es Kriminal- oder Leibes- und Ehrenstrafen nach sich zieht;
7. Diebstahl, sobald er von Umständen begleitet ist, die ihm nach der Gesetzgebung beider

Länder den Charakter eines Verbrechens aufdrücken;

8. Unterschlagungen, die von öffentlichen Depositarien begangen werden, aber nur in dem Fall, wenn sie mit Kriminal- oder Leibes- und Ehrenstrafen belegt sind;
9. betrüglicher Bankerutt.

III. Alle im Besitz eines Angeschuldigten bei seiner Verhaftung ergriffenen Gegenstände sollen im Augenblicke, wo die Auslieferung erfolgt, mit übergeben werden, und soll sich diese Herausgabe nicht allein auf die gestohlenen Gegenstände beschränken, sondern alle diejenigen begreifen, welche zum Beweise des Verbrechens dienen könnten.

IV. Wenn derjenige, dessen Auslieferung verlangt wird, wegen eines in dem Lande, wohin er sich geflüchtet, begangenen Verbrechens oder Vergehens verfolgt wird oder verhaftet worden ist, so soll seine Auslieferung bis nach Erduldung seiner Strafe ausgesetzt werden dürfen.

In dem Falle, daß er in demselben Lande wegen Verbindlichkeiten, die er gegen Privatpersonen eingegangen, verfolgt oder verhaftet sein sollte, soll seine Auslieferung dessenungeachtet stattfinden, vorbehältlich der Befugnis des verletzten Teils, seine Rechte vor der zuständigen Behörde zu verfolgen.

V. Die Auslieferung soll nicht anders bewilligt werden als auf Beibringung eines in Urschrift oder beglaubigter Ausfertigung von den zuständigen Gerichten in den von der Gesetzgebung der antragenden Regierung vorgeschriebenen Formen ausgestellten Erkenntnisses der Verurteilung oder der Versetzung in den Anklagestand.

VI. Jede der beiden kontrahierenden Regierungen soll auf Vorweisung eines von der zuständigen Behörde erlassenen Verhaftsbefehls von der andern die vorläufige Verhaftung des Angeschuldigten oder Verurteilten begehren können, dessen Auslieferung sie nachsuchen wird.

Diese Verhaftung soll jedoch nicht anders bewilligt werden und statthaben, als nach den von der Gesetzgebung des Landes, bei welchem sie nachgesucht wird, vorgeschriebenen Regeln.

Der auf solche Weise vorläufig verhaftete Fremde soll wieder in Freiheit gesetzt werden, wenn innerhalb dreier Monate die im Artikel V erwähnten Aktenstücke von seiten der Regierung, welche die Auslieferung begehrt, nicht beigebracht worden sind.

VII. Ist der Angeschuldigte oder Verurteilte kein Untertan desjenigen der beiden kontrahierenden Staaten, welcher die Auslieferung begehrt, so soll er nicht ausgeliefert werden dürfen, bevor seine Regierung befragt und in den Stand gesetzt worden ist, die Gründe anzugeben, die sie veranlassen könnten, sich der Auslieferung zu widersetzen.

VIII. Es ist ausdrücklich festgesetzt, daß der Angeschuldigte oder der Verurteilte, dessen Auslieferung bewilligt worden, in keinem Falle wegen eines vor der Auslieferung verübten politischen[1]) Verbrechens oder wegen einer mit einem derartigen Verbrechen in Verbindung[1]) stehenden Tat, oder wegen eines in dem gegenwärtigen Vertrage nicht berührten[2]) Verbrechens oder Vergehens verfolgt oder bestraft werden darf.

[1]) Vgl. Einl. S. 23, 24.

[2]) Das Prinzip der Spezialität (vgl. Einl. S. 40) gilt also nur beschränkt.

IX. Die Auslieferung soll nicht stattfinden dürfen, wenn seit den zur Last gelegten Handlungen, der Verfolgung oder Verurteilung, die Klag- oder Strafverjährung nach den Gesetzen des Landes, wohin der Angeschuldigte sich geflüchtet, eingetreten ist[1]).

[1]) Vgl. Einl. S. 19 ff.

X. Die Kosten, welche die Verhaftung, Gefangenhaltung und Abführung bis zur Grenze rücksichtlich der Individuen veranlaßt, deren Auslieferung bewilligt worden ist, sind von jedem Teile nach den gesetzlichen Bestimmungen und Tarifen des Landes zu erstatten, welches sie vorschießt.

XI. Der gegenwärtige Vertrag soll erst zehn Tage nach seiner Bekanntmachung in Wirksamkeit treten.

XII. Der gegenwärtige Vertrag soll noch bis nach Ablauf von sechs Monaten nach erklärtem Rücktritt von seiten einer der beiden Regierungen in Kraft bleiben.

Er soll ratifiziert und die Ratifikationen innerhalb sechs Wochen oder womöglich noch früher ausgewechselt werden.

Xb.
Deklaration zu dem Auslieferungsvertrage zwischen Frankreich und Oldenburg.

Vom 5. Mai 1868.

Vorbemerkung.

Die nachstehende, unterm 5. Mai 1868 zwischen Frankreich und Oldenburg vereinbarte Deklaration ist mittels Bekanntmachung des oldenburgischen Staatsministeriums vom 18. 5. 1868 im Oldenburg. Ges.Bl. 1867/68 Bd. 20 S. 597ff. publiziert.

Art. I. Die Auslieferung soll bewilligt werden auf Vorweisung einer beglaubigten Ausfertigung des Urteils oder des auf Verurteilung oder Versetzung in den Anklagestand lautenden Erkenntnisses oder des gegen den Beschuldigten beschlossenen und in den von der Gesetzgebung der die Auslieferung nachsuchenden Regierung vorgeschriebenen Formen ausgefertigten Haftbefehls oder jeder andern Verfügung, welche einem solchem Haftbefehle wenigstens gleichstehend zu erachten ist und wie dieser den Charakter und die Schwere der dem Beschuldigten zur Last gelegten Handlungen und die auf dieselben anwendbare Strafbestimmung bezeichnet.

II. 1. Dem Antrage auf vorläufige Verhaftung einer Person, welche in Frankreich oder im Großherzogtum Oldenburg wegen einer der im Artikel 2 des Auslieferungsvertrags vom 6. März 1847 gedachten Handlungen verfolgt wird, soll stattgegeben werden, wenn der Antrag auf diplomatischem Wege und unter Vorweisung eines von der zuständigen Behörde erlassenen Haftbefehls gestellt wird.

2. Desgleichen soll die vorläufige Verhaftung erfolgen auf die briefliche oder telegraphische Anzeige hin, daß ein Haftbefehl erlassen ist, jedoch unter der Bedingung, daß diese Anzeige ordnungsmäßig auf diplomatischem Wege dem Minister der auswärtigen Angelegenheiten desjenigen Landes gemacht wird, auf dessen Gebiet der Beschuldigte sich geflüchtet hat.

3. Wird der Antrag auf Verhaftung direkt bei einer Gerichts- oder Verwaltungsbehörde der beiden Staaten erhoben, so soll es dem Ermessen der betreffenden Behörde überlassen bleiben, ob sie die Verhaftung vollstrecken will; es soll dieselbe indessen gehalten sein, unverzüglich alle zur Feststellung der Identität und des Schuldbeweises dienenden Vernehmungen und Ermittelungen vorzunehmen und soll dieselbe eventuell dem Minister der auswärtigen Angelegenheiten Rechenschaft ablegen über die

Gründe, welche sie bestimmt haben, die nachgesuchte Verhaftung auszusetzen.

4. Die vorläufige Verhaftung soll in den Formen und nach den Regeln geschehen, welche von der Gesetzgebung der Regierung, bei welcher sie nachgesucht wird, vorgeschrieben sind; sie wird wieder aufgehoben, wenn nicht innerhalb 14 Tagen, von dem Anfange der Vollstreckung an gerechnet, der Antrag auf Auslieferung des Verhafteten in ordnungsmäßiger Weise bei der betreffenden Regierung erhoben ist.

III. Die gegenwärtige Deklaration soll dieselbe Dauer haben wie der Vertrag vom 6. März 1847, auf welchen sie sich bezieht.

XI.

Staatsvertrag zwischen Waldeck und Frankreich über die gegenseitige Auslieferung von Verbrechern.

Vom 10. Juli 1854.

Vorbemerkung.

Der Vertrag ist mittels Bekanntmachung der Waldeckschen Regierung vom 4. 12. 1851 im Waldeckschen Reg.Bl. S. 217ff. publiziert.

Art. 1. Die Fürstl. Waldeck'sche Regierung und die Kaiserl. französische Regierung übernehmen durch den gegenwärtigen Vertrag die Verbindlichkeit, sich gegenseitig, mit Ausnahme ihrer Staatsangehörigen[1]), alle diejenigen Individuen auszuliefern[2]), welche sich aus den Fürstentümern Waldeck und Pyrmont nach Frankreich, oder aus Frankreich in die Fürstentümer Waldeck und Pyrmont geflüchtet[3]) haben, und wegen eines der nachstehend aufgeführten Verbrechen oder Vergehen durch die zuständige Gerichtsbehörde verurteilt worden sind oder noch in Untersuchung stehen.

Die Auslieferung soll nur auf diplomatischem Wege verlangt und zugestanden werden.

[1]) Vgl. § 9 RStGB.

[2]) Vgl. Anm. 1 zu Art. 1 des badisch-französischen Vertrages.

[3]) Vgl. Anm. 2 zu Art. 1 des preußisch-französischen Vertrages.

2. Die Verbrechen und Vergehen, wegen deren Auslieferung bewilligt werden soll, sind folgende:

1. Mord Vergiftung, Elternmord, Kindesmord, Totschlag, Notzucht, Entmannung, Abtreibung der Leibesfrucht, versuchter oder vollbrachter gewaltsamer Angriff auf die Schamhaftigkeit, wenn er gegen ein Kind des einen oder des anderen Geschlechts von weniger als elf Jahren stattgefunden; Vereinigung von Missetätern, wenn dieses Vergehen nach den französischen Gesetzen mit Leibes- und ent-

ehrenden Strafen bestraft wird, Drohungen von verbrecherischen Angriffen auf Personen oder Eigentum, gewalttätige Erpressung von Urkunden und Unterschriften, eigenmächtige Gefangenhaltung;

2. absichtliche Körperverletzungen in dem Falle, wo dieselben nach den französischen Gesetzen mit Leibes- und entehrenden Strafen bedroht sind;
3. Brandstiftung;
4. Fälschung von öffentlichen oder amtlichen Urkunden, von Handels- oder Bankpapieren und von Privaturkunden, mit Einschluß der betrüglichen Nachahmung von Banknoten und öffentlichen Wertpapieren, jedoch mit Ausnahme derjenigen Fälschungen, welche nach dem französischen Gesetze nicht mit Leibes- und entehrenden Strafen bedroht sind;
5. Verfertigung, Einführung, Hinausgabe von falschen Münzen, betrügliche Nachahmung oder Fälschung von Papiergeld oder Hinausgabe falschen oder gefälschten Papiergeldes;
6. betrügliche Nachahmung der zur Bezeichnung des Gold- und Silbergehaltes dienenden amtlichen Prägestempel, des Staatssiegels sowie der Stempel des Staats;
7. falsches Zeugnis in peinlichen Strafsachen, falsches Zeugnis und falscher Eid in bürgerlichen Streitsachen;

8. Verleitung zum falschen Zeugnis;
9. Diebstahl, insofern er den Charakter eines Verbrechens nach französischem Rechte hat; Unterschlagung, von Dienstboten oder Geschäftsgehilfen begangen, wenn dieses Vergehen nach französischem Gesetze mit Leibes- und entehrenden Strafen bestraft wird; Veruntreuungen und Erpressungen, von öffentlichen Rechnungspflichtigen oder Beamten verübt, jedoch nur in den Fällen, wo das französische Gesetz deshalb Leibes- und entehrende Strafen androht;
10. betrüglicher Bankerutt.

3. Alle Gegenstände, welche bei dem Angeschuldigten zur Zeit seiner Verhaftung vorgefunden, sollen gleichzeitig mit dem Angeschuldigten ausgeliefert werden. Dies gilt nicht allein von den gestohlenen Gegenständen, sondern von allen übrigen, welche zum Beweise des verübten Verbrechens dienen können.

4. Jede der beiden vertragschließenden Regierungen kann zwar auch vor der Vorlage des Verhaftsbefehls die unmittelbare vorläufige Verhaftung des Angeschuldigten oder Verurteilten begehren, es hängt jedoch deren Gewährung von dem Ermessen der Regierung ab. Hat eine vorläufige Verhaftung stattgefunden, so soll der Verhaftsbefehl binnen zwei Monaten übermittelt werden.

5. Dem Begehren um Auslieferung wird nur

stattgegeben, wenn ein Straferkenntnis oder ein Verweisungsurteil oder ein nach Vorschrift der Gesetze des die Auslieferung begehrenden Staates ausgefertigter Verhaftsbefehl oder irgend ein anderer Nachweis der verfügten Anschuldigung vorgelegt wird, welcher gleiche Wirkung wie ein Verhaftsbefehl hat, die Natur und Schwere des Verbrechens bezeichnet und die Angabe der auf das fragliche Verbrechen anwendbaren Artikel des Strafgesetzes enthält.

6. Die Auslieferung kann bis nach verbüßter Strafe aufgeschoben werden, wenn der Auszuliefernde in dem Staate, wohin er sich geflüchtet, ein Vergehen oder Verbrechen begangen hat, wegen dessen er sich in Untersuchung oder Haft befindet.

7. Wenn der Angeschuldigte oder Verurteilte nicht Untertan desjenigen der beiden kontrahierenden Staaten ist, welcher die Auslieferung begehrt, so kann diesem Begehren erst dann stattgegeben werden, nachdem die Regierung des Staates, welchem der Auszuliefernde angehört, darüber befragt und veranlaßt worden ist, die Gründe anzugeben, aus welchen sie gegen die Auslieferung Einsprache zu erheben vermeint.

In allen Fällen bleibt es der Regierung, an welche das Begehren um Auslieferung gerichtet ist, unbenommen, diesem Begehren diejenige Folge zu geben, welche sie für angemessen erachtet, und den Angeschuldigten entweder an seine Heimatsbehörde oder an die Behörde des Landes, woselbst er das Verbrechen begangen hat, auszuliefern.

8. Der Auszuliefernde darf in keinem Falle, weder wegen eines politischen [1]) Vergehens, noch wegen irgend eines in dieser Übereinkunft nicht vorgesehenen [2]) Verbrechens oder Vergehens, insofern er das eine oder das andere vor der Auslieferung begangen hat, in Untersuchung genommen oder bestraft werden.

[1]) Vgl. Einl. S. 23, 24.

[2]) Das Prinzip der Spezialität (vgl. Einl. S. 40) gilt also nur beschränkt.

9. Die Auslieferung findet nicht statt, wenn nach den Gesetzen des Landes, wo der Ausländer betreten wird, seit der Verübung des Verbrechens, der letzten gerichtlichen Handlung oder der Verurteilung die strafrechtliche Verfolgung des Verbrechens oder die deshalb erkannte Strafe verjährt ist [1]).

[1]) Vgl. Einl. S. 19ff.

10. Die Kosten der Verhaftung, Verpflegung und Auslieferung des Verbrechers trägt jeder Staat, soweit sie auf seinem Gebiete erwachsen.

Dagegen fallen die Kosten der Verpflegung und des Transports durch die dazwischenliegenden Länder demjenigen Staate zur Last, welcher die Auslieferung verlangt hat.

11. Wenn im Laufe einer in diesem Vertrage erwähnten strafrechtlichen Untersuchung eine der beiden kontrahierenden Regierungen die Vernehmung

von Zeugen, welche ihren Wohnsitz in dem andern Staate haben, für nötig erachtet, so ist zu diesem Zwecke ein auf diplomatischem Wege weiter zu beförderndes Ersuchungsschreiben zu erlassen, welchem unter Beobachtung der Gesetze des Landes, wo die Zeugen vorgeladen werden, zu willfahren ist.

Die durch Erledigung des Ersuchungsschreibens entstehenden Kosten fallen demjenigen Staate zur Last, welcher das Ersuchen gestellt hat.

12. Ist für den Zweck der Untersuchung oder Verhandlung einer Strafsache das persönliche Erscheinen eines Zeugen in dem andern Staate notwendig, so hat seine Regierung den Zeugen aufzufordern, der an ihn ergangenen Ladung Folge zu leisten. Im Falle seiner Einwilligung erhält er die in der Taxordnung des Staates, in welchem seine persönliche Vernehmung stattfinden soll, festgesetzte Entschädigung für Reise- und Aufenthaltskosten.

13. Wird für den Zweck der Untersuchung oder Verhandlung einer Strafsache die Konfrontation mit in dem andern Staate verhafteten Verbrechern oder die Mitteilung von Überführungsstücken oder gerichtlichen Urkunden für sachdienlich erachtet, so hat das desfallsige Ersuchen auf diplomatischem Wege zu geschehen und ist demselben, insoweit nicht besondere Rücksichten entgegenstehen, und unter der Bedingung der Zurücklieferung der Verbrecher und mitgeteilten Gegenstände zu willfahren.

Die beiden kontrahierenden Regierungen verzichten gegenseitig auf jeden Ersatz der durch Überlieferung und Rücksendung der zu konfrontierenden Verbrecher innerhalb der Grenzen ihrer respektiven Gebiete entstehenden, sowie derjenigen Kosten, welche durch Zusendung und Rücksendung der Überführungsstücke und Urkunden erwachsen.

14. Die gegenwärtige Übereinkunft bleibt in Kraft bis zum Ablaufe von sechs Monaten nach der von seiten einer der beiden Regierungen erfolgten Vertragsaufkündigung. Sie soll innerhalb sechs Wochen oder womöglich noch früher ratifiziert und die Auswechselung der Ratifikationsurkunden bewirkt werden.

XII.

Vertrag zwischen Frankreich und Lübeck über gegenseitige Auslieferung von Verbrechern.

Vom 31. August 1847.

Vorbemerkung.

Nach Ratifikation des Vertrages hat die Auswechselung der Urkunden am 27. 9. 1847 stattgefunden. Der Vertrag ist dann mittels Bekanntmachung des Rats zu Lübeck vom 13. 10. 1847 in der Sammlung der Lübeckschen Verordnungen 1846/47 Bd. 14 S. 109 ff. publiziert. — Er hat Gesetzeskraft, da er der Zustimmung der Bürgerschaft nicht bedurfte. (Vgl. Grosch S. 7.)

Art. 1. Beide Regierungen, die französische und die lübeckische, verpflichten sich durch gegenwärtigen Vertrag, sich gegenseitig diejenigen Individuen, mit Ausnahme ihrer eigenen Bürger und Angehörigen [1]), auszuliefern [2]), welche aus Lübeck nach Frankreich oder aus Frankreich nach Lübeck entwichen [3]) sind, wenn sie wegen einer der unten aufgeführten Verbrechen von den zuständigen Gerichten zur Untersuchung gezogen oder verurteilt werden.

Die Auslieferung soll erfolgen, nachdem eine der beiden Regierungen der andern die diesfallsige Aufforderung auf diplomatischem Wege hat zugehen lassen.

[1]) Vgl. § 9 RStGB.

[2]) Vgl. Anm. 1 zu Art. 1 des badisch-französischen Vertrages.

[3]) Vgl. Anm. 2 zu Art. 1 des preußisch-französischen Vertrages.

2. Die Verbrechen, derentwegen diese Auslieferung zugestanden werden soll, sind:

1. Meuchelmord, Vergiftung, Elternmord, Kindermord, Mord, Notzucht, gewalttätig vollzogene oder versuchte Verbrechen gegen die Schamhaftigkeit;
2. Brandstiftung;
3. Fälschungen in Beziehung auf amtliche Urkunden oder Handlungs- und Privatschriften, mit Inbegriff des Nachmachens von Bankscheinen und Staatspapieren, dagegen mit Ausschluß solcher Fälschungen, welche in dem Lande, das zur Auslieferung aufgefordert

wird, nicht mit Strafen belegt werden, die im französischen Strafgesetzbuch als Leibes- und entehrende Strafen bezeichnet sind;

4. Verfertigung und Ausgeben falscher Münzen;
5. Nachmachung der Staatsstempel zum Stempeln von Gold- und Silbersachen;
6. falsches Zeugnis in den Fällen, in welchen es eine der Strafen nach sich zieht, welche das französische Strafgesetzbuch als Leibes- und entehrende Strafen bezeichnet hat;
7. Diebstahl, wenn derselbe von Umständen begleitet ist, welche nach den Gesetzen beider Staaten wenigstens fünfjährige Strafarbeit nach sich ziehen;
8. Unterschlagungen, die von Personen verübt werden, welchen als öffentlich Angestellten das Unterschlagene anvertraut ist, jedoch nur in den Fällen, wo die Unterschlagung mit einer Strafe belegt ist, welche in dem französischen Gesetzbuche als Leibes- und entehrende Strafe bezeichnet wird;
9. betrügerischer Bankerutt.

3. Alle in Beschlag genommenen Gegenstände, welche zur Zeit der Verhaftnehmung im Besitze des Angeschuldigten sind, sollen bei Vollziehung der Auslieferung mit übergeben werden, und diese Übergabe soll sich nicht bloß auf die entwendeten Gegenstände, sondern auf alles erstrecken, was zum Beweise des Verbrechens dienen könnte.

4. Wenn das zurückgeforderte Individuum wegen eines in dem Staate, wohin es sich geflüchtet hat, begangenen Verbrechens oder Vergehens zur Untersuchung gezogen oder zur Haft gebracht ist, so darf die Auslieferung aufgeschoben werden, bis es seine Strafe abgebüßt hat.

In den Fällen, wo ein solches Individuum in dem eben gedachten Staate wegen gegen Privatpersonen eingegangener Verpflichtungen belangt oder eingezogen ist, muß die Auslieferung dessen ungeachtet geschehen; der verletzten Partei bleibt es jedoch vorbehalten, ihre Ansprüche bei der zuständigen Behörde geltend zu machen.

5. Die Auslieferung soll nur zugestanden werden auf Vorlage entweder eines Strafurteils oder eines gerichtlichen Befehls zur Versetzung in den Anklagestand, oder einer anderen gleichgeltenden gerichtlichen Urkunde, d. h. einer solchen, welche dartut, daß der Angeschuldigte zur Untersuchung gezogen, und welche das Verbrechen angibt, dessen derselbe beschuldigt ist.

6. Jede der beiden kontrahierenden Regierungen soll, auf Vorlegung eines durch die zuständige Behörde erkannten Verhaftsbefehls, die vorläufige Verhaftung des Angeschuldigten oder Verurteilten, dessen Auslieferung sie verlangt, von der andern fordern können. Diese Verhaftung kann nur in der Weise bewilligt und vollzogen werden, welche die

Gesetze des Landes vorschreiben, von dem sie verlangt wird.

Der so vorläufig verhaftete Fremde muß aus der Haft wieder entlassen werden, wenn die Vorlage der in Art. 5 erwähnten Urkunden nicht innerhalb dreier Monate von seiten der Regierung, welche die Auslieferung verlangt, erfolgt ist.

7. Wenn der Angeschuldigte oder Verurteilte nicht Untertan derjenigen der beiden kontrahierenden Staaten ist, der ihn zurückfordert, so soll derselbe nur ausgeliefert werden, nachdem seine Regierung darum befragt worden ist und es verabsäumt hat, rechtzeitig anzugeben, aus welchen Gründen sie etwa der Auslieferung sich widersetzen könnte.

Jedenfalls soll es der Regierung, welche zur Auslieferung aufgefordert ist, freistehen, dieser Aufforderung die ihr angemessen scheinende Folge zu geben und den Angeschuldigten, um vor Gericht gestellt zu werden, entweder an sein Geburtsland, oder an das Land auszuliefern, wo das Verbrechen begangen worden ist.

8. Man ist ausdrücklich übereingekommen, daß der Angeschuldigte oder Verurteilte, dessen Auslieferung bewilligt worden ist, auf keinen Fall wegen irgend eines vor der Auslieferung begangenen politischen[1]) Vergehens, noch wegen einer mit einem dergleichen Vergehen zusammenhängenden[1]) Tat, noch wegen irgend eines der Verbrechen oder Vergehen, worauf sich der gegenwärtige Vertrag nicht

erstreckt[2]), soll zur Untersuchung gezogen oder bestraft werden können.

[1]) Vgl. Einl. S. 23, 24.

[2]) Das Prinzip der Spezialität (vgl. Einl. S. 40) gilt also nur beschränkt.

9. Die Auslieferung soll nicht stattfinden, wenn seit der Verübung der angeschuldigten Handlungen, seit der gerichtlichen Verfolgung oder Verurteilung, die Verjährung der Anklage oder der Strafe zugunsten des Angeschuldigten nach den Gesetzen des Landes, wohin er sich begeben hat, eingetreten ist[1]).

[1]) Vgl. Einl. S. 19ff.

10. Die Wiedererstattung der Kosten, zu welchen die Verhaftung, die Gefangenhaltung und die Fortschaffung der Individuen, deren Auslieferung bewilligt worden ist, bis an die Grenze, Veranlassung gegeben hat, soll beiderseitig nach den gesetzlichen Bestimmungen und Ansätzen des Landes geschehen, welches deshalb in Vorschuß gegangen ist.

11. Der gegenwärtige Vertrag soll erst zehn Tage nach seiner Bekanntmachung in Kraft treten.

12. Der gegenwärtige Vertrag soll in Kraft bleiben bis zum Ablaufe von sechs Monaten, nachdem eine von beiden Regierungen ihn aufgekündigt haben wird.

Er soll ratifiziert und die Ratifikationsurkunden sollen binnen sechs Wochen oder, falls tunlich, früher ausgewechselt werden.

XIII.
Konvention zwischen Frankreich und Bremen wegen gegenseitiger Auslieferung von Verbrechern.

Vom 10. Juli 1847.

Vorbemerkung.

Der Vertrag ist ratifiziert und mittels Bekanntmachung des Senats vom 25. 10. 1847 in der Sammlung bremischer Verordnungen 1847 S. 100ff. im französischen Texte mit angehängter deutscher Übersetzung publiziert.

Art. 1. Die französische und die bremische Regierung verpflichten sich durch gegenwärtige Konvention, diejenigen von Bremen nach Frankreich oder von Frankreich nach Bremen geflüchteten [1]) Individuen, welche wegen eines der nachstehenden Verbrechen von den zuständigen Gerichten verfolgt oder verurteilt sind, einander, jedoch mit Ausnahme ihrer eigenen Bürger und Einwohner [2]), gegenseitig auszuliefern [3]).

Die Auslieferung geschieht auf den von der einen Regierung an die andere auf diplomatischem Wege gerichteten Antrag.

[1]) Vgl. Anm. 2 zu Art. 1 des preußisch-französischen Vertrages.

[2]) Vgl. § 9 RStGB.

[3]) Vgl. Anm. 1 zu Art. 1 des badisch-französischen Vertrages.

2. Die Verbrechen, hinsichtlich welcher diese Auslieferung stattfindet, sind:

1. Mord, Vergiftung, Verwandtenmord, Kindermord, vorsätzliche Tötung, Notzucht, mit Gewalt unternommener oder versuchter Angriff auf die Schamhaftigkeit;
2. Brandstiftung;
3. Fälschung von amtlichen, Handels- und Privaturkunden mit Inbegriff der Nachmachung von Bankzetteln und öffentlichen Effekten; unter Ausschluß dagegen solcher Fälschungen, auf welche in dem Lande, dem die Auslieferung zugemutet wird, keine entehrenden Leibesstrafen stehen;
4. Verfertigung und Emission falscher Münzen;
5. Nachmachung der zur Bezeichnung von Gold- und Silbersachen dienenden Staatsstempel;
6. falsches Zeugnis, insofern eine entehrende Leibesstrafe darauf steht;
7. Diebstahl, wenn er von Umständen begleitet ist, die nach den Gesetzen beider Länder zum mindesten Zuchthausstrafe zur Folge haben;
8. Unterschlagung öffentlicher Gelder, jedoch nur insofern sie einer entehrenden Leibesstrafe unterliegt;
9. betrüglicher Bankerutt.

3. Alle einem Angeschuldigten bei seiner Verhaftung abgenommenen Sachen werden bei seiner Auslieferung mit verabfolgt; und zwar befaßt diese

Verabfolgung nicht bloß die entwandten Gegenstände, sondern alles, was als Beweis des Verbrechens dienen kann.

4. Ist derjenige, dessen Auslieferung verlangt wird, wegen eines in dem Lande, wohin er sich geflüchtet hat, begangenen Verbrechens oder Vergehens in Untersuchung oder Haft, so kann die Auslieferung, bis er seine Strafe erlitten, verschoben werden.

Sollte er in demselben Lande wegen Verpflichtungen, die er gegen Privatpersonen eingegangen, belangt oder in Haft sein, so findet die Auslieferung nichtsdestoweniger statt, doch bleibt es dem verletzten Teile unbenommen, sein Recht vor der zuständigen Behörde zu verfolgen.

5. Die Auslieferung geschieht nur auf den Grund eines die Verurteilung oder die Versetzung in den Anklagestand aussprechenden Erkenntnisses oder irgend einer andern gleichbedeutenden gerichtlichen Urkunde, das heißt einer solchen, welche die Tatsache der gerichtlichen Verfolgung konstatiert und die Beschaffenheit des dem Auszuliefernden vorgeworfenen Verbrechens näher angibt.

6. Jede der beiden kontrahierenden Regierungen kann gegen Vorzeigung eines von der zuständigen Behörde erlassenen Haftbefehls von der andern die vorläufige Verhaftung des auszuliefernden Angeschuldigten oder Verurteilten verlangen.

Diese Verhaftung wird indes nur zugestanden und findet nur statt in Gemäßheit der in der Gesetzgebung des requirierten Landes vorgeschriebenen Regeln.

Der solchergestalt vorläufig in Haft gebrachte Fremde wird, wofern nicht innerhalb dreier Monate von seiten der die Auslieferung nachsuchenden Regierung die in Art. 5 erwähnten Urkunden beigebracht sind, wieder in Freiheit gesetzt.

7. Ist der Angeschuldigte oder Verurteilte nicht Untertan desjenigen unter den beiden kontrahierenden Staaten, welcher ihn reklamiert, so findet die Auslieferung nur statt, nachdem seine Regierung deshalb zu Rate gezogen worden und es unterlassen hat, ihre etwaigen Gründe gegen die Auslieferung zur rechten Zeit zu erkennen zu geben.

Jedenfalls bleibt es der Regierung, an welche das Auslieferungsgesuch gerichtet ist, überlassen, demselben die ihr angemessen scheinende Folge zu geben, und den Angeschuldigten zum Behuf der Aburteilung entweder seinem Vaterlande oder dem Lande, wo das Verbrechen begangen ist, auszuliefern.

8. Es ist ausdrücklich vereinbart, daß der Angeschuldigte oder Verurteilte, dessen Auslieferung bewilligt worden, in keinem Falle wegen irgend eines der Auslieferung vorhergegangenen politischen[1]) Verbrechens oder einer damit in Verbindung[1]) stehenden Handlung, noch wegen irgend welcher Verbrechen oder Vergehen, die in gegenwärtiger Konvention nicht vorgesehen[2]) worden, verfolgt oder bestraft werden soll.

[1]) Vgl. Einl. S. 23, 24.

[2]) Das Prinzip der Spezialität (vgl. Einl. S. 40) gilt also nur beschränkt.

9. Die Auslieferung findet nicht statt, wenn seit den schuldgegebenen Tatsachen, der Verfolgung oder der Verurteilung das Verbrechen oder die Strafe nach den Gesetzen des Landes, wohin der Angeschuldigte sich geflüchtet hat, verjährt ist[1]).

[1]) Vgl. Einl. S. 19 ff.

10. Die hinsichtlich der Individuen, deren Auslieferung bewilligt worden, für die Verhaftung, die Gefangenhaltung und den Transport an die Grenze aufgewandten Kosten werden nach den in dem Lande, welches sie vorschießt, bestehenden gesetzlichen Anordnungen und Tarifen gegenseitig erstattet.

11. Gegenwärtige Konvention tritt erst zehn Tage nach ihrer Bekanntmachung in Wirksamkeit.

12. Gegenwärtige Konvention bleibt bis zum Ablauf von sechs Monaten nach der von einer der beiden Regierungen erfolgten Kündigung in Kraft.

Binnen sechs Wochen oder womöglich früher sollen ihre Ratifikationen verfügt und ausgewechselt werden.

XIV.

Konvention zwischen der freien und Hansestadt Hamburg und S. M. dem Könige der Franzosen betreffend gegenseitige Auslieferung der Verbrecher.

Vom 5. Februar 1848.

Vorbemerkung.

Nach Ratifikation des Vertrages hat die Auswechselung der Urkunden am 19. 8. 1851 in Hamburg stattgefunden. Der Vertrag ist in der Samml. hamburgischer Verordn. 1853 Bd. 22 S. 202ff. publiziert.

Art. 1. Beide Regierungen, die französische und hamburgische, verpflichten sich durch gegenwärtigen Vertrag, sich gegenseitig diejenigen Individuen, mit Ausnahme ihrer Nationalen [1]), auszuliefern [2]), welche aus Hamburg nach Frankreich oder aus Frankreich nach Hamburg entwichen [3]) sind, wenn sie wegen eines der unten aufgeführten Verbrechen von den zuständigen Gerichten zur Untersuchung gezogen oder verurteilt werden.

Die Auslieferung soll erfolgen, nachdem eine der beiden Regierungen der anderen die desfallsige Aufforderung auf diplomatischem Wege hat zugehen lassen.

[1]) Vgl. § 9 RStGB.

[2]) Vgl. Anm. 1 zu Art. 1 des badisch-französischen Vertrages.

[3]) Vgl. Anm. 2 zu Art. 1 des preußisch-französischen Vertrages.

2. Die Verbrechen, derentwegen die Auslieferung zugestanden werden soll, sind:

1. Meuchelmord, Vergiftung, Elternmord, Kindermord, Mord, Notzucht, gewalttätig vollzogene oder versuchte Verbrechen gegen die Schamhaftigkeit;
2. Brandstiftung;
3. Fälschungen in betreff amtlicher Urkunden oder Handlungs- und Privatschriften, mit Inbegriff des Nachmachens von Bankscheinen und Staatspapieren, dagegen mit Ausschluß solcher Fälschungen, welche nicht mit Leibes- und entehrenden Strafen vom französischen Recht belegt sind;
4. Verfertigung und Ausgeben falscher Münzen;
5. Nachmachung der Staatsstempel zur Bezeichnung von Gold und Silber;
6. Falsches Zeugnis in den Fällen, in welchen es eine Leibes- und entehrende Strafe nach französischem Recht nach sich zieht;
7. Diebstahl, wenn derselbe von Umständen begleitet ist, die nach dem Rechte beider Staaten wenigstens fünfjährige Strafarbeit nach sich ziehen;
8. Unterschlagungen, die von Personen verübt

werden, welchen als öffentlich Angestellten das Unterschlagene anvertraut ist, jedoch nur in den Fällen, wo die Unterschlagung mit Leibes- und entehrenden Strafen nach französischem Recht belegt ist;

9. betrügerischer Bankerutt;

10. das Verbrechen der Schiffswegsetzung oder andere Fälle der Baratterie, sofern dieselben nach französischem Recht mit Leibes- und entehrenden Strafen belegt werden würden;

11. das Verbrechen der Meuterei unter der Schiffsmannschaft, in Fällen, wo zur Mannschaft eines Seeschiffes gehörende Individuen sich des besagten Schiffes mittels gegen den Kapitän oder Kommandierenden verübter List oder Gewalt bemächtigt und auch in Fällen, wo solche Individuen das besagte Schiff an Seeräuber ausgeliefert haben würden.

3. Alle in Beschlag genommenen Gegenstände, welche zur Zeit der Verhaftnehmung im Besitze des Angeschuldigten sind, sollen bei Vollziehung der Auslieferung mit übergeben werden, und soll diese Übergabe sich nicht bloß auf die entwendeten Gegenstände, sondern auf alles erstrecken, was zum Beweise des Verbrechens dienen könnte.

4. Wenn das zurückgeforderte Individuum wegen eines in dem Staate, wohin es sich geflüchtet hat, begangenen Verbrechens oder Vergehens zur Untersuchung gezogen oder zur Haft gebracht ist, so darf die Auslieferung aufgeschoben werden, bis es seine Strafe abgebüßt hat.

In den Fällen, wo ein Individuum in dem ebengedachten Staate wegen gegen Privatpersonen eingegangener Verpflichtungen belangt oder eingezogen ist, muß die Auslieferung dessen ungeachtet geschehen; der verletzten Partei bleibt es jedoch vorbehalten, ihre Ansprüche bei der zuständigen Behörde geltend zu machen.

5. Die Auslieferung soll nur zugestanden werden auf Vorlage entweder eines Strafurteils oder eines gerichtlichen Erkenntnisses zur Versetzung in den Anklagestand, oder eines anderen gleichgeltenden gerichtlichen Dokumentes, das heißt eines solchen, welches dartut, daß der Angeschuldigte zur Untersuchung gezogen und welches die Natur des Verbrechens angibt, dessen derselbe beschuldigt ist.

6. Jede der beiden kontrahierenden Regierungen soll, auf Vorlegung eines durch die zuständige Behörde erkannten Verhaftsbefehls, die vorläufige Verhaftung des Angeschuldigten oder Verurteilten, dessen Auslieferung sie verlangt, von der anderen fordern können. Diese Verhaftung kann nur in der Weise bewilligt und vollzogen werden, welche die Gesetze des Landes vorschreiben, an welches das Verlangen gestellt wird.

Der so vorläufig verhaftete Fremde muß aus der Haft wieder entlassen werden, wenn die Vorlage der im Artikel 5 erwähnten Dokumente nicht innerhalb dreier Monate von seiten der Regierung, welche die Auslieferung verlangt, erfolgt ist.

7. Wenn der Angeschuldigte oder Verurteilte nicht Untertan desjenigen der beiden kontrahierenden Staaten ist, der ihn zurückfordert, so soll derselbe erst ausgeliefert werden, nachdem seine Regierung darum befragt worden und in den Stand gesetzt ist, die Gründe anzugeben, aus welchen sie sich der Auslieferung möchte widersetzen können.

Jedenfalls soll es der Regierung, welche zur Auslieferung aufgefordert ist, freistehen, dieser Aufforderung die ihr angemessen scheinende Folge zu geben und den Angeschuldigten, um vor Gericht gestellt zu werden, entweder an sein Geburtsland oder an das Land auszuliefern, wo das Verbrechen begangen worden ist.

8. Man ist ausdrücklich übereingekommen, daß der Angeschuldigte oder Verurteilte, dessen Auslieferung bewilligt worden ist, auf keinen Fall wegen irgend eines vor der Auslieferung begangenen politischen[1]) Vergehens, noch wegen einer mit einem ähnlichen Vergehen zusammenhängenden[1]) Tat, noch wegen eines der Verbrechen oder Vergehen, worauf sich der gegenwärtige Vertrag nicht erstreckt[2]), soll zur Untersuchung gezogen oder bestraft werden können.

[1]) Vgl. Einl. S. 23, 24.

[2]) Das Prinzip der Spezialität (vgl. Einl. S. 40) gilt also nur beschränkt.

9. Die Auslieferung soll nicht stattfinden, wenn seit der Verübung der angeschuldigten Handlungen, seit der gerichtlichen Verfolgung oder Verurteilung die Verjährung der Anklage oder der Strafe zugunsten des Angeschuldigten nach den Gesetzen des Landes, wohin er sich begeben hat, eingetreten ist[1]).

[1]) Vgl. Einl. S. 19ff.

10. Die Wiedererstattung der Kosten, zu welchen die Verhaftung, die Gefangenhaltung und die Fortschaffung der Individuen, deren Auslieferung bewilligt worden ist, bis an die Grenze Veranlassung gegeben hat, soll beiderseitig nach den gesetzlichen Bestimmungen und Ansätzen des Landes geschehen, welches deshalb in Vorschuß getreten ist.

11. Der gegenwärtige Vertrag soll erst zehn Tage nach seiner Bekanntmachung in Kraft treten.

12. Der gegenwärtige Vertrag soll in Kraft bleiben bis zum Ablaufe von sechs Monaten, nachdem eine von beiden Regierungen ihn aufgekündigt haben wird.

Er soll ratifiziert und die Ratifikationsurkunden sollen binnen sechs Wochen, oder, falls tunlich, früher ausgewechselt werden.

C. Verträge mit Österreich.

I.

Beschluß der Deutschen Bundesversammlung wegen gegenseitiger Auslieferung von Personen, welche wegen gemeiner Verbrechen und Vergehen zur Untersuchung gezogen worden sind.

Vom 26. Januar 1854.

(Pr. GS. S. 359ff.)

Vorbemerkungen.

1. Der Beschluß ist mittels Patents vom 10. 6. 1854 in der Preuß. Ges.Samml. S. 359ff. publiziert.

2. Durch Art. 13 des Prager Friedensvertrages vom 23. 8. 1866 sind sämtliche zwischen den kontrahierenden Staaten vor dem Kriege bestandenen Verträge und Übereinkünfte wieder in Kraft gesetzt, soweit dieselben nicht ihrer „Natur nach durch die Auflösung des deutschen Bundesverhältnisses“ ihre „Wirkung verlieren“ mußten. Hiernach ist, wie allgemein anerkannt wird, der in Art. I des Bundesbeschlusses vom 26. 1. 1854 erwähnte Bundesbeschluß vom 18. 8. 1836 wegen Auslieferung politischer Verbrecher (Pr. GS. S. 309) nicht wieder aufgelebt, da seine Vorschriften lediglich in dem Bundesverhältnis wurzelten. Im übrigen ist dagegen der Bundesbeschluß vom 26. 1. 1854 als durch Art. 13 des Prager Friedens wieder in Kraft gesetzt anzusehen, da seine sonstigen Bestimmungen keineswegs ihrer Natur nach durch das Fortbestehen des Bundesverhältnisses bedingt waren. (A. A. Lammasch S. 104.)

Durch Übereinkünfte der deutschen Bundesregierungen vom Jahre 1854 und 1855 war der Bundesbeschluß vom 26. 1. 1854 auch auf die nicht zum Deutschen Bunde gehörigen Kronländer der österreichischen Monarchie ausgedehnt worden. Mit Preußen war außerdem vereinbart worden, daß sich der Bundesbeschluß auch auf die nicht zum Deutschen Bunde gehörigen Landesteile Preußens erstrecken solle. (Vgl. die unten zu IIa abgedruckte Ministerialerklärung vom 20. 10. 1854.) Zurzeit gilt der Bundesbeschluß für die gesamte österreichisch-ungarische Monarchie einschließlich Bosniens und der Herzegowina (vgl. Pr. JMBl. 1889 S. 24) einerseits und für sämtliche Staaten des Deutschen Reiches einschließlich Elsaß-Lothringens andrerseits. (Vgl. v. Martitz, Die internationale Rechtshilfe in Strafsachen Bd. II 1897 S. 829.)

3. Über die — gleichfalls durch Art. 13 des Prager Friedens wieder in Kraft gesetzte — Bundeskartellkonvention vom 16. 2. 1831 vgl. Einl. S. 26, 27; über das Zollkartell vom 6. 12. 1891 siehe Einl. S. 26.

4. Es bestehen ferner besondere Übereinkommen Österreichs mit Preußen (v. J. 1864), Bayern (1852), Sachsen (1852), Württemberg (1863) und Baden (1863) über das Recht der sog. Nacheile. Sie sind — jedoch mit der Beschränkung auf nicht politische Verbrecher (vgl. Vorbem. 2) — als durch Art. 13 des Prager Friedens wieder in Kraft gesetzt anzusehen. Das preußisch-österreichische Abkommen ist unten zu IIb auszugsweise mitgeteilt.

5. Über das in Österreich-Ungarn geltende Strafrecht vgl. v. Liszt, Strafgesetzgeb. d. Gegenw. Bd. 1 S. 115ff., 161ff., Bd. 2 S. 458ff.

Art. I. Unter Vorbehalt fortdauernder Wirksamkeit der durch den Bundesbeschluß vom 18. August 1836 bezüglich der Auslieferung politischer Verbrecher ge-

getroffenen Anordnungen[1]), für deren Ausführung die folgenden Artikel gleichfalls in Anwendung zu bringen sind, verpflichten sich die Bundesstaaten gegenseitig, Individuen, welche wegen anderer[1]) Verbrechen oder Vergehen[1]) (ausschließlich[2]) der Abgabendefraudation[3]) und der Übertretungen von Polizei- und Finanzgesetzen) von einem Gerichte desjenigen Staates, in welchem oder gegen welchen[4]) das Verbrechen oder Vergehen begangen worden, verurteilt oder in Anklagestand versetzt sind, oder gegen die ein gerichtlicher Verhaftsbefehl dort erlassen ist, diesem Staate auszuliefern, vorausgesetzt, daß nach den Gesetzen des requirierten Staates die veranlassende strafbare Handlung gleichfalls als Verbrechen oder Vergehen anzusehen und die Strafe noch nicht verjährt[5]) ist.

Ausnahmen treten nur ein:

1. wenn das betreffende Individuum ein Untertan des um die Auslieferung angegangenen Staates ist[6]);
2. wenn wegen derselben strafbaren Handlung, welche den Auslieferungsantrag veranlaßt hat, die Kompetenz der Gerichte des um die Auslieferung angegangenen Staates nach den Gesetzen desselben begründet ist[7]);
3. wenn der Auszuliefernde in dem um die Auslieferung angegangenen Staate wegen anderer Handlungen einer Untersuchung oder Strafhaft oder wegen Schulden oder sonstiger

zivilrechtlicher Verbindlichkeiten einem Arreste unterliegt[8]).

[1]) Der hier erwähnte Bundesbeschluß vom 18. 8. 1836 (Pr. GS. S. 309) steht nicht mehr in Kraft. (Vgl. Vorbem. 2.) Die Auslieferung kann also nur wegen gemeiner Verbrechen und Vergehen beansprucht werden. (Vgl. Pr. JMBl. 1889 S. 23.) — Über Auslieferung von Deserteuren vgl. Einl. S. 26, 27.

[2]) Eliminationsmethode. (Vgl. Einl. S. 9, 10.)

[3]) Vgl. jedoch Einl. S. 26. (Zollkartell vom 6. 12. 1891.)

[4]) Diese Bestimmung, wonach die Auslieferungspflicht solche Personen umfaßt, die von einem Gericht desjenigen Staates, in welchem oder gegen welchen das Verbrechen oder Vergehen begangen worden, verurteilt usw. sind, ist dahin ausgelegt worden, daß darunter alle strafbaren Handlungen gemeint sind, wegen deren im Inlande eine Strafverfolgung stattfinden kann, also auch solche, welche im Auslande begangen sind, wenn wegen derselben ein Strafverfahren im Inlande schwebt. (Pr. JMBl. 1889 S. 23.) Vgl. aber die Ausnahmen in Abs. 2 Ziff. 1—3.

[5]) Vgl. Einl. S. 19ff.

[6]) Vgl. Art. 3 der Reichsverfassung und § 9 RStGB.

[7]) In diesem Falle besteht keine Auslieferungspflicht.

[8]) Vgl. Art. II.

II. In dem Falle des Artikels I Ziffer 3 hat die Auslieferung erst nach erfolgter Freisprechung oder erstandener Strafe, beziehungsweise nach aufgehobenem Arreste, Platz zu greifen[1]).

[1]) Vgl. hierzu Einl. S. 30.

III. Mit der Person sind alle Gegenstände, welche sich in deren Besitz befinden, wie auch andere, die zum Beweise der strafbaren Handlung dienen können, zu übergeben.

IV. Die Auslieferung erfolgt auf Ansuchen der zuständigen Gerichtsbehörde oder, wenn es sich um die Ergreifung eines entwichenen Strafgefangenen handelt, der Verwaltungsbehörde der betreffenden Strafanstalt, an die Justiz- oder Polizeibehörde des Bezirks, in welchem sich der Angeschuldigte befindet [1]) [3]).

In dem Ansuchen ist das Verbrechen oder Vergehen, dessen das betreffende Individuum beschuldigt wird, oder wegen dessen dasselbe verurteilt worden, sowie die Zeit der verübten strafbaren Handlung, im letzteren Falle unter Bezeichnung des Gerichts, welches die Verurteilung ausgesprochen hat, und des wesentlichen Inhalts des Erkenntnisses anzugeben [2]).

Die um die Auslieferung angegangene Behörde hat sofort die nach den Landesgesetzen erforderlichen Einleitungen zur Erwirkung der Prüfung und Bescheidung des Antrags zu treffen [4]), und es wird sodann die zugestandene Auslieferung an dem der Verhaftung zunächst liegenden Grenzorte, an dem sich eine zur Übernahme geeignete Behörde befindet, vollzogen [5]).

[1]) Abweichend von der Regel, daß ein Auslieferungsantrag nur von der Regierung des betreibenden Staats bei der Regierung des Zufluchtsstaats, also nur von der Zentralbehörde gestellt werden kann (vgl. Einl. S. 34),

gestattet Art. IV die Stellung des Auslieferungsantrags seitens der verfolgenden Behörde im Wege des unmittelbaren Geschäftsverkehrs bei der zuständigen österreichischen oder ungarischen Behörde. Die diesseitigen Behörden können deshalb, wenn es sich um die Auslieferung einer nach Österreich-Ungarn geflüchteten Person handelt, die zuständige österreichische oder ungarische Behörde unmittelbar zu diesem Behuf ersuchen, und dieser direkte Verkehr wird die Regel zu bilden haben, so daß nur in besonders gearteten Ausnahmefällen die Vermittlung des Justizministers in Anspruch zu nehmen ist. (Pr. JMBl. 1889 S. 23).

[2]) Beifügung einer Urteilsausfertigung bzw. eines Haftbefehls ist zwar nicht vorgeschrieben, ist aber zweckmäßig, da auf diese Weise am einfachsten die in Art. IV Abs. 2 erforderten Angaben über die Tat erbracht werden.

[3]) Die vorläufige Festnahme von nach Österreich-Ungarn geflüchteten Personen kann, da zwischen den Behörden beider Staaten der unmittelbare Geschäftsverkehr zugelassen ist, ebenfalls durch ein direkt zu übersendendes Ersuchungsschreiben beantragt werden. (Pr. JMBl. 1889 S. 23; vgl. § 41 der Allg. Vfg. vom 29. 5. 1905, Pr. JMBl. S. 159.) — Ein Verzeichnis der österreichischen und ungarischen Gerichte ist im Pr. JMBl. 1884 S. 114 ff. mitgeteilt.

[4]) Über das Entscheidungsverfahren in Österreich-Ungarn, insbesondere die in Österreich stattfindende Prüfung der Schuldfrage vgl. Lammasch S. 641 ff., 538 ff. Einzelne deutsche Bundesstaaten verfahren aus Gründen der Reziprozität in gleicher Weise.

[5]) Im Auslieferungsverkehr mit Österreich waren gelegentlich eines Einzelfalls Zweifel darüber entstanden, inwieweit die strafrechtliche Verfolgung einer Person in dem Lande, nach welchem sie ausgeliefert war, zulässig sei. Zur Lösung dieser Zweifel haben sich die beteiligten Regierungen über folgende Punkte geeinigt:

Ist eine Auslieferung wegen mehrerer Straftaten nachgesucht, so muß die Verfolgung des Ausgelieferten jedenfalls insoweit ausgeschlossen bleiben, als bei der Auslieferungsbewilligung ein ausdrücklicher Vorbehalt auf Nichtbestrafung wegen einzelner Straftaten gemacht ist. Einem derartigen Vorbehalt ist es gleich zu achten, wenn die Auslieferung wegen einzelner Straftaten aus dem Grunde ausdrücklich abgelehnt ist, weil insoweit eine Auslieferungspflicht nicht begründet sei. Soll einem Auslieferungsantrage nicht im vollen Umfange entsprochen werden, so ist die Auslieferung nicht früher in Vollzug zu setzen, als bis durch Rückfrage sichergestellt ist, daß der Auslieferungsantrag trotzdem aufrecht erhalten wird.

Durch diese Vereinbarung wird die Frage, inwieweit mangels eines entsprechenden Vorbehalts oder mangels einer teilweisen Ablehnung des Auslieferungsantrags die strafrechtliche Verfolgung der ausgelieferten Person zulässig ist, nicht entschieden. Ebensowenig wird dadurch an dem Grundsatze, daß die Bewilligung der Auslieferung stets durch die Zentralinstanz zu erfolgen hat, etwas geändert; von dieser wird daher auch wegen der erwähnten Rückfrage das Erforderliche veranlaßt werden. (Pr. JMBl. 1900 S. 447.)

V. Ist die Auslieferung von mehreren Staaten nachgesucht worden, so erfolgt dieselbe an den Staat, welcher das desfallsige Ansuchen zuerst gestellt hat.

VI. Die Kosten der Ergreifung und die des Unterhaltes des verhafteten Individuums, wie der mit zu übergebenden Gegenstände, werden dem ausliefernden Staate von dem Tage der Verhaftung an[1]), in den Artikel I. 3 erwähnten Fällen aber vom Tage der Freisprechung oder beendigten Straf- oder Arresthaft an,[1]) bis einschließlich dem der Auslieferung, unmittelbar nach erfolgter Übersendung der Kostenspezifikation an das die Auslieferung nachsuchende Gericht, durch letzteres erstattet.

[1]) Die bis zu diesem Zeitpunkt entstandenen Kosten (namentlich die Kosten der Fahndung) trägt also der ersuchte Staat selbst. Insoweit ist das in der Einleitung S. 32 Gesagte zu berichtigen. — Abweichende Vereinbarungen bezüglich der Kosten bestehen zwischen Österreich und Bayern.

VII. Der Transport solcher aus deutschen Bundesstaaten oder auch aus anderen Ländern auszuliefernder Individuen wird in jenen Bundesstaaten, welche sie als Zwischengebiet berühren, unbehindert gestattet werden; übrigens unterliegt diese Verbindlichkeit zur Durchlieferung denselben Ausnahmen und Beschränkungen, welche in Artikel I Ziffer 1 bis 3 inkl. für die Verpflichtung zur Auslieferung festgesetzt sind.

VIII. Die Verhafteten und die mit zu übergebenden Gegenstände werden auf dem Wege nach dem Bundesstaate, an welchen die Auslieferung erfolgt, ebenso verpflegt und behandelt, und es wird in gleichem Maße hierfür Vergütung geleistet, wie dieses für die eigenen Untertanen in denjenigen Staaten vorgeschrieben ist, von welchen die Auslieferung vollzogen wird, oder durch welche der Transport führt.

IX. Von der ausliefernden Behörde ist ein Transportausweis auszufertigen und mit dem Verhafteten zu übergeben[1]). Diejenigen Staaten, durch welche der Transport führt, haben die auf ihrem Gebiete erwachsenen Kosten vorschußweise zu bezahlen, dieselben auf dem Transportausweise quittieren zu lassen, und so dem nächstfolgenden Staate in Anrechnung zu bringen, welcher letztere bei der Auslieferung an die requirierende Behörde durch diese den vollen Ersatz erhält.

[1]) Über das Verfahren bei der Übergabe und Übernahme der Verbrecher, die zwischen Preußen und Österreich zur Vollziehung einer Auslieferung oder infolge oder zum Zwecke einer Durchlieferung zu übergeben sind, vgl. die Anweisung vom 25. Februar 1893 (MBl. f. d. i. V. S. 21 ff.) und die Verfügung vom 22. Januar 1904 (MBl. f. d. i. V. S. 76).

X. Durch die vorstehende Übereinkunft werden die zwischen einzelnen deutschen Staaten bestehenden Auslieferungsverträge insoweit außer Wirksamkeit gesetzt, als dieselben Bestimmungen enthalten, welche mit den durch diese Übereinkunft begründeten gegenseitigen Verpflichtungen im Widerspruche stehen, oder nicht etwa besondere Verabredungen über den Vollzug von Auslieferungen und die Kosten derselben in sich fassen.

Die Erneuerung der mit auswärtigen Staaten bestehenden Auslieferungsverträge wird in einer mit dem Inhalte dieser Übereinkunft übereinstimmenden Weise erstrebt werden.

XI. Auf das Gebiet des Herzogtums Limburg findet dieser Bundesbeschluß keine Anwendung.

IIa.

Preußische Ministerialerklärung betreffend die gegenseitige Anwendung des durch das Patent vom 10. Juni 1854 veröffentlichten Beschlusses der deutschen Bundesversammlung vom 26. Januar 1854 wegen gegenseitiger Auslieferung gemeiner Verbrecher auf die zum Deutschen Bunde nicht gehörigen Landesteile des Königreichs Preußen und des Kaisertums Österreich.

Vom 20. Oktober 1854.

(Pr. GS. S. 555.)

Vorbemerkung.

1. Die preußische Ministerialerklärung v. 20. 10. 1854 ist, nachdem sie gegen eine übereinstimmende Erklärung des österreichischen Ministeriums vom 11. 10. 1854 ausgewechselt war, mittels Bekanntmachung des preußischen Ministers des Auswärtigen vom 27. 10. 1854 in der Pr. Ges.Samml. S. 555, 556 publiziert worden.

2. Vgl. oben S. 459. (Vorbem. 2.)

Die Königlich preußische und die Kaiserlich österreichische Regierung sind dahin übereingekommen, die Bestimmungen des in der dritten Sitzung der deutschen Bundesversammlung vom 26. Januar 1854 gefaßten Beschlusses wegen gegenseitiger Auslieferung gemeiner Verbrecher auf dem deutschen

Bundesgebiete (Gesetzsammlung für die preußischen Staaten Jahrgang 1854 S. 359 ff.) auch auf die nicht zum Deutschen Bunde gehörigen Teile ihrer beiderseitigen Staaten auszudehnen, so daß also die Bestimmungen dieses Bundesbeschlusses auch auf diejenigen Fälle volle Anwendung finden sollen, in welchen das gemeine Verbrechen oder Vergehen, wegen dessen durch eine Kaiserlich österreichische Behörde bei der Königlich preußischen Regierung die Auslieferung eines Individuums begehrt wird, in einem nicht zum Deutschen Bunde gehörigen Kronlande des österreichischen Kaisertums oder von den Angehörigen eines solchen Kronlandes gegen den Kaiserstaat begangen wurde, sowie umgekehrt auch auf den Fall, wenn die Königlich preußische Regierung nach Maßgabe des erwähnten Bundesbeschlusses von der Kaiserlich österreichischen Regierung die Auslieferung eines Individuums in Anspruch nimmt, welches ein gemeines Verbrechen oder Vergehen in einem nicht zum Deutschen Bunde gehörigen Landesteile des preußischen Staates begangen hat, oder welches einem solchen Landesteile angehört.

Vorstehende Bestimmungen finden ferner auch dann Anwendung, wenn sich die Individuen, deren Auslieferung verlangt wird, in Landesteilen des requirierten Staates aufhalten, welche nicht zum Deutschen Bunde gehörig sind.

IIb.

Preußische Ministerialerklärung betreffend eine Übereinkunft zwischen der Königlich preußischen und der Kaiserlich Königlich österreichischen Regierung zur Beförderung des Sicherheitsdienstes im Grenzgebiete beider Staaten und wegen gegenseitiger Hilfeleistung bei Elementarereignissen.

Vom 27. Februar 1864.

(Pr. GS. S. 107 ff.)

(Auszug.)

Vorbemerkungen.

1. Die preußische Ministerialerklärung v. 27. 2. 1864 ist, nachdem sie gegen eine übereinstimmende Erklärung des österreichischen Ministeriums vom 16. 1. 1864 ausgewechselt war, mittels Bekanntmachung des preußischen Ministers des Auswärtigen vom 9. 3. 1864 in der Preuß. Ges.Samml. S. 107 ff. publiziert worden mit dem Bemerken, daß die Übereinkunft mit dem 1. April 1864 in Wirksamkeit trete.

2. Die Übereinkunft ist als durch Art. 13 des Prager Friedens wieder in Kraft gesetzt anzusehen, jedoch mit der Beschränkung, daß sie nur auf gemeine Verbrecher anwendbar ist. (Vgl. oben S. 459 Vorbem. 4.)

Art. I. In dringenden Fällen, wo Gefahr im Verzuge obwaltet, sollen die Gendarmen und übrigen gesetzlich hierzu befugten Sicherheitsorgane des einen Staates, mit Ausschluß der bewaffneten Macht, ermächtigt sein, flüchtige Verbrecher ... über die Landesgrenze des anderen Staates zu verfolgen, und innerhalb des Grenzgebietes festzunehmen.

II. Die festgenommene Person ist unverzüglich an die Polizei- oder Justizbehörde abzuliefern, in deren Bezirke die Festnehmung erfolgt ist[1]).

[1]) Der ausländische Polizeibeamte darf also den Festgenommenen nicht etwa wieder über die Grenze zurückschaffen, sondern muß ihn an die zuständige Behörde des Zufluchtsstaats abliefern (Art. II). Alsdann ist in der gewöhnlichen Weise die Auslieferung zu beantragen. Die Nacheile dient also nur zur Vorbereitung der künftigen Auslieferung, die natürlich nur erfolgt, wenn die vertraglichen Voraussetzungen vorliegen.

III. Der Antrag auf Auslieferung der festgenommenen Person kann nur schriftlich von der zuständigen Behörde des einen Staates an die des anderen Staates gerichtet werden.

IV. Das Eindringen in eine Wohnung oder die Vornahme einer Haussuchung auf fremdem Landesgebiete ist dem verfolgenden Sicherheitsorgane untersagt; dieses hat sich wegen der in seiner Gegenwart vorzunehmenden Maßregeln dieser Art an die dazu gesetzlich befugte Behörde des Ortes zu wenden, und bis zu deren Eintreffen auf die äußere Überwachung des Hauses zu beschränken.

V. Die Sicherheitsorgane müssen bei der Verfolgung entweder durch ihre Dienstkleidung kenntlich oder zu ihrer Legitimation mit zureichendem schriftlichen Ausweise versehen sein.

VI. In betreff der Verfolgung von Übertretungen der Ein-, Aus- und Durchgangsabgabengesetze hat es bei den Bestimmungen des Zollkartells vom 19. Februar 1853[1]) sein Bewenden.

[1]) Jetzt ist das Zollkartell vom 6. 12. 1891 (RGBl. 1892 S. 3ff., 63ff.) maßgebend, dessen § 6 (RGBl. S. 64) den beiderseitigen Zoll- und Steuerbeamten das Recht gewährt, bei Verfolgung von Schleichhändlern und Zolldefraudanten sich in das Gebiet des andern Teils zu begeben, aber nur zu dem Zwecke, um bei den dortigen Behörden die weiter erforderlichen Maßregeln zu beantragen. (Vgl. dazu auch die Bemerkungen in dem Schlußprotokoll zum Zollkartell.) — Über die Auslieferung von Zolldefraudanten vgl. Einl. S. 26.

VII. Den Gendarmeriemannschaften beider Staaten soll der Grenzübertritt auch zu dem Zwecke zugestanden sein, um in dem Grenzgebiete des anderen Staates über . . . verfolgte Individuen Erkundigung einzuziehen, und insofern hierzu eine spezielle Veranlassung gegeben sein sollte, die Spuren dieser Personen, unter gleichzeitiger Verständigung der betreffenden Sicherheitsbehörden und Aufforderung der letzteren zur Unterstützung oder zum ferneren entsprechenden Einschreiten, weiter zu verfolgen.

VIII. . . . .

IX. . . . .

X. Die Befreiung von der Zollrevision können die Gendarmen bei ihrem Übertritte über die Grenze nicht beanspruchen; jedoch wird vorausgesetzt, daß ihre zollamtliche Abfertigung ohne Beeinträchtigung des von ihnen zu leistenden Sicherheitsdienstes geschehe.

XI. Über ihre amtliche Tätigkeit auf dem fremden Staatsgebiete ist den Gendarmen auf ihr Verlangen eine Bescheinigung in ihren Dienstbüchern oder sonst eine Bestätigung von den jenseitigen Behörden, mit welchen sie in Verbindung getreten sind, zu erteilen.

XII. Zur leichteren Erreichung des durch diese Übereinkunft beabsichtigten Zweckes sind die Bewohner der beiderseitigen Grenzbezirke durch die vorgesetzten Behörden auf ihr eigenes Interesse, die in der Verfolgung flüchtiger Verbrecher . . . begriffenen Sicherheitsorgane des Nachbarstaates nach Tunlichkeit zu unterstützen, aufmerksam zu machen, die Behörden und öffentlichen Sicherheitsorgane aber ausdrücklich dazu zu verpflichten.

XIII. Den beiden Regierungen steht jederzeit frei, diese Übereinkunft, welche ohne Verzug in Kraft treten soll, wieder aufzukündigen. Dieselbe läuft zwei Monate nach erfolgter Kündigung ab.

Zur Urkunde dessen ist Königlich preußischerseits die gegenwärtige Ministerialerklärung ausgefertigt und solche mit dem Königlichen Insiegel versehen worden.

D. Verträge mit Rußland.

I.
Abkommen zwischen den Regierungen von Preußen und Rußland, als Grundlage für die Auslieferung der Verbrecher.
Vom 13./1. Januar 1885.

Vorbemerkungen.

1. Am 13. Januar 1885 (1. Januar russischen Stils) wurden in St. Petersburg zwischen den Vertretern der preußischen und der russischen Regierung identische Noten in französischer Sprache ausgewechselt, die nebst angehängter deutscher Übersetzung vom preußischen Ministerium der auswärtigen Angelegenheiten im Deutschen Reichsanzeiger vom 23. 1. 1885 (Nr. 20) veröffentlicht worden sind. Die Übersetzung der russischen Note ist nachstehend wiedergegeben. Gesetzeskraft hat das Abkommen nicht. (Vgl. Einl. S. 7.)

2. Das Abkommen enthält keine erschöpfende Regelung. Soweit Bestimmungen fehlen, sind die in der Einleitung S. 54 dargestellten Grundsätze über Auslieferungen ohne Vertrag zu beachten, namentlich also das Prinzip der Spezialität. Über politische Delikte vgl. Art. III und Anmerkung dazu. — Über das Verfahren schweigt das Abkommen gänzlich. Es finden deshalb die unten im Schlußanhang angegebenen allgemeinen Grundsätze Anwendung. Der Auslieferungsantrag kann sonach nur im diplomatischen Wege gestellt werden (Ziff. 9 des Schlußanhangs); zu seiner Begründung bedarf es der Einreichung einer Urteilsausfertigung bzw. eines Haftbefehls. (Ziff. 12 ff.)

— Bezüglich des Antrags auf vorläufige Festnahme ist folgendes zu beachten:

Diejenigen Behörden, die nach dem Abkommen vom $\frac{\text{4. Febr.}}{\text{23. Jan.}}$ 1879 (Ges.Samml. S. 138) und der Erklärung vom 28./16. Januar 1893 (Ges.Samml. S. 83) zum unmittelbaren Geschäftsverkehr mit den Justizbehörden des Gerichtsbezirks Warschau berechtigt sind (vgl. hierzu § 14 der allgemeinen Verfügung vom 29. Mai 1905, Pr. JMBl. S. 159), haben auch die Befugnis, das Ersuchen um vorläufige Festnahme an jene russischen Behörden unmittelbar zu richten. Gleichzeitig ist aber ungesäumt wegen Stellung des Auslieferungsantrags zu berichten. Die Jurisdiktionsbezirke der in Betracht kommenden russischen Gerichte sind mit der Allg. Verfüg. vom 23. Juni 1894 (Pr. JMBl. S. 167) veröffentlicht worden. — Soweit unmittelbarer Geschäftsverkehr nicht zulässig ist, ist bei der Stellung von Anträgen auf vorläufige Festnahme von Beschuldigten, die nach Rußland geflüchtet sind, folgendermaßen zu verfahren: Das Ersuchen ist im allgemeinen und namentlich dann, wenn kein bestimmter Anhalt dafür vorliegt, nach welchem Orte in Rußland der Verfolgte sich gewandt hat, an die Kaiserliche Botschaft in St. Petersburg zu richten. Liegen Anhaltspunkte dafür vor, daß sich der Verfolgte an einem bestimmten Orte Rußlands aufhält, so darf das Ersuchen um vorläufige Festnahme auch an die betreffende Kaiserliche Konsulatsbehörde gerichtet werden. In solchem Falle ist aber die Kaiserliche Botschaft in St. Petersburg von dem Ersuchen stets gleichzeitig, und zwar, wenn dasselbe telegraphisch erfolgt, ebenfalls auf telegraphischem Wege in Kenntnis zu setzen. In allen Fällen ist wegen Stellung des Auslieferungsantrags unter Beifügung der erforderlichen Urkunden ungesäumt an den Justizminister zu berichten. (Vgl. Allg. Verfüg. vom 18. 10. 1896 Pr. JMBl. S. 332.)

Die Kosten der Festnahme, des Unterhalts und des Transports des Auszuliefernden bis zur deutschen Grenze trägt Rußland. (Pr. JMBl. 1889 S. 24.)

Ein Verzeichnis der Grenzorte und Behörden, die an der Grenze zwischen Preußen und Rußland für die Übergabe und Übernahme von auszuliefernden Verbrechern in Betracht kommen, ist mit der Allg. Verfüg. vom 11. 10. 1899 (MBl. f. d. i. V. S. 209—211) veröffentlicht worden.

Art. I. Die Kaiserlich russische Regierung verpflichtet sich, der Kgl. preußischen Regierung auf deren Verlangen die preußischen Untertanen auszuliefern, welche wegen eines der nachstehend aufgeführten Verbrechen oder Vergehen angeklagt oder angeschuldigt oder wegen eines dieser Verbrechen oder Vergehen verurteilt sind und sich der verdienten Strafe durch die Flucht entzogen haben:

1. wegen eines der nachstehend bezeichneten Verbrechen oder Vergehen oder wegen Vorbereitungen zu deren Ausführung, wenn diese Verbrechen oder Vergehen gegen Se. Majestät den Deutschen Kaiser, König von Preußen. oder ein Mitglied seiner Familie begangen sind[1]):
   a) Totschlag,
   b) Tätlichkeit,
   c) Körperverletzung,
   d) vorsätzliche Beraubung der persönlichen Freiheit,

e) Beleidigung;

2. Mord und Mordversuch;

3. die Herstellung oder der Besitz von Dynamit oder anderen Sprengstoffen, insoweit die Herstellung oder der Besitz von solchen Stoffen durch die in Preußen geltenden Gesetze für strafbar erklärt wird[2].

[1] Vgl. Einl. S. 25.

[2] Vgl. Einl. S. 18.

II. In allen anderen Fällen, in welchen von der Königl. preußischen Regierung die Auslieferung wegen eines Verbrechens oder Vergehens[1] beantragt wird, welches nicht in Artikel I erwähnt ist, wird der Antrag von der Kaiserl. russischen Regierung in Erwägung genommen und demselben, wenn nichts entgegensteht, mit Rücksicht auf die freundnachbarlichen Beziehungen, welche die beiden Länder verbinden, Folge gegeben werden[1].

[1] Wird der Flüchtling lediglich wegen einer Übertretung verfolgt, so wird von der Nachsuchung der Auslieferung abzusehen sein. (Pr. JMBl. 1889 S. 24.)

III. Der Umstand, daß das Verbrechen oder Vergehen, wegen dessen die Auslieferung verlangt wird, in einer politischen Absicht begangen ist, soll in keinem Falle als Grund dienen, um die Auslieferung abzulehnen[1].

[1] Durch die Bestimmung des Art. III setzt sich das Abkommen in Widerspruch zu dem herrschenden völkerrechtlichen Prinzip und zu allen anderen neueren Auslieferungsverträgen. (Vgl. Einl. S. 23, 25.)

II a.
Auslieferungsvertrag
zwischen Bayern und Rußland.
Vom 14./26. Februar 1869.

Vorbemerkungen.

Nach Ratifikation des Vertrages hat die Auswechselung der Urkunden am 3. April 1869 in St. Petersburg stattgefunden. Der Vertrag ist dann mittels Bekanntmachung des bayerischen Staatsministeriums des königlichen Hauses und des Äußern vom 21. April 1869 im Reg.Bl. für Bayern 1869 S. 770ff. publiziert worden.

Gegenwärtig gelten noch diejenigen Bestimmungen des Vertrages, welche mit dem Übereinkommen vom $\frac{\text{1. Oktober}}{\text{19. September}}$ 1885 nicht in Widerspruch stehen. (Vgl. Art. 4 des unten zu II b abgedruckten Übereinkommens vom $\frac{\text{1. Oktober}}{\text{19. September}}$ 1885.)

Art. I. Die Königl. bayerische und die Kaiserl. russische Regierung verpflichten sich, in den durch die folgenden Artikel bestimmten Fällen und auf die daselbst bestimmte Art und Weise — mit Ausnahme ihrer eigenen Untertanen — gegenseitig diejenigen Individuen auszuliefern, welche auf Grund eines Verweisungsbeschlusses, verurteilenden Erkenntnisses oder Verhaftsbefehls durch die Gerichte desjenigen der beiden Staaten, gegen dessen Gesetze die strafbaren Handlungen begangen worden sind, wegen eines der in Artikel III bezeichneten Verbrechen oder Vergehen verurteilt, in Anklagestand versetzt wurden oder gegen welche ein gerichtliches Verfahren eingeleitet worden ist.

II. Während sich die Verpflichtung zur Auslieferung in keinem Falle auf die Untertanen des Staates erstreckt, welchem die Auslieferung angesonnen wird, verpflichten sich beide vertragschließenden Teile nach ihren Gesetzen diejenigen Verbrechen und Vergehen zu verfolgen, die von ihren Untertanen gegen die Gesetze des anderen Staates verübt worden sind, sofern ein ausdrückliches Ersuchen hierauf gestellt wird und diese Verbrechen oder Vergehen unter eine der im Artikel III aufgezählten Kategorien fallen. Das Ersuchen, dem alle nötigen Aufschlüsse und vollständige Schuldbeweise beizufügen sind, erfolgt auf diplomatischem Wege.

Unter dem Begriffe Untertanen sind bezüglich dieser Übereinkunft auch diejenigen Fremden verstanden, die nach den Gesetzen des Landes, von dem die Auslieferung verlangt wird, den eigenen Untertanen gleichgeachtet sind, sowie diejenigen Fremden, welche sich im Lande niedergelassen haben und mit einer Frau des Landes verheiratet sind oder waren, von der sie ein oder mehrere im Lande geborene Kinder haben.

III. Die Auslieferung soll nur im Falle der Verurteilung, Anklage oder Verfolgung wegen eines Verbrechens oder vorsätzlichen Vergehens stattfinden, welches außerhalb des Gebietes desjenigen Staates begangen worden ist, bei welchem die Auslieferung in Antrag gebracht wird [1]) und welches nach den Gesetzen des die Auslieferung begehrenden Staates mit Gefängnisstrafe von mehr als einem Jahre oder mit einer peinlichen oder entehrenden Strafe belegt werden kann [2]).

Mit dieser Einschränkung hat die Auslieferung wegen folgender Verbrechen oder Vergehen statt, einschließlich der Fälle der Teilnahme und des Versuches:

1. jeder ungesetzliche Angriff, durch welchen ein Mensch das Leben verloren oder eine schwere Verletzung an Körper oder Gesundheit erlitten hat;
2. Kindesabtreibung;
3. Notzucht und andere Angriffe auf die Schamhaftigkeit;
4. Brandstiftung, Zerstörung von Eisenbahnen, Schiffen, Bergwerken, Telegraphen und Deichen;
5. falsches gerichtliches Zeugnis;
6. Urkundenfälschung;
7. Münzfälschung, Fälschung von Banknoten, von Papiergeld und öffentlichen Kreditpapieren, wissentliches Inumlaufsetzen solcher gefälschter Werte;
8. Diebstahl, Unterschlagung, Betrug, Erpressung;

9. Bestechlichkeit öffentlicher Beamten und Amtsuntreue;
10. betrüglicher Bankerutt.

[1]) Vgl. Einl. S. 13.
[2]) Vgl. Einl. S. 10.

IV. Wenn die Tat, auf welche der Auslieferungsantrag gegründet wird, zu öffentlicher Verfolgung auch in dem Lande Anlaß gibt, an welches das Verlangen der Auslieferung gestellt wird, so kann die definitive Rückäußerung verschoben werden, bis das Verschulden des Auszuliefernden gegen dieses Land durch dessen Gerichte entschieden und im Falle das Individuum schuldig befunden wurde, die Strafe vollzogen ist.

Die Auslieferung hat nicht statt:

1. wenn der Antrag auf dasselbe Verbrechen oder Vergehen gerichtet ist, wegen dessen der Auszuliefernde seine Strafe verbüßt oder verbüßt hat, oder wovon er in dem Lande, an welches das Verlangen der Auslieferung gestellt wird, freigesprochen wurde;
2. wenn die Anklage oder Strafe nach den Gesetzen desjenigen Landes verjährt ist[1]), bei welchem die Auslieferung in Antrag gebracht wird.

[1]) Vgl. Einl. S. 19 ff.

V. Wenn das reklamierte Individuum wegen eines anderen Verbrechens oder Vergehens gegen die Gesetze des Staates, bei welchem die Auslieferung in Antrag gebracht wird, verfolgt oder verhaftet ist, so soll seine Auslieferung ausgesetzt werden, bis er freigesprochen ist, oder seine Strafe abgebüßt hat. Im Falle einer der Stellung des Auslieferungsantrages vorgängig von der zuständigen Behörde verfügten Schuldhaft wird die Auslieferung gleichfalls bis zum Augenblick der Entlassung verschoben[1]).

Wird die Auslieferung gleichzeitig von einem der kontrahierenden und einem dritten Staate verlangt, welchem gegenüber ebenfalls eine vertragsmäßige Verpflichtung zur Auslieferung besteht, so wird die Auslieferung unter der Voraussetzung der nötigen Bescheinigungen an denjenigen Staat stattfinden, dessen Antrag zuerst eingetroffen ist.

Handelt es sich jedoch hierbei um Auslieferung einer Person, welche Untertan im strengen Sinne und nicht im weiteren Sinne des Artikels I des gegenwärtigen Vertrages eines der reklamierenden Staaten ist und deren Untertanschaft nicht nach den durch die Gesetze dieses Staates vorgeschriebenen Formen hinfällig geworden, so soll der Antragstellung des Heimatstaates entsprochen werden.

[1]) Vgl. Einl. S. 30.

VI. Wegen politischer Vergehen und Verbrechen findet keine Auslieferung statt[1]).

Unter politischen Vergehen und Verbrechen, im Sinne vorstehenden Artikels, sollen die Angriffe gemäß Art. III Ziff. 1 dieser Übereinkunft, welche gegen die Person eines auswärtigen Souveräns oder gegen Mitglieder seiner Familie verübt wurden, nicht begriffen sein.

[1]) Abgeändert durch Art. 1 u. 3 des Übereinkommens vom $\frac{\text{1. Oktober}}{\text{19. September}}$ 1885 (unten Nr. IIb).

VII. Das Individuum, in dessen Auslieferung gewilligt wurde, soll wegen eines vor der Auslieferung verübten Verbrechens oder Vergehens nur dann verfolgt oder bestraft werden, wenn dasselbe unter eine der im Artikel III vorgesehenen Kategorien fällt[1]).

[1]) Das Prinzip der Spezialität (vgl. Einl. S. 40) gilt also nur beschränkt.

VIII. Die beiden kontrahierenden Regierungen behalten sich vor, schon vor Übergabe des Verhaftsbefehls die unverzügliche und provisorische Verhaftung des Fremden, dessen Auslieferung sie begehrt haben, zu verlangen.

Diese provisorische Verhaftung, welche übrigens vollständig fakultativ ist, hat in den Formen und nach den Gesetzen des Ortes zu geschehen, woselbst sie vollzogen wird.

Es erfolgt Freilassung des provisorisch Verhafteten, wenn an die requirierte Regierung nicht binnen zwanzig Tagen nach der Verhaftung die Bekanntgabe des Verhaftsbefehles erfolgt.

IX. Die Auslieferung soll auf diplomatischem Wege in Antrag gebracht, und nur dann zugestanden werden, wenn ein verurteilendes Erkenntnis, ein Verweisungsbeschluß oder ein Verhaftsbefehl in Original oder beglaubigter Abschrift und ausgefertigt in den durch die Gesetzgebung des die Auslieferung begehrenden Staates vorgeschriebenen Formen beigebracht wird, in welchem das in Rede stehende Verbrechen oder Vergehen und das darauf anwendbare Strafgesetz bezeichnet ist.

X. Die im Besitze des Auszuliefernden gefundenen Gegenstände sollen, wenn die zuständige Behörde des requirierten Staates deren Rückgabe anordnet, im Augenblicke der Auslieferung übergeben werden.

XI. Wenn in einer Strafsache eine der beiden Regierungen die Vernehmung von Zeugen für nötig erachtet, welche in dem Gebiete der anderen Regierung ihren Wohnsitz haben, so sind zu diesem Zwecke auf diplomatischem Wege Requisitionsschreiben zu stellen und es soll denselben nach den Gesetzen des Landes, in welchem die Zeugen zur Vernehmung sich stellen sollen, entsprochen werden.

XII. Wenn in einer strafrechtlichen Untersuchung das persönliche Erscheinen eines Zeugen im andern Lande für notwendig oder für wünschenswert befunden wird, so soll derselbe von seiner Regierung aufgefordert werden, sich der an ihn zu richtenden Einladung zu fügen.

Willigt der so geladene Zeuge ein, so werden ihm Reise- und Aufenthaltskosten nach den Tarifen und Verordnungen ersetzt, welche in dem Lande gelten, woselbst seine Vernehmung stattfinden soll.

XIII. Wenn in einer strafrechtlichen Untersuchung die Konfrontation von Verbrechern, welche in dem anderen Staate in Haft sind, oder die Mitteilung von Beweisstücken oder Urkunden, die sich im Besitze der Behörden des anderen Staates befinden, für nützlich oder für notwendig erachtet wird, so soll das Ersuchen darum auf diplomatischem Wege ergehen und demselben unter der Verpflichtung der Rücklieferung der Verbrecher, sowie der Beweisstücke und Urkunden, Folge gegeben werden, soweit nicht besondere dem entgegenstehende Rücksichten vorhanden sind.

XIV. Die beiden kontrahierenden Staaten verpflichten sich, verurteilende Erkenntnisse, welche in Verbrechens- und Vergehenssachen von ihren Gerichten gegen Angehörige des andern Landes erlassen werden, sich im diplomatischen Wege gegenseitig mitzuteilen.

XV. Alle Akten und Urkunden, welche von beiden Regierungen auf Grund gegenwärtiger Übereinkunft werden gegenseitig mitgeteilt werden, sind mit französischer Übersetzung zu begleiten, sofern sie nicht in deutscher Sprache abgefaßt sind, in welchem Falle solche Übersetzung nicht erfordert wird.

XVI. Die beiden Regierungen verzichten gegenseitig auf Erhebung irgend eines Ersatzanspruchs bezüglich der Unterhalts-, Transport- und anderer

Kosten, welche innerhalb der Grenzen ihrer beiderseitigen Territorien für die Auslieferung der wegen Verbrechen oder Vergehen verfolgten oder verurteilten Individuen, ferner aus dem Vollzuge gestellter Requisitionen, für Transport und Rücksendung zu konfrontierender Verbrecher, endlich aus der Ab- und Rücksendung von Beweisstücken und Urkunden erwachsen könnten.

Die Kosten für Unterhalt und Transport der verfolgten, in Anklagestand versetzten oder verurteilten Verbrecher, welche bei der Durchlieferung durch das Gebiet eines dritten Staates erwachsen könnten, fallen dem die Auslieferung verlangenden Staate zur Last.

Sollte der Transport zur See vorgezogen werden, so wird das auszuliefernde Individuum an denjenigen Hafen verbracht werden, welchen der diplomatische oder Konsularbeamte des Staates bezeichnet, der die Auslieferung begehrt, und hat der letztere Staat die Kosten der Überfahrt zu tragen.

XVII. Durch vorstehende Bestimmungen werden beiderseitig alle diejenigen Gesetze anerkannt, welche in beiden Ländern den Gang der Auslieferung betreffen.

XVIII. Der vorliegende Vertrag erstreckt seine Wirksamkeit auch auf das Königreich Polen und das Großherzogtum Finnland.

Der Vertrag wird ratifiziert und die Ratifikationen

werden binnen sechs Wochen, oder womöglich früher, in St. Petersburg ausgewechselt werden.

Er soll erst zwanzig Tage nach seiner, in Gemäßheit der durch die Gesetzgebung beider Länder vorgeschriebenen Formen, erfolgten Veröffentlichung zur Ausführung gebracht werden.

Derselbe bleibt bis auf sechs Monate nach der seitens der einen der beiden kontrahierenden Regierungen erfolgten Kündigung in Kraft.

IIb.

Übereinkommen zwischen Bayern und Rußland, die Regelung der Auslieferungsverhältnisse betreffend.

Vom 1. Oktober / 19. September 1885.

Vorbemerkung.

Das Übereinkommen erfolgte durch Austausch identischer Noten, die nebst einer deutschen Übersetzung mittels Bekanntmachung des bayerischen Staatsministeriums des Königlichen Hauses und des Äußern vom 17. Oktober 1885 im Bayr. Ges.- u. Verordn.Bl. S. 593ff. veröffentlicht worden sind. — Über das Verhältnis dieses Übereinkommens zu dem Vertrage vom 26./14. Februar 1869 vgl. Art. 4. Siehe auch Vorbemerkung zum Vertrage vom 26./14. Februar 1869 (oben zu IIa).

Art. 1. Die Königlich bayerische Regierung verpflichtet sich, der Kaiserlich russischen Regierung auf dieserhalb gestellten Antrag diejenigen russischen Angehörigen auszuliefern, welche von den russischen Gerichten wegen einer der nachstehend aufgeführten, nach den russischen Gesetzen strafbaren Handlungen verurteilt sind oder verfolgt werden und sich der verdienten Strafe durch die Flucht entzogen haben:

1. wegen eines der nachstehend bezeichneten Verbrechen oder Vergehen oder wegen Vorbereitung zu deren Ausführung, wenn diese Verbrechen oder Vergehen gegen Seine Majestät den Kaiser von Rußland oder ein Mitglied seiner Familie begangen sind[1]):
   a) Totschlag,
   b) Tätlichkeit,
   c) Körperverletzung,
   d) vorsätzliche Beraubung der persönlichen Freiheit,
   e) Beleidigung;
2. wegen Mordes oder Mordversuchs;
3. wegen rechtswidriger Herstellung oder rechtswidrigen Besitzes von Dynamit oder anderen Sprengstoffen.

[1]) Vgl. Einl. S. 25.

2. In allen anderen Fällen, in welchen die Auslieferung von der Kaiserlich russischen Regierung wegen eines Verbrechens oder Vergehens beantragt wird, welches nicht in Art. 1 erwähnt ist, wird der

Antrag von der Königlich bayerischen Regierung in Erwägung genommen und demselben, wenn nichts entgegensteht, mit Rücksicht auf die freundschaftlichen Beziehungen, welche die beiden Länder verbinden, Folge gegeben werden.

3. Der Umstand, daß das Verbrechen oder Vergehen, wegen dessen die Auslieferung beantragt wird, in einer politischen Absicht begangen ist, soll in keinem Falle als Grund dienen, um die Auslieferung abzulehnen [1]).

[1]) Vgl. Einl. S. 23, 25 und Anm. 1 zu Art. III des preußisch-russischen Vertrages.

4. Diejenigen Bestimmungen des Auslieferungsvertrages zwischen Bayern und Rußland vom 26./14. Februar 1869[1]), welche mit dem Inhalt der vorstehenden Artikel nicht im Widerspruche stehen, bleiben aufrecht erhalten.

5. Das gegenwärtige Abkommen tritt mit dem Tage des diesbezüglichen Notenwechsels zwischen der Königlich bayerischen und der Kaiserlich russischen Regierung in Kraft.

[1]) Oben zu IIa abgedruckt.

III.

Vertrag zwischen dem Großherzogtum Hessen und Rußland wegen gegenseitiger Auslieferung von Verbrechern.

Vom 15./3. November 1869.

Vorbemerkungen.

1. Der Vertrag ist ratifiziert und mittels Bekanntmachung des hessischen Ministeriums des Großherzoglichen Hauses und des Äußern vom 29. Januar 1870 im französischen Originaltext unter Beifügung einer deutschen Übersetzung zur Nachachtung „in den nicht zum Norddeutschen Bunde gehörigen Teilen des Großherzogtums“ bekannt gemacht. Er gilt nur für Hessen südlich des Mains (vgl. Art. 18).

Art. 1. Die Großherzoglich hessische und die Kaiserl. russische Regierung verpflichten sich in den durch die folgenden Artikel bestimmten Fällen und auf die daselbst bestimmte Art und Weise — mit Ausnahme ihrer eigenen Untertanen — gegenseitig diejenigen Individuen auszuliefern, welche auf Grund eines Verweisungsbeschlusses, verurteilenden Erkenntnisses oder Haftbefehls durch die Gerichte desjenigen der beiden Staaten, gegen dessen Gesetze die strafbaren Handlungen begangen worden sind, wegen eines der in Art. 3 bezeichneten Verbrechen oder Vergehen verurteilt oder in Anklagestand versetzt worden sind oder gegen welche dieserhalb ein gerichtliches Verfahren eingeleitet worden ist.

2. Die Verpflichtung zur Auslieferung erstreckt sich in keinem Fall auf die Untertanen des Staates, welchem die Auslieferung angesonnen wird. Die vertragschließenden Teile machen sich jedoch verbindlich, nach ihren Gesetzen diejenigen Verbrechen und Vergehen zu verfolgen, welche von ihren Untertanen gegen die Gesetze des anderen Staates verübt worden sind, sofern ein desfallsiges Ersuchen gestellt wird und diese Verbrechen und Vergehen unter eine der in Art. 3 aufgezählten Kategorien fallen. Das Ersuchen, dem alle nötigen Aufschlüsse und vollständige Schuldbeweise beizufügen sind, soll auf diplomatischem Wege erfolgen. Unter dem Begriff „Untertanen" sind bei Anwendung dieser Übereinkunft auch diejenigen Fremden verstanden, die nach den Gesetzen des Landes, welchem die Auslieferung angesonnen wird, den eigenen Untertanen gleichgeachtet sind, sowie diejenigen Fremden, welche sich im Lande niedergelassen haben und mit einer Frau des Landes verheiratet sind oder waren, von der sie ein oder mehrere im Lande geborene Kinder haben.

3. Die Auslieferung soll nur im Falle der Verurteilung, Anklage oder Verfolgung wegen eines Verbrechens oder vorsätzlichen Vergehens stattfinden, welches außerhalb des Gebietes desjenigen Staates begangen worden ist, bei welchem die Auslieferung in Antrag gebracht wird[1]) und welches nach den Gesetzen des die Auslieferung begehrenden Staates

mit Gefängnisstrafe von mehr als einem Jahre oder mit Dienstentsetzung belegt werden kann[2]).

Mit dieser Einschränkung findet die Auslieferung wegen folgender Verbrechen oder Vergehen statt, einschließlich der Fälle der Teilnahme und des Versuchs:

1. Jeder ungesetzliche Angriff, durch welchen ein Mensch das Leben verloren oder eine schwere Verletzung oder Krankheit oder Arbeitsunfähigkeit oder den Verlust eines Organes (Sinnes, einer Hand, eines Fußes, des Gebrauchs der Sprache oder der Zeugungsfähigkeit) davon getragen hat;
2. Abtreibung der Leibesfrucht;
3. Unzucht und Verletzung der Schamhaftigkeit;
4. Brandstiftung, Zerstörung von Eisenbahnen, Schiffen, Bergwerken, Telegraphen und Deichen;
5. falsches gerichtliches Zeugnis;
6. Schriftfälschung;
7. Falschmünzen, Münzfälschung, Fälschung von Banknoten, von Papiergeld und öffentlichen Kreditpapieren, wissentliches Inumlaufsetzen solcher gefälschten Werte;
8. Raub (mit Einschluß des Straßenraubs), Diebstahl, Unterschlagung, Betrug, Erpressung;
9. Bestechlichkeit öffentlicher Beamten und Amtsuntreue;
10. betrügerischer Bankerutt.

[1]) Vgl. Einl. S. 13.

[2]) Vgl. Einl. S. 10.

4. Wenn die nämliche Tat, auf welche sich das Auslieferungsbegehren gründet, zu öffentlicher Verfolgung auch in dem Lande Anlaß gibt, an welches das Verlangen der Auslieferung gestellt wird, so kann die definitive Rückäußerung verschoben werden, bis das Verschulden des Auszuliefernden gegen dieses Land durch dessen Gerichte entschieden und im Falle das Individuum schuldig befunden würde, die Strafe verbüßt ist.

Die Auslieferung findet nicht statt:

1. wenn der Antrag durch dasselbe Verbrechen oder Vergehen begründet wird, wegen dessen der Auszuliefernde seine Strafe verbüßt oder verbüßt hat, oder bezüglich dessen er in dem Lande, an welches das Verlangen der Auslieferung gestellt wird, freigesprochen wurde;
2. wenn die Anklage oder Strafe nach den Gesetzen des um die Auslieferung angegangenen Landes verjährt ist[1].

[1]) Vgl. Einl. S. 19ff.

5. Wenn das reklamierte Individuum wegen eines anderen Verbrechens oder Vergehens gegen die Gesetze des Staates, bei welchem die Auslieferung in Antrag gebracht ist, verfolgt oder verhaftet ist, so soll die Auslieferung bis nach erfolgter Freisprechung oder Strafverbüßung ausgesetzt werden. Im Falle einer vor Stellung des Auslieferungsantrags von der zuständigen Behörde ver-

fügten Schuldhaft wird die Auslieferung gleichfalls bis zum Augenblick der Entlassung verschoben[1]).

Wird die Auslieferung gleichzeitig von einem der kontrahierenden und einem dritten Staate verlangt, welchem gegenüber ebenfalls eine vertragsmäßige Verpflichtung zur Auslieferung besteht, so wird solche an denjenigen Staat erfolgen, dessen Antrag, von den nötigen Bescheinigungen begleitet, zuerst eingetroffen ist.

Handelt es sich hierbei um Auslieferung einer Person, welche Untertan im engeren Sinne und nicht im weiteren Sinne des Artikel 1 des gegenwärtigen Vertrages eines der reklamierenden Staaten ist und deren Staatsangehörigkeit nicht nach den durch die Gesetze dieses Staates vorgeschriebenen Formen aufgehoben worden ist, so soll der Antragstellung des Heimatsstaates entsprochen werden.

[1]) Vgl. Einl. S. 30.

6. Die politischen[1]) Verbrechen und Vergehen unterliegen den Bestimmungen des gegenwärtigen Vertrages nicht. Was die Anwendung dieses Artikels anbelangt, so soll unter politischen Verbrechen und Vergehen ein gegen die Person eines auswärtigen Souveräns oder gegen Mitglieder seiner Familie gerichteter Angriff nicht verstanden werden, sofern dieser Angriff unter die in Art. 3, 1 aufgeführten Fälle zu subsumieren ist[2]).

[1]) Vgl. Einl. S. 23 ff.
[2]) Vgl. Einl. S. 25.

7. Das Individuum, dessen Auslieferung bewilligt worden ist, soll wegen eines vor der Auslieferung verübten Verbrechens oder Vergehens nur dann verfolgt und bestraft werden, wenn dasselbe unter eine der im Artikel 3 vorgesehenen Kategorien fällt[1]).

[1]) Das Prinzip der Spezialität (vgl. Einl. S. 40) gilt also nur beschränkt.

8. Die beiden kontrahierenden Regierungen können schon vor Übergabe des Haftbefehls die unverzügliche und provisorische Verhaftung des Fremden verlangen, dessen Auslieferung sie begehren. Diese provisorische Verhaftung, welche übrigens vollständig fakultativ ist, hat in den Formen und nach den Gesetzen des Orts zu geschehen, woselbst sie vollzogen wird.

Die Freilassung des provisorisch Verhafteten erfolgt, wenn der requirierten Regierung der Haftbefehl nicht binnen 20 Tagen nach der provisorischen Verhaftung mitgeteilt wird.

9. Die Auslieferung wird auf diplomatischem Wege in Antrag gebracht und nur dann zugestanden werden, wenn ein verurteilendes Erkenntnis, ein Verweisungsbeschluß oder ein Haftbefehl in Original oder in beglaubigter Abschrift und ausgefertigt in den durch die Gesetzgebung des die Auslieferung begehrenden Staates vorgeschriebenen Formen beigebracht wird, in welchem das in Rede stehende Verbrechen oder Vergehen und die darauf anwendbare strafgesetzliche Bestimmung bezeichnet ist.

10. Die im Besitz des Auszuliefernden gefundenen Gegenstände sollen, wenn die zuständige Behörde des requirierten Staates deren Rückgabe anordnet, bei der Auslieferung mit übergeben werden.

11. Wenn eine der beiden Regierungen in einer Strafsache die Vernehmung von Zeugen für nötig erachtet, welche in dem anderen Staatsgebiete domizilliert sind, so sind zu diesem Zwecke auf diplomatischem Wege zu befördernde Requisitionsschreiben zu erlassen und es wird denselben nach den Gesetzen des Landes, in welchem die Zeugen sich zur Vernehmung stellen sollen, Folge gegeben werden.

12. Wenn in einer strafrechtlichen Untersuchung das persönliche Erscheinen eines Zeugen im anderen Lande sich als notwendig oder wünschenswert herausstellt, so soll derselbe von seiner Regierung aufgefordert werden, der an ihn zu richtenden Einladung nachzukommen. Willigt der so geladene Zeuge ein, so werden ihm Reise- und Aufenthaltskosten nach den in dem Lande, woselbst seine Vernehmung stattfinden soll, gültigen Tarifen und Bestimmungen ersetzt.

13. Wenn in einer strafrechtlichen Untersuchung die Konfrontation von in dem anderen Staate verhafteten Verbrechern oder die Mitteilung von Beweisstücken oder Urkunden, die sich im Besitz von Behörden des anderen Staates befinden, für nützlich oder für notwendig erachtet wird, so soll das

desfallsige Ersuchen auf diplomatischem Wege gestellt und demselben unter der Verpflichtung der Rücklieferung der Verbrecher, sowie der Beweisstücke und Urkunden Folge gegeben werden, sofern nicht besondere Rücksichten entgegenstehen.

14. Die beiden Regierungen werden sich verurteilende Erkenntnisse, welche von ihren Gerichten wegen Verbrechen oder Vergehen gegen Angehörige des anderen Staates erlassen werden, auf diplomatischem Wege mitteilen.

15. Allen Akten und Urkunden, welche sich beide Regierungen auf Grund gegenwärtiger Übereinkunft gegenseitig mitteilen werden, ist eine französische Übersetzung beizufügen, sofern dieselben nicht in deutscher Sprache abgefaßt sind, in welchem Fall eine solche Übersetzung nicht erfordert wird.

16. Die beiden Regierungen verzichten gegenseitig auf Erhebung aller Ersatzansprüche bezüglich der Unterhalts-, Transport- und anderer Kosten, welche innerhalb der Grenzen ihrer beiderseitigen Territorien durch die Auslieferung der wegen Verbrechen oder Vergehen verfolgten, in Anklagestand versetzten oder verurteilten Individuen, ferner durch den Vollzug gestellter Requisitionen, durch Transport und Rücksendung zu konfrontierender Verbrecher, endlich durch Ab- und Rücksendung von Beweisstücken und Urkunden erwachsen.

Die Kosten für Unterhalt und Transport der verfolgten, in Anklagestand versetzten oder verurteilten

Individuen, welche bei der Verbringung derselben durch das Gebiet eines dritten Staates entstehen, fallen dem die Auslieferung begehrenden Staate zur Last. Sollte der Transport zur See vorgezogen werden, so wird das auszuliefernde Individuum an den Hafen verbracht werden, welchen der diplomatische oder konsularische Agent des die Auslieferung begehrenden Staates bezeichnet. Die Kosten der Überfahrt trägt der letztere Staat.

17. Durch vorstehende Bestimmungen werden beiderseitig alle diejenigen Gesetze anerkannt, welche in beiden Ländern den Gang der Auslieferung betreffen.

18. Die Wirksamkeit gegenwärtigen Vertrages erstreckt sich auch auf das Königreich Polen und das Großfürstentum Finnland, dagegen bleibt sie bezüglich der im Norddeutschen Bunde begriffenen Gebietsteile des Großherzogtums Hessen ausgeschlossen[1].

Der Vertrag wird ratifiziert und die Ratifikationen werden binnen sechs Wochen oder womöglich früher in Darmstadt ausgewechselt werden.

Er soll erst 20 Tage nach seiner in Gemäßheit der durch die Gesetzgebung der beiden Länder vorgeschriebenen Formen erfolgten Veröffentlichung zur Ausführung gebracht werden.

Derselbe bleibt bis auf sechs Monate nach der seitens der einen der beiden kontrahierenden Regierungen erfolgten Kündigung in Kraft.

[1]) Vgl. Vorbem. 1.

Schlußanhang.

Vorbemerkung.

In dem nachstehenden Schlußanhang sind die Abschnitte I—IV der im Pr. JMBl. 1889 S. 8ff. mitgeteilten Zusammenstellung „über das von den Justizbehörden behufs Erwirkung von Auslieferungen zu beobachtende Verfahren" unter Berücksichtigung der durch Nachträge und spätere Justizministerialverfügungen (vgl. Pr. JMBl. 1893 S. 124; 1901 S. 92; 1902 S. 246; 1905 S. 177ff.) erfolgten Änderungen und Ergänzungen abgedruckt. Die im Abschnitt V der genannten Zusammenstellung enthaltenen „besonderen Bemerkungen bezüglich einzelner Länder" sind hier fortgelassen, weil sie (unter Berücksichtigung der späteren Änderungen und Ergänzungen) bereits in die Anmerkungen zu den einzelnen Verträgen aufgenommen sind. Wo Abschn. I—IV der Zusammenstellung auf Teile des Abschn. V verweisen, ist in dem nachstehenden Schlußanhang auf die Stelle hingewiesen, an welcher oben bei den einzelnen Verträgen der betreffende Inhalt des Abschn. V mitgeteilt ist.

Das von den Justizbehörden behufs Erwirkung von Auslieferungen zu beobachtende Verfahren.

Nach den gemachten Wahrnehmungen bietet die Beobachtung derjenigen Gesichtspunkte, welche bei den Anträgen auf Erwirkung der Ab- oder Auslieferung nach dem Auslande geflüchteter, im Inlande strafrechtlich verfolgter Personen zu berücksichtigen sind, den Justizbehörden deshalb besondere Schwierigkeiten, weil die betreffenden Vorschriften sich an vielen Stellen zerstreut vorfinden.

Die nachstehende Zusammenstellung verfolgt den Zweck, diese Schwierigkeiten tunlichst zu beseitigen und die bei solchen Anträgen und den damit in Verbindung stehenden Maßregeln zu berücksichtigenden Momente in übersichtlicher Darstellung den Justizbehörden zugänglich zu machen. Wenn auch bei der Mannigfaltigkeit der vorkommenden Fälle nicht ausgeschlossen ist, daß im einzelnen von der Zentralbehörde abweichend verfahren wird, so läßt sich doch annehmen, daß eine Übersicht über die regelmäßig zu befolgenden Grundsätze die Behandlung von Angelegenheiten der vorliegenden Art nicht unwesentlich erleichtern wird.

I. Ablieferung aus deutschen Schutzgebieten und aus Ländern, in welchen Konsulargerichtsbarkeit geübt wird.

Schutzgebiete.

1. Wenn eine im Inlande strafrechtlich verfolgte Person sich in ein deutsches Schutzgebiet geflüchtet hat und aus diesem Gebiet abgeliefert werden soll,

so sind die erforderlichen Anträge an den Justizminister unter Beifügung einer mit der Bescheinigung der Vollstreckbarkeit versehenen Ausfertigung des gegen den Verfolgten ergangenen Strafurteils oder, falls ein Urteil noch nicht gesprochen ist, eines gegen den Verfolgten erlassenen Haftbefehls zu richten. Die durch die Ablieferung entstehenden Kosten sind den Gerichtsbehörden in den Schutzgebieten zu erstatten. Es ist daher in jedem Falle zu prüfen, ob die in Betracht kommenden erheblichen Kosten des Rücktransports des Verfolgten zu der Schwere der Tat im Verhältnis stehen; in dem Berichte sind die Gründe, welche die Ablieferung wünschenswert erscheinen lassen, darzulegen.

Konsuln mit Gerichtsbarkeit.

2. Gerichtsbarkeit wird nur von denjenigen Konsuln ausgeübt, welche hierzu von dem Herrn Reichskanzler ermächtigt sind (vgl. § 6 des Gesetzes vom 7. April 1900, Reichs-Gesetzbl. S. 213). Dieselben, sowie die Abgrenzung der Jurisdiktionsbezirke sind in dem alljährlich durch das Auswärtige Amt veröffentlichten, im Buchhandel erscheinenden „Verzeichnis der Kaiserlich deutschen Konsulate" und in dem im Reichsamte des Innern bearbeiteten, gleichfalls alljährlich erscheinenden „Handbuche für das Deutsche Reich" ersichtlich gemacht. Eine Übersicht über diese Konsuln ist durch die Bekanntmachung vom 17. Mai 1904 (JMBl. S. 132) und die Be-

richtigung vom 8. Mai 1905 (JMBl. S. 149) zur Kenntnis der Justizbehörden gebracht[1]).

In welchen Ländern zur Zeit Konsulargerichtsbarkeit tatsächlich ausgeübt wird, ergibt § 15 Nr. 1 der Allgemeinen Verfügung vom 29. Mai 1905 (JMBl. S. 159).

Hinsichtlich der Adresse, welche den Ersuchungsschreiben an die Konsuln zu geben ist, vgl. § 5 Abs. 2 der Allgemeinen Verfügung vom 29. Mai 1905 (JMBl. S. 159).

[1]) Vgl. jetzt die neueste Übersicht in der Bekanntmachung vom 14. Mai 1907 (JMBl. 1907 S. 377 ff.).

Die Ablieferung ist bei dem Konsul zu beantragen.

3. Liegen Anhaltspunkte dafür vor, daß eine im Inlande strafrechtlich verfolgte Person sich nach einem der im § 15 Nr. 1 der Allgemeinen Verfügung vom 29. Mai 1905 (JMBl. S. 159) bezeichneten Länder gewendet hat, so hat sich die verfolgende Justizbehörde **unmittelbar** mit dem örtlich zuständigen Konsul behufs Festnahme und Ablieferung des Verfolgten in Verbindung zu setzen (vgl. § 18 des Gesetzes vom 3. April 1900 — Reichs-Gesetzbl. S. 213 — und Titel 13 des Gerichtsverfassungsgesetzes). Dabei wird jedoch zu erwägen sein, ob das Interesse der Strafrechtspflege und die Schwere der Tat die Aufwendung der für den Rücktransport erforderlichen, bei den entlegeneren

Ländern nicht unbeträchtlichen Kosten rechtfertigen. Der Antrag kann ferner nur dann Erfolg haben, wenn der Verfolgte der Gerichtsbarkeit des Konsuls untersteht, also Reichsangehöriger oder Schutzgenosse ist. Anderenfalls kann die Auslieferung des Flüchtigen nicht erwirkt werden, da sie bei der Regierung seines Heimatsstaats beantragt werden müßte, die Auslieferung der eigenen Staatsangehörigen aber in den seitens des Reichs bzw. Preußens abgeschlossenen Verträgen ausgeschlossen ist, auch anderen Staaten in bezug hierauf nach § 9 des Strafgesetzbuchs die Gegenseitigkeit nicht zugesichert werden könnte.

Die Festnahme des Flüchtigen durch den Konsul kann auch erfolgen, während sich der Verfolgte im Ankunftshafen noch an Bord des zur Überfahrt benutzten Schiffes befindet und zwar in der Regel selbst dann, wenn dasselbe kein deutsches ist, da der Konsul im letzteren Falle die Mitwirkung des Konsuls des Heimatsstaates des Schiffes bzw. der einheimischen Regierung wird in Anspruch nehmen können.

Ausführung der Ablieferung.

4. Die Maßregeln behufs Ablieferung der festgenommenen Person nach dem Reiche trifft der Konsul. Derselbe benachrichtigt die ersuchende Behörde, auf welchem Wege bzw. nach welchem deutschen Hafen der Transport des Verfolgten bewirkt wird. Die verfolgende Behörde hat sich als-

dann mit den Polizeibehörden dieses Hafenorts zum Zwecke der Überführung des Verfolgten in das zu bezeichnende Gefängnis in Verbindung zu setzen.

Durchlieferung.

5. Muß der Transport des Abzuliefernden nach dem Inlande durch das Gebiet dazwischenliegender Staaten, in welchen keine Konsulargerichtsbarkeit geübt wird, stattfinden, so bedarf es hierzu der Genehmigung der Regierung des betreffenden Staates. Behufs Einholung dieser Genehmigung ist an den Justizminister, in besonders eiligen Fällen unmittelbar an den Herrn Minister der auswärtigen Angelegenheiten zu berichten und eine Ausfertigung des Strafurteils, eventuell ein Haftbefehl, welche Urkunden gemäß Ziffer 12ff. aufzustellen und zu beglaubigen sind, für die Regierung eines jeden der in Betracht kommenden Durchgangsstaaten beizufügen. (Wegen der Übergabe des Verfolgten an die deutschen Behörden vgl. Ziffer 28.)

Kosten.

6. Die baren Auslagen, welche durch die Ablieferung des Festgenommenen bei dem Konsul entstehen, sind demselben gemäß § 165 des Gerichtsverfassungsgesetzes alsbald zu erstatten. Diese Erstattung hat in der Regel nicht an den Konsul unmittelbar, sondern an die Legationskasse in Berlin W. Wilhelmstraße 75 portofrei zu erfolgen.

II. Auslieferung aus anderen Ländern.

Auslieferungen aus Staaten, mit denen ein bezüglicher Vertrag geschlossen ist.

7. Die Auslieferung flüchtiger, von inländischen Justizbehörden strafrechtlich verfolgter oder verurteilter Personen ist dem Deutschen Reiche bzw. Preußen seitens einer Reihe auswärtiger Staaten durch Verträge oder Vereinbarungen gewährleistet. Diese Staaten sind: Belgien (vgl. oben S. 57ff), Brasilien (vgl. oben S. 82ff), Columbien (vgl. oben S. 99), Frankreich (vgl. oben S. 350ff.), Griechenland (vgl. oben S. 100ff.), Großbritannien (vgl. oben S. 120ff.), Italien (vgl. oben S. 157ff.), Japan (vgl. oben S. 156), Luxemburg (vgl. oben S. 191ff.), Niederlande (vgl. oben S. 209ff.), Norwegen (vgl. oben S. 237ff., 253ff.), Österreich-Ungarn (vgl. oben S. 458ff.) Rußland (vgl. oben S. (473ff.), Schweden (vgl. oben S. 237ff.), Schweiz (vgl. oben S. 259ff.), Serbien (vgl. oben S. 281), Spanien (vgl. oben S. 282ff.), Uruguay (vgl. oben S. 300ff.), Vereinigte Staaten von Amerika (vgl. oben S. 319ff.).

Sobald Anhaltspunkte vorhanden sind, daß eine verfolgte Person sich nach einem jener Länder geflüchtet hat, ist zu prüfen, ob die strafbare Handlung, welche zu der Verfolgung Anlaß gegeben, eine solche ist, daß wegen derselben nach dem mit dem betreffenden Zufluchtsstaat abgeschlossenen Vertrage die Auslieferung beansprucht werden kann, und ob nicht Gründe vorliegen, welche die Auslieferung nach dem Vertrag unzulässig erscheinen lassen, — insbesondere, ob es sich etwa um ein politisches oder ein mit einem politischen in Verbindung stehendes Vergehen oder Verbrechen handelt, ob der Verfolgte etwa Angehöriger des Zufluchtsstaats ist, ob die strafbare Handlung, wegen deren die Auslieferung beansprucht werden soll, nach den Gesetzen des betreffenden Staates, falls diese bekannt sind, etwa verjährt ist usw.

Auslieferungen aus Ländern, mit denen kein Vertrag besteht.

8. Auch diejenigen Kulturstaaten, mit welchen Auslieferungsverträge nicht abgeschlossen sind, pflegen dem Reiche gegen Zusicherung der Gegenseitigkeit die Auslieferung flüchtiger Verbrecher zu gewähren, sobald dieselbe nach den Gesetzen des betreffenden Staates zulässig erscheint und besondere aus dem vorliegenden Einzelfalle herzuleitende Bedenken nicht entgegenstehen. Wird die verfolgte Person in einem solchen Staate vermutet, so ist vor Einreichung eines Gesuchs um Stellung des Auslieferungsantrags zu erwägen, ob die Auslieferung nach den in neuerer Zeit seitens des Reichs geschlossenen Verträgen beansprucht werden könnte. Die in diesen Verträgen enthaltenen Voraussetzungen für die Auslieferung sind im allgemeinen auch denjenigen Staaten

gegenüber maßgebend, mit welchen bezügliche Verträge nicht bestehen. Es wird also die Auslieferung nicht nachgesucht werden dürfen, wenn der Verfolgte Angehöriger des Zufluchtsstaats ist, wenn die begangene strafbare Handlung einen politischen Charakter hat, wenn sie nach den Gesetzen des Zufluchtsstaats verjährt ist usw.

Antrag auf Auslieferung kann nur von Regierung zu Regierung gestellt werden.

9. Die Auslieferung kann nur von der diesseitigen Regierung bei der Regierung des Zufluchtsstaats (im diplomatischen Wege) beantragt werden. Die Justizbehörden können nur die Anregung hierzu geben; sie haben deshalb in der Regel die betreffenden Anträge bei dem Justizminister anzubringen, welcher nach Prüfung des Sachverhalts den Herrn Minister der auswärtigen Angelegenheiten ersucht, bei der fremden Regierung den bezüglichen Antrag stellen zu lassen. In besonders dringenden Fällen können die Justizbehörden ihre Anträge unmittelbar dem Herrn Minister der auswärtigen Angelegenheiten einreichen. Unzulässig dagegen ist es, daß die Justizbehörden sich mit derartigen Anträgen, sei es unmittelbar oder durch Vermittelung des Justizministers oder des Herrn Ministers der auswärtigen Angelegenheiten, an die diplomatischen Vertreter des Reichs im Ausland oder an ausländische Zentral- oder Provinzial-

behörden wenden (Ausnahme: Österreich-Ungarn)[1]). Wird das Gesuch dem Justizminister eingereicht, so bedarf es der Beifügung eines an den Herrn Minister der auswärtigen Angelegenheiten seitens der Justizbehörde gerichteten Antrags nicht.

[1]) Vgl. oben S. 462, 463.

Inhalt des Berichts.

10. Der dem Justizminister oder in eiligen Fällen unmittelbar dem Herrn Minister der auswärtigen Angelegenheiten zu erstattende Bericht, in welchem die Herbeiführung der Auslieferung einer verfolgten Person nachgesucht wird, hat den derzeitigen Aufenthaltsort des Verfolgten, soweit er bekannt ist, anzugeben und, wenn Schritte zur Herbeiführung der vorläufigen Festnahme im Auslande getan sind, diese Schritte genau, auch dem Zeitpunkte nach, zu bezeichnen. Außerdem sind in dem Berichte zweifelhaft gebliebene Punkte, die für die Auslieferung von Wichtigkeit sein könnten, zu erörtern, z. B. die Staatsangehörigkeit des Verfolgten, die Frage, ob die strafbare Handlung nach den Gesetzen des Auslandes, falls diese bekannt sind, verjährt ist, oder weshalb dies nicht angenommen wird usw. Der Bericht hat sich, wenn es sich um ein verhältnismäßig geringeres Vergehen handelt, darüber zu äußern, aus welchen Gründen ein öffentliches Interesse an der Durchführung des gestellten Antrags vorliegt[1]); er hat sich geeignetenfalls ferner

darüber auszulassen, ob auch die Beschlagnahme und Verabfolgung der im Besitze des Verfolgten etwa gefundenen Gelder und sonstigen Gegenstände beantragt werden soll (Ziffer 1 JMBl. 1905 S. 178).

Ist die verfolgte Person bereits im Ausland ergriffen oder ist das Ersuchen um vorläufige Festnahme, sei es durch Vermittelung des Justizministers bzw. des Herrn Ministers der auswärtigen Angelegenheiten, sei es in den zulässigen Fällen unmittelbar bei der zuständigen Behörde des Auslandes oder bei den kaiserlichen Gesandten und Konsuln (vgl. Ziffer 23 und 24), gestellt, so ist die Erstattung und Absendung des Berichts besonders zu beschleunigen (Ziffer 25), der Bericht auch in der Reinschrift an einer in die Augen fallenden Stelle als Eilsache zu bezeichnen. Im ersten Falle ist, soweit dies bekannt, in dem Bericht anzugeben, an welchem Tage die vorläufige Festnahme erfolgt ist.

[1]) Vgl. oben S. 326.

Anlagen des Berichts.

11. Dem Berichte sind die zur Stellung des Auslieferungsantrags erforderlichen Urkunden beizufügen. Welche Urkunden dies sind, ist aus den Verträgen mit den einzelnen Staaten und aus den in dieser Hinsicht im Abschnitt V [1]) gemachten Bemerkungen zu entnehmen. In jedem Falle ist, auch wenn das Abkommen mit dem in Betracht kommenden Staate hierüber nichts enthält, oder wenn die Auslieferung aus einem Staate erwirkt werden soll, mit welchem ein Abkommen nicht besteht, entweder eine Urteilsausfertigung (Ziffer 12) oder ein gerichtlicher Haftbefehl (Ziffer 13 ff.) einzureichen; nach Verschiedenheit der Fälle können auch noch andere gerichtliche Bescheinigungen in Frage kommen. Alle diese Urkunden sind in deutscher Sprache abzufassen und auf dauerhaftem weißem Papier ohne Durchstreichungen deutlich zu schreiben. Der Beifügung einer Übersetzung in die fremde Sprache bedarf es nicht. Die Benutzung der für das Inland üblichen Formulare zu Haftbefehlen ist nicht zweckmäßig.

Sämtliche Urkunden sind von dem Richter beziehungsweise dem Gerichtsschreiber unter Beifügung seines Amtscharakters und eines Abdrucks des Amtssiegels zu unterschreiben. Die Unterschriften sind von dem Präsidenten des Landgerichts, ebenfalls unter Beidrückung des Amtssiegels, zu beglaubigen. Urkunden oder Bescheinigungen, die von einem Beamten der Staatsanwaltschaft vollzogen oder beglaubigt sind, genügen nicht, abgesehen von den Fällen, in welchen ein von der Staatsanwaltschaft als Strafvollstreckungsbehörde ausgefertigter Haftbefehl (§ 489 der Strafprozeßordnung) beigefügt wird.

[1]) Die im Abschn. V gemachten Bemerkungen sind oben in die Anmerkungen zu den einzelnen Verträgen aufgenommen. (Vgl. die Vorbem. S. 498.)

Zu Ziffer 11.

Abs. 2 der Allg. Verf. vom 17. April 1901, betr. das Verfahren bei der Erwirkung von Auslieferungen und von vorläufigen Festnahmen im Auslande. (Pr. JMBl. S. 92.)

Es hat sich ferner als wünschenswert herausgestellt, daß schriftliche oder telegraphische Mitteilungen, die von flüchtigen, im Auslande befindlichen Verbrechern nach Deutschland gerichtet und hier beschlagnahmt sind, behufs Erwirkung der Auslieferung oder der vorläufigen Festnahme den beteiligten Stellen stets in Urschrift — bei Briefen unter Beifügung der Umschläge — vorgelegt werden. Die Justizbehörden werden demgemäß angewiesen, die betreffenden Mitteilungen, wenn es sich noch um die Ermittelung und Festnahme des Verbrechers oder wenn es sich um die Feststellung der Identität des festgenommenen Verbrechers handelt, ihren Anträgen auf Auslieferung oder auf vorläufige Festnahme beizufügen, wenn dies aber nach Lage der Sache nicht angängig erscheint, die Schriftstücke unverzüglich nachzureichen. Diese Bestimmung findet, wenn ausländische Behörden im unmittelbaren Geschäftsverkehr um die Herbeiführung der Auslieferung oder der vorläufigen Festnahme ersucht werden oder ersucht sind, nur insoweit Anwendung, als sich im einzelnen Falle, z. B. mit Rücksicht auf die Wichtigkeit der in Betracht kommenden Schriftstücke, nicht Bedenken ergeben.

Urteilsausfertigung.

12. Handelt es sich um die Auslieferung einer im Inlande bereits verurteilten Person, so ist dem Bericht (Ziffer 10) eine gerichtliche Ausfertigung oder beglaubigte Abschrift des ergangenen Urteils mit Gründen beizufügen, auch wenn das Urteil ver-

schiedene strafbare Handlungen zum Gegenstande hat und nur wegen einer oder einiger derselben die Auslieferung nachgesucht werden kann. Wird in den Gründen eines schwurgerichtlichen Urteils auf den Wahrspruch der Geschworenen Bezug genommen, so ist eine beglaubigte Abschrift des Wahrspruchs anzuschließen.

Zu Ziffer 12, Abs. 1.

Allg. Verf. vom 30. September 1902, betr. die Erwirkung von Auslieferungen auf Grund schwurgerichtlicher Urteile (Pr. JMBl. S. 246).

Den Berichten, welche die Auslieferung einer im Inlande schwurgerichtlich verurteilten Person betreffen, ist außer einer gerichtlichen Ausfertigung oder beglaubigten Abschrift des ergangenen Urteils eine beglaubigte Abschrift des Spruches der Geschworenen und, wenn sich der Tatbestand weder aus den Gründen des Urteils noch aus dem beigefügten Spruche mit genügender Deutlichkeit ergibt, auch eine kurze Darstellung des Tatbestandes beizufügen.

Lassen die Urteilsgründe den Wortlaut der zur Anwendung gebrachten strafgesetzlichen Bestimmungen nicht ersehen, so ist der Wortlaut jener Bestimmungen in den Beglaubigungsvermerk aufzunehmen. Derselbe Vermerk wird, falls der Verurteilte einen Teil der Strafe verbüßt hat, die Angabe zu enthalten haben, wie viel von der Strafe bereits vollstreckt ist und wie viel noch zu vollstrecken bleibt. Endlich ist in diesen Vermerk, wenn möglich, eine genaue Personalbeschreibung des Verurteilten aufzunehmen.

Die in diesem Absatz erwähnten Vermerke können auch in einer besonderen gerichtlich ausgestellten Urkunde der Urteilsausfertigung angeschlossen werden.

Von Nutzen erweist sich häufig die Beifügung einer Abbildung des Verurteilten. Dieselbe ist auf Papier zu befestigen, und es ist auf dem letzteren auf Grund der Akten gerichtlich zu bescheinigen, daß sie den Verurteilten darstellt.

Wegen der Beglaubigung dieser Urkunden siehe Ziffer 11.

Der Beifügung eines von der Strafvollstreckungsbehörde erlassenen Haftbefehls bedarf es in der Regel nicht. Ebensowenig ist nach den abgeschlossenen Verträgen die Bescheinigung erforderlich, daß das Urteil vollstreckbar sei und es wird daher diese Bescheinigung, auch wenn sie im einzelnen Falle ausgestellt werden könnte, aus der Urteilsausfertigung besser fortbleiben.

Haftbefehl. Allgemeines.

13. Wird die Auslieferung einer Person nachgesucht, gegen welche ein Urteil noch nicht ergangen ist, so ist zur Stellung des Auslieferungsantrages in jedem Falle die Beibringung eines Haftbefehls erforderlich, aber auch ausreichend. Die Einreichung anderer in dem Strafverfahren ergangener gerichtlicher Beschlüsse, z. B. über die Einleitung der Voruntersuchung, über die Eröffnung des Hauptverfahrens, kann unterbleiben. In den Auslieferungsverträgen wird zwar meist auch die Beibringung einer beglaubigten Abschrift des Haftbefehls für genügend erachtet, wenn dieselbe den Formen entspricht, welche die Gesetzgebung des die Auslieferung begehrenden Staates vorschreibt. Es empfiehlt sich jedoch, daß in der Regel ein Duplikat des Haftbefehls, also ein von dem Richter unterzeichnetes zweites Exemplar des Haftbefehls eingereicht wird. Sollte aus besonderer Veranlassung eine beglaubigte Abschrift eingereicht werden, so ist dieselbe jedenfalls gerichtlich, nicht von einem Beamten der Staatsanwaltschaft zu beglaubigen. Der Einsendung mehrerer Exemplare desselben Haftbefehls bedarf es nicht; es genügt hinsichtlich jeder Person, deren Auslieferung begehrt wird, ein Exemplar (vgl. Ziffer 21; Ausnahme: Ziffer 5 und 29).

Auf die Aufstellung des Haftbefehls ist besondere Sorgfalt zu verwenden. Dabei sind insbesondere die folgenden Punkte zu beachten:

Insbesondere. Personalbeschreibung.

14. Der Haftbefehl hat eine möglichst genaue Bezeichnung und Beschreibung der Person des Verfolgten zu enthalten. Wesentlich ist hierbei, neben der Angabe der Vor- und Zunamen, die des Berufs und des letzten Wohnorts im Inlande, wünschenswert die Angabe des Alters und der Staatsangehörigkeit, sowie eine möglichst genaue Personalbeschreibung (vgl. oben S. 93: Brasilien, S. 168:

Italien, S. 272: Schweiz). Neben oder auch statt der Personalbeschreibung wird zur Erleichterung der Identifizierung des Verfolgten eine Abbildung desselben häufig von Nutzen sein. Dieselbe ist auf Papier zu befestigen; auf diesem ist von dem Richter, welcher den Haftbefehl erlassen, auf Grund der Akten zu bescheinigen, daß die Abbildung den Verfolgten darstelle. (Vgl. auch oben S. 144 Ziff. 22.

Dagegen empfiehlt es sich nicht, in dem Haftbefehle den etwa bekannten Aufenthaltsort im Ausland oder auch nur das fremde Land selbst, in welchem sich der Verfolgte befinden soll, zu bezeichnen, damit aus einem inzwischen etwa erfolgten Wechsel des Aufenthaltsorts nicht Verzögerungen entstehen.

Zuweilen sind von den Behörden Schriftstücke, welche der Verfolgte eigenhändig geschrieben hatte, eingereicht, um durch Vergleichung der Handschrift seine Identifizierung zu ermöglichen. Da dieses Beweismittel meist ein sehr unsicheres ist und in den vornehmlich in Betracht kommenden fremden Ländern zur Feststellung der Persönlichkeit des Verfolgten nicht für ausreichend erachtet wird, so ist von der Bezugnahme auf solche Schriftstücke abzusehen.[1])

[1]) Vgl. aber den Zusatz zu Ziff. 11, oben S. 510.

Bezeichnung der strafbaren Handlung.

15. Der Haftbefehl hat ferner zu enthalten: die

Bezeichnung der dem Verfolgten zur Last gelegten strafbaren Handlung nach Maßgabe der Terminologie des zur Anwendung kommenden inländischen Strafgesetzes. Soll die Auslieferung aus einem Lande nachgesucht werden, mit welchem ein Vertrag abgeschlossen ist, so ist der dem inländischen Recht entsprechenden Bezeichnung der Straftat auch diejenige Bezeichnung derselben hinzuzufügen, unter welcher sie in dem Vertrag aufgeführt ist.

Konkreter Tatbestand.

16. In den Haftbefehl ist ferner in gedrängter Darstellung der konkrete Tatbestand der strafbaren Handlung, wegen welcher die Auslieferung beantragt werden soll, aufzunehmen. Insbesondere ist der Ort und die Zeit der Handlung hervorzuheben und dabei ersichtlich zu machen, ob die Tat im Inland, eventuell in welchem Bundesstaat, oder im Auslande begangen ist. Der Tatbestand muß ferner alle in dem inländischen Strafgesetze vorgesehenen Merkmale der strafbaren Handlung individualisieren, also auch die näheren Umstände der Tat aufführen, ohne jedoch in eine Würdigung der vorliegenden Verdachtsgründe oder Beweismittel einzugehen. Es ist hierbei zu berücksichtigen, daß der Tatbestand der ausländischen Regierung die Prüfung darüber ermöglichen muß, ob nach den dortigen Gesetzen die Tat mit Strafe bedroht ist, da nur unter dieser Voraussetzung die Auslieferung bewilligt wird. Ist daher die fremde Gesetzgebung bekannt, so sind die nach derselben etwa erforderlichen besonderen Merkmale in dem Haftbefehl ebenfalls zum Ausdrucke zu bringen. Der Angabe des konkreten Tatbestandes bedarf es auch dann, wenn die Auslieferung bei einem Staate beantragt werden soll, mit welchem ein förmlicher Auslieferungsvertrag nicht besteht.

Befehl zur Verhaftung.

17. Der Haftbefehl hat ferner den ausdrücklichen Befehl zu enthalten, daß die verfolgte Person zu verhaften sei, sowie in Gemäßheit des § 114 der Strafprozeßordnung die Angabe des Grundes, aus welchem die Verhaftung beschlossen worden ist, und den Hinweis auf das zulässige Rechtsmittel.

Wortlaut des Strafgesetzes.

18. In den Haftbefehl ist endlich der Wortlaut derjenigen Bestimmungen des deutschen Strafgesetzbuches oder anderer inländischer strafrechtlicher Vorschriften aufzunehmen, welche auf die dem Verfolgten zur Last gelegte Tat Anwendung finden. Der Hinweis auf die strafgesetzlichen Vorschriften der ausländischen Gesetzgebung oder auf die Vorschriften des Auslieferungsvertrages ist, da diese Gesetze für den Erlaß des Haftbefehls ohne Bedeutung sind, zu unterlassen; ebensowenig bedarf es der Angabe des Wortlauts von Bestimmungen der Strafprozeßordnung.

Muster eines Haftbefehls.

19. Der zur Begründung eines Antrags auf Auslieferung erforderliche Haftbefehl ist hiernach etwa nach folgendem Muster aufzustellen[1]):

Haftbefehl.

Der Tischlergeselle Adolf Schulze, geboren am 1. Mai 1850 zu Rixdorf bei Berlin, im Königreiche Preußen, preußischer Staatsangehöriger, 1,50 m groß (folgt Personalbeschreibung), zuletzt wohnhaft in Spandau, ist wegen dringenden Verdachts der Unterschlagung zur Untersuchungshaft zu bringen.

Derselbe wird beschuldigt, am 10. Dezember 1888 zu Spandau in der preußischen Provinz Brandenburg den Betrag von dreitausend Mark, welcher ihm vom Kaufmann A. in Spandau zur Auszahlung an den B. daselbst übergeben war, also fremde, bewegliche Sachen, welche ihm anvertraut waren, sich rechtswidrig zugeeignet und sich durch diese Handlung des im § 246 des Strafgesetzbuches unter Strafe gestellten Vergehens der Unterschlagung schuldig gemacht zu haben.

Der § 246 des Strafgesetzbuches lautet: (folgt Wortlaut).

Die Untersuchungshaft wird verhängt, weil der Beschuldigte flüchtig geworden ist. Gegen diesen Haftbefehl ist das Rechtsmittel der Beschwerde zulässig.

Berlin, den 3. Januar 1889.

Der Untersuchungsrichter bei dem Königlichen Landgerichte II.

N.

(Siegel). Landgerichtsrat.

Die vorstehende Unterschrift des Untersuchungsrichters bei dem hiesigen Königlichen Landgerichte II, Landgerichtsrats N., wird hierdurch beglaubigt.

Berlin, den 4. Januar 1889.

Der Landgerichtspräsident.

(Siegel). P.

[1]) Das hier mitgeteilte Muster eines Haftbefehls darf nur bei einfach gearteten Tatbeständen Anwendung finden, umfangreichere Sachdarstellungen dagegen sind nicht in die gesetzliche Tatbestandsformel einzuordnen, sondern dieser vor- oder nachzustellen. (Ziffer 2 JMBl. 1905 S. 178.)

Mehrere strafbare Handlungen.

20. Wird der Angeschuldigte wegen mehrerer selbständiger strafbarer Handlungen verfolgt, so ist entweder hinsichtlich jeder Tat ein besonderer Haftbefehl aufzustellen, oder es ist in dem Haftbefehl ersichtlich zu machen, daß die Verfolgung wegen mehrerer Delikte stattfindet. Das erstere Verfahren empfiehlt sich, wenn die Behörde im Zweifel darüber ist, ob wegen aller Straftaten oder nur wegen der einen oder der anderen die Auslieferung zulässig ist. Wird der Angeschuldigte außer einer Handlung, wegen welcher die Auslieferung beansprucht werden kann, noch wegen einer anderen Tat verfolgt, wegen welcher die Auslieferung nicht zulässig ist, so ist in den Haftbefehl nur die erstere aufzunehmen, wegen der letzteren dagegen einstweilen das Verfahren einzustellen.

Wird die Auslieferung einer Person in Anregung gebracht, gegen welche einerseits bereits ein Urteil vorliegt, und welche andererseits wegen einer anderen Straftat noch in Untersuchung befangen ist, so ist behufs Stellung des Auslieferungsantrags sowohl eine Urteilsausfertigung als auch ein Haftbefehl einzureichen, falls wegen beider strafbarer Handlungen der Auslieferungsantrag zulässig erscheint.

Mehrere Verfolgte.

21. Werden wegen derjenigen Tat, welche zu dem Auslieferungsverfahren Anlaß gibt, mehrere Personen verfolgt, so ist es zur Vermeidung von Verzögerungen bei der Festnahme derselben zweckmäßig, auch wenn die Beschuldigten sämtlich nach demselben ausländischen Staate sich geflüchtet haben, für jede Person einen besonderen Haftbefehl einzureichen.

III. Vorläufige Festnahme flüchtiger Personen zur Sicherung ihrer Auslieferung.

Anträge auf bloße Ermittelung sind unzweckmäßig.

22. Zuweilen wird seitens der Justizbehörden beantragt, daß im diplomatischen Wege lediglich Ermittelungen darüber angestellt werden möchten, ob eine wegen einer strafbaren Handlung verfolgte Person sich in einem bestimmten fremden Lande aufhalte. Derartige Anträge sind unzweckmäßig. Liegt die Vermutung vor, daß eine verfolgte Person sich in einem bestimmten fremden Staate aufhält, so empfiehlt es sich, alsbald unter Beifügung der erforderlichen Urkunden (Ziffer 11 ff.) die Auslieferung derselben nachzusuchen, wobei abzuwarten bleibt, ob ihre Ermittelung gelingt. In diesem Falle ist die Beibringung einer Anzahl von Abbildungen des Verfolgten oder Verurteilten oder doch eine genaue Personalbeschreibung desselben von besonderem Wert.

Antrag auf vorläufige Festnahme erfolgt im diplomatischen Wege.

23. Wird befürchtet, daß der Verfolgte bis zu dem Zeitpunkte, in welchem das zur Begründung des Auslieferungsantrags erforderliche Material bei-

gebracht werden kann und die Stellung des Auslieferungsantrags im diplomatischen Wege erfolgt, sich seiner Verhaftung im Auslande durch weitere Flucht entzieht, so kann die vorläufige Festnahme desselben behufs Sicherung seiner demnächstigen Auslieferung beantragt werden. Ein derartiger Antrag kann jedoch in der Regel ebenfalls nur im diplomatischen Wege (vgl. Ziffer 9), also nur seitens der Zentralbehörde beziehungsweise in deren Auftrag durch den in dem betreffenden Lande beglaubigten diplomatischen Vertreter des Reichs gestellt werden. Es ist deshalb an den Justizminister, wenn erforderlich telegraphisch, in besonders dringenden Fällen unmittelbar an den Herrn Minister der auswärtigen Angelegenheiten zu berichten. Der Bericht hat insbesondere Ort und Zeit der begangenen Tat, sowie die kurze Bezeichnung derselben zu enthalten; auch muß aus demselben hervorgehen, daß ein Strafurteil oder ein Haftbefehl erlassen ist, falls die vorläufige Festnahme in dem Zufluchtsland an diese Voraussetzung geknüpft ist (vgl. oben S. 94: Brasilien, S. 110, 111: Griechenland, S. 169: Italien, S. 248, 249, 256: Schweden und Norwegen, S. 311: Uruguay).

Der Haftbefehl oder ein sonstiges, die Straftaten des Flüchtigen genauer bezeichnendes Schriftstück ist dem Berichte nicht beizufügen. (Ziffer 3 JMBl. 1905 S. 178)[1]).

[1]) Wegen Einreichung der von dem Verfolgten

nach Deutschland vom Auslande her gerichteten schriftlichen und telegraphischen Mitteilungen vgl. Abs. 2 der Allg. Vfg. v. 17. 4. 01, abgedr. oben S. 510 zu Ziff. 11.

Ausnahme von der Regel unter Ziffer 23.

24. Einzelne Auslieferungsverträge enthalten die Bestimmung, daß die inländischen Behörden sich mit einem Antrage auf vorläufige Festnahme der flüchtigen Person direkt an die zuständigen Behörden des anderen Landes wenden dürfen (vgl. oben S. 75ff.: Belgien, S. 203, 204: Luxemburg, S. 222: Niederlande, S. 474: Rußland (in beschränktem Umfange), S. 273, 274: Schweiz, S. 295: Spanien). Derartige Anträge müssen ebenfalls, auch wenn sie mittelst Telegramms gestellt werden, die genaue Bezeichnung der dem Verfolgten zur Last gelegten Tat nach Zeit, Ort und den näheren Umständen in Gemäßheit des Auslieferungsantrages enthalten. Ist die vorläufige Festnahme von dem Vorhandensein eines Strafurteils oder eines Haftbefehls abhängig gemacht, so ist in dem Ersuchen ausdrücklich zu erwähnen, daß diese Voraussetzung vorliegt (vgl. oben S. 203: Luxemburg, S. 273: Schweiz). Über die Fälle, in welchen die vorläufige Festnahme durch Vermittelung der Kaiserlichen Gesandten oder Konsuln bewirkt werden kann, vgl. oben S. 94, 95: Brasilien, S. 356: Frankreich, S. 149: Großbritannien, S. 170: Italien, S. 223: Niederlande, S. 474: Rußland, S. 330: Vereinigte Staaten von Amerika.

Der Haftbefehl oder ein sonstiges, die Straftaten des Flüchtigen genauer bezeichnendes Schriftstück ist weder dem Antrag auf vorläufige Festnahme beizufügen noch der ersuchten Stelle nachträglich mitzuteilen. (Ziffer 4 JMBl. 1905 S. 178.)

Schleunige Einsendung der zur Stellung des Auslieferungsantrags erforderlichen Urkunden bei vorläufiger Festnahme der Verfolgten.

25. Wird die vorläufige Festnahme eines Verfolgten in Antrag gebracht, so sind tunlichst gleichzeitig und jedenfalls, ohne eine Nachricht der ausländischen Behörde über den Erfolg dieses Antrags abzuwarten, die zur Stelle des Auslieferungsantrags erforderlichen Urkunden dem Justizminister, in eiligen Fällen unmittelbar dem Herrn Minister der auswärtigen Angelegenheiten einzureichen (vgl. Ziffer 10). (Ziffer 5 JMBl. 1905 S. 178.)

Besonderer Eile bedarf es in denjenigen Fällen, in welchen der Verfolgte tatsächlich auf Antrag der verfolgenden Behörde durch die ausländische Behörde einstweilen festgenommen worden ist, da die Verträge meist eine zum Teil kurze Frist für die Dauer der vorläufigen Festhaltung festsetzen derart, daß der Festgenommene wieder in Freiheit gesetzt wird, wenn nicht innerhalb der bestimmten Frist der gehörig begründete Auslieferungsantrag im diplomatischen

Wege gestellt ist (vgl. oben S. 76: Belgien, S. 94: Brasilien, S. 111: Griechenland S. 151: Großbritannien, S. 169: Italien, S. 203: Luxemburg, S. 223: Niederlande, S. 249: Schweden und Norwegen, S. 273: Schweiz, S. 295; Spanien, S. 311: Uruguay).

Nach Anregung des Auslieferungsantrags kein direkter Verkehr mehr zulässig.

26. Ist von der Justizbehörde die Auslieferung eines Beschuldigten bei dem Justizminister beziehungsweise dem Herrn Minister der auswärtigen Angelegenheiten bereits in Anregung gebracht worden, so hat sich dieselbe des weiteren direkten Verkehrs mit den Behörden im Auslande, welche auf ihren Antrag die vorläufige Festnahme des Verfolgten bewirkt oder veranlaßt haben (fremde Behörden, Gesandte, Konsuln) zu enthalten, weitere Anträge vielmehr lediglich an den Justizminister beziehungsweise an den Herrn Minister der auswärtigen Angelegenheiten zu richten. Insbesondere hat dies auch dann zu geschehen, wenn infolge nachträglicher Ermittelungen der auf den Festgenommenen gefallene Verdacht beseitigt ist oder der Auslieferungsantrag aus anderen Gründen zurückgezogen werden soll, der Festgenommene also wieder in Freiheit gesetzt werden muß. Durch einen direkten Schriftwechsel mit den Behörden im Auslande können in solchen Fällen, wenn inzwischen der Auslieferungsantrag bereits der fremden Regierung übermittelt ist, leicht Weiterungen entstehen.

Zu Ziffer 26.

Allg. Verf. vom 22. April 1893 (Pr. JMBl. S. 124) und vom 17. April 1901 (PrJMBl. S. 92), betr. . . . das Verfahren bei der Erwirkung von Auslieferungen und von vorläufigen Festnahmen im Auslande.

Um die sachgemäße geschäftliche Behandlung der . . . Anträge auf Auslieferung oder vorläufige Festnahme eines Verfolgten zu sichern, werden in Ergänzung der bestehenden Vorschriften folgende Bestimmungen getroffen:

1. Alle Berichte, Anträge oder Mitteilungen, welche einer Beschleunigung bedürfen, sind auch in der Reinschrift an einer in die Augen fallenden Stelle als Eilsache und, wenn eine Verhaftung in Frage kommt, als Haftsache zu bezeichnen.

2. Änderungen, welche . . . nach Anbringung eines Antrages auf Auslieferung in den tatsächlichen Verhältnissen eintreten und für die Erledigung jener . . . Anträge von Interesse sind, müssen sofort dem Justizminister, in eiligen Fällen unmittelbar dem Herrn Minister der auswärtigen Angelegenheiten zur Kenntnis gebracht werden. Insbesondere ist von jeder Erledigung eines Auslieferungsantrags durch freiwillige Gestellung oder Ergreifung des Verfolgten im Inlande, durch Aufhebung des Haftbefehls, durch Einstellung des Strafverfahrens oder durch sonstige Umstände regelmäßig telegraphisch und nur ausnahmsweise in anderer Art, stets aber unverzüglich Anzeige zu erstatten, damit der Antrag schleunigst auf diplomatischem Wege zurückgezogen werden kann . . .

Ist die Festnahme und Ablieferung einer verfolgten

Person unmittelbar bei einem zur Ausübung der Gerichtsbarkeit befugten Kaiserlichen Konsul beantragt, oder ist auf Grund der in einzelnen Auslieferungsverträgen enthaltenen Bestimmungen eine ausländische Behörde unmittelbar um die vorläufige Festnahme eines Verfolgten oder ein Kaiserlicher Gesandter oder Konsul um seine Vermittelung zur Bewirkung der Festnahme ersucht worden, wegen Herbeiführung der Auslieferung aber noch nicht an den Justizminister oder an den Herrn Minister der auswärtigen Angelegenheiten berichtet, so ist die ersuchte Behörde in gleicher Weise ungesäumt zu benachrichtigen, wenn der gestellte Antrag hinfällig wird.

Anträge auf vorläufige Festnahme an Bord des Schiffes.

27. Es ist vorgekommen, daß Behörden den Antrag gestellt haben, Personen, welche nach überseeischen Staaten sich geflüchtet hatten, wegen einer die Auslieferung aus dem fremden Lande nicht begründenden strafbaren Handlung durch die Konsuln festnehmen zu lassen, ehe die Flüchtigen den Boden des Auslandes betreten haben würden, also noch an Bord des sie nach dem Auslande führenden Schiffes. Derartigen Anträgen kann nur dann entsprochen werden, wenn der Verfolgte sich nach einem Lande flüchtet, in welchem von den Konsuln Gerichtsbarkeit geübt wird, und in diesem Falle sind solche Anträge eventuell telegraphisch bei dem Konsul des betreffenden Küstenplatzes unmittelbar zu stellen (vgl. Ziffer 3). Allen anderen Staaten, insbesondere auch den Vereinigten Staaten von Amerika gegen-

über, kann ein derartiger Antrag keinen Erfolg haben, da der Verfolgte sich in dem betreffenden fremden Hafen im Bereich der Gerichtsbarkeit der fremden Behörden, nicht in derjenigen des Konsuls befindet und deshalb ohne Vermittelung der fremden Behörden seine Festnahme unzulässig ist.

Ersuchen um Festnahme flüchtiger Verbrecher durch die auf dem Grenzbahnhof in Herbesthal stationierter Kriminalbeamten.

27a. Es findet eine ständige Überwachung des Grenzbahnhofs Herbesthal durch besondere, dem Bezirks-Polizeikommissarius in Aachen unterstellte Königliche Kriminalbeamte statt. Um diese Einrichtung für die Strafrechtspflege in vollem Umfange nutzbar zu machen, empfiehlt es sich:

Haftbefehle oder Steckbriefe gegen solche Personen, von denen bekannt oder zu vermuten ist:

a) entweder, daß sie über die belgische Grenze nach dem Auslande, namentlich nach Belgien, Holland, Luxemburg, England oder Frankreich sich zu begeben beabsichtigen,

b) oder daß sie sich in Belgien, Holland oder Luxemburg aufhalten,

unverzüglich und unmittelbar der bezeichneten Dienststelle unter der Adresse „Königlich Preußische Staatspolizei in Herbesthal“ — nicht aber dem Bürgermeister oder dem Bahnhofsvorsteher daselbst — mitzuteilen.

Die größte Schnelligkeit ist auch in den vorstehend unter b bezeichneten Fällen geboten, weil die nach den dort genannten Staaten geflüchteten Verbrecher alsbald ausgewiesen zu werden pflegen, wenn sie nicht im Besitze genügender Ausweispapiere oder Existenzmittel sind, ihr Eintreffen in Herbesthal daher regelmäßig in kurzer Zeit zu erwarten ist. Die Übernahme der von Belgien ausgewiesenen Personen gehört zu den Obliegenheiten der mit der Überwachung des Grenzbahnhofs Herbesthal betrauten Kriminalbeamten. (Ziffer 6 JMBl. 1905 S. 178.)

IV. Ausführung der Auslieferung.

Allgemeines.

28. Die Ausführung der Auslieferung erfolgt regelmäßig in der Weise, daß die fremde Regierung die festgenommene Person durch ihre Beamten an die Grenze schaffen und daselbst den deutschen Behörden übergeben läßt. An welchem deutschen Grenzpunkte die Übergabe stattfinden soll, bestimmt die fremde Regierung.

Für die Weiterbeförderung des Ausgelieferten sorgt die deutsche Grenzbehörde. Wünscht indessen die Behörde, welche die Auslieferung betreibt, den Ausgelieferten von dem Orte der Übergabe abholen zu lassen, so hat sie dies baldmöglichst und wenn angängig, schon in dem Berichte wegen Herbeiführung der Auslieferung, dem Justizminister anzuzeigen. Es wird alsdann dafür gesorgt, daß die deutsche Grenzbehörde den Ausgelieferten bis zur Ankunft des mit der Abholung beauftragten Beamten in Gewahrsam hält und daß der zuständigen Justizbehörde rechtzeitig Ort und Zeit der Übergabe mitgeteilt wird.

Soll der Ausgelieferte nach seiner Übergabe nicht derjenigen Behörde, welche die Auslieferung betreibt, sondern einer anderen Behörde zugeführt werden, so ist auch dies tunlichst bald dem Justizminister anzuzeigen. Soweit erforderlich, haben die beteiligten Behörden sich vorher miteinander zu verständigen. Dies gilt insbesondere, wenn die Auslieferung gleichzeitig von mehreren deutschen Behörden betrieben wird oder wenn die Auslieferung eines Verurteilten beantragt ist und die Strafvollstreckung an einem Orte erfolgen kann, welcher der Grenze näher liegt, als der Sitz der ersuchenden Behörde. (Ziffer 7 JMBl. 1905 S 179.)

Durchlieferungen.

29. Muß die Person, deren Auslieferung bewilligt worden ist, durch einen zwischen dem Reiche und dem Zufluchtsstaate liegenden Staat hindurchgeführt werden, um den deutschen Behörden übergeben werden zu können, so bedarf es hierzu der Einwilligung dieses Staates. In einzelnen der abgeschlossenen Auslieferungsverträge haben die fremden Staaten die Genehmigung zur Durchlieferung gegen Beibringung gewisser Urkunden unter der Voraussetzung zugesichert, daß die Auslieferung nach dem zwischen dem Durchgangsstaat und dem Reich geschlossenen Vertrage zulässig gewesen wäre. Derartige Vereinbarungen finden sich in den Artikeln 11 der Verträge mit Belgien, Luxemburg, Spanien und Uruguay und im Artikel VII des Bundesbeschlusses vom 26. Januar 1854 hinsichtlich Österreich-Ungarns[1]). Aber auch wenn die Durchführung eines Ausgelieferten durch Staaten in Frage kommt, mit welchen bezügliche Abreden nicht bestehen, sind von der verfolgenden Justizbehörde neben dem für die Regierung des Zufluchtsstaats bestimmten Exemplare des Haftbefehls beziehungsweise der Urteilsausfertigung ein oder mehrere Exemplare einzureichen, damit auf Grund derselben die Genehmigung zur Durchführung des Ausgelieferten bei der oder den Regierungen der Durchgangsstaaten eingeholt werden kann. Diese Genehmigung kann nur im diplomatischen Wege erbeten werden; die Justizbehörden haben deshalb, auch wenn es sich um eine Durchlieferung durch Österreich-Ungarn handelt, sich niemals mit den Behörden des Durchgangsstaats in Verbindung zu setzen.

[1]) Ferner in Art. 14 des deutsch-griechischen, Art. 11 des deutsch-niederländischen Vertrages und in Art. 11a des Zusatzvertrages mit Norwegen v. 7. 3. 1907. (Vgl. auch Artikel 10 der Verträge mit Italien und der Schweiz.)

Kosten.

30. Die durch die Festnahme, den Unterhalt und den Transport der Person, deren Auslieferung bewilligt worden ist, bis zur Grenze des Zufluchtsstaats beziehungsweise bis an Bord des nach dem Reiche abgehenden Schiffes entstehenden Kosten werden in der Regel von dem Zufluchtsstaate getragen und deren Erstattung nicht verlangt. Die Auslieferungsverträge enthalten hierüber meist besondere Abreden. Das Gleiche gilt auch von solchen Staaten, mit welchen besondere Abreden über diesen Punkt nicht bestehen. Ausnahmen gelten nur hinsichtlich des Verkehrs mit Österreich-Ungarn (vgl. oben S. 464, 465) und mit den Vereinigten Staaten von Amerika (vgl. oben S. 333). Diesen Staaten müssen die sämtlichen durch die Auslieferung erwachsenen Kosten vertragsmäßig erstattet werden.

Belohnungen.

30a. Ist für die Ermittelung oder Ergreifung eines flüchtigen Verbrechers eine Belohnung ausgesetzt, und kommt in Frage, ob diese Belohnung ganz oder zum Teil ausländischen Behörden oder Beamten zuzuwenden sei, so ist von einer unmittelbaren Zuweisung oder Auszahlung an letztere und von Inanspruchnahme der diplomatischen oder konsularischen Vermittelung zu diesem Zwecke abzusehen, vielmehr schon vor der Verteilung an den

Justizminister zu berichten, damit durch Vermittelung des Herrn Ministers der auswärtigen Angelegenheiten das Erforderliche veranlaßt werden kann. (Ziffer 8 JMBl. 1905 S. 179.)

V . . . [1])

[1]) Die in der Zusammenstellung vom Jahre 1889 hier folgenden „besonderen Bemerkungen bezüglich einzelner Länder" sind unter Berücksichtigung der späteren Änderungen und Ergänzungen bereits in die Anmerkungen zu den einzelnen Verträgen aufgenommen und deshalb hier fortgelassen. (Vgl. die Vorbemerkung zum Schlußanhang oben S. 498.)

Sachregister.

(Die Zahlen bezeichnen die Seiten.)

B.

F.

G.

H.

J.

K.

L.

M.

N.

O.

P.

T.

C. Schulze & Co., G. m. b. H., Gräfenhainichen.

Verzeichnis

der

Guttentag'schen Sammlung Deutscher Reichs- und Preussischer Gesetze

Text-Ausgaben

mit Anmerkungen u. Sachregister

Guttentag'sche Sammlung

Deutscher Reichsgesetze.

Text-Ausgaben mit Anmerkungen. Taschenformat.

---

1. **Verfassung** des Deutschen Reichs. Von Dr. **L. von Rönne.** Neunte Auflage von Landrat **Paul von Rönne.** 1904. 2 M. 40 Pf.

2. **Strafgesetzbuch** für das Deutsche Reich. Nebst den gebräuchlichsten Reichs-Strafgesetzen. Von Dr. **H. Rüdorff.** Zweiundzwanzigste Auflage von Dr. **H. Appelius,** Kammergerichtsrat. 1907. 1 M. 50 Pf.

   Die §§ 95—101, geändert durch Gesetz vom 17. Februar 1908, in neuer Fassung.

3. **Militärstrafgerichtsordnung** von Senatspräsident Dr. **Paul Herz.** 1902. Dritte Auflage. Aus dem Handel gezogen; — dafür Text-Ausgaben ohne Anmerkungen auf S. 24. 1 M. 50 Pf.

4. **Handelsgesetzbuch vom 10. Mai 1897** unter Ausschluß des Seerechts. Mit den ergänzenden Vorschriften des Bürgerlichen Gesetzbuchs und Erläuterungen von **F. Litthauer,** Justizrat. Dreizehnte Auflage herausgegeben von Geh. Justizrat Prof. Dr. **A. Mosse.** 1905. 3 M.

5. Allgemeine Deutsche **Wechselordnung.** Neunte Auflage von Justizrat Dr. **J. Stranz** und Rechtsanwalt Dr. **M. Stranz,** und das Reichsgesetz über die Wechsel-

stempelsteuer.*) Von Regierungsrat **P. Loeck.** Achte Auflage. 1906. 3 M.

*) Ist auch einzeln zu haben. Preis 1 M. 25 Pf.

6. **Gewerbeordnung** für das Deutsche Reich nebst allen Ausführungsbestimmungen. Ursprünglich herausgegeben von **T. Ph. Berger** und Dr. **L. Wilhelmi.** Siebzehnte Auflage bearbeitet von Oberverwaltungsgerichtsrat **H. Spangenberg.** 1907. 3 M.
   Ergänzungsband hierzu: **Preußische Ausführungsanweisung.** 1904. 2 M.

7. Die deutsche **Post- und Telegraphen-Gesetzgebung.** Nebst dem Weltpostvertrag und dem internationalen Telegraphenvertrag. Von Wirkl. Geh. Rat Dr. **Fischer.** Sechste Auflage bearbeitet von Geh. Ober-Postrat Dr. **M. König.** 1908. 4 M.

8. Die Reichsgesetze über den **Unterstützungswohnsitz** in der Fassung der Novelle vom 12. März 1894, **die Freizügigkeit, den Erwerb und Verlust der Bundes- und Staatsangehörigkeit,** nebst allen landesgesetzlichen Bestimmungen. Von Geheimrat Dr. **J. Krech,** Mitglied des Bundesamtes für das Heimatwesen. Sechste Auflage. 1907. 3 M.

9. Sammlung **kleinerer strafrechtlicher Reichsgesetze.** Mit den Entscheidungen des Reichsgerichts, bearbeitet von **M. Werner,** Geh. Ober-Regierungsrat. Zweite Auflage. 1903. 3 M.

(Inhalt ca. 25 verschiedene Gesetze.)

10. **Das Reichsbeamtengesetz** und seine Ergänzungen. Erläutert von **J. Pieper.** Zweite Auflage. 1901. 4 M. 50 Pf.
— In der Fassung von 1907 siehe Nr. 82.

11. **Zivilprozeßordnung mit Gerichtsverfassungsgesetz** in den neuesten Fassungen. Herausgegeben zunächst von **R. Sydow,** Staatssekretär im Reichsschatzamt, weiter bearbeitet von **L. Busch,** Reichsgerichtsrat. Zehnte Auflage. (In größerem Oktav-Format.) 1905. 6 M.

12. **Strafprozeßordnung und Gerichtsverfassungsgesetz** nebst den Gesetzen, betreffend die Entschädigung der im Wiederaufnahmeverfahren freigesprochenen Personen und die Entschädigung für unschuldig erlittene Untersuchungshaft. Von Dr. **A. Hellweg,** Reichsgerichtsrat. Vierzehnte Auflage. 1907. 2 M.

13. **Konkursordnung und Anfechtungsgesetz.** Von **R. Sydow.** Weiter bearbeitet von **L. Busch.** Zehnte Auflage. 1906. 2 M. 25 Pf.

14. **Gerichtsverfassungsgesetz** mit Einführungsgesetz. Herausgegeben von **R. Sydow** und **L. Busch.** Neunte Auflage. 1905. 1 M. 50 Pf.

15. Das **Deutsche Gerichtskostengesetz** nebst den Gebührenordnungen für Gerichtsvollzieher, Zeugen und Sachverständige. Herausgegeben mit Kosten-

tabellen von **R. Sydow.** Weiter bearbeitet von **L. Busch.** Achte Auflage. 1907. 2 M.

16. **Rechtsanwaltsordnung.** Von **R. Sydow.** Sechste Auflage von Justizrat **M. Jacobsohn.** 1907. 1 M. 20 Pf.

17. Die **Deutsche Gebührenordnung für Rechtsanwälte und das Preußische Gebührengesetz** vom 27. September / 6. Oktober 1899. Von **R. Sydow** und **L. Busch.** Siebente Auflage. 1903. 1 M. 60 Pf.

18. **Reichsstempelgesetz (Börsensteuer, Frachturkunde, Kraftfahrzeuge, Personenfahrkarte, Tantieme für Aufsichtsratsmitglieder).** Vom 3. Juni 1906. Nebst Ausführungsbestimmungen und Entscheidungen. Neunte Auflage von **P. Loeck,** Regierungsrat. (In größerem Oktav-Format.) 1906. 4 M. 50 Pf.

19. Die **Seegesetzgebung.** Von Dr. **W. E. Knitschky.** Vierte Auflage bearbeitet von Oberlandesgerichtsrat **Otto Rudorff** in Hamburg. 1908. 6 M.

20. **Krankenversicherungsgesetz.** Von weil. Dr. **E. von Woedtke,** Direktor im Reichsamte des Innern. Elfte Auflage bearbeitet von Dr. **G. Eucken-Addenhausen,** Geh. Reg.-Rat und vortr. Rat im Reichsamte des Innern. 1905. 3 M.

21. Die **Konsulargesetzgebung.** Von Professor Dr. **Ph. Zorn.** Zweite Auflage. 1901. 3 M.

22. **Patentgesetz.** Nebst Ausführungsbestimmungen, völkerrechtlichen Verträgen und der Patentanwalts-Ordnung unter eingehender Berücksichtigung der Rechtsprechung des Reichsgerichts und der Praxis des Patentamts. Bisher von Prof. Dr. **R. Stephan** herausgegeben. Siebente Auflage von **R. Lutter,** Geh. Reg.-Rat im Kaiserl. Patentamt 1908. 2 M. 80 Pf.

Gesetz zum Schutz der Warenbezeichnungen. Nebst Ausführungsbestimmungen. Siehe Seite 16 Nr. 87.

23. **Gewerbe-Unfallversicherungsgesetz.** Von weil. Dr. **E. v. Woedtke.** Neunte neubearbeitete Auflage von **Franz Caspar,** Direktor im Reichsamt des Innern. 1907. 2 M. 50 Pf.

24. **Aktiengesellschaft und Kommanditgesellschaften auf Aktien.** (Handelsgesetzbuch, II. Buch, Abschnitt 3 und 4). Mit Anmerkungen von Justizrat Dr. **H. Veit Simon** und Amtsrichter **L. Keyssner.** 1908. Sechste Auflage. Im Druck.

25. **Brausteuergesetz** vom 3. Juni 1906 mit Ausführungsvorschriften. Von **A. Düffe,** Obersteuerkontrolleur. 1907. 3 M.

26. Die Reichsgesetzgebung über **Münz- und Notenbankwesen,** Papiergeld, Prämienpapiere und Reichsschulden. Von Dr jur. **R. Koch,** Präsident des Reichsbankdirektoriums. Fünfte Auflage. 1905. 3 M.

27. **Die Gesetzgebung, betr. das Gesundheitswesen** im Deutschen Reich für Behörden, Aerzte ꝛc. Von Dr. jur. **C. Goesch** und Dr. med. **J. Karsten.** 1888. 1 M. 60 Pf.

28. **Bau-Unfallversicherungsgesetz.** Vom 30. Juni 1900. Von **R. Chrzescinski,** Kaiserl. Regierungsrat. Dritte Auflage. 1900. 2 M.

29. **Reichsgesetz,** betr. die **Erwerbs- und Wirtschaftsgenossenschaften.** Von **L. Parisius** und Dr. **H. Crüger.** Zwölfte Auflage bearbeitet von Dr. **H. Crüger.** 1907. 1 M. 50 Pf.

30. **Invalidenversicherungsgesetz** vom 13. Juli 1899. Von weil. Dr. **E. v. Woedtke.** Zehnte Auflage von Regierungsrat **H. Follmann.** 1906. 4 M.

31. **Gewerbegerichtsgesetz.** Von Stadtrat **L. Mugdan.** Sechste Auflage bearbeitet von **W. Cuno,** Erstem Bürgermeister zu Hagen i. W. 1906. 2 M. 20 Pf.

32. **Reichsgesetz,** betr. die **Gesellschaften mit beschränkter Haftung.** Von **L. Parisius** und Dr. **H. Crüger.** Neunte Auflage von Dr. **H. Crüger.** 1907. 1,40 M.

33. **Vereins- und Versammlungsrecht** in Deutschland. Von Dr. **E. Ball.** Zweite Aufl. von Dr. **F. Friedenthal.** 1907. 2 M. 50 Pf.

Anm. Das neue Vereinsgesetz vom 19. April 1908 vide Nr. 88 — Seite 16.

34. Reichsgesetz, betreffend die **Abzahlungsgeschäfte.** Vom 16. Mai 1894. Von **J. Hoffmann.** Zweite vermehrte Auflage besorgt von Dr. **E. Wilke,** Landgerichtsrat. 1901. 1 M. 20 Pf.

35. Die **Reichs-Eisenbahngesetzgebung.** Von **W. Coermann,** Kaiserl. Amtsrichter. 1895. 2 M. 25 Pf.

36. Gesetze, betr. die **privatrechtlichen Verhältnisse der Binnenschiffahrt und der Flößerei.** Dritte Auflage von **E. Löwe,** Landgerichtsrat. 1903. 3 M.

37. Gesetz zur **Bekämpfung des unlauteren Wettbewerbes.** Vom 27. Mai 1896. Von Dr. **R. Stephan,** Geh. Regierungsrat. Dritte Auflage. 1903. 1 M.

38/39. **Bürgerliches Gesetzbuch nebst Einführungsgesetz.** Nach dem Tode des ursprünglichen Herausgebers Reichsgerichtsrats a. D. Dr. **A. Achilles** in Verbindung mit Professor Dr. **André,** Kammergerichtsrat **Ritgen,** Ober-Landesgerichtsrat **Strecker,** Ober-Regierungsrat Dr. **Unzner** herausgegeben von Geh. Ober-Justizrat **Greiff.** Fünfte Auflage. (In größerem Oktav-Format) 1906. 6 M. 50 Pf.

40. Gesetz, betr. die **Pflichten der Kaufleute bei Aufbewahrung fremder Wertpapiere (Depotgesetz).** Mit Erläuterungen. Von **F. Lusensky,** Geh. Ober-Regierungsrat. Zweite Auflage. 1905. 1 M.

41. **Börsengesetz.** In der Fassung der Novelle vom 8. Mai 1908 nebst **Ausführungsbestimmungen** von **A. Wermuth** und **H. Brendel.** Neu bearbeitet von Wirkl. Geh. Ob.-Regierungsrat. **Th. Hemptenmacher,** Staatskommissar an der Berliner Börse. 1908. 2 M.

42. **Grundbuchordnung** nebst den preußischen Ausführungsbestimmungen. Mit Einleitung. Von Prof. Dr. **O. Fischer.** Vierte Auflage. 1906. 2 M.

43. Die Gesetzgebung, betr. die **Zwangsvollstreckung in das unbewegliche Vermögen** im Reiche und in Preußen. Mit Einleitung, Kosten- und Gebührentabellen. Von Dr. **J. Krech,** Kaiserl. Geh. Regierungsrat und Professor Dr. **O. Fischer.** Fünfte Auflage. 1907. 2 M.

44. Das Reichsgesetz über das **Auswanderungswesen** vom 9. Juni 1897 nebst Ausführungsverordnungen und Anlagen. Unter Benutzung amtlicher Quellen. Von Professor Dr. **Felix Stoerk.** 1899. 2 M. 25 Pf.

45. Das **Entmündigungsrecht** unter Berücksichtigung der für Preußen geltenden Vorschriften nebst der preußischen Justiz-Ministerial-Verfügung vom 28. November 1899. Text der zivil- und prozeßrechtlichen Bestimmungen mit Erläuterungen von Landgerichtsrat Dr. **P. Koll** in Cöln. 1900. 1 M. 50 Pf.

46. Die Gesetze des Reiches und Preußens über die **freiwillige Gerichtsbarkeit.** Mit Einleitung von **Herm. Jastrow,** Amtsgerichtsrat. Vierte Auflage. 1906. 3 M.

47. Das **deutsche Vormundschaftsrecht** und das preuß. Gesetz über die Fürsorgeerziehung Minderjähriger nebst den dazu gehörigen preußischen Nebengesetzen. Von **Max Schultzenstein,** Oberverwaltungsgerichtsrat und Amtsgerichtsrat Dr. **Paul Köhne.** Zweite Auflage. 1901. 3 M.

48. Gesetze und Verordnungen, betr. den **Drogen-, Gift- und Farbenhandel** außerhalb der Apotheken. Von Dr. **Broh,** Rechtsanwalt. 1899. 1 M. 25 Pf.

49. Deutsche **Kolonialgesetzgebung.** Von Professor Dr. **Philipp Zorn.** 1901. 4 M. 50 Pf.

50. Der **Viehkauf** (Viehgewährschaft) nach dem Bürgerlichen Gesetzbuche. Nebst Verordn. betr. die Hauptmängel und Gewährsfristen beim Viehhandel. Von Rechtsanwalt Dr. **H. Stölzle** und **H. Weiskopf,** Königl. Kreistierarzt in Augsburg. Dritte Auflage. 1904. 3 M.

51. **Hypothekenbankgesetz** vom 13. Juli 1899. Von Dr. **H. Göppert,** Gerichts-Assessor. 1900. 1 M. 80 Pf.

52. Gesetz, betreffend die gemeinsamen **Rechte der Besitzer von Schuldverschreibungen.** Von Dr. **Heinrich Göppert,** Gerichts-Assessor. 1900. 2 M.

53. **Reichspreßgesetz** vom 7. Mai 1874 nebst den einschlägigen Bestimmungen des Strafgesetzbuchs, der Gewerbeordnung rc. Kommentar von **A. Born,** Polizeiassessor. 1900. 1 M. 50 Pf.

54. Die Reichsgesetzgebung über den Verkehr mit **Nahrungsmitteln, Genußmitteln und Gebrauchsgegenständen.** Von Dr. **Georg Lebbin,** Nahrungsmittelchemiker. 1900. 2 M. 25 Pf.

55. Das Recht der **Beschlagnahme von Lohn- und Gehaltsforderungen.** Auf Grundlage der Reichsgesetze vom 21. Juni 1869 u. 29. März 1897 und der Zivilprozeßordnung. Von Justizrat **Georg Meyer.** Dritte Auflage. 1908. 2 M. 50 Pf.

56. Gesetz, betr. die **Bekämpfung gemeingefährlicher Krankheiten.** Nebst Ausführungsbestimmungen. Von Dr. **Bruno Burkhardt,** Regierungsrat, Mitglied des Kais. Gesundheitsamts. 1900. 1 M. 40 Pf.

57. **See-Unfallversicherungsgesetz.** Von **Dr. Max Mittelstein,** Oberlandesgerichtsrat in Hamburg. 1901 2 M.

58. **Das Recht der unehelichen Kinder** nach dem BGB. Von **Hermann Jastrow,** Amtsg.-Rat. 1901. 1 M. 80 Pf.

59. Reichsgesetz über die **Beurkundung des Personenstandes und die Eheschließung.** Von Dr. **F. Fidler,** Amtgerichtsrat. 1901. 1 M. 80 Pf.

60. Gesetz, betreffend das **Urheberrecht an Werken der Literatur und der Tonkunst.** Von Landrichter **Otto Lindemann.** Zweite Auflage. 1907. 1 M. 60 Pf.

61. Gesetz über das **Verlagsrecht.** Von Justizrat **Ernst Heinitz.** 1901. 1 M. 50 Pf.

62. Gesetz über die **privaten Versicherungsunternehmungen.** Von **H. Könige,** Reichsgerichtsrat. 2. Auflage in Bearbeitung.

63. **Gesetzestafel des Deutschen Reichsrechts.** Systematisch geordnete Nachweisung des z. Z. geltenden Reichsrechts. Ergänzungsband zu der Guttentag'schen Sammlung Deutscher Reichsgesetze. Von **Hugo Bruhns,** Syndikus. 1902. 8°. 2 M. 50 Pf.

64. Gesetzsammlung betr. den **Handel mit Drogen und Giften.** Reichsgesetzl. Bestimmungen und Anhang mit den landesgesetzl. Verordnungen sämtlicher Bundesstaaten. Von Rechtsanwalt **H. Sonnenfeld,** Syndik. d. Berl. Drogisten-Innung. 1902. 3 M.

65. Das **Weingesetz** vom 24. Mai 1901. Mit Ausführungsbestimmungen von Dr. **Georg Lebbin,** Handels- u. Gerichtschemiker. 1902. 1 M. 50 Pf.

66. Die **Eisenbahn-Gesetzgebung.** Von **W. Pietsch,** Geh. exp. Sekretär im Reichs-Eisenbahn-Amt. 1902. 5 M.

67. **Militär-Strafgesetzbuch** von Senats-Präsident Dr. **Paul Herz** und Kriegsgerichtsrat Dr. **Georg Ernst.** 1903. Aus dem Handel gezogen; — dafür Text-Ausgaben ohne Anmerkungen Seite 24. 1 M.

68. Das **Fleischbeschaugesetz.** Vom 3. Juni 1900. Mit Ausführungsges. u. Verordnungen im Reiche und in Preußen. Von Dr. **Georg Lebbin,** Gerichtschemiker und Rechtsanwalt Dr. **Georg Baum.** 1903. 4 M.

69. Reichsgesetz über die **Naturalleistungen der bewaffneten Macht im Frieden** nebst den zugehörigen in Preußen geltenden Bestimmungen. Von Regierungsassessor Dr. **Walter v. Hippel.** 1903. 1 M. 25 Pf.

70. Das **Reichs-Haftpflichtgesetz,** betr. die Verbindlichkeit zum Schadensersatz für die bei dem Betriebe von Eisenbahnen, Bergwerken, Steinbrüchen, Gräbereien und Fabriken herbeigeführten Tötungen und Körperverletzungen, vom 7. Juni 1871. Von Regierungsrat Dr. **G. Eger.** 1903. Preis 3 M.

71. **Kinderarbeit in gewerblichen Betrieben,** v 30. März 1903. Nebst der Preuß. Ausführ.-Anw. v. 30. Nov. u. d. Bek. des Reichskanzlers v. 17. Dez. 1903. Von **H. Spangenberg,** Oberverwaltungsgerichtsrat Zweite vermehrte Auflage. 1904. 1 M. 60 Pf.

72. **Unfallversicherungsgesetz für Land- und Forstwirtschaft** vom Wirkl. Geh. Rat Dr. **E. von Woedtke,** fortgesetzt von Dr. **Alfred Radtke,** Geh. Regierungsrat und Senatspräs. im Reichsversicherungsamt. Zweite Auflage. 1904. 4 M. 50 Pf.

73. **Entschädigung für unschuldig erlittene Verhaftung und Bestrafung.** Nebst Anhang, enth. die dazu gehörigen Nebengesetze über Schadensersatz. Von Dr. jur. **A. Romen,** Geh. Kriegsrat und vortr. Rat im Kriegsministerium. 1904. 2 M.

74. Die **Kaufmannsgerichte** nebst den preuß. Ausführungsbestimmungen. Von Dr. **Max Apt,** Syndikus der Korporation der Berliner Kaufmannschaft. Dritte Auflage. 1905. 2 M.

75. Reichsgesetz über die **Konsulargerichtsbarkeit.** Erläutert von Dr. jur. **A. F. Vorwerk,** Rechtsanwalt in Schanghai. 1905. 2 M.

76. **Die Rechtshilfe im Verkehr mit den ordentlichen Gerichten nach deutschem Reichsrecht.** Zusammenstellung aller in Betracht kommenden Gesetzesstellen. Von Landrichter Dr. **A. Friedländer.** 1906. 1 M. 80 Pf.

77. **Das Reichserbschaftssteuergesetz.** Vom 3. Juni 1906. Von **Ulrich Hoffmann,** Geh. Registrator im Kgl. Preuß. Finanzministerium. 1906. 2 M. 60 Pf.

78. **Zigarettensteuergesetz.** Vom 3. Juni 1906. Von Dr. **Cuno,** Gerichtsassessor. 1906. 1 M. 80 Pf.

79. **Die Militärpensionsgesetze** vom 31. Mai 1906 nebst Ausführungsbestimmungen. Zum Gebrauch für Heer, Marine und Schutztruppe von Dr. jur. **A. Romen,** Wirklicher Geheimer Kriegsrat.
a) I Teil: Offizierpensionsgesetz. 3 M. 50 Pf.
b) II. Teil: Mannschaftsversorgungsgesetz. 3 M. 50 Pf.
Jeder Teil ist einzeln käuflich.

80. Reichsgesetzgebung über **gerichtliche Registerführung.** Textausgabe der einschlägigen Gesetzesbestimmungen mit Anmerkungen und Sachregister von **Otto Lindemann,** Landrichter. 1906. 3 M.

81. Gesetz, betr. **Urheberrecht an Werken der bildenden Künste und der Photographie.** Von Dr. **Ludw. Fuld,** Rechtsanwalt. 1907. 1 M.

82. **Reichsbeamtengesetz** in der Fassung vom 18. Mai 1907 und seine Ergänzungen von Prof. Dr. **Ad. Arndt.** 3 M.

83. **Reichsgesetz über den Versicherungsvertrag** nebst Einführungsgesetz mit Einleitung und ausführlicher Erläuterung von Dr. **Paul Hager** und Dr. **R. Behrend,** Regierungsräte im Kaiserl. Aufsichtsamt f. Privatversicherung. 5 M.

84. **Sammlung kleinerer privatrechtlicher Reichsgesetze** von Landrichter **Georg Müller.** 1908. 6 M. 50 Pf.

Enthält eine Fülle von Gesetzen, die anderweit fast garnicht oder nur schwer zu beschaffen sind.

85. **Scheckgesetz** mit Einleitung usw. Von Prof. Dr. **Max Apt.** 1908. 1 M. 50 Pf.

86. **Die Auslieferungsverträge des Deutschen Reiches** von Landrichter **A. Cohn.** Im Druck.

87. **Gesetz zum Schutz der Warenbezeichnungen.** Nebst Ausführungsbestimmungen. Von Geh. Reg.-Rat, Mitglied des Patentamts Dr. **Freund** und Rechtsanwalt **Magnus.** Fünfte Auflage. 1908. Im Druck.

88. **Vereinsgesetz** vom 19. April 1908. Unter Benutzung der amtlichen Quellen. Nebst einem Anhang, enth. die Vorschriften des BGB. über die Vereine. Bearbeitet von Dr. jur. **A. Romen,** Wirkl. Geh. Kriegsrat im Königl. Preuß. Kriegsministerium. 2. Auflage. 1908. 1 M. 50 Pf.

Guttentag'sche Sammlung

Preußischer Gesetze.

Text-Ausgaben mit Anmerkungen. Taschenformat.

1. Die **Verfassungs-Urkunde** für den Preußischen Staat. Mit Einleitung, vollständigem Kommentar. Von Prof. Dr. **Adolf Arndt.** Sechste Auflage. 1907. 3 M.

2. Preußische **Beamten-Gesetzgebung.** Enthaltend die wichtigsten Beamtengesetze in Preußen. Von **C. Pfafferoth.** Vierte, neubearb. Auflage. 1905. Mit Anhang: Abänderung vom 27. Mai 1907. 2 M.

3. **Die Aufnahme des Nottestaments** durch die bestellten besonderen Urkundspersonen. Anweisung vom 15. März 1904. Erläutert mit Musterbeispielen und einem Abriß des Erbrechts von Amtsgerichtsrat **C. Kurtz.** 1904. 1 M. 50 Pf.

4. **Gebührenordnung** für **Notare** vom 25. Juni 1895 nebst den einschlägigen Vorschriften des Preußischen Gerichtskostengesetzes. Von **R. Sydow.** Dritte Auflage bearbeitet von Justizrat Dr. **Rausnitz.** 1908. 1 M. 60 Pf.

5. Gesetz vom **24. April 1854 (betr. die außerehel. Schwängerung).** Von Dr. **Schulze.** 1873. 75 Pf.
   Gültiges Recht siehe: Reichsgesetze Nr. 58.

6. Die Preuß. **Ausführungsgesetze und Verordnungen zu den Reichs-Justizgesetzen.** Von **R. Sydow.** Dritte vermehrte Auflage. 1895. 2 M. 40 Pf.
   Siehe Seite 23, **Busch**, Ausführungsgesetze.

7. Allg. **Gerichtsordnung** vom 6. Juli 1793 und Preuß. **Konkursordnung** vom 8. Mai 1885. Von **F. Vierhaus**, Geh. Ober-Justizrat. Vergriffen.

8. **Vormundschaftsordnung**. Von **F. Schultzenstein**. Gültiges Recht siehe: Reichsgesetze Nr. 47.

9. Die Preußische **Grundbuchgesetzgebung**. Von Prof. Dr. **Fischer**. Vergriffen. Siehe: Reichsgesetze Nr. 42.

10. **Einkommensteuergesetz**. Von **A. Fernow**, Geh. Ober-Finanzrat. Siebente Auflage. 1908. 3 M. 25 Pf.

11. **Gewerbesteuergesetz**. Von **A. Fernow**, Geh. Ober-Finanzrat. Vierte, vermehrte Auflage. 1905. 2 M.

12. **Allgemeines Berggesetz** für die Preußischen Staaten vom 24. Juni 1865 nebst den preußischen Berggesetznovellen, den einschläg. Nebengesetzen u. Ausführungsbestimmungen. Mit Einleitung, Erläuterungen und Sachregister bearbeitet von **W. Westhoff** und **W. Schlüter**. Zweite Auflage. 1907. 5 M.

13. **Ergänzungssteuergesetz** (Vermögenssteuergesetz). Von **A. Fernow**, Geh. Ober-Finanzrat. Vierte vermehrte Auflage. 1907. 2 M. 40 Pf.

14. **Kommunalabgabengesetz**. Vom 14. Juli 1893 und Gesetz wegen Aufhebung direkter Staatssteuern. Von Dr. **F. Adickes**, Oberbürgermeister. Vierte Auflage. 1906. 1 M. 50 Pf.

15. Die **Kreisordnungen** für den Preußischen Staat. Von **O. Kolisch,** Landgerichtsrat. 1894. 4 M.

16. **Konzessionierung gewerblicher Anlagen.** Preuß. Ausführungs-Anweisung zu §§. 16 u. ff der Gewerbe-Ordnung. Von Dr. **W. v. Rüdiger,** Geh. Regierungs- u. Gewerberat. Zweite Auflage. 1901. 2 M.

17. Preußisches **Gerichtskostengesetz.** Mit Kostentabellen. Von Dr. **P. Siméon,** Landgerichtsrat. Fünfte Auflage. 1908.

18. Preußisches **Stempelsteuergesetz** vom 31. Juli 1895. Mit den gesamten Ausführungsbestimmungen und vollständigen Tabellen. Von **P. Loeck,** Regierungsrat. Sechste Auflage. (In größerem Oktav-Format.) 1907. 6 M.

19. Das **Jagdscheingesetz.** Mit ausführlichen Erläuterungen. Von **F. Kunze,** Wirklichem Geh. Ober-Regierungsrat. Zweite Auflage. 1899. 2 M.

20. Die **preußischen Erbschaftssteuergesetze.** Unter Berücksichtigung der Novelle vom 31. Juli 1895. Von **U. Hoffmann,** Geh. Registrator im Königl. preuß. Finanzministerium. 1905. 4 M.
(Reichs-Erbschaftssteuergesetz s. Reichsgesetze Nr. 77).

21. **Gesetz** über die **Handelskammern.** Vom 19. August 1897. Mit Erläuterungen von **F. Lusensky,** Geh. Regierungsrat. 1897. 3 M.

22. **Gesetz, betr. Anstellung und Versorgung der Kommunalbeamten.** Mit Ausführungsanweisung. Von Dr. **W. Ledermann,** Magistratsassessor zu Berlin. 1899. 1 M. 25 Pf.

23. **Ausführungsgesetz zum Bürgerlichen Gesetzbuche.** Von Landrichter Dr. **P. Siméon.** 2. Aufl. 1905. 1 M. 80 Pf.

24. Die **Hinterlegungsordnung** in der Fassung des Ausführungsgesetzes z. BGB. v. 20. Sept. 1899 nebst Ausführungsbestimmungen. Von Regierungsassessor Dr. **Georg Bartels.** 1900. 1 M. 50 Pf.

25. **Preußische Kommunalbeamtengesetzgebung.** Von Magistr.-Assess. Dr. **Fr. Kremski,** Berlin. 1901. 3 M.

26. Gesetze über das **Diensteinkommen der Lehrer und Lehrerinnen, Ruhegehalt und Fürsorge für Hinterbliebene.** Tabelle zur Berechnung der Ruhegehalts-, Witwen- u. Waisenbezüge. Von Dr. **Ed. Cremer,** Beigeordneter. 1900. 2 M. 40 Pf.

27. Gesetz, betreffend die **Warenhaussteuer.** Von Geh. Ober-Finanzrat Dr. **G. Strutz.** 1900. 1 M. 20 Pf.

28. **Gesetz über die Fürsorgeerziehung Minderjähriger.** Nebst Ausführungsbestimmungen. Von Landgerichtsdirektor Dr. **P. F. Aschrott.** Zweite umgearbeitete Auflage. 1907. 2 M. 80 Pf.

29. Gesetz, betr. **die ärztlichen Ehrengerichte, das Umlagerecht und die Kassen der Aerztekammern.** Von Amtsgerichtsrat Dr. **Fidler.** 1901. 1 M. 50 Pf.

30. Die das **Preußische Staatsschuldbuch** und **Reichsschuldbuch** betr. Gesetze nebst Ausführungsbestimmungen. Von Wirkl. Geh. Ober-Finanzrat **J. Mücke,** Mitglied der Staatsschuldenverwaltung. 1902. 2 M.

31a. **Die geltenden Preußischen Gesindeordnungen.** Herausgegeben in zwei Bänden von **Stephan Gerhard,** Rechtsanwalt in Berlin. 1902.

Band I: Gesindeordnung für die altpreußischen Provinzen vom 8. XI. 1810, mit Erläuterungen unter Berücksichtigung der Ergänzungsgesetze und der Rechtsverhältnisse der Gesindevermieter, sowie die Gesindeordnungen für Neuvorpommern und Rügen und für die Rheinprovinz. 2 M. 50 Pf.

31b. **Band II:** Gesindeordnungen für Hannover, Schleswig-Holstein, Hessen-Nassau und den Regierungsbezirk Hohenzollern. 2 M. 50 Pf.

32. **Die Städteordnung für die sechs östlichen Provinzen** Preußens vom 30. Mai 1853 nebst ihren gesetzlichen Ergänzungen. Von **Dr. jur. Walter Ledermann,** Magistrats-Assessor zu Berlin. (In größerem Oktav-Format.) 1902. 6 M.

33. **Rentenguts- und Anerbenrechts-Gesetzgebung in Preußen.** Von Landgerichtsrat **M. Peltasohn** und Rechtsanwalt **Bruno Peltasohn.** 1903. 3 M.

34. Sammlung der wichtigsten **preußischen** Strafgesetze nebst Anhang: Gesetz betr. polizeiliche Strafverfügungen vom 23. April 1883. Von **Otto Lindemann,** Amtsrichter. 1903. 2 M. 50 Pf.

Inhalt: Mobiliar-Feuerversicherung — Chausseegeld — Jagdpolizei — Jagdschein — Wild-Schonzeit — Fischerei — Versammlungs- u. Vereinigungsrecht — Belagerungszustand — Gesindedienstpflichten — Mineraliengewinnung und -Aneignung — Schlachthäuser — Dampfkesselbetrieb — Wandergewerbebetrieb — Reblausverbreitung — Forstdiebstahl — Wald- u. Wassergenossenschaften — Feld- u. Forstpolizei — Lotteriespiel — Verkehrsabgaben — Landestrauer.

35. **Geschäftsordnung für Gerichtsvollzieher.** Gerichtsvollzieherordnung und Gebührensätze von Amtsgerichtssekretär a. D. **Emil Exner.** 1904. 3 M. 50 Pf.

36. Die Gesetzgebung über **Polizeiverordnungen in Preußen** von **Otto Lindemann,** Amtsrichter in Köslin. 1904. 1 M. 50 Pf.

37. Gesetz über die **Enteignung von Grundeigentum** vom 11. Juni 1874. Von Landrichter **O. Meyer.** 1905. 2 M.

38. **Kreis- und Provinzial-Abgabengesetz.** Vom 23. April 1906. Von **Fr. Schmidt,** Gemeindevorsteher. 1906. 1 M. 25 Pf.

39. Gesetz betr. die **Unterhaltung der öff. Volksschulen.** Vom 28. Juli 1906. Von **Dr. A. Marcks,** Regierungsrat. 1906. 2 M.

40. Gesetz betr. das **Verwaltungsstrafverfahren** bei Zuwiderhandlungen gegen die Zollgesetze und die sonstigen Vorschriften über indirekte Reichs- und Landesabgaben, sowie die Bestimmungen über die Schlacht- und Wildpretsteuer vom 26. Juli 1897. Von **Dr. Richard Katzenstein,** Gerichtsassessor. 1907. 3 M. 60 Pf.

41. Die **preußischen Jagdpolizeigesetze.** Von **Fr. Kunze,** Wirkl. Geh. Oberregierungsrat und **R. Kühnemann,** Rechtsanwalt. Zweite gänzlich veränderte und verbesserte Auflage. 1908. 3 M. 60 Pf.

Guttentag'sche Sammlung von Text-Ausgaben mit Sachregister ohne Anmerkungen.

Die Preußischen Ausführungsgesetze, Verordnungen und ministeriellen Verfügungen zu dem Bürgerlichen Gesetzbuche und den Reichs-Justizgesetzen nebst anderen zugehörigen Gesetzen. Textausgabe, nach Materien geordnet, mit Sachregister von **L. Busch.** Zweite Auflage von Gerichtsassessor **O. Eylau.** 8°. Preis geb. 4 M. 50 Pf.

Die Preußischen Ausführungsgesetze zum Bürgerlichen Gesetzbuche und Nebengesetze. Text-Ausgabe ohne Anmerkungen. Fünfte Auflage. Taschenformat. Preis geb. in ganz Leinen 1 M. 80 Pf.

Handbuch des Testamentrechts mit zahlreichen Beispielen und Formularen. Dargestellt von **Heinrich Peiser,** Landgerichtsrat. gr. 8° (496 S.). Zweite Auflage. Preis 9 M., gebunden 10 M.

Bürgerliches Rechts-Lexikon.

Nach dem Bürgerlichen Gesetzbuch, dem Handelsgesetzbuch und sonstigen Reichs- und Landesgesetzen

bearbeitet von

E. Christiani, Amtsgerichtsrat.

Dritte, wesentlich vermehrte und verbesserte Auflage.

1908. Lex. 8°. Geb. in ganz Leinen Preis 11 M. 20 Pf.

J. Guttentag, Verlagsbuchhandlung, G. m. b. H.
in Berlin W 35.

Preußische
Bürgerliche Gesetzsammlung.

Sammlung der noch geltenden Landesgesetze privatrechtlichen Inhalts. Herausgegeben von den Gerichtsassessoren **D. Fischer** und **Dr. F. Schroeder.**
8°. 2 Bände Preis geb. in ganz Leinen 20 M.

Erster Band: **Das Allgemeine Landrecht mit den Einführungs-Patenten.** Preis 6 M.
Zweiter Band: **Gesetze von 1773–1902.** Preis 14 M.

Das Recht der Agenten nach Deutschem Handelsrecht. Ein Kommentar zu §§ 84—92 des Handelsgesetzbuches von Dr. **Carl Albrecht** und Dr. **Paul Tentler,** Rechtsanwälte in Hamburg. 1908. gr. 8°. VIII und 202 S. Geb. in Leinen 4 M.

Das Preußische Baupolizeirecht nebst den einschlägigen Bestimmungen des **Ansiedelungs-, Feld- und Forstpolizei-, Waldschutz-** und **Deichgesetzes,** sowie dem **Fluchtlinien-, Rayongesetz** und dem Gesetz über die Zulässigkeit des Rechtsweges gegen polizeiliche Verfügungen. Kommentar von Kgl. Polizeiassessor A. Born. 1902. gr. 8°. (497 S.) 10 M., geb. in Leinen 11 M.

Strafrecht der Berufsgenossenschaften nach den Unfallversicherungsgesetzen vom 30. Juni 1900. Unter Benutzung amtlichen Materials zum praktischen Gebrauche dargestellt von Professor, Regierungsrat Dr. Ludwig Laß. 1901. 8°. (134 S.) Geb. in Leinen 3 M.

Erbenhaftung und Nachlaßkonkurs im neuen Reichsrecht. Von Professor Dr. Ernst Jaeger. 1898. gr. 8°. (117 S.) 3 M.

Fluchtliniengesetz. — Das Gesetz, betreffend die **Anlegung** und **Veränderung** von Straßen und Plätzen in Städten und ländlichen Ortschaften vom 2. Juli 1875. Des Kommentars von weil. Oberverwaltungsgerichtsrat R. Friedrichs sechste, völlig neubearbeitete Auflage. Von Senatspräsident Dr. jur. Hugo von Strauß und Torney. 1908. In Bearbeitung.

Die **freiwillige Gerichtsbarkeit** im Reiche und in Preußen. Ein Leitfaden von Dr. A. Nußbaum 1900. 8°. (268 S.) Geb. in Leinen 4 M.

Gewerberecht und **Arbeiterschutz.** Führer für Arbeitgeber und Arbeiter durch die Gewerbe- und Arbeiterschutzgesetze. Von G. Laurisch, Kgl. Gewerbeinspektor. 1901. 8°. (210 S.) Kart. 1 M. 80 Pf.

Die **Gläubigeranfechtung außerhalb des Konkurses.** Auf Grundlage des Gesetzes v. 21. Juli 1879. Von Prof. Dr. Ernst Jaeger. 1905. (356 S.) 9 M., geb. 10 M.

Die **Grundbuchordnung** nebst den preußischen Ausführungsbestimmungen mit Kommentar und systematischer Uebersicht über das materielle Grundbuchrecht. Von Reichsgerichtsrat Dr. Alex Achilles und Landrichter O. Strecker. 1901. Lex. 8°. (960 S.) 12 M., geb. in Halbfr. 14 M.

Die **Verfügungen in Grundbuchsachen.** Leitfaden für Grundbuchbeamte, Notare und Referendare. Von Amtsgerichtsrat Max Löwenherz. 1904. (115 S.) gr. 8°. 2 M., geb. in Leinen 2 M. 50 Pf.

Die **Haftpflicht der Beamten.** Nach Reichsrecht und dem Recht der deutschen Bundesstaaten unter Berücksichtigung der Haftpflicht des Staates (Gemeindeverbandes usw.). Von Landrichter Dr. H. Delius. 1901. 8°. (147 S.) Kart. 2 M.

Das Recht der Handlungsgehilfen und Handlungslehrlinge auf Grund des Handelsgesetzbuches, der Reichs-Gewerbeordnung, der Reichs-Versicherungsgesetze und des bürgerlichen Rechts dargestellt für Juristen und Kaufleute. Von Rechtsanwalt Hugo Horrwitz. 2. vollständig neubearbeitete Auflage. 1905. (203 S.) Geb. in Leinen 3 M.

Handelsgesetzbuch vom 10. Mai 1897 nebst Abdruck des Gesetzes über die Angelegenheiten der freiwilligen Gerichtsbarkeit und Gerichtsverfassungsgesetz (Titel 7, Kammern für Handelssachen). Zu praktischem Gebrauch dargestellt von Oberlandesgerichtsrat H. Könige. 1899. 8°. (410 S.) Geb. in Leinen 4 M. 50 Pf.

Das **Kommunalabgabengesetz** vom 14. Juli 1893. Für den praktischen Gebrauch mit einer geschichtlichen Einleitung und Erläuterungen versehen, sowie mit einem die Ausführungsanweisung berücksichtigenden Nachtrag. Kommentar von Oberbürgermeister Dr. Franz Adickes. 1894. 8°. (417 S.) Kart. 6 M.

Das **Absonderungsrecht im Konkurse** mit besonderer Berücksichtigung des preußischen und gemeinen Rechts, systematisch dargestellt von Oberlandesgerichtsrat Dr. Th. Wolff. 1892. gr. 8°. (542 S.) 10 M.

Konkursordnung mit Einführungsgesetz, Nebengesetzen und Ergänzungen in der Fassung des Gesetzes vom 17. Mai 1898. Kommentar von Oberlandesgerichtsrat Dr. Th. Wolff. 1900. gr. 8°. (555 S.) 11 M., geb. in Leinen 12 M.

Die Kurtaxe. Betrachtungen über ihre rechtliche Natur. Von Professor J. Kohler. 1902. gr. 8⁰. (52 S.) 1 M.

Das **Wohnungsmietrecht** nach dem Bürgerlichen Gesetzbuch. Zum praktischen Gebrauch für Juristen, Hausbesitzer und Mieter bearbeitet von Rechtsanwalt und Notar Th. Loomann. 1900. 8⁰. (144 S.) 2 M.

Der Raritätenbetrug. Von Dr. Hanns Gross, Universitäts-Professor. 1901. gr. 8⁰. (296 S.) 6 M.

Polizei und Publikum. Eine Darstellung der beiderseitigen Rechte und Pflichten an der Hand der grundlegenden Bestimmungen für die Ausübung der örtlichen allgemeinen Verwaltungspolizei in Preußen. Von Bürgermeister M. Koehne. 1897. 8⁰. (144 S.) Geb. in Leinen 2 M. 75 Pf.

Patentgesetz und Gesetz, betreffend den **Schutz von Gebrauchsmustern.** Von Justizrat Dr. A. Seligsohn. 2. Auflage. 1901. gr. 8⁰. (557 S.) 12 M., geb. in Leinen 13 M.

Die **Tätigkeit der Polizei in Strafsachen** auf Grund der Reichsjustizgesetze und des Preußischen Rechts für Polizeiverwalter und Polizeibeamte. Von Oberverwaltungsgerichtsrat St. Genzmer. 4. Auflage. 1900. 16⁰. (117 S.) Kart. 90 Pf.

Beschwerde und **Klage** sowie sonstige **Rechtsmittel** gegen polizeiliche Verfügungen und Zwangsmaßregeln. Gemeinverständlich dargestellt und durch Beispiele erläutert von Oberverwaltungsgerichtsrat B. von Kamptz. 1894. 12⁰. (93 S.) Kart. 1 M. 20 Pf.

Dienstunterricht für Polizei-Exekutiv-Beamte. 1. Teil. Strafgesetzgebung (Gerichtsverfassung, Strafprozeßordnung, Strafgesetzbuch). Von Polizeiinspektor J. Segger. 1900. 8⁰. (308 S.) Kart. 2 M.

Die Registratur. 2. Auflage. 1906. Von Hermann Kollrack, Kgl. Polizeisekretär am Berliner Polizeipräsidium. 8°. (84 S.) Kart. 1 M. 40 Pf.

Rechtsbrevier für deutsche Ehefrauen. 52 Merksprüche aus dem Bürgerl. Gesetzbuch mit Erläuterungen. Von Dr. jur. Emilie Kempin. 8°. (62 S.) Kart. 1 M.

Verwaltungs-Hygiene. Ein Handbuch der öffentlichen Gesundheitspflege für Verwaltungsbeamte. Von Dr. A. Pfeiffer. 1895. gr. 8°. (228 S.) 5 M., geb. in Leinen 6 M.

Handbuch des Vormundschaftsrechts. Unter Berücksichtigung der Ausführungsgesetze der deutschen Bundesstaaten. Von H. Schultetus, Landgerichtsrat in Rostock. 1899. 8°. (261 S.) 4 M., geb. in Leinen 4 M. 60 Pf.

Die Pflichten des Waisenrates. Ein praktischer Leitfaden für Waisenräte und Verwaltungsbeamte. Von F. Baum, Geh. Justizrat und Vormundschaftsrichter. Achte vermehrte und verbesserte Auflage. 1906. 8°. (46 S.) 60 Pf.

Wechselstempelsteuer und ihre Reform. Eine kritische Studie. Von Dr. jur. Eug. Jacobsohn. 1906. gr. 8°. (47 S.) 1 M.

Der Vormund, Gegenvormund, Pfleger u. Familienrat. Nach dem Bürgerlichen Gesetzbuch, dem Reichsgesetz über die Angelegenheiten der freiwilligen Gerichtsbarkeit und dem Ausführungsgesetz zum BGB. Ein praktischer Leitfaden. Von F. Baum, Geh. Justizrat und Vormundschaftsrichter. 1899. 8°. (64 S.) 50 Pf.

Gesetz zum **Schutz der Warenbezeichnungen** vom 12. Mai 1894, nebst Ausführungsbestimmungen. 2. Auflage, bearbeitet von Dr A. Seligsohn in Gemeinschaft mit Rechtsanwalt Martin Seligsohn. 1905. gr. 8°. (353 S.) 7 M., geb. 8 M.

Anleitung zur **Bildung öffentlicher Genossenschaften zur Ent- und Bewässerung** von Grundstücken für Zwecke der Landeskultur in den preuß. Provinzen nebst den in Betracht kommenden Gesetzen und Ministerialerlassen. Zugleich ein Handbuch des landwirtschaftlichen Wasserrechts für jedermann. Von Regierungsrat Dr. Bernh. Weddige. 1887. 8°. (300 S.) 4 M. 50 Pf.

Das **Wildschadengesetz.** Vom 11. Juli 1891. Kommentar von Dr. A. Holtgreven u. Dr. Th. Wolff. Vierte vermehrte und verbesserte Auflage. 1902. 8°. (224 S.) 4 M., geb. in Leinen 4 M. 50 Pf.

Belehrung über den Wucher. Ein Schutz gegen Schädigung mit Fingerzeigen für jedermann. Nach dem neuen Wuchergesetz bearbeitet von Carl Pfafferoth, Geh. Kanzleirat im Reichsjustizamt. 1893. 8°. (38 S.) 50 Pf.

Das **Reichsgesetz zur Bekämpfung des unlauteren Wettbewerbs** nebst den ergänzenden Bestimmungen des Bürgerlichen Gesetzbuchs. Kommentar von Justizrat Albert Pinner, 1903. gr. 8°. (189 S.) 5 M., geb. in Leinen 6 M.

Verfassung des Deutschen Reichs. Mit Einleitung und Kommentar. Dritte, stark vermehrte und verbesserte Auflage. Von Prof. Dr. A. Arndt. 1907. 8°. (436 S.) 4 M., geb. in Leinen 5 M.

Schlagwort-Register.

R. = Nummer der Sammlung Deutscher **Reichsgesetze.**
P. = Nummer der Sammlung **Preußischer** Gesetze.
S. = Seite.

Schlagwort-Register. (R. = Reichsgesetz, P. = preuß. Gesetz.)

Kolibri 360 GmbH
Ferdinand-Jühlke-Straße 7
99095 Erfurt, Deutschland
produktsicherheit@kolibri360.de